utb 5931

Eine Arbeitsgemeinschaft der Verlage

Brill | Schöningh – Fink · Paderborn
Brill | Vandenhoeck & Ruprecht · Göttingen – Böhlau · Wien · Köln
Verlag Barbara Budrich · Opladen · Toronto
facultas · Wien
Haupt Verlag · Bern
Verlag Julius Klinkhardt · Bad Heilbrunn
Mohr Siebeck · Tübingen
Narr Francke Attempto Verlag – expert verlag · Tübingen
Psychiatrie Verlag · Köln
Ernst Reinhardt Verlag · München
transcript Verlag · Bielefeld
Verlag Eugen Ulmer · Stuttgart
UVK Verlag · München
Waxmann · Münster · New York
wbv Publikation · Bielefeld
Wochenschau Verlag · Frankfurt am Main

Rainer Nickel

Xenophon
Oikonomikos, Symposion, Apologie

Eine Lektürehilfe

Vandenhoeck & Ruprecht

Dr. Rainer Nickel ist Lehrbeauftragter für die Fachdidaktik der Alten Sprachen an der Universität Marburg.

Online-Angebote oder elektronische Ausgaben sind erhältlich unter **www.utb.de**

Bibliografische Information der Deutschen Nationalbibliothek:
Die Deutsche Nationalbibliothek verzeichnet diese Publikation in der Deutschen Nationalbibliografie; detaillierte bibliografische Daten sind im Internet über https://dnb.de abrufbar.

Umschlagabbildung: meadow-2667461

Lektorat: Bernadette A. Banaszkiewicz, Greifswald
Umschlaggestaltung: siegel konzeption | gestaltung, Stuttgart
Satz: SchwabScantechnik, Göttingen
Druck und Bindung: Elanders Waiblingen GmbH
Printed in the EU.

Vandenhoeck & Ruprecht Verlage | www.vandenhoeck-ruprecht-verlage.com

UTB-Band-Nr. 5931
ISBN 978-3-8252-5931-0

Inhalt

Einführung

Leben

Xenophon von Athen, 425 bis 354 v. Chr., verbrachte seine Jugend in der Zeit des Peloponnesischen Krieges (431 bis 404 v. Chr.) und in der von dem Terrorregime der Dreißig Tyrannen (404 bis 402 v. Chr.) geprägten Nachkriegszeit. Ab 401 v. Chr. nahm er auf Einladung seines Freundes Proxenos zusammen mit zehntausend griechischen Söldnern am Feldzug des persischen Prinzen Kyros gegen seinen Bruder Artaxerxes teil. Nach seiner Heimkehr wurde er aus Athen verbannt und lebte 36 Jahre lang im Exil.[1]

Ob das Verbannungsurteil allein mit der Teilnahme an der Expedition des Kyros begründet wurde, ist nach wie vor ungeklärt. Bei der Suche nach weiteren Gründen sind Xenophons Beziehungen zu Sokrates, der 399 v. Chr. aus fadenscheinigen Gründen zum Tode verurteilt und hingerichtet worden war, nicht zu unterschätzen. Obwohl er in den *Memorabilien* Sokrates' „Nützlichkeit" (ὠφέλεια) vielfach demonstriert und seine Lebensweise als vorbildlich kennzeichnet, ist er ihm bei aller gedanklichen Nähe nicht konsequent gefolgt. Nach der Einladung seines Freundes Proxenos zur Teilnahme an der Expedition des Kyros (*Anabasis* 3, 1, 4–8) fragt er Sokrates wegen dieser Einladung zwar um Rat, setzt sich aber über dessen Bedenken hinweg. Sokrates hält ihm daher vor, er habe das Orakel nicht, wie er ihm empfohlen hatte, gefragt, ob er reisen solle, sondern sich selbst schon entschieden zu reisen.

Xenophon gehörte nicht zum engeren Kreis der Schüler des Sokrates.[2] Das beweist nicht zuletzt seine Teilnahme am Zug der Zehntausend, die von vornherein mit dem Risiko eines Verbannungsurteils durch die Athener verbunden gewesen war. Denn diese hatten ein großes Interesse an guten Beziehungen zum persischen Großkönig und mussten daher die hochverräterischen Pläne des Kyros ablehnen. Außerdem konnten die Athener Xenophon nicht verzeihen, dass er dem Terrorregime der Dreißig gedient und äußerst aktiv spartanische Interessen vertreten hatte. Die Nähe zu Sokrates kam erschwerend hinzu, der unter den Dreißig kein „Widerstandskämpfer" war und nicht wie andere emigrierte, sondern unbehelligt in Athen geblieben war.

Xenophon lebte von 399 bis 365 v. Chr. im Exil, wenn das Verbannungsurteil tatsächlich unmittelbar nach dem Kyros-Abenteuer gefällt wurde. Nach seiner Rückkehr aus Persien trat er zunächst in spartanische Dienste, und die Spartaner überließen ihm zum Dank ein Landgut in Skillus in der Nähe von Olympia, wo er bis zur Niederlage der Spartaner bei Leuktra (371 v. Chr.) mit seiner Frau Philesia

---

1 Vgl. E. A. Browning, Xenophon; S. Föllinger: Xenophon, 2010; O. Lendle: Einführung in die griechische Geschichtsschreibung von Hekataios bis Zosimos, 1992.

2 Vgl. O. Chernyakhovskaya: Sokrates bei Xenophon, 2014.

und seinen beiden Söhnen Gryllos und Diodoros lebte. Nach seiner Vertreibung aus Skillus aufgrund veränderter politischer Verhältnisse in den Beziehungen zwischen Sparta und Athen verbrachte er einige Zeit in Korinth, bis schließlich mit dem erneuten Wandel der politischen Verhältnisse das Verbannungsurteil aufgehoben wurde, sodass er nach Athen zurückkehren konnte.[3]

Das meiste, was wir über Xenophons Leben wissen, entstammt dem Werk des Diogenes Laertius (*Über Leben und Lehren berühmter Philosophen,* Kap. 48–59) und Xenophons eigenen Schriften. Aufgrund der großen zeitlichen Distanz zwischen Xenophon und Diogenes Laertius lassen sich alle Aussagen über Xenophons Leben und seine Werke, über seine Einstellungen, Absichten und Überzeugungen nur unter dem Vorbehalt treffen, dass sie durch neue Quellen zu korrigieren sind. Das gilt selbstverständlich auch für die zeitliche Reihenfolge der hier behandelten sokratischen Schriften.

Das Kriterium für die hier gewählte Reihenfolge ist die Präsenz des Autors in den drei Schriften und das Gewicht seiner Selbstdarstellung: Im *Oikonomikos* ist das Xenophontische am stärksten spürbar, im *Symposion* ordnet sich Xenophon in die Reihe der Symposiasten ein und in der *Apologie* steht Sokrates im Vordergrund, ohne dass Xenophon selbst hinter Sokrates ganz verschwindet.

Anabasis

In seiner *Anabasis,* die er wahrscheinlich schon während des Feldzugs als Kriegstagebuch begonnen hatte, beschreibt Xenophon den Feldzug der Zehntausend und vor allem ihren Rückzug, nachdem Kyros 401 v. Chr. in der Schlacht bei Kunaxa gefallen war.[4] Es ist bemerkenswert, dass Platon (*Politeia* 7, 519 d) den Begriff des „Aufstiegs" (ἀνάβασις) verwendet, um den Fortschritt im Wissen um das Gute zu veranschaulichen: „Es ist unsere Aufgabe, die Besten und Begabtesten dazu zu veranlassen, zu dem höchsten Wissen aufzusteigen, das heißt, das Gute zu erkennen."[5] Die xenophontische *Anabasis* beschreibt zwar einen ganz anderen Aufstieg, der in einer extremen Ausnahmesituation aus völliger Apathie zu höchsten Anstrengungen und fast übermenschlichen Leistungen führt, aber auch wenn Platon Xeno-

---

3 Vgl. Chr. Mueller-Goldingen: Xenophon, 2007; Chr. Mueller-Goldingen: Das Kleine und das Große, 2004. C. Bruell: Xenophons Politische Philosophie (Erweiterte Fassung eines Vortrags in der Carl Friedrich von Siemens Stiftung am 11. Juli 1980), München 1990; R. Kroeker: Xenophon as a Critic of the Athenian Democracy, 2009; C. Scardino: Historiographie, in: B. Zimmermann/A. Rengakos, (Hgg.): Handbuch der griechischen Literatur der Antike, 2014.

4 Vgl. W. Will: Die unglaubliche Geschichte eines antiken Söldnerheeres, 2022; J. W. I. Lee: Soldiers and Survival in Xenophon's Anabasis, 2007; R. Waterfield: Xenophon's Retreat, 2006; M. Reichel: Ist Xenophons Anabasis eine Autobiographie? 2005; R. L. Fox (Hg.): The Long March: Xenophon and the Ten Thousand, 2004; O. Stoll: Xenophons „Anabasis" als Quelle zum Söldnertum im Klassischen Griechenland? 2002; G. Hutchinson: Xenophon and the Art of Command, 2000; O. Lendle: Kommentar zu Xenophons Anabasis, 1995.

5 Alle Übersetzungen stammen, falls nicht anders angegeben, vom Verfasser des Studienkommentars.

phon namentlich nie erwähnt, scheint er nicht nur mit der Verwendung des Wortes ἀνάβασις auf Xenophon und seine *Anabasis* anzuspielen. Denn auch im *Alkibiades* 123 b heißt es: „Ich habe einmal von einem glaubwürdigen Mann gehört, einem von denen, die hinaufgezogen waren gegen den Großkönig".

Xenophon wiederum schreibt in den *Hellenika* (3, 1, 2): „Wie Kyros nun sein Heer zusammenstellte und mit diesem ins Landesinnere gegen seinen Bruder zog, wie die Schlacht verlief, wie Kyros fiel und wie sich die Griechen aus dieser Lage retteten und an das Schwarze Meer gelangten, wurde von dem Syrakusaner Themistogenes beschrieben." Demnach wurde die *Anabasis* ursprünglich weder unter Xenophons Namen noch anonym, sondern pseudonym veröffentlicht.

Damit stellt sich die Frage nach dem Grund der Pseudonymität. Sollte sie den Verfasser und die Teilnehmer an der Expedition gegen Artaxerxes insgesamt vor missgünstiger Beurteilung schützen? Dann ist es schlüssig zu folgern, dass wir mit dem Werk eine von Xenophon an das athenische Lesepublikum gerichtete Rechtfertigung seines Handelns in den Jahren 401 bis 399 in den Händen halten. Denn die Beschuldigungen, die Xenophon aus Athen trafen und zu seiner Verbannung führten, beinhalten unter anderem auch, dass er ein Komplize des Hochverräters Kyros gewesen sei. Es muss ihm also darauf angekommen sein zu beweisen, dass er unwissend an einem Unternehmen teilnahm, das die Vernichtung des Großkönigs zum Ziel hatte. Besonders wichtig muss ihm dann der Punkt gewesen sein, seinen Lesern die Ahnungslosigkeit der griechischen Expeditionsteilnehmer deutlich zu machen (*Anabasis* 3, 1, 10). Mit dem Pseudonym Themistogenes bezeichnete er sich daher wohl selbst als „Abkömmling des Rechts", um die subjektive Rechtmäßigkeit seiner Entscheidung zur Teilnahme am Kyros-Unternehmen zu unterstreichen. Der tatsächlich nur auf die ersten Kapitel der Schrift (*Anabasis* 1, 1–6) zutreffende Titel *Anabasis* könnte ferner dazu dienen sollen, das athenische Publikum unmittelbar mit dem Anlass der Vorwürfe gegen Xenophon zu konfrontieren, der dann aber im Hauptteil der Schrift demonstriert, dass er – wie Sokrates – nicht nur unschuldig war, sondern sogar Dank für seine besonderen Leistungen verdient habe.

Hier klingt das ὠφέλεια-Motiv an, von dem vor allem die *Memorabilien* geprägt sind. Wie selbstbewusst der Autor seinen „Nutzen" bei der Rückführung der griechischen Söldner herausstellt, zeigt die Schilderung seiner Entschlossenheit und Tatkraft nach der Ermordung der griechischen Offiziere und nach seinem Traum, der ihn zum Handeln veranlasst: Er ruft die Hauptleute seines toten Freundes Proxenos zusammen (*Anabasis* 3, 1, 11–25) und fordert sie dazu auf, sich nicht aufzugeben, sondern um ihr Überleben zu kämpfen. Später berichtet er (6, 5, 22), dass er von der Offiziersversammlung aufgrund seiner nüchtern-eindrucksvollen Lagebeurteilung ganz offiziell ohne Gegenstimme zum verantwortlichen Oberbefehlshaber der griechischen Söldner gewählt wurde.

Obwohl er an einer Expedition teilgenommen hatte, über deren Zweck er zunächst nicht hinreichend aufgeklärt worden war, versucht Xenophon sich nie als „unschuldiges Opfer" oder als „Verführter" zu rechtfertigen. Er stellt einfach nur fest, er sei „betrogen worden" (3, 1, 10) – aber nicht von seinem Freund Proxenos. Das ist ihm wichtig. Denn keiner der Griechen außer Klearchos habe anfangs über die Absichten des Kyros Bescheid gewusst.

Aus seiner Verweigerung der Opferrolle ist Xenophons Tatkraft zu erklären: Selbst in der Ausweglosigkeit (ἀπορία) will er nicht aufgeben und sich den Feinden ausliefern: (*Anabasis* 3, 1, 14). Er entscheidet sich gegen das Leiden und für das Handeln, gegen die Ohnmacht des Opfers und für die Tatkraft des Handelnden (3, 1, 41). So war er es, der zunächst die Gefolgsleute seines Freundes Proxenos und dann auch die anderen Offiziere zu energischem Handeln bewog und damit die Voraussetzungen für einen geordneten Rückzug schuf. „Ohne kompetente Führung dürfte nirgends etwas Schönes und Gutes entstehen. [...] Denn die mit der Führung gegebene Ordnung (εὐταξία) erhält uns, die Unordnung (ἀταξία) hat schon viele vernichtet“ (*Anabasis* 3, 1, 38).

Dass es zur Herstellung der Ordnung zahlreicher Diskussionen und Abstimmungen bedurfte, entspricht der Wirklichkeit, ebenso aber auch, dass Xenophon wie wohl kaum ein anderer in dieser Söldnerarmee die Kunst der Rede beherrschte und ihr nicht zuletzt seinen Einfluss auf das Geschehen verdankte. Sie befähigte ihn dazu, die Soldaten immer wieder zu motivieren (προθυμίαν ἐμβαλεῖν τοῖς στρατιώταις, *Kyrupädie* 1, 6, 13 und 19, *Agesilaos* 2, 8). Dass er dies nach dem Vorbild des älteren Kyros dem „unaffektierten Charme“ seiner Sprache verdankte, bestätigte ihm später auch der römische Rhetoriklehrer Quintilian: *iucunditas inadfectata* (*Institutio oratoria* 10, 1, 82): „Scheinen doch die Grazien selbst seine Sprache geformt zu haben,“ sodass sich auf ihn übertragen lasse, was die Alte Komödie über Perikles zu sagen wusste, auf seinen Lippen sei die Göttin der Überredung gewissermaßen selbst zu Hause.

Wenn auch die *Anabasis* eine Rechtfertigungsschrift ist, die manche Wertung zugunsten ihres Autors enthält, so ist doch davon auszugehen, dass der Autor nachprüfbare Tatsachen und Vorgänge mitteilt, und dies gilt auch, obwohl er seine *Anabasis* am Ende mit Homers *Odyssee* mythologisch verklärt: Denn als die Kyreer am Endpunkt ihrer abenteuerlichen Expedition angekommen waren und die Heimat in Sichtweite kam (*Anabasis* 3, 1, 3), verleiht Leon aus Thurioi der allgemeinen Stimmung Ausdruck, indem er sagt: „Ich bin das ewige Packen, Marschieren, Laufen, Waffentragen in Reih und Glied, das Auf-Wache-Stehen und das Kämpfen leid. Da wir jetzt am Meer sind, möchte ich den Rest des Weges ohne Strapazen bequem ausgestreckt auf einem Schiff nach Hause kommen, wie Odysseus“ (*Anabasis* 5, 1, 2). Wohl wird hier nur auf die letzte Phase der Irrfahrten angespielt, wie Odysseus, vom Phäakenschiff heimgebracht, im Schlaf Ithaka erreicht, nach dessen Anblick er sich so lange gesehnt hatte. Aber das Bewusstsein, eine „Odyssee“ erlebt zu haben, ließ nicht nur auf den günstigen Ausgang des Abenteuers, sondern auch auf Ruhm hoffen, „der bis zum Himmel reicht“ (*Odyssee* 9, 20). Dass solche literarischen Reminiszenzen gut ‚ankamen‘ bei den athenischen Lesern, zeigte schon Xenophons Mahnrede an die Söldner vor Beginn des Rückmarsches, wo er das erste Abenteuer des Odysseus bei den Lotophagen erwähnt, als die Gefährten im Rausch den Heimweg vergaßen (*Anabasis* 3, 2, 25).

Indem er auf die Abenteuer des Odysseus anspielt, lenkt Xenophon den Blick auch auf die „exotische Märchenwelt" des persischen Reiches, die die Kyreer wenigstens zeitweilig vor Augen zu haben schienen. Dass Xenophon so wie später James Joyce Homers *Odyssee* als mythische Folie für seine Schilderung der Vorgänge nach Kunaxa benutzte, ist insgesamt bemerkenswert.

Wenn Xenophon in der *Anabasis* nur vordergründig über seinen Aufstieg in das Innere des persischen Reiches berichtet, setzt er eigentlich den Akzent darauf, den gefährlichen Rückzug nach dem Scheitern des Versuchs, den persischen Großkönig vom Thron zu stürzen, zu schildern. Bei diesem Rückzug bewies Xenophon immer wieder die Kunst der Menschenführung, über die er in allen seinen Werken und vor allem auch im *Oikonomikos* reflektiert: Der militärische Führer, den Xenophon verkörpert, erwies sich als *die* rettende, alle Gefahren und Schwierigkeiten meisternde Persönlichkeit. Es liegt daher nahe anzunehmen, dass Xenophon die Heeresgemeinde der Zehntausend als Modell einer neuen staatlichen Gemeinschaft sehen lernte, die sich von der demokratischen Polis erheblich unterschied: An der Spitze dieser Gemeinschaft steht der soldatische Befehlshaber, der überragende Staatsmann und Feldherr in einer Person, wie ihn schon Perikles verkörpert hatte.

An einer aufschlussreichen Stelle in der *Anabasis* sieht Xenophon sich auch als einen Theopompos, „einen von Gott Gesandten" (2, 1, 12): Nach dem Tod des Kyros erscheint eine Delegation des Großkönigs und des Satrapen Tissaphernes vor dem Tor des griechischen Feldlagers, um die Kapitulation der griechischen Söldner zu verlangen. Artaxerxes sei der Sieger, er habe Kyros getötet. Die Griechen sollten unverzüglich ihre Waffen abgeben. Klearchos lehnt dies entschieden ab: Proxenos fügt spöttisch hinzu, er wolle erst wissen, ob der Großkönig die Waffen als Siegesbeute oder als Geschenk unter Freunden betrachte. Phalinos, ein griechischer Berater des Tissaphernes, erwidert: „Wer kann dem Großkönig die Herrschaft streitig machen? Ihr seid jetzt sein Eigentum. Er hat euch mitten in seinem eigenen Land zwischen den Flüssen Euphrat und Tigris in seiner Gewalt und kann solche Menschenmassen gegen euch in Marsch setzen, dass ihr diese, selbst wenn er euch die Gelegenheit dazu geben würde, niemals vernichten könntet" (*Anabasis* 2, 1, 11).

Zur allgemeinen Überraschung ergreift jetzt ein gewisser Theopompos (= Pseudonym für Xenophon) aus Athen das Wort (*Anabasis* 2, 1, 12): „Phalinos, wie du siehst, besitzen wir im Augenblick nichts weiter als unsere Waffen und unsere Tapferkeit. Wenn wir unsere Waffen behalten, werden wir mit Sicherheit unsere Tapferkeit beweisen. Wenn wir sie aber abgeben, müssen wir damit rechnen, unser Leben zu verlieren. Erwarte also nicht, dass wir euch unseren einzigen Besitz kampflos überlassen."

Diese selbstbewussten Worte passen zu der Initiative, die Xenophon einige Tage später beweist, als er die Soldaten nach dem Verlust ihrer Führer aus tiefer Verzweiflung und Mutlosigkeit herausreißt und zum Handeln ansporнt. Phalinos aber erwidert: „Du redest wirklich wie ein Philosoph, junger Mann, und sagst hübsche

Dinge, doch sei dir darüber im Klaren, dass du sehr unvernünftig bist, wenn du glaubst, eure Tapferkeit könne der Macht des Großkönigs überlegen sein." Der Großkönig scheint jedoch einlenken zu wollen und zu einem Waffenstillstandsvertrag bereit zu sein. Denn nach einiger Zeit beginnen erneute Verhandlungen, die aber mit der heimtückischen Ermordung der griechischen Offiziere durch die Perser endeten. Xenophon qualifiziert sich jetzt als der geeignete Führer der Zehntausend, indem er angesichts der allgemeinen Verzweiflung und Konzeptionslosigkeit im richtigen Augenblick das Richtige tut: Er erzählt den verstörten und entmutigten Soldaten einen Traum, den die Götter ihm geschickt haben sollen, um ihn zum Handeln zu bewegen (*Anabasis* 3, 1, 11–13). Im Vertrauen auf die Götter und die menschliche Leistungsfähigkeit übernimmt er die Initiative und überzeugt die Soldaten davon, dass sie unverzüglich handeln und noch vor dem Morgengrauen die Verteidigung gegen den zu erwartenden Angriff der Perser organisieren müssten, wenn sie nicht durch pures Nichtstun ihren schändlichen Untergang herbeiführen wollten. Durch Mobilisierung aller Kräfte und mit äußerster Disziplin führt er die Zehntausend in den nächsten Monaten von Mesopotamien bis an die Küste des Schwarzen Meeres.

Später fasst Plutarch die dramatischen Ereignisse in wenigen Worten zusammen (*Praecepta gerendae rei publicae* 817 E): „Es war da aber im Heer ein gewisser Xenophon; er war weder General noch Hauptmann, aber er begriff, was notwendig war, und wagte, entsprechend zu handeln, er übernahm die Führung und rettete die Griechen." Die unabdingbare Voraussetzung für den Erfolg der Rückführung des Heeres waren Xenophons überragende Führungsqualitäten, die er auf vielfältige Weise bewies. In der *Anabasis* demonstriert er immer wieder die Macht seiner Worte, mit denen er die Zeitgenossen überzeugt und zum Handeln bewegt, um Katastrophen zu verhindern.

Xenophons Erfahrungen mit den Bedingungen erfolgreicher Führung dürften ihn darin bestärkt haben, das politische Ideal des gerechten und starken Monarchen in der *Kyrupädie* und im *Agesilaos* zu veranschaulichen.

Obwohl er die Überwindung der nationalen Schranken während des Kyreerzuges erlebt hatte, wirbt er in der *Anabasis* nicht für die Annäherung Athens an Sparta. Dass aber der Zug der Zehntausend den Teilnehmern die militärische und moralische Überlegenheit des aus Griechen vieler Stämme bestehenden Hoplitenheeres bewies und damit den Wert gemeinsamen Handelns auch in anderen Situationen bewusst machte, ist nicht von der Hand zu weisen. Die *Anabasis* trug damit zur Weckung und Stärkung eines panhellenischen Bewusstseins bei, das aber weder aggressiv noch antipersisch genannt werden kann, was für Xenophon schon aufgrund seiner Bewunderung für die persische παιδεία ausgeschlossen war. Er hielt eine vorsichtige Verwirklichung des panhellenischen Gedankens zumindest auf der Ebene eines spartanisch-athenischen Machtausgleichs für sinnvoll, wie es die Reden des Kallias und des Kallistratos in Sparta (*Hellenika* 6, 3) zeigen. Hier lässt Xenophon Kallistratos feststellen, dass es in jeder Polis sowohl „lakonisch" als auch „attisch" gesinnte Bürger gebe, die konfliktfrei miteinander leben könnten.

Sokratische Schriften

Die Auseinandersetzung mit Xenophons sokratischen Schriften wurde lange Zeit von zwei Fragen beherrscht: (1) In welchem Verhältnis stand Xenophon zu Sokrates? (2) Inwieweit stellte er den historischen Sokrates realistisch dar? Man glaubte lange Zeit, den „echten" Sokrates – wenn überhaupt – nur in Platons frühen Dialogen finden zu können. Wenn nun auch die „sokratische Frage" unlösbar erscheint, so ist es doch möglich, die unterschiedlichen Sokrates-Bilder – vor allem bei Platon und Xenophon – zu vergleichen, ohne dabei auf die Ermittlung eines „historischen" Sokrates zu zielen, jedoch voneinander weitgehend unabhängige Sokrates-Bilder sichtbar zu machen. So ist es möglich, die von Xenophon geschaffene Sokrates-Figur in ihrer Besonderheit zu beschreiben: Auch wenn Xenophon den Sokrates der *Memorabilien* und seiner anderen sokratischen Schriften als Sprachrohr für sein eigenes Lebenskonzept benutzt und den Namen Sokrates mitunter wie ein Pseudonym für sich selbst zu gebrauchen scheint, kann man davon ausgehen, dass er ebenso wenig wie Platon und andere Sokratiker die Persönlichkeit des historischen Sokrates bewusst verfälscht. Folglich wird auch die Suche nach dem historischen Kern der verschiedenen Sokrates-Bilder nie ganz sinnlos sein.

Wie sich Xenophon und Platon im Blick auf Sokrates gegenseitig ergänzen, veranschaulicht beispielhaft Karl Jaspers: „Vom verklärten Bild, das Plato gibt, ist das nüchterne Bild, das Xenophon darstellt, sehr verschieden, aber nicht im Wesentlichen widersprechend. Xenophon sieht Erscheinungen der Vordergründe, Plato der Tiefe. Xenophon zeigt einen moralischen Menschen, der aus der Liberalität des Menschenkenners des Rigorismus entbehrt. Plato sieht das Menschliche einer unerschöpflichen Natur und darin mehr als Natur. Xenophon sieht lauter Einzelheiten und einzelne Gedanken, sieht Tüchtigkeit und Gesundheit und Verständigkeit, ist bereit, das Fehlerhafte in Sokrates mit gleicher Verständigkeit zu beurteilen, findet aber nichts. Plato dringt in die Mitte des Sokratischen Wesens, das im Gleichnis fühlbar zu machen ist, in seinen Erscheinungen nur symbolisch faßbar wird, und er steht vor den Grenzen, wo das Urteil aufhört in der Anschauung des Außerordentlichen. Xenophon weiß bescheid, er hat den Sokrates, indem er alles von ihm sammelt und berichtet. Plato ist ergriffen und gerät durch Sokrates in eine Bewegung, die erst durch das ganze Platonische Leben zutage bringt, was alles in der Wirklichkeit und Wahrheit des Sokrates lag. Xenophon schildert einen etwas pedantischen Rationalisten, der an das Nützliche denkt, Plato den im Denken vom Eros Gelenkten, der das Licht des schlechthin Guten denkend berührt. Beide bleiben beim Menschen, beide vergöttern nicht; aber der Mensch selbst und seine mögliche Wahrheit ist bei Xenophon ein durchsichtiges, erschöpfbares rational-moralisches Wesen, bei Plato ein aus unerschöpfbarer Tiefe sprechendes, aus dem Aufschwung aus der Unergründlichkeit ins Unergründliche hinlebendes Wesen."[6]

6 K. Jaspers: Die maßgebenden Menschen. Sokrates, Buddha, Konfuzius, 1994, 96 (die Orthographie folgt dem Original).

Sokrates war kein Begründer einer Schule. Dennoch erwähnt die Philosophiegeschichtsschreibung Schüler des Sokrates, die Sokratiker, die eine hinsichtlich ihrer Lehren und ihrer philosophischen Bedeutung und Wirkung sehr heterogene Gruppe bilden. Zu ihren Hauptvertretern gehören Aischines von Sphettos, der Kyniker Antisthenes, Aristippos von Kyrene, Platon und Xenophon. Die Sokratiker verbindet bei aller Unterschiedlichkeit ihrer Sokrates-Bilder die Absicht, Sokrates zu rehabilitieren und sein Wirken zu rechtfertigen.[7]

Wie übrigens Xenophon zum Sokratiker wurde, erzählt eine von Diogenes Laertius (*Über Leben und Lehren berühmter Philosophen* 2, 48) überlieferte Anekdote: Sokrates soll ihm in einer engen Gasse begegnet sein und ihn mit vorgehaltenem Stock angehalten und gefragt haben, wo man bestimmte Lebensmittel kaufen könne. Nachdem Xenophon ihm Auskunft gegeben hatte, habe Sokrates ihn gefragt, wo denn die Stätten zu finden seien, an denen man die Bildung zur Tugend finden könne. Als Xenophon darauf keine Antwort wusste, soll ihn Sokrates aufgefordert haben, ihm zu folgen. Von da an sei er ein Schüler des Sokrates gewesen. Diese Anekdote veranschaulicht, dass Xenophon zwar die Dinge des täglichen Lebens beherrschte, aber für die philosophische Reflexion auf einen Lehrer wie Sokrates angewiesen war.

Die Beziehungen der Sokratiker untereinander waren nicht spannungsfrei, sondern mitunter von Gehässigkeiten und Verleumdungen geprägt, aber auch von tiefgreifenden Unterschieden in den philosophischen Positionen, z. B. zwischen Xenophon und Aristipp (*Memorabilien* 2, 1). Auf der anderen Seite haben sich die Sokratiker in ihren Schriften gegenseitig benutzt, sodass sich etwa aus den *Memorabilien* die Werke anderer Sokratiker rekonstruieren lassen. So hat man z. B. versucht, den *Alkibiades* des Aischines aus *Memorabilien* 4, 2 zu rekonstruieren. Bei aller Antipathie gegenüber Antisthenes verdankt Xenophon wesentliche Inhalte seiner Lebensauffassung den Schriften des kynischen Sokratikers. Die Selbstkontrolle, die ἐγκράτεια, die für Xenophon ein Schlüsselbegriff seines ἀρετή-Konzepts ist (*Memorabilien* 5, 4), war auch schon für Antisthenes ein Wertbegriff. Es spricht daher auch nichts dagegen, Xenophon aufgrund seiner Rezeption der Sokratiker als einen Vermittler zwischen der älteren Populärphilosophie und den Schulen des Hellenismus zu sehen.

Das Verhältnis Xenophons zu Platon wurde immer wieder erörtert. Das betrifft vor allem die Schriften, die den Vergleich zwischen dem platonischen und dem xenophontischen Sokrates herausfordern: das *Symposion* und die *Apologie*. Obwohl es Übereinstimmungen gibt, ist daraus nicht auf eine Abhängigkeit zu schließen. Platon und Xenophon haben ihr jeweils eigenes Bild von Sokrates. Dass sowohl Platon als auch Xenophon ein *Symposion* schrieben, war eine Möglichkeit, Sokrates nicht nur zu rehabilitieren, sondern auch zu feiern und ehren.[8] Denn das Sympo-

7 Vgl. J. Malitz: Sokrates im Athen der Nachkriegszeit, 1995.

8 Vgl. O. Kaiser: Komposition und Personenführung in Xenophons Symposion, 2015; B. Huss: Xenophons Symposion, 2010; Houliang Lu: Xenophon's Theory of Moral Education, 2015.

sion bildet traditionell den festlichen Rahmen für ernsthafte Gespräche und Vorträge über ein zentrales Thema wie den Eros. Charakteristisch ist die Verflechtung von Scherz und Ernst, von themenorientierten Gesprächen und szenischen Darbietungen, Musik und Tanz, Akrobatik und Schauspielkunst. In beiden Symposien ist der Eros Schwerpunkt. Die Frage nach der gegenseitigen Abhängigkeit der beiden Symposien dürfte in den Hintergrund treten, wenn man bedenkt, dass beide in Form und Inhalt ganz unabhängig voneinander existieren können. Xenophons Symposion ist ebenso selbstständig wie das platonische. Dabei ist nicht zu übersehen, dass beide über dieselben Voraussetzungen und Quellen verfügen, wie z. B. die Komödie und eine ältere sympotische Literatur, wie sie etwa von Xenophanes (VS 21, B 1)[9] repräsentiert wird oder später wieder in Plutarchs *Septem Sapientium convivium* noch fassbar ist.

Wenn Xenophon Sokrates' Verhalten rechtfertigt, rechtfertigt er auch seine eigene Lebensauffassung. So sind zum Beispiel die beiden Hauptzüge der Persönlichkeit des xenophontischen Sokrates, Ausdauer (καρτερία) und Selbstkontrolle (ἐγκράτεια), für Xenophon selbst von zentraler Bedeutung.

Der xenophontische Sokrates vertritt in ethischen und ästhetischen Fragen eine relativistische Position: Es gibt kein abstrakt Nützliches in der Ethik des xenophontischen Sokrates. Das Nützliche ist immer „ein Nützliches für etwas". Entsprechendes gilt für das Gute. Der xenophontische Sokrates kennt kein Gutes, das nicht für oder gegen etwas gut ist (*Memorabilien* 3, 8). Auch unter dem Schönen versteht Xenophons Sokrates stets „ein für etwas Schönes". Das Schöne ist nur dadurch schön, dass es einen Zweck erfüllt (3, 8, 5–7 und 4, 6, 8–9).

Der xenophontische Sokrates weist zudem mit Nachdruck darauf hin, dass das Gute, Schöne und Nützliche nur durch Handeln wirksam und als solches erkennbar ist: etwa im Gehorsam gegenüber den Gesetzen. Hier weist Xenophon mit Nachdruck auf Sokrates' Gesetzestreue hin. Obwohl Sokrates den Gesetzgebern der Polis die notwendigen Kompetenzen abspricht, plädiert er für die Achtung vor den existierenden Gesetzen. Dieser Widerspruch ließe sich auflösen, wenn Gesetz und Recht nicht gleichgesetzt würden. Sokrates jedenfalls lehnt die Gleichsetzung als wirklichkeitsfremd ab. Er vertritt vielmehr die Auffassung, dass es ein Gerechtes auch außerhalb des Gesetzlichen gebe. Doch die Gleichung „gesetzlich gleich gerecht" wird verständlich, wenn man gerechtes Handeln ebenso wie gesetzliches Handeln für nützlich erklärt; dann scheint die Gleichung „gesetzlich gleich gerecht" Bestand zu haben.

Die Gleichsetzung von gut, schön und nützlich stellt einen engen Bezug zur Wirklichkeit des täglichen Lebens her. Denn richtiger Gebrauch ist auf genaue Kenntnis des Gebrauchsgegenstands und auf Erfahrung mit seiner Brauchbarkeit angewiesen. Nur unter dieser Voraussetzung kann der Gebrauchsgegenstand seinen Zweck erfüllen und seine Nützlichkeit beweisen. In Xenophons Wertewelt ist

9 Die angegebene Zählung bezieht sich auf die Ausgabe der Fragmente der Vorsokratiker von Hermann Diels und Walther Kranz.

die Paideia die Voraussetzung für den richtigen Gebrauch eines materiellen Besitzes. Denn dieser ist nur dann wertvoll, wenn er auch sachgerecht gebraucht wird.

Im Gespräch mit Kritobulos veranschaulicht Sokrates diesen Zusammenhang am Beispiel der Flöte (*Oikonomikos* 1, 10–12): Eine Flöte sei nur für den, der sie zu blasen verstehe, ein nützlicher Besitz. Wer dies aber nicht könne, für den sei sie nicht besser als ein wertloser Stein. Erst durch einen Verkauf würde sie wieder wertvoll. Allerdings nur dann, wenn man sie an jemanden verkaufe, der sie zu spielen verstehe. Entsprechendes gelte auch für das Geld, das man für den Verkauf erziele: Wenn man es nach Erhalt für Nutzloses ausgebe, habe es keinen Wert.

Je besser ein Gegenstand im richtigen Gebrauch seinen Zweck erfüllt, desto wertvoller, nützlicher und schöner ist er. Darum ist selbst ein Mistkorb wertvoll und schön, wenn er nur zweckmäßig ist (*Memorabilien* 3, 8, 6). Xenophon wählt dieses Beispiel, um die Ansicht zurückzuweisen, dass Schönheit kein von einem Nutzen unabhängiges, rein ästhetisches Phänomen sei. Durch die Gleichsetzung von Schönheit und Nützlichkeit will der xenophontische Sokrates nicht zuletzt ironisch beweisen, dass er, der vermeintlich Hässliche, schöner ist als der schöne Kritobulos. Sokrates ist eben darum schöner, weil er seine Gliedmaßen und Organe besser zu gebrauchen versteht als Kritobulos.

Der optimale Gebrauchswert steht auch im Mittelpunkt des Gesprächs mit dem Panzerschmied Pistias (*Memorabilien* 3, 10, 9–15): Wenn der Panzer seinem Besitzer passt, erfüllt er das Kriterium des Gebrauchswerts, der εὐχρηστία: weil er in der Schlacht gut zu gebrauchen ist. Es gibt also nichts absolut Schönes (*Memorabilien* 4, 6, 9). Wenn jeder Gegenstand nur insofern schön ist, als er sich für den Zweck, für den er bestimmt ist, gut gebrauchen lässt, ist umgekehrt alles Brauchbare in Relation zu dem, wofür es brauchbar ist, schön – unter der Voraussetzung, dass der Gebrauchende auch moralisch handelt.

Unter diesem Gesichtspunkt bekommt eine Stelle in der *Anabasis* ein besonderes Gewicht. Hier verschweigt Xenophon auch die negativen Seiten des Nützlichkeitsprinzips nicht. Hier (*Anabasis* 4, 1, 22–24) schildert er ein Handeln, das nach heutigen Maßstäben ein Kriegsverbrechen ist: Die Kyreer benötigen in einer bedrohlichen Situation einen Ortskundigen, mit dessen Hilfe sie einen uneinnehmbaren Pass im Gebirge umgehen können. Unvermittelt erklärt Xenophon: „[...] als uns die Feinde in Bedrängnis brachten, zogen wir uns zurück. Dann setzten wir einige von ihnen außer Gefecht und machten zwei Gefangene, um sie als ortskundige Führer zu verwenden. Sofort führten meine Männer die Gefangenen vor und befragten sie getrennt voneinander, ob sie einen anderen als den sichtbaren Weg (über den Pass) wüssten. Der eine Gefangene verneinte dies, obwohl man ihn heftig unter Druck setzte. Weil er nichts Nützliches sagte, wurde er unverzüglich liquidiert. Der andere musste dabei zusehen. Dieser sagte daraufhin, er werde einen Weg zeigen.

Hier stellt sich nun die Frage, wer den Befehl zur Tötung des „nutzlosen" Gefangenen gab. Xenophon schreibt zuerst im Aktiv, er habe zwei Gefangene gemacht. Dann aber verwendet er das Passiv („der Gefangene wurde getötet"). Er, Xenophon, anonymisiert also mit der Verwendung des unpersönlichen Passivs das Verbrechen, um den Täter zu verschweigen. Hinsichtlich der Befolgung der Nützlichkeitsbewertung wird an dieser Stelle aber dennoch folgendes deutlich: Der zweite Gefangene war „nützlich", weil er als ortskundiger Führer dienen konnte. Die Tötung des ersten Gefangenen ist ohne Zweifel eine barbarische Tat, die nicht von Barbaren, sondern von Griechen begangen wurde.[10]

Unabhängig von der moralischen Beurteilung des Geschehens in einer Extremsituation wird hier die Schattenseite des Nützlichkeitsprinzips sichtbar: Was nicht nützlich ist, wird eliminiert.

Den praxisorientierten instrumentalistischen Charakter seiner Ethik unterstreicht der xenophontische Sokrates auch dadurch, dass er die Bereitschaft zur freudigen Anstrengung (πόνος) als das entscheidende Mittel zur Verwirklichung von Glück definiert. Xenophon hebt (*Memorabilien* 2, 1, 20) das für ihn selbst zentrale Motiv der „freudigen Anstrengung" mit einem Hesiod-Zitat (*Erga* 286–291) und der Wiedergabe der Prodikos-Erzählung von Herakles am Scheideweg (*Memorabilien* 2, 1, 21–34) nachdrücklich hervor. Anstrengung und Glück gehören zusammen. Anstrengung ist eine Bedingung des Glücks. Sokrates will mit der Herakles-Erzählung zeigen, unter welchen Bedingungen ein Höchstmaß an wahrer Lust zu erreichen ist. Die Antwort ist ganz einfach: Die höchste Lust besteht in der scheinbaren Paradoxie einer Koexistenz von Anstrengung (πόνος) und Lust (ἡδονή). Sokrates benutzt die Prodikos-Erzählung also nicht einfach zur Demonstration des Gegensatzes zwischen Tugend und Laster. Er konfrontiert Herakles mit einer doppelten ἡδονή. Die ἀρετή verlangt nämlich keinen Verzicht auf jede Art von Lust. Das Tugendhandeln muss nur echte Lust sein bzw. nach sich ziehen, wie es zum Beispiel von denen erlebt wird, die nach einer Anstrengung gut schlafen können.

In der Prodikos-Erzählung lässt die Zeichnung der beiden Frauenporträts den spezifisch xenophontischen ἡδονή-Begriff mit seiner physisch-diätetischen Ausrichtung deutlich hervortreten: Hinter der negativen Charakterisierung der κακία als „wohlgenährt bis zur Fülle und Üppigkeit" (*Memorabilien* 2, 1, 22) steht die von Xenophon vielfach geäußerte Forderung, auf ein ausgewogenes Verhältnis zwischen Nahrungsaufnahme und körperlicher Anstrengung zu achten (*Kyrupädie* 5, 2, 17. *Staat der Lakedämonier* 5, 8. *Memorabilien* 1, 3, 6–7. 3, 12, 5–8). Die κακία gehört also schon aufgrund ihrer äußeren Erscheinung zu der von Xenophon verachteten Gruppe der ἄπονοι, der Anstrengungslosen, die keine wahre Lust empfinden können.

Die Verachtung der ἄπονοι kommt auch in einer Maßnahme des Kyros zum Ausdruck: Wenn er dem besiegten Kroisos sein Luxusleben lässt, ihm aber Kampf und Krieg, das heißt πόνος, verbietet (*Kyrupädie* 7, 2, 26), erniedrigt er ihn nicht nur, sondern macht ihn auch für immer unschädlich. Mit einem Leben in Bequemlichkeit und Luxus bleibt ihm Kroisos gefügig. Denn er wird seine Kraft durch das Verbot jeder Anstrengung und Entbehrung verlieren. Nur die Herrschenden haben das Recht und die Pflicht, ihre Leistungsfähigkeit durch ein hartes, von πόνος und

10 Vgl. F. Hobden/C. Tuplin (Hgg.): Xenophon: Ethical Principles and Historical Enquiry, 2012.

ἐγκράτεια geprägtes Leben zu erhalten und zu steigern. Obwohl er jedoch den ehemaligen Feind durch Wohlleben und Mangel an Anstrengung dauerhaft schwächt, behält er ihn in seiner Nähe, weil er ihm nach wie vor misstraut (*Kyrupädie* 7, 2, 29). Hier ist wieder der Gegensatz zwischen πόνος und ἀπονία verbunden mit ἡδονή fassbar, den Xenophon auch in der Prodikos-Erzählung von „Herakles am Scheideweg" (*Memorabilien* 2, 1, 21–34) thematisiert:

Kyros personifiziert die harte entbehrungsreiche ἀρετή, Kroisos die mühelose, verweichlichende ἡδονή, nicht die wahre, aus der Anstrengung erwachsende Freude, wie sie in der Prodikos-Erzählung thematisiert ist. Die Fürsorge für die Gesundheit gehört daher auch zu den Aufgaben des Feldherrn und Herrschers (*Kyrupädie* 1, 6, 16–18. 2, 1, 20–24). Das körperliche Training dient der körperlichen Gesundheit. Damit ist eigentlich nichts anderes gemeint als der permanent richtige Gebrauch des Körpers.

In einer protreptischen Rede (*Memorabilien* 3, 12) weist Sokrates seinen Gesprächspartner Epigenes auf den Nutzen hin, den die richtige Gymnastik für den guten körperlichen Zustand (εὐεξία) bedeutet. Zur Gesunderhaltung des Körpers gehört auch das Maßhalten beim Essen und Trinken. Man solle sich davor hüten, sich über die Sättigung hinaus zu füllen (*Memorabilien* 1, 3, 6). Man solle nicht essen und trinken, wenn man keinen Hunger oder Durst habe. Denn Magen, Kopf und Seele würden dadurch geschädigt. Zur Illustration wird eine allegorische Deutung der Kirke-Episode in der *Odyssee* benutzt: Kirke habe die Gefährten des Odysseus dadurch, dass sie sie zu maßlosem Essen und Trinken verführte, zu Schweinen gemacht. Nur Odysseus habe sich auf den Rat des Hermes hin und aufgrund seiner eigenen Selbstbeherrschung zurückgehalten, über die Stillung des Hungers hinaus zuzugreifen, und sei deshalb auch nicht zum Schwein geworden (vgl. auch *Memorabilien* 1, 2, 1–8 und besonders 2, 1, 1–8).

Nahrungsaufnahme und Anstrengung müssen in einem rechten Verhältnis zu einander stehen: Im *Oikonomikos* (11, 11–12) fragt Sokrates Ischomachos, wie er sich um Gesundheit und Körperkraft kümmere. Darauf erwidert dieser: „Dem Essen muss die körperliche Anstrengung entsprechen." Wenn Sokrates daran erinnert, dass Homer Agamemnon den „Hirten der Völker" nennt (3, 2, 1), weil er wie ein Hirt dafür sorgt, dass die Soldaten gesund bleiben und das zum Leben Notwendige erhalten, um das Ziel des Feldzugs zu erreichen, und wenn er dann betont, dass ein König nicht um seiner selbst willen, sondern für das Wohlergehen seiner Untertanen gewählt wird, dann erinnert Xenophon daran, dass er selbst während des Kyreerzuges so gehandelt hat.

In den *Memorabilien* (3, 3) werden die Eigenschaften und Verhaltensweisen eines Hipparchen so anschaulich und lebensnah geschildert, wie es nur aufgrund eigener Erfahrungen des Autors denkbar ist.[11] Dazu gehört auch die Redekunst, die er selbst in besonderem Maße beherrschte und vielfach bewies. Er kann daher auch den Gesprächspartner des Sokrates eine Frage stellen lassen, die seine eigene

11 Vgl. V. J. Gray: The Literary Interpretation of Xenophon's Memorabilia, 1998.

Auffassung, wie er sie auch in der *Anabasis* zum Ausdruck bringt, widerspiegelt (*Memorabilien* 3, 3, 10–11): „Wenn ich nun der Beste unter allen Reitern sein sollte, wird es dann auch ausreichend für mich sein, dass sie mir gehorchen? Darauf Sokrates: Wenn du es darüber hinaus schaffst, ihnen zu vermitteln, dass es für sie besser und vorteilhafter ist, dir zu gehorchen (dazu auch *Kyrupädie* 1, 6, 20–25). Der Gesprächspartner erwidert: „Du meinst also, dass sich der Reiterführer neben allem anderen auch darum bemühen muss, gut reden zu können?" Sokrates: Glaubtest du etwa, man müsse ein sprachloser Reiterführer sein? Oder ist dir nicht klar geworden, dass wir alles, was wir als schön und gut gelernt haben und wodurch wir zu leben verstehen, durch die Vermittlung des Wortes gelernt haben? Und wenn jemand ein anderes treffliches Wissen erwirbt, lernt er es dann nicht durch das Wort? Und dass die besten Lehrer vor allem die richtigen Worte finden? Und dass diejenigen, die das wertvollste Wissen besitzen, es besonders gut im Gespräch vermitteln?" (*Memorabilien* 3, 4, 11). Das hatte Xenophon bei Sokrates in Athen selbst erlebt und während des Kyreerzuges unter ganz anderen Umständen verwirklicht.

Die Darstellung des Nutzens, die Sokrates für seine Mitmenschen bewies, ist das zentrale Thema der *Memorabilien.* Im Zusammenhang damit verteidigte Xenophon Sokrates (*Memorabilien* 1, 1, 2–20) selbstverständlich auch gegen den Vorwurf der Asebie, indem er seine vielfach bewiesene Frömmigkeit herausstellt: Niemals habe ihn jemand etwas Gottloses oder Frevelhaftes tun sehen oder reden hören.[12]

Auf Spuren der sokratischen Frömmigkeit (εὐσέβεια) stößt man nicht nur in den *Memorabilien.* An vielen Stellen seines Werkes erwähnt Xenophon die εὐσέβεια als eine Grundtugend des Menschen. Sie gehört zu den Eigenschaften des guten Feldherrn und wird unter anderem durch Vertragstreue und durch Beachtung der kultischen Gebote bewiesen (vgl. *Agesilaos* 3, 2). Vertragstreue ist deshalb ein Zeichen von Frömmigkeit, weil Verträge unter Anrufung der Götter geschlossen und beschworen werden. Politische Verhandlungen werden durch εὐσέβεια abgesichert. So verstärkt zum Beispiel Kallias (*Hellenika* 6, 3) seinen Friedensappell in den Verhandlungen mit Sparta mit dem Hinweis auf den Demeterkult[13] und die eleusinischen Mysterien. Im *Symposion* (4, 47–49) porträtiert Xenophon sich selbst in der Gestalt des Hermogenes als einen Freund der Götter, mit deren Hilfe er stets zuverlässig rechnen könne.

Der richtige Gebrauch ist ein Schlüsselbegriff seines Denkens im Allgemeinen und seiner individualistisch-utilitaristischen Ethik im Besonderen. Mit diesem Begriff hat die Ethik nicht nur ein rationales Prinzip, sondern vor allem auch eine empirisch-praktische Ausrichtung.

Im *Oikonomikos* geht es Xenophon ebenso wenig wie in den anderen sokratischen Schriften darum, ein Bild des historischen Sokrates zu zeichnen. Die Schriften

12 Vgl. T. Sedlacek: Die Ökonomie von Gut und Böse, 2013.

13 Die Erd- und Fruchtbarkeitsgöttin Demeter, die in Eleusis kultisch verehrt wurde, soll zuerst den Menschen auf der Peloponnes das Getreide geschenkt haben. Die Göttin ist ein Garant des Friedens zwischen Sparta und Athen.

erwecken vielmehr den Eindruck, der Selbstdarstellung des Autors zu dienen, ohne jedoch autobiographisch sein zu wollen. Die Fiktion des Gesprächs, das Sokrates im Hauptteil des *Oikonomikos* mit dem Athener Ischomachos führt (Kapitel 7–21), kann kaum verhehlen, dass Ischomachos ein Pseudonym für Xenophon selbst ist, der hier seine Tätigkeit als Gutsherr und vor allem auch seine Erfahrungen aus dem Kyros-Abenteuer reflektiert, wie er es in der *Anabasis* beschreibt.

Wenn er zum Beispiel von den Führungsaufgaben des Gutsherrn und der Verantwortung, die er für Menschen und Tiere und vor allem auch für eine professionelle und nachhaltige Lebensmittelproduktion übernommen hat, erkennen wir daraus seinen Stolz über seine Leistung bei der Rückführung der Zehntausend von Babylon zum Schwarzen Meer. Ischomachos spricht aus, was Xenophon denkt und was er erlebt und erfahren hat. Im *Oikonomikos* entwickelt Xenophon seine Lehre von einer zielgerichteten Menschenführung, eine Anthropagogik.[14]

Die politische Relevanz dieser Form der Menschenführung erkannte Cicero, sodass er den *Oikonomikos* mit seiner Übersetzung ins Lateinische in Rom bekannt machen wollte.[15] Auch in seinem *Cato maior de senectute* lässt Cicero seinen Titelhelden unter anderem über die Landwirtschaft sprechen und ihre politische Dimension mit der Erwähnung des Lucius Quinctius Cincinnatus, des ehemaligen Konsuls des Jahres 460 v. Chr., dem am Pflug die Nachricht überbracht wurde, er sei zum Diktator ernannt worden, eindrucksvoll veranschaulichen. Mit der kurzen Erwähnung des Cincinnatus betont Ciceros Cato, dass die Landwirtschaft nicht nur für alle Menschen eine heilsame Betätigung (*hominum generi universo cultura agrorum est salutaris,* 56) und ein Quell der Freude, sondern auch das wahre Fundament der römischen *res publica* sei. Gut bewirtschaftetes Land sei in jeder Hinsicht das Nützlichste und Schönste, was es gebe (57).

In diesem Zusammenhang erwähnt Cato nun den *Oikonomikos,* in dem Xenophon die Landwirtschaft gedankenreich *(copiose)* gepriesen habe. Es gebe ja auch nichts Königlicheres als die Landwirtschaft. Denn sogar der persische Prinz Kyros habe ein Stück Land fachmännisch bearbeitet (*Oikonomikos* 4). Wenn Cicero im *Cato* und in nächster Nähe zu Xenophons *Oikonomikos* die Cincinnatus-Legende erwähnt, will er von vornherein die Vermutung unterbinden, dass das Leben auf dem Lande eine bukolische Idylle ist. Denn der Bauer führt nicht nur ein glückliches, sondern auch ein anstrengendes und entbehrungsreiches Leben. Er ist auch zu jeder Zeit in der Lage und bereit, seine politisch-militärischen Pflichten für die *res publica* – besser als jeder andere – zu erfüllen, genau wie der xenophontische Ischomachos im *Oikonomikos.* Obwohl der Bauer den Krieg nicht liebt, kann und will er als Schwerbewaffneter (*Cato* 5, 7) sein Land verteidigen und der Polis dienen. Zudem trainiert und steigert seine Tätigkeit die für den Kriegsdienst erforderlichen körperlichen Fähigkeiten.

14 Der Begriff wurde vom Verfasser in Analogie zur Pädagogik geprägt.

15 Siehe Cicero, *Cato. De senectute,* 59. Cicero erwähnt seine *Oikonomikos*-Übersetzung in *De officiis,* 2, 87.

Der Bauer ist aufgrund seiner permanenten körperlichen Aktivität und Anstrengung (ἄσκησις) stets auf die physischen Anforderungen des Soldaten vorbereitet. Er kann das leisten, was einem freien Mann zukommt und zu seinen Pflichten gehört. Cicero argumentiert hier mit altrömischen Tugenden, die für eine erfolgreiche *agricultura* erforderlich sind und im Kontext des *Cato* auch der physischen und psychischen Gesundheit dienen.

Dass die Sprache zu den wirkungsvollsten Mitteln erfolgreicher Menschenführung gehört, hatte Xenophon in vielen Situationen während des Feldzugs der Zehntausend erlebt und selbst erprobt. Im *Oikonomikos* vermittelt Ischomachos bei Streitigkeiten unter den Mitarbeitern auf dem Gutshof mit Hilfe der Sprache: Lob und Tadel, Kritik und Rechtfertigung werden sprachlich geäußert. Auch in den *Memorabilien* (3, 3) betont Sokrates, dass ein angehender Reiterführer sich vor allem darum bemühen müsse, angemessen zu reden (3, 3, 11), um seine Leute dazu zu veranlassen, freiwillig zu gehorchen.

Der *Oikonomikos* ist also kein landwirtschaftliches Lehrbuch, keine Lehrschrift der Agronomie und kein Ratgeber für Lebensbewältigung in einer von der Landwirtschaft geprägten und von ihr abhängigen Gesellschaft.[16] Der *Oikonomikos* ist vielmehr eine Aufforderung zum richtigen Umgang (ὀρθὴ χρῆσις)[17] mit dem, was man besitzt,[18] und ein Appell an die Bereitschaft zum richtigen Gebrauch des Vorhandenen und Gegebenen. Der moderne Begriff der Nachhaltigkeit zeichnet sich hier bereits ab.

Auch die *Apologie* war Gegenstand im Streit um den historischen Sokrates. Aufgrund der Gleichheit des überlieferten Titels gerieten die platonische und die xenophontische *Apologie* in eine unangemessene Konkurrenz.

Am Anfang der *Apologie* spricht Xenophon über den Zweck seiner Ausführungen. Er will die Erinnerung daran festhalten, wie Sokrates über seine Verteidigung und seinen Tod dachte und dass sein Verhalten in der Athener Gesellschaft im Allgemeinen und gegenüber dem Urteilsspruch des Gerichts im Besonderen angemessen war. Er distanziert sich von anderen Autoren, die zwar auch die Arroganz und das starke Selbstbewusstsein des Sokrates herausstellten, diese Eigenschaften aber nicht richtig verstanden und erklärt hätten. Er bezieht sich also auf andere Verteidigungsreden, die in großer Zahl vorgelegen haben müssen. Denn es ist unwahrscheinlich, dass sich von den Sokratikern der ersten Generation nur Platon und Xenophon mit Sokrates' Prozess beschäftigt haben sollten. Xenophon wollte die anlässlich der Verteidigung zu Tage getretene Arroganz (μεγαληγορία) des Sokrates erklären und zugleich eine psychologische Ergänzung zu den bisherigen sokratischen Schriften bieten, die seine Verteidigung zum Inhalt hatten.

16 Vgl. S. B. Pomeroy: Xenophon. Oeconomicus, 1994.

17 Zur ὀρθὴ χρῆσις vgl. R. Nickel: Besitzen und Gebrauchen. Spielarten einer Gedankenfigur vor und bei Aristoteles, 2012.

18 S. Föllinger: Sokrates als Ökonom? Eine Analyse der didaktischen Gestaltung von Xenophons „Oikonomikos", 2006.

Es fallen ferner bemerkenswerte Unterschiede zur platonischen *Apologie* auf. So weigert sich der xenophontische Sokrates, eine Strafe für sich zu beantragen, weil er damit seine Schuld anerkennen würde (*Apologie* 23). Im Gegensatz zu Xenophon (*Apologie* 5 f.) geht Platon nicht auf die εὐκαιρία, den passenden Zeitpunkt des Todes ein: Der xenophontische Sokrates blickt auf sein bisher glücklich verlaufenes Leben zurück. Er nimmt sein Todesurteil an. Wenn sein Leben weitergehe, würden sich unweigerlich die Folgen des Alters einstellen: Er werde schlechter sehen und hören, schwerer lernen und schneller vergessen. Er würde erfahren, wie seine Kräfte abnähmen, und er wäre unzufrieden mit sich selbst.[19]

Poroi

Mit dieser Schrift über Mittel und Wege zu neuen Einkünften unterbreitet Xenophon seinen Mitbürgern nach der Niederlage Athens im Bundesgenossenkrieg im Jahre 355 v. Chr. Anregungen zur wirtschaftlichen Erholung.[20] Er demonstriert Möglichkeiten einer anti-imperialistischen Wirtschaftspolitik zur Rettung Athens und seiner Bürger. Er legt ihnen den Verzicht auf jede Form von Überlegenheitsstreben und auf asymmetrische Machtverhältnisse nahe. Er empfiehlt unter anderem den verstärkten Ankauf von Sklaven, die an Pächter der bestehenden und der neu zu errichtenden attischen Silberbergwerke vermietet werden sollen. Aus den dadurch für den Staat entstehenden Einnahmen solle man eine Art Staatsrente für alle athenischen Bürger finanzieren, um die materielle Not des Demos zu verringern.

Außerdem fordert Xenophon, die Staatseinkünfte durch eine verstärkte Ansiedlung von Metöken zu erhöhen, die der Stadt mit ihren Steuern nützlich sein könnten. Neue Metöken sollten vor allem durch Freistellung vom Hoplitendienst (*Poroi* 2, 3–4) und durch die Erlaubnis, Grundbesitz zu erwerben (*Poroi* 2, 6), angelockt werden. „Und wenn wir den Metöken außer den anderen Möglichkeiten einer ehrenvollen Beteiligung auch den Zugang zur Reiterei erlauben würden, dann – so scheint es mir – würden wir ihre Kooperationsbereitschaft vergrößern und zugleich unsere Polis stärken und bereichern“ (*Poroi* 2, 5).

Wenn Xenophon die Zulassung der Metöken zur Reiterei empfiehlt, dann spricht daraus wiederum seine persönliche Erfahrung als Reiterführer. Er war davon überzeugt, dass sich „Lyder, Phryger und Syrer“ aufgrund ihrer Fähigkeiten in die Reiterei integrieren ließen. Eine weitere Maßnahme zur Anwerbung von mehr und höher qualifizierten Metöken sollte die Einrichtung einer neuen Behörde sein: das Amt des „Metöken-Beauftragten“ (*Poroi* 2, 7) – heute würden wir an dieser Stelle über einen „Integrations-Beauftragten“ sprechen!

19 B. Hogenmüller: Xenophon. Apologie des Sokrates, 2008; B. Hogenmüller: Das Sokratesbild in Xenophons Apologie des Sokrates, 2013; P. Pucci: Socrates' Defence, 2002.

20 B. Schütrumpf: Xenophon. Vorschläge zur Beschaffung von Geldmitteln, 1982.

Die Realitätsnähe dieser Vorschläge beruht auf der Tatsache, dass die Zahl nicht sesshafter, heimatloser Menschen in Griechenland erheblich war. Xenophon sah darin eine Chance, nicht nur Metöken zu gewinnen und in Athen anzusiedeln, sondern auch die Heimatlosen zum Vorteil der staatlichen Wirtschaft zu integrieren.

Auch für die Stärkung des Handels entwarf Xenophon ein Programm, das vor allem auf die Wirkung von Anreizen durch besondere Ehrungen und Auszeichnungen setzte. „Je mehr Menschen sich hier niederlassen und hierherkommen, desto mehr Waren dürften eingeführt, ausgeführt und verkauft werden und desto größer dürften Mieteinnahmen und Steuern sein" (*Poroi* 3, 5). Das Ziel dieser wohl letzten Schrift des Autors war es zu untersuchen, wie Athen unter Verzicht auf Expansions- und Hegemoniepolitik seine wirtschaftliche Versorgung aus eigenen Mitteln sicherstellen konnte. Wenn die Stadt auf diese Weise eine geistige und wirtschaftliche, wenn auch nicht eine politisch-militärische Vormachtstellung gewönne, würde sie sich zu einem kosmopolitischen Zentrum entwickeln, das eine neue Heimat für alle werden könnte. Davon will Xenophon überzeugen. Und es spricht vieles dafür, dass Xenophon mit den *Poroi* ein höheres Anregungspotential für eine moderne ökonomische Bewusstseinsbildung lieferte als mit dem *Oikonomikos,* der als Beitrag zu einer Philosophie einer von moralischer Kompetenz getragenen Unternehmensführung und weniger als eine Anleitung zu einem ökonomischen Denken (wie die *Poroi*) verstanden werden kann.

Hellenika

Dieses aus sieben Büchern bestehende Werk befasst sich mit der griechischen Geschichte zwischen 411 und 362 v. Chr. Es setzt mit den Worten μετὰ δὲ ταῦτα ein und gibt damit zu erkennen – so die einhellige Meinung in der Forschung –,[21] dass es das Werk des Thukydides fortsetzen wollte. In einem ersten Teil erzählt Xenophon die Ereignisse bis zum Tod des Theramenes (*Hellenika* 2, 3, 1–56) und anschließend die weiteren Ereignisse bis zum Ende des Peloponnesischen Krieges im Jahr 404 v. Chr. Dieser Teil kann sofort nach den Ereignissen niedergeschrieben worden sein. Ein zweiter Teil stellt die Geschichte der Dreißig Tyrannen in Athen dar (2, 3, 11 bis 2, 4, 43). Darauf folgen Spartas Perserkriege und der Korinthische Krieg bis zum Königsfrieden (3, 1, 1 bis 5, 1, 36). Die spartanische Vorherrschaft, Spartas Niedergang und Thebens gleichzeitiger Aufstieg schließen sich an (5, 2, 1 bis 7, 5, 27). Diesen zweiten Teil verfasste Xenophon wahrscheinlich erst einige Jahre nach der von der anti-thebanischen Koalition (Sparta, Athen, Arkader) gewonnenen Schlacht bei Mantineia (362 v. Chr.), in der Xenophons Sohn Gryllos, der auf der Seite der Athener gegen die Thebaner kämpfte, den Tod fand. In seiner Reaktion auf die Todesnachricht, die ihn erreichte, als er mit einem Kranz geschmückt eine Opferhandlung vollzog, spiegelt sich sein ganzes Wesen: Er setzte den Kranz

21 Zu Xenophon als Fortsetzer des Thukydides: siehe H. R. Breitenbach, RE IX A2, 1670–1701.

ab, als ihm der Tod seines Sohnes gemeldet wurde. Als ihm aber gesagt wurde, dass sein Sohn wie ein Held (γενναίως) gestorben sei, setzte er ihn wieder auf (Diogenes Laertius, *Über Leben und Lehren berühmter Philosophen* 2, 54).

Die *Hellenika* beschränken sich nach dem Ende des Peloponnesischen Krieges im Wesentlichen auf die Geschichte Spartas. Als Grund dafür ist Verschiedenes vermutet worden: Dies mag zum Ersten daran liegen, dass sich der Autor nur auf eigene Beobachtungen und Erinnerungen stützen konnte, die er im Gefolge des spartanischen Königs Agesilaos gesammelt hatte. Das Ungleichgewicht wird aber auch daraus erklärt, dass Xenophon neben eigenen Aufzeichnungen und Informationen durch andere keine weiteren Untersuchungen anstellte, obwohl er nach der Aufhebung seiner Verbannung zu Beginn der sechziger Jahre wieder Zugang zu athenischen Informationsquellen hatte.[22] Ein Leitgedanke des Werkes ist wiederum die Beschreibung des spartanischen Machtverlusts nach dem Sieg im Peloponnesischen Krieg, d. h. der Fokus liegt eben auf Sparta und nicht auf den übrigen Beteiligten. Schließlich beabsichtigte Xenophon keine historiographisch umfassende Wiedergabe und Analyse der geschichtlichen Vorgänge. Er wollte lediglich „ruhmvolle Taten“ ohne Rücksicht auf ihr historisches Gewicht schildern und die exemplarische Bedeutung menschlicher Leistungen unabhängig von ihrer historischen Tragweite herausstellen. Es kam ihm auf die Darstellung der Persönlichkeiten an, die mit ihren Leistungen aus der Masse herausragten. Dieses Interesse zeigt sich auch in anderen seiner Schriften (vor allem im *Agesilaos* und in der *Kyrupädie*). Daraus erklärt sich vielleicht auch die Tatsache, dass Xenophon nach dem Urteil des Polybios zu den ausdrucksstärksten Prosaautoren der alten Zeit zählte (Polybios, *Historiae* 6, 45, 1).

Ein Beispiel für Xenophons Interesse an beeindruckenden Persönlichkeiten ist Theramenes, der Schüler des Sokrates, des Sophisten Prodikos und des Historikers Thukydides war. Ihm attestierte Xenophon eine hohe politische Begabung und große rhetorische Fähigkeiten (Polybios, *Historiae* 8, 68; vgl. auch Cicero, *De oratore* 2, 22 und *Brutus* 7.) Weil er anfangs mit Kritias, dem Führer der Dreißig freundschaftlich verbunden war, versuchte er, diesen von seinem verbrecherischen Tun abzubringen. Es sei nicht hinnehmbar – so Theramenes –, Menschen zu ermorden, einfach weil sie früher Demokraten waren, ohne jemals einem Aristokraten etwas zuleide getan zu haben. Doch Kritias ließ sich nicht von seinem Kurs abbringen. Er rechtfertigte seine Mordaktionen mit dem Zwang zum Machterhalt. Theramenes gab demgegenüber zu bedenken, dass die Machtbasis der Dreißig zu gering sei, um die Massen in Schach zu halten.

Xenophon zeichnet das Bild des Theramenes mit deutlich erkennbarer Sympathie. Vielleicht sah er eine Parallele zum Schicksal des Sokrates. Hier veranschaulicht er erneut, dass er keine Distanz zwischen seiner eigenen Auffassung und den zu schildernden Vorgängen zu wahren versucht. Mit dieser Darstellungsweise gibt er zu erkennen, dass er auch in den *Hellenika* kein Interesse an einer distanzierten Schilderung

22 Zur Quellenlage siehe H. R. Breitenbach RE IX A2, 1674–1682.

der Vorgänge hatte. Vor allem die Reden sind auffallend stark von seinen individuellen Anschauungen durchsetzt. Mit seinem Anspruch auf ἄσκησις und φιλοπονία, dem Lob der ἐγκράτεια, ἀγρυπνία und φιλανθρωπία sowie mit der Korrelation von ἡδονή und πόνος tritt Jason in der Jason-Polydamas-Rede (*Hellenika* 6, 1, 4–16) gleichberechtigt neben Kyros und Agesilaos. Es scheint, als ob Xenophon auf die Gestalt des Jason sein ganzes Wertesystem konzentrieren wolle. Bei der Zeichnung des Theramenes in den *Hellenika* zeigt sich mithin wiederum, dass das Kriterium der historischen Relevanz für Xenophon nicht maßgebend war. An dessen Stelle steht die paradigmatische oder exemplarische Bedeutung der Personen und Ereignisse.

Die Orientierung am Exemplarischen in der Geschichte hat Xenophon selbst als Prinzip seines Werkes bezeichnet: In den *Hellenika* (7, 2, 1) verspricht er, alle „ruhmvollen Taten" zu schildern, ohne auf Größe oder Geringfügigkeit des dadurch zustande gekommenen Ereignisses besonders zu achten: Alle Autoren erwähnen immer nur die großen Städte, wenn sie etwas Gutes vollbracht haben. Mir aber scheint es wichtig zu sein, auch wenn eine Stadt von nur geringer Bedeutung viele schöne Leistungen vollbracht hat, über diese zu berichten."

Agesilaos

In dieser Schrift rühmt Xenophon eine Führerpersönlichkeit, die in ihren Taten durch ihre Verantwortung für die Polis determiniert ist. Sie ist sich ihrer Grenzen bewusst und lässt sich nicht von ihren persönlichen Wünschen, sondern vom öffentlichen Interesse leiten. Darin liegt das Wesen des wahren Königs, der sich nicht durch Willkür, sondern nur durch Selbstbeschränkung leiten lässt. Mit dem *Agesilaos* wollte Xenophon den Spartanerkönig (444 bis 360 v.Chr.) als vorbildlichen und liebenswürdigen Menschen in die Geschichte eingehen lassen. Durch seine Lebensnähe ist der *Agesilaos* „für die Erkenntnis dessen, was man im vierten Jahrhundert an einem Mann schätzte, eine wertvolle Quelle. „Auf das Nachdrücklichste wird die Herzensbildung, die ‚seelische Anmut', das εὔχαρι, des Agesilaos hervorgehoben. Offensichtlich verlangte das damalige Publikum von einem großen Mann, dass er seine Größe nicht zeigte. Man schätzte das Talent am höchsten, das sich ohne Pose und anspruchslos der Allgemeinheit unterordnet, die Überlegenheit, die sich nicht aufdrängt, sondern sich liebenswürdig verbirgt. Darin drücken sich zwei Züge des griechischen Wesens aus: die Freude am Schönen, das äußerliche Effekte verschmäht, und die demokratische Gesinnung, die sich gegen jede Überhebung auflehnt".[23] Im Unterschied zu dem Kyros der *Kyrupädie* ist Agesilaos keine Idealgestalt einer fernen Vergangenheit oder einer fremden Kultur, sondern ein unmittelbarer Zeitgenosse und Freund des Autors. Xenophon hat damit die Möglichkeit, die sokratische Ethik sozusagen in der Praxis, an einem prominen-

23 I. Bruns: Das literarische Porträt der Griechen im fünften und vierten Jahrhundert vor Christi Geburt. 1896, 136.

ten Vertreter des spartanischen Königtums, vorzuführen.[24] Auf diese Weise kann er zeigen, dass es auch in der zeitgenössischen Politik durchaus Modelle und Muster der Macht gibt, die die Einheit von Ethik und Politik im besten Sinne unter Beweis stellen.

Kyrupädie

Der Kyros der *Kyrupädie* ist ein Paradigma kämpferischer Aktivität einer führenden Persönlichkeit zum Nutzen der Geführten. Er verkörpert Xenophons Überzeugung von der Notwendigkeit eines auf das Gemeinwohl zielenden Wirkens, das frei bleibt von Selbstgerechtigkeit und Überheblichkeit, jedoch von Liebenswürdigkeit, moralischer Integrität und sozialer Kompetenz getragen ist. Kyros verzichtet trotz seiner hohen Stellung auf willkürliche Machtausübung. Er schützt sein Volk gegen äußere Feinde und sorgt im Inneren für das Wohl aller.[25]

So ist es nur konsequent, dass Cicero in einem Brief an den Bruder (*Ad Quintum fratrem* 1, 23–24) auf den xenophontischen Kyros verweist, der in der *Kyrupädie* nicht mit dem Anspruch dargestellt wird, der historischen Wahrheit gerecht zu werden, sondern das Idealbild eines gerechten Herrschers zu sein, ohne mit Detailgenauigkeit beschrieben zu werden *(non ad historiae fidem scriptus, sed ad effigiem iusti imperii).* In der Schrift des Sokratikers Xenophon verbindet Kyros laut Cicero ein Höchstmaß an Würde *(gravitas)* mit einzigartiger Güte (*comitas, Ad Quintum fratrem* 1, 22–23).

Kyros verkörpert höchste παιδεία, indem er durch sein Handeln und Verhalten beweist, dass er diese nicht nur besitzt, sondern auch und immer wieder aktualisiert.[26] Dass diese παιδεία vor allem in der umfassenden Nutzung aller Möglichkeiten ihrer Bewährung durch die Tat besteht, ist ein Grundgedanke der *Kyrupädie.* Wie in den *Memorabilien* Sokrates der Prototyp des Praktikers ist, der die Theorie nicht als ein realitätsfernes, sondern als ein auf praktische Bedürfnisse hin ausgerichtetes Wissen begreift, so gelingt es Kyros immer wieder, Theorie und Praxis in ein Gleichgewicht zu bringen. Mit seiner Kunst der Menschenführung kann Kyros beweisen, dass die Synthese von Theorie und Praxis nicht nur möglich, sondern vor allem auch notwendig ist.

Indem Xenophon seinen griechischen Lesern das Ideal der παιδεία an der Gestalt eines persischen Königs veranschaulicht,[27] macht er ihnen bewusst, dass diese nicht nur das Eigentum der Griechen ist, sondern dass auch Perser von helleni-

24 Vgl. V. J. Gray: Xenophon's Mirror of Princes, 2011; H. Wilms: Techne und Paideia bei Xenophon und Isokrates, Berlin 1995.

25 Vgl. B. Due: Xenophon of Athens: The Cyropaedia, 1996; D. L. Gera: Xenophon's Cyropaedia. Style, Genre, and Literary Technique, 1993; J. Tatum, Xenophon's Imperial Fiction. On „The Education of Cyrus", 1989 (Reprint: Berlin 2014).

26 Vgl. F. Rübener: Kyros als Idealbild eines Herrschers, 2005.

27 Vgl. M. Reichel: Xenophon als Biograph, 2007; F. Rübener: Das Bild des Kyros in der Überlieferung, 2005.

scher Paideia durchdrungen sein können. So darf man betonen, dass sich Xenophon aufgrund seiner „Barbarenfreundlichkeit“ (dazu *Kyrupädie* 2, 2, 26) als Vertreter eines das Nationale transzendierenden vorhellenistischen Denkens erweist (*Kyrupädie* 1, 1, 3–5. 7, 2, 11. 8, 4, 8). Neben ihm stehen andere „edle Barbaren“ wie der Armenier Tigranes, der die σωφροσύνη als höchste Tugend preist und auch Unrecht zu verzeihen vermag (*Kyrupädie* 3, 1, 16. 38). Xenophon versucht mit seiner *Kyrupädie* seinen Landsleuten das herrschende Vorurteil gegen alles Persische, das als Inbegriff des Barbarischen galt, zu nehmen und zu zeigen, dass die persische Kultur sowohl auf dem Gebiet der militärischen Taktik und Strategie als auch im Bereich der Menschenführung der griechischen mindestens ebenbürtig war (vor allem Kap. 1, 6 der *Kyrupädie*). Das Vorurteil vom asiatisch-persischen Despotismus wird durch Xenophons *Kyrupädie* nachhaltig erschüttert.[28]

Hieron

Die *Kyrupädie* veranschaulicht die ideale Herrschaft, der *Hieron* bestätigt dieses Ideal, indem er das Gegenbild zeigt.

Im Dialog zwischen dem Tyrannen Hieron (als Typus eines Herrschenden) und Simonides (als Typus eines Beherrschten) versucht der Tyrann dem Dichter und Weisen zu erklären, dass sein Leben weit unglücklicher sei als das Leben eines Polisbürgers. Es sei gewissermaßen eine Perversion menschlicher Existenz. Darauf erwidert Simonides, dass die Tyrannis unter bestimmten Bedingungen auch eine Höchstform der Selbstverwirklichung und der Tyrann der glücklichste aller Menschen sei.[29]

Der Vergleich des Privatmannes mit dem Tyrannen erfolgt auf der Grundlage der Antithese von Lust und Schmerz (bes. 1, 2. 1, 5. 1, 8). Diese Gefühle sind die Aspekte, unter denen die private und die tyrannische, d. h. die beherrschte und die herrschende Lebensform betrachtet werden. Simonides versucht zunächst mit Hilfe einiger Beispiele zu verdeutlichen, dass der Tyrann in jeder Beziehung mehr Lust empfinde als der Privatmann. Daraus erkläre sich auch, warum so viele Menschen nach der Tyrannis strebten oder einen Tyrannen beneideten (*Hieron* 1, 9). Hieron greift diese Beispiele auf und widerlegt sie mit seinen persönlichen Erfahrungen.

Simonides' Argumentation wird über lange Strecken von den Belehrungen Hierons zersetzt und widerlegt. Dabei sind die Dialogrollen von Fragendem und Antwortendem verkehrt besetzt, so dass die Klagen Hierons über die typischen Probleme eines Herrschers Lächeln und Witz erzeugen statt Unmut und Ärger. In der Sache läuft die Argumentation des Dichters und Weisen darauf hinaus, dass der Mächtige seine Macht nur „richtig“ gebrauchen müsse (bes. *Hieron* 4, 8 ff.). Denn

28 Vgl. dazu auch C. Schneider: Kulturgeschichte des Hellenismus, 1967; Chr. Mueller- Goldigen: Xenophon. Philosophie und Geschichte, 2007, 46–50; 71–76; bes. 88.

29 Vgl. R. Doty: Xenophon's Hiero – a New Translation, 2003.

der richtige Gebrauch der Tyrannis führe zu einer positiven Form der Machtausübung, deren Wirksamkeit auf ihrer Unauffälligkeit, ihrer scheinbaren Gewaltlosigkeit und der freiwilligen Unterwerfung der Untergebenen beruhe.[30]

Versucht man nun die vielfach erkennbare autobiographische Prägung der Schriften Xenophons auch im *Hieron* zu entdecken, wird man an seine Erfahrungen mit mächtigen Zeitgenossen (zum Beispiel mit den Dreißig Tyrannen in Athen oder mit dem spartanischen König Agesilaos) zu denken haben. Von noch größerer Bedeutung aber sind fraglos seine persönlichen praktischen Erfahrungen mit der Ausübung von Macht und Befehlsgewalt in seiner Rolle beim Rückzug der Kyreer.

Der *Hieron* liest sich über weite Strecken wie eine Persiflage derjenigen Antworten, die Xenophon von den Herrschern, mit denen er Umgang hatte, erfahren haben mag.

Staat der Lakedämonier

Mit dem *Staat der Lakedämonier* veranschaulicht Xenophon, wie eine Polis zu organisieren ist, um den Menschen die größtmögliche Eudämonie zu verschaffen. Xenophon behandelt dieses Thema zwar auch in der *Kyrupädie* und im *Hieron,* doch in diesen Schriften wird die Polis nicht von der Gesetzgebung her gesehen, wie im *Staat der Lakedämonier,* sondern vom Herrscher her. Xenophon bewundert den spartanischen Staat, in dem er die Verwirklichung seines soldatischen Ideals sieht, das er während des Kyros-Zuges verinnerlicht hat. Aber im Schlusskapitel der Schrift beschuldigt er die Spartaner der Gegenwart des Abfalls von ihrem eigenen Ideal.

Ähnlich verfährt der Autor mit den Persern im Schlusskapitel der *Kyrupädie.* Auch hier kontrastiert er den einst besseren mit dem gegenwärtig schlechteren Zustand. Er wirft den Spartanern der Gegenwart Geldgier, Genuss- und Herrschsucht vor. Sie seien jetzt so unbeliebt, dass die anderen Griechen eine Erneuerung der spartanischen Hegemonie gemeinsam verhindern würden (*Staat der Lakedaimonier* 14, 4–6). Xenophon ist tief enttäuscht von Spartas politischem Abstieg. Dass er am Ende seiner Lobschrift auf die lykurgischen Gesetze auf diese negative Entwicklung hinweist, ist nicht überraschend: Jedermann in Griechenland war sich darüber im Klaren, dass das Sparta der Gegenwart dem Sparta der einstigen Glanzzeit weit nachstand; im Munde Xenophons ist gerade diese Aussage eine ernste Warnung an die Adresse Spartas.[31] Denn sie besagt, die Institutionen seien schon in Ordnung, aber die entsprechend qualifizierten Menschen gebe es nicht mehr. Xenophon hatte auch in den *Hellenika* an den Fehlern, die die Spartaner in der Zeit ihrer Hegemonie begangen hatten, Kritik geübt. Auch hierin lag bereits eine Warnung vor der göttlichen Nemesis. Im *Staat der Lakedämonier* wird die rückhaltlose

30 Vgl. S. Schorn: Die Vorstellung des xenophontischen Sokrates von Herrschaft und das Erziehungsprogramm des Hieron, 2010; S. Schorn: Politische Theorie, ‚Fürstenspiegel' und Propaganda, 2010.

31 Vgl. H. R. Breitenbach, RE IX A2, 1751 ff.

Kritik mit der Darstellung eines erstrebenswerten Zustands verknüpft: Die lykurgische Verfassung erscheint als eine konstruktive Utopie, an der sich die Menschen für die weitere Zukunft orientieren sollten. Hier liegt das eigentlich Wegweisende der xenophontischen Sparta-Studie.[32]

Hipparchikos und Reitkunst

Xenophon selbst bezeichnete seine hippischen Lehrschriften als Hypomnemata („Ratschläge"). Dieser Charakter wird durch den häufigen Gebrauch von Begriffen aus dem Bereich des Lehrens und Lernens, Ermahnens und Ermunterns unterstrichen. Auch die ununterbrochene Folge von Ausdrücken und Formen empfehlenden Charakters und solchen, die ein Müssen oder Nötigsein ausdrücken, betont die Lehrhaftigkeit der beiden Schriften.

Im *Hipparchikos* verkörpert der Reitergeneral das Ideal einer vernunftgesteuerten, verantwortungsbewussten Führerpersönlichkeit, die sich im Großen wie im Kleinen um das Wohl und die „Brauchbarkeit" von Menschen und Tieren kümmert, sodass sie einem klar umrissenen Zweck dienen können, der für Xenophon letzten Endes immer das Wohl der athenischen Polis ist.[33]

Die Schrift bietet einen umfassenden Überblick über die stets verwirklichten oder intendierten Pflichten und Aufgaben eines Reiterführers: Auswahl der Pferde und ihrer Reiter für eine schlagkräftige Truppe, Paraden und Manöver, taktische Anweisungen, Kriegslisten, Behandlung der Soldaten, Verteidigung einer Stadt, Ratschläge zur Vergrößerung der attischen Reiterei, Hinweise für die Einhaltung kultischer Vorschriften. Dennoch handelt es sich nicht um ein systematisch aufgebautes Lehrbuch, sondern nur um eine Sammlung von Empfehlungen eines erfahrenen Praktikers.

Es spricht manches dafür, dass die hippischen Schriften trotz aller Lehrhaftigkeit auch ein politisches Ziel hatten: die Rehabilitierung der unter dem Regime der Dreißig diskreditierten Hippeis und ihre Integration in die demokratische Polis. Es wäre denkbar, dass der *Hipparchikos* die ὠφέλεια der athenischen Reiterei darstellen und demonstrieren will, wie diese zum Vorteil der Polis künftig noch zu erhöhen ist. Wie Xenophon in den *Memorabilien* die Nützlichkeit des Sokrates beweisen will, so im *Hipparchikos* den Nutzen der athenischen Reiterei durch eine professionelle Führung.

Die Schrift *Über die Reitkunst* ist ein Ratgeber für Kavalleristen für den richtigen Umgang mit Pferden. Sie beginnt mit Empfehlungen für den Kauf von Pferden (*Über die Reitkunst,* Kap. 1–3), für die Pferdehaltung (3–6) einschließlich der Beschaffenheit des Stalles, der Fütterung, Pflege und Hygiene und für die Dressur (6–9),

32 Vgl. S. Rebenich: Xenophon. Die Verfassung der Spartaner, 1998; M. Lipka: Xenophon's Spartan Constitution, 2002; G. Weber: Pseudo-Xenophon. Die Verfassung der Athener, 2010.

33 Vgl. D. Toalster: Der Hipparch als Prototyp des erfolgreichen Feldherren in Xenophons Hellenika, 2011; H. Wilms: Techne und Paideia bei Xenophon und Isokrates, 1995.

die das Pferd auf den militärischen Einsatz vorbereitet. In diesem Zusammenhang werden wichtige Hinweise für das Zäumen, das Aufsitzen und den richtigen Sitz gegeben. Xenophon geht ferner auf das Lauf- und Sprungtraining, auf das Bergauf- und Bergab-Reiten und auf verschiedene Kampftechniken ein. Am Schluss (Kap. 9–12) stehen noch einige Hinweise auf verschiedene Einzelheiten wie zum Beispiel auf den Umgang mit unterschiedlichen Pferdetemperamenten und die Art der militärischen Ausrüstung von Pferd und Reiter. Xenophon beweist in dieser Schrift höchste Sachkenntnis und zeigt ein stark ausgeprägtes tierpsychologisches Einfühlungsvermögen.

Xenophon vertritt in seinen Werken eine philosophische Anthropologie, mit der er Prototypen eines wertorientierten Denkens und Handelns beschreibt: Sokrates, Kyros, Agesilaos, Ischomachos, Bauer und Soldat sind Allegorien des tatkräftigen und umsichtig handelnden Menschen. Er verwendet zu diesem Zweck bestimmte Denkfiguren: Die Verbindung von Führung und Verantwortung, die Zweckorientierung unter dem Gesichtspunkt des Nutzens, den rechten Gebrauch von Besitz jeder Art, die Notwendigkeit der Initiative angesichts allgemeiner Lethargie *(Anabasis)*, Sprechen als Handeln zur Bewältigung von Schwierigkeiten, die Korrelation von Anstrengung und Lustgewinn, die Selbstverantwortung für Gesundheit, die Ausgewogenheit von Nahrung und Arbeit.

Text und Kommentar

Der Studienkommentar ist als Hilfe zur raschen selbständigen Erschließung und Übersetzung der sokratischen Schriften Xenophans gedacht.
Im Studienkommentar ist der griechische Text durch deutsche Zwischenüberschriften und kurze Inhaltsangaben gegliedert.

Unter dem Text befinden sich die nach Kapiteln und Sektionen geordneten grammatischen Erläuterungen. Auf eingehende Sacherklärungen wurde verzichtet.

Die einzelnen Angaben in den Grammatikteilen unter den griechischen Textabschnitten werden jeweils mit einem • abgeschlossen.

Mit dem Buchstaben **K.** wird auf Paragraphen in der griechischen Schulgrammatik von Adolf Kaegi (Weidmann) hingewiesen, die sich sehr deutlich an Xenophons Sprache orientiert und die Lektüre der Schriften Xenophons unterstützt. Die grammatische Terminologie im Studienkommentar folgt daher Kaegi.
↔ verweist auf verwandte Wörter.
≠ macht auf Verwechslungsmöglichkeiten aufmerksam.
Vokabelangaben erfolgen in der üblichen Lexikonform.
Die deutschen Wortangaben sind kontextbezogen gewählt auf den je vorliegenden Kontext bezogen.
Die Zählung der Kapitel und Sektionen folgt der Textausgabe von Marchant, Oxford, 2. Aufl. 1921.

Oikonomikos

Erster Teil: Einleitendes Gespräch zwischen Sokrates und Kritobulos, Kapitel 1–6

1. Kapitel: Was ist das Wesen der Oikonomia?

1 Ἤκουσα δέ ποτε αὐτοῦ καὶ περὶ οἰκονομίας τοιάδε διαλεγομένου· Εἰπέ μοι, ἔφη, ὦ Κριτόβουλε, ἆρά γε ἡ οἰκονομία ἐπιστήμης τινὸς ὄνομά ἐστιν, ὥσπερ ἡ ἰατρικὴ καὶ ἡ χαλκευτικὴ καὶ ἡ τεκτονική; Ἔμοιγε δοκεῖ, ἔφη ὁ Κριτόβουλος. 2 Ἦ καὶ ὥσπερ τούτων τῶν τεχνῶν ἔχοιμεν ἂν εἰπεῖν ὅ τι ἔργον ἑκάστης, οὕτω καὶ τῆς οἰκονομίας δυναίμεθ᾽ ἂν εἰπεῖν, ὅ τι ἔργον αὐτῆς ἐστι; Δοκεῖ γοῦν, ἔφη ὁ Κριτόβουλος, οἰκονόμου ἀγαθοῦ εἶναι εὖ οἰκεῖν τὸν ἑαυτοῦ οἶκον. 3 Ἦ καὶ τὸν ἄλλου δὲ οἶκον, ἔφη ὁ Σωκράτης, εἰ ἐπιτρέποι τις αὐτῷ, οὐκ ἂν δύναιτο, εἰ βούλοιτο, εὖ οἰκεῖν, ὥσπερ καὶ τὸν ἑαυτοῦ; ὁ μὲν γὰρ τεκτονικὴν ἐπιστάμενος ὁμοίως ἂν καὶ ἄλλῳ δύναιτο ἐργάζεσθαι ὅ τι περ καὶ ἑαυτῷ, καὶ ὁ οἰκονομικός γ᾽ ἂν ὡσαύτως. Ἔμοιγε δοκεῖ, ὦ Σώκρατες. 4 Ἔστιν ἄρα, ἔφη ὁ Σωκράτης, τὴν τέχνην ταύτην ἐπισταμένῳ, καὶ εἰ μὴ αὐτὸς τύχοι χρήματα ἔχων, τὸν ἄλλου οἶκον οἰκονομοῦντα ὥσπερ καὶ οἰκοδομοῦντα μισθοφορεῖν; Νὴ Δία καὶ πολύν γε μισθόν, ἔφη ὁ Κριτόβουλος, φέροιτ᾽ ἄν, εἰ δύναιτο οἶκον παραλαβὼν τελεῖν τε ὅσα δεῖ καὶ περιουσίαν ποιῶν αὔξειν τὸν οἶκον.

Xenophons angebliche Anwesenheit beim Gespräch zwischen Sokrates und Kritobulos soll die Glaubwürdigkeit seines Berichts unterstreichen, obwohl diese Anwesenheitsbezeugung fiktiv ist. Der abrupte Anfang hat früher die Vermutung aufkommen lassen, dass der Oikonomikos ursprünglich ein Kapitel der Memorabilien war.

Das Thema des Gesprächs ist die Oikonomia, die als die Kunst definiert wird, das eigene oder ein fremdes Hauswesen gewinnbringend zu führen (1–4). Zum Hauswesen gehört nicht nur ein einziges Haus, sondern alles, was dem Eigentümer auch sonst noch gehört, also auch Wiesen und Felder und sogar Eigentum im Ausland (5). Wirklicher Besitz ist aber nur das, was nützlich ist (6). Nützlich und wertvoll ist nur, was man richtig zu gebrauchen versteht (7–16). Auch Fähigkeiten sind nur bei vernünftiger Anwendung wertvoll, die ihrerseits eine moralisch-intellektuelle Grundlage hat (17–24). Dazu gehört die Fähigkeit, menschliche Schwächen zu beherrschen, die den Verlust von Besitz nach sich ziehen können (25).

1.1 ἤκουσα, Aorist Aktiv zu ἀκούω, mit Gen., jemand hören • ποτέ, einmal • διαλεγομένου, prädikatives Partizip zu διαλέγομαι, sich unterhalten • τοιάδε, Derartiges, Folgendes, K. 68, 2 • ἐπιστήμης, Gen. Sg. zu ἡ ἐπιστήμη, das Wissen, die Wissenschaft • ἡ ἰατρική, die Heilkunst • ἡ χαλκευτική, die Schmiedekunst • ἡ τεκτονική, Baukunst.

1.2 ἔχοιμεν ἄν, Potentialis der Gegenwart, K. 171, 2 • ἕκαστος, jeder.

1.3 ἐπιτρέπω, überlassen, anvertrauen, K. 96, 23 • ἐργάζομαι, arbeiten, herstellen • ἑαυτῷ, Reflexivpronomen (reflexives Personalpronomen) der 3. Person im Dativ Sg., K. 63.

1.4 ἔστιν, es ist möglich, K. 103, 3b • εἰ μή, Konditionalsatz, K. 179 • τύχοι zu τυγχάνω, K. 108,15 • ἔχων, prädikatives Partizip, wenn er nicht zufällig hätte, K. 198, 1 • οἰκονομοῦντα, nicht οἰκοδομοῦντα, οἰκονομέω, ein Haus verwalten, οἰκοδομέω, ein Haus bauen • μισθοφορέω,

5 Οἶκος δὲ δὴ τί δοκεῖ ἡμῖν εἶναι; ἆρα ὅπερ οἰκία, ἢ καὶ ὅσα τις ἔξω τῆς οἰκίας κέκτηται, πάντα τοῦ οἴκου ταῦτά ἐστιν; Ἐμοὶ γοῦν, ἔφη ὁ Κριτόβουλος, δοκεῖ, καὶ εἰ μηδ᾽ ἐν τῇ αὐτῇ πόλει εἴη τῷ κεκτημένῳ, πάντα τοῦ οἴκου εἶναι ὅσα τις κέκτηται. 6 Οὐκοῦν καὶ ἐχθροὺς κέκτηνταί τινες; Νὴ Δία καὶ πολλούς γε ἔνιοι. Ἦ καὶ κτήματα αὐτῶν φήσομεν εἶναι τοὺς ἐχθρούς; Γελοῖον μεντἂν εἴη, ἔφη ὁ Κριτόβουλος, εἰ ὁ τοὺς ἐχθροὺς αὔξων προσέτι καὶ μισθὸν τούτου φέροι. 7 Ὅτι τοι ἡμῖν ἐδόκει οἶκος ἀνδρὸς εἶναι ὅπερ κτῆσις. Νὴ Δί᾽, ἔφη ὁ Κριτόβουλος, ὅ τι γε τις ἀγαθὸν κέκτηται· οὐ μὰ Δί᾽ οὐκ εἴ τι κακόν, τοῦτο κτῆμα ἐγὼ καλῶ.

Σὺ δ᾽ ἔοικας τὰ ἑκάστῳ ὠφέλιμα κτήματα καλεῖν. πάνυ μὲν οὖν, ἔφη: τὰ δέ γε βλάπτοντα ζημίαν ἔγωγε νομίζω μᾶλλον ἢ χρήματα. 8 Κἂν ἄρα γέ τις ἵππον πριάμενος μὴ ἐπίστηται αὐτῷ χρῆσθαι, ἀλλὰ καταπίπτων ἀπ᾽ αὐτοῦ κακὰ λαμβάνῃ, οὐ χρήματα αὐτῷ ἐστιν ὁ ἵππος; Οὔκ, εἴπερ τὰ χρήματά γ᾽ ἐστὶν ἀγαθόν. Οὐδ᾽ ἄρα γε ἡ γῆ ἀνθρώπῳ ἐστὶ χρήματα, ὅστις οὕτως ἐργάζεται αὐτὴν ὥστε ζημιοῦσθαι ἐργαζόμενος. Οὐδὲ ἡ γῆ μέντοι χρήματά ἐστιν, εἴπερ ἀντὶ τοῦ τρέφειν πεινῆν παρασκευάζει. 9 Οὐκοῦν καὶ τὰ πρόβατα ὡσαύτως, εἴ τις διὰ τὸ μὴ ἐπίστασθαι προβάτοις χρῆσθαι ζημιοῖτο, οὐδὲ τὰ πρόβατα χρήματα τούτῳ εἴη ἄν; Οὔκουν ἔμοιγε δοκεῖ. Σὺ ἄρα, ὡς ἔοικε, τὰ μὲν ὠφελοῦντα χρήματα ἡγῇ, τὰ δὲ βλάπτοντα οὐ χρήματα. Οὕτως.

10 Ταὐτὰ ἄρα ὄντα τῷ μὲν ἐπισταμένῳ χρῆσθαι αὐτῶν ἑκάστοις χρήματά ἐστι, τῷ δὲ μὴ ἐπισταμένῳ οὐ χρήματα· ὥσπερ γε αὐλοὶ τῷ μὲν ἐπισταμένῳ ἀξίως λόγου αὐλεῖν χρήματά εἰσι, τῷ δὲ μὴ ἐπισταμένῳ οὐδὲν μᾶλλον ἢ ἄχρηστοι λίθοι, εἰ μὴ

Lohn bekommen • πολύς, πολλή, πολύ, viel, K. 55 • φέροιτ᾽ ἄν, εἰ δύναιτο, Potentialis der Gegenwart, K. 181 • τελέω (τὸ τέλος) erledigen, zu Ende bringen • ἡ περιουσία, Überschuss • αὔξω, Futur zu αὐξάνω vergrößern, vermehren, K. 108,9.

1.5 ἆρα, Fragepartikel, K. 203 • ὅπερ, Relativpronomen (ὅς, ἥ, ὅ), K. 66 • ὅσα, alles, was, K. 68 • κτηται zu κέκτημαι (τὸ κτῆμα, ἡ κτῆσις), besitzen, K. 73, 3 • τοῦ οἴκου, Gen. poss., K. 140 • ἐν τῇ αὐτῇ πόλει, in derselben Stadt wie (Dativ), K. 62.

1.6 ἦ, Fragepartikel • φήσομεν, Futur zu φημί, sagen, K.103,1 • γελοῖον, μεντἂν εἴη, es wäre lächerlich, Optativ mit ἄν, Potentialis, K. 171, 2 • εἴη zu εἰμί, K. 103, 3 • αὔξων, Partizip Futur zu αὐξάνω, vergrößern, vermehren, K. 108, 9.

1.7 ὅ τι, was auch immer, alles, was, verallgemeinerndes Relativpronomen, K. 66, 2 • εἰ, wenn, leitet den Kondizionalsatz ein, K. 179; 184 • ἔοικα, ich gleiche, ich scheine, K. 88 • ἡ ζημία, die Strafe, der Schaden.

1.8 κἄν, und wenn, leitet den Kondizionalsatz ein, Verneinung, μὴ κἄν τις μὴ ἐπίστηται, und wenn jemand nicht versteht • ὥστε, sodass, Einleitung eines Konsekutivsatzes, Prädikat im Infinitiv bei bloß gedachter, möglicher Folge, K. 177 • πρίαμαι, kaufen, wie ἐπίσταμαι, δύναμαι, ἵσταμαι flektiert • ὅστις, verallgemeinerndes Relativpronomen, wer auch immer, jeder, der, K. 66, 2 • ἐργάζομαι (transitiv) bearbeiten • ὥστε, sodass, Konsekutivsatz-Einleitung, bei bloß gedachter oder beabsichtigter Folge, Prädikat im Infinitiv, K. 177 • ζημιόομαι geschädigt, werden • τρέφω, ernähren, K. 96, 24 • πεινάω, Infinitiv πεινῆν, hungern, K. 112 • παρασκευάζω, veranlassen.

1.9 τὰ πρόβατα, die Schafe • ζημιοῖτο, Optativ Präsens Passiv zu ζημιόω schädigen, bestrafen • ἡγῇ zu ἡγέομαι, halten für, glauben, meinen.

ἀποδιδοῖτό γε αὐτούς. 11 τοῦτ᾽ ἄρα φαίνεται ἡμῖν, ἀποδιδομένοις μὲν οἱ αὐλοὶ χρήματα, μὴ ἀποδιδομένοις δὲ ἀλλὰ κεκτημένοις οὔ, τοῖς μὴ ἐπισταμένοις αὐτοῖς χρῆσθαι.

Καὶ ὁμολογουμένως γε, ὦ Σώκρατες, ὁ λόγος ἡμῖν χωρεῖ, ἐπείπερ εἴρηται τὰ ὠφελοῦντα χρήματα εἶναι. μὴ πωλούμενοι μὲν γὰρ οὐ χρήματά εἰσιν οἱ αὐλοί· οὐδὲν γὰρ χρήσιμοί εἰσι· πωλούμενοι δὲ χρήματα. 12 πρὸς ταῦτα δ᾽ ὁ Σωκράτης εἶπεν· Ἂν ἐπίστηταί γε πωλεῖν. εἰ δὲ πωλοίη αὖ πρὸς τοῦτο ᾧ μὴ ἐπίσταιτο χρῆσθαι, οὐδὲ πωλούμενοί εἰσι χρήματα κατά γε τὸν σὸν λόγον. Λέγειν ἔοικας, ὦ Σώκρατες, ὅτι οὐδὲ τὸ ἀργύριόν ἐστι χρήματα, εἰ μή τις ἐπίσταιτο χρῆσθαι αὐτῷ.

13 Καὶ σὺ δέ μοι δοκεῖς οὕτω συνομολογεῖν, ἀφ᾽ ὧν τις ὠφελεῖσθαι δύναται, χρήματα εἶναι. εἰ γοῦν τις χρῷτο τῷ ἀργυρίῳ ὥστε πριάμενος οἷον ἑταίραν διὰ ταύτην κάκιον μὲν τὸ σῶμα ἔχοι, κάκιον δὲ τὴν ψυχήν, κάκιον δὲ τὸν οἶκον, πῶς ἂν ἔτι τὸ ἀργύριον αὐτῷ ὠφέλιμον εἴη; Οὐδαμῶς, εἰ μή πέρ γε καὶ τὸν ὑοσκύαμον καλούμενον χρήματα εἶναι φήσομεν, ὑφ᾽ οὗ οἱ φαγόντες παραπλῆγες γίγνονται. 14 Τὸ μὲν δὴ ἀργύριον, εἰ μή τις ἐπίσταιτο αὐτῷ χρῆσθαι, οὕτω πόρρω ἀπωθείσθω, ὦ Κριτόβουλε, ὥστε μηδὲ χρήματα εἶναι.

οἱ δὲ φίλοι, ἄν τις ἐπίστηται αὐτοῖς χρῆσθαι ὥστε ὠφελεῖσθαι ἀπ᾽ αὐτῶν, τί φήσομεν αὐτοὺς εἶναι; Χρήματα νὴ Δί᾽, ἔφη ὁ Κριτόβουλος, καὶ πολύ γε μᾶλλον ἢ τοὺς βοῦς, ἂν ὠφελιμώτεροί γε ὦσι τῶν βοῶν. 15 Καὶ οἱ ἐχθροί γε ἄρα κατά γε τὸν σὸν λόγον χρήματά εἰσι τῷ δυναμένῳ ἀπὸ τῶν ἐχθρῶν ὠφελεῖσθαι. Ἐμοὶ γοῦν δοκεῖ. Οἰκονόμου ἄρα ἐστὶν ἀγαθοῦ καὶ τοῖς ἐχθροῖς ἐπίστασθαι χρῆσθαι ὥστε ὠφελεῖσθαι ἀπὸ τῶν ἐχθρῶν. Ἰσχυρότατά γε. Καὶ γὰρ δὴ ὁρᾷς, ἔφη, ὦ Κριτόβουλε, ὅσοι μὲν δὴ οἶκοι ἰδιωτῶν ηὐξημένοι εἰσὶν ἀπὸ πολέμου, ὅσοι δὲ τυράννων. 16 Ἀλλὰ γὰρ τὰ μὲν καλῶς ἔμοιγε δοκεῖ λέγεσθαι, ὦ Σώκρατες, ἔφη ὁ Κριτόβουλος·

1.10 ταὐτά, dasselbe, K. 62 • ἕκαστος, jeder, im Plural alle • ἀξίως λόγου, nennenswert, Adverb zu ἄξιος, würdig mit Genitivus pretii, würdig des Wortes, der Rede wert, K. 149 • οἱ αὐλοί, die Doppelflöte, αὐλεῖν, Flöte blasen • οὐδέν, Akkusativ der Beziehung, οὐδὲν μᾶλλον, um nichts mehr, K. 136 • ἀποδιδοῖτο zu ἀποδίδομαι, abgeben, verkaufen, δίδωμι K. 97; 99.

1.11 ὁμολογουμένως, Adverb, in Übereinstimmung mit, harmonisch • ἡμῖν, Dativ des Interesses, Dativus commodi, K. 153 • χωρέω, vorangehen • εἴρηται, Perfekt Passiv zu ἀγορεύω, λέγω, φημί, K. 111, 12 • πωλούμενοι, πωλέω, πωλέομαι, verkaufen.

1.12 κατά, Präposition mit Akkusativ, gemäß, nach, K. 159; 160 • ἔοικα λέγειν, ich scheine, erwecke den Anschein zu sagen • τὸ ἀργύριον, das Geld.

1.13 συνομολογέω, zustimmen • εἰ χρῷτο πῶς ἂν εἴη, Kondizionalsatz, Potentialis, K. 181 • ἀφ᾽ ὧν, wovon • ὠφελέομαι, Nutzen erfahren • χρῷτο, Optativ Präsens Medium zu χράομαι, K. 80, 1; 90, 1, Nutzen erfahren durch Gebrauch • οἷον, zum Beispiel • ἡ ἑταίρα, die Freundin • διά, wegen, Präposition mit Akkusativ, K. 160 • κάκιον, schlechter, Komparativ (Akkusativ Singular) des Adjektivs κακός, K. 58 • εἰ μή πέρ γε, wenigstens, wenn nicht • ὁ κύαμος, das Bilsenkraut, Giftpflanze • φήσομεν, Futur zu φημί, sagen, K. 103 • οἱ φαγόντες, Partizip Aorist zu ἐσθίω, essen, K. 111, 3 • παραπλῆγες zu παραπλήξ, παραπλῆγος, verrückt.

1.14 οὕτω πόρρω, so weit • ἀπωθείσθω, 3. Sg. Imperativ Präsens Passiv zu ἀπωθέω, fortstoßen, K. 110, 3 • ὁ, ἡ βοῦς, das Rind, K. 48, 4.

1.15 ἰσχυρότατά γε, Superlativ des Adverbs ἰσχυρῶς, wenigstens, so gut es geht, K. 59 • ὅσοι μὲν δή, wie viele doch, K. 68.

ἐκεῖνο δ᾿ ἡμῖν τί φαίνεται, ὁπόταν ὁρῶμέν τινας ἐπιστήμας μὲν ἔχοντας καὶ ἀφορμὰς ἀφ᾿ ὧν δύνανται ἐργαζόμενοι αὔξειν τοὺς οἴκους, αἰσθανώμεθα δὲ αὐτοὺς ταῦτα μὴ θέλοντας ποιεῖν, καὶ διὰ τοῦτο ὁρῶμεν ἀνωφελεῖς οὔσας αὐτοῖς τὰς ἐπιστήμας; ἄλλο τι ἢ τούτοις αὖ οὔτε αἱ ἐπιστῆμαι χρήματά εἰσιν οὔτε τὰ κτήματα; 17 Περὶ δούλων μοι, ἔφη ὁ Σωκράτης, ἐπιχειρεῖς, ὦ Κριτόβουλε, διαλέγεσθαι; Οὐ μὰ Δί᾿, ἔφη, οὐκ ἔγωγε, ἀλλὰ καὶ πάνυ εὐπατριδῶν ἐνίων γε δοκούντων εἶναι, οὓς ἐγὼ ὁρῶ τοὺς μὲν πολεμικάς, τοὺς δὲ καὶ εἰρηνικὰς ἐπιστήμας ἔχοντας, ταύτας δὲ οὐκ ἐθέλοντας ἐργάζεσθαι, ὡς μὲν ἐγὼ οἶμαι, δι᾿ αὐτὸ τοῦτο ὅτι δεσπότας οὐκ ἔχουσιν. 18 Καὶ πῶς ἄν, ἔφη ὁ Σωκράτης, δεσπότας οὐκ ἔχοιεν, εἰ εὐχόμενοι εὐδαιμονεῖν καὶ ποιεῖν βουλόμενοι ἀφ᾿ ὧν ⟨ἂν⟩ ἔχοιεν ἀγαθὰ ἔπειτα κωλύονται ποιεῖν ταῦτα ὑπὸ τῶν ἀρχόντων; Καὶ τίνες δὴ οὗτοί εἰσιν, ἔφη ὁ Κριτόβουλος, οἳ ἀφανεῖς ὄντες ἄρχουσιν αὐτῶν; 19 ᾿Αλλὰ μὰ Δί᾿, ἔφη ὁ Σωκράτης, οὐκ ἀφανεῖς εἰσιν, ἀλλὰ καὶ πάνυ φανεροί. καὶ ὅτι πονηρότατοί γέ εἰσιν οὐδὲ σὲ λανθάνουσιν, εἴπερ πονηρίαν γε νομίζεις ἀργίαν τ᾿ εἶναι καὶ μαλακίαν ψυχῆς καὶ ἀμέλειαν. 20 καὶ ἄλλαι δ᾿ εἰσὶν ἀπατηλαί τινες δέσποιναι προσποιούμεναι ἡδοναὶ εἶναι, κυβεῖαί τε καὶ ἀνωφελεῖς ἀνθρώπων ὁμιλίαι, αἳ προϊόντος τοῦ χρόνου καὶ αὐτοῖς τοῖς ἐξαπατηθεῖσι καταφανεῖς γίγνονται ὅτι λῦπαι ἄρα ἦσαν ἡδοναῖς περιπεπεμμέναι, αἳ διακωλύουσιν αὐτοὺς ἀπὸ τῶν ὠφελίμων ἔργων κρατοῦσαι.

21 ᾿Αλλὰ καὶ ἄλλοι, ἔφη, ὦ Σώκρατες, ἐργάζεσθαι μὲν οὐ κωλύονται ὑπὸ τούτων, ἀλλὰ καὶ πάνυ σφοδρῶς πρὸς τὸ ἐργάζεσθαι ἔχουσι καὶ μηχανᾶσθαι προσόδους· ὅμως δὲ καὶ τοὺς οἴκους κατατρίβουσι καὶ ἀμηχανίαις συνέχονται. 22 Δοῦλοι γάρ εἰσι καὶ οὗτοι, ἔφη ὁ Σωκράτης, καὶ πάνυ γε χαλεπῶν δεσποτῶν, οἱ μὲν λιχνειῶν, οἱ δὲ λαγνειῶν, οἱ δὲ οἰνοφλυγιῶν, οἱ δὲ φιλοτιμιῶν τινων μώρων καὶ δαπανηρῶν, ἃ οὕτω χαλεπῶς ἄρχει τῶν ἀνθρώπων ὧν ἂν ἐπικρατήσωσιν, ὥσθ᾿ ἕως μὲν ἂν ὁρῶσιν ἡβῶντας αὐτοὺς καὶ δυναμένους ἐργάζεσθαι, ἀναγκάζουσι φέρειν ἃ ἂν αὐτοὶ ἐργάσωνται καὶ τελεῖν εἰς τὰς αὐτῶν ἐπιθυμίας, ἐπειδὰν δὲ

1.16 αἱ ἀφορμαί, die Mittel, die Fähigkeiten • ἀνωφελεῖς, nutzlos, zu ἀνωφελής, Adjektive der elidierenden Sigma-Stämme, K. 45.

1.17 ἐπιχειρέω, versuchen, vorhaben • ἔγωγε, ich jedenfalls • εὔπατρις, εὐπάτριδος, vaterlandsliebend, K. 39 • εὐπατρίδων ἐνίων γε δοκούντων, unter einigen, die vaterlandsliebend zu sein scheinen, Genitivus partitivus, K. 142 • ἐργάζομαι, betätigen, anwenden • ὁ δεσπότης, der Herr, K. 29; 60.

1.18 πῶς ἂν οὐκ ἔχοιεν, wie könnten sie nicht haben, Potentialis der Gegenwart, K. 171 • (ταῦτα), ἀφ᾿ ὧν ἂν ἔχοιεν ἀγαθά, (das,) wovon sie Gutes haben könnten • κωλύω, hindern.

1.19 ἀφανής, unsichtbar, K. 45 • λανθάνουσιν zu λανθάνω, verborgen sein vor, K. 108, 12 • ἡ πονηρία, die Bosheit, ἡ ἀργία, die Trägheit, ἡ μαλακία, die Schlaffheit, ἡ ἀμέλεια, die Interesselosigkeit.

1.20 ἀπατηλός, betrügerisch • προσποιέομαι, vorgeben • κυβεῖαι, Würfelspiele • ἀνωφελής, nutzlos, K. 45 • ὁμιλίαι, Kontakte • προϊόντος τοῦ χρόνου, im Laufe der Zeit, πρόειμι, προϊέναι, vorangehen, K. 103, 2, Genitiv mit prädikativem Partizip, Genitivus absolutus, K. 199 • ἐξαπατηθεῖσι, Partizip Aorist Passiv zu ἐξαπατάω, betrügen • καταφανής, sichtbar, spürbar, K. 45 • αἱ λῦπαι, die Qualen • περιπεπεμμέναι, Partizip Perfekt Passiv zu περιπέττω, verdecken, beschönigen • διακωλύω, hindern, abhalten • κρατοῦντες, prädikatives Partizip zu κρατέω, herrschen, K. 199.

1.21 πάνυ σφοδρῶς, Adverb, mit ganzer Kraft • ἔχω, sich an etwas halten, sich für etwas einsetzen • ὅμως, dennoch • κατατρίβω, aufreiben, zerstören • ἡ ἀμηχανία, die Unfähigkeit, Hilflosigkeit.

αὐτοὺς ἀδυνάτους αἴσθωνται ὄντας ἐργάζεσθαι διὰ τὸ γῆρας, ἀπολείπουσι τούτους κακῶς γηράσκειν, ἄλλοις δ᾽ αὖ πειρῶνται δούλοις χρῆσθαι. 23 ἀλλὰ δεῖ, ὦ Κριτόβουλε, πρὸς ταῦτα οὐχ ἧττον διαμάχεσθαι περὶ τῆς ἐλευθερίας ἢ πρὸς τοὺς σὺν ὅπλοις πειρωμένους κατάδουλοῦσθαι.

πολέμιοι μὲν οὖν ἤδη ὅταν καλοὶ κἀγαθοὶ ὄντες καταδουλώσωνταί τινας, πολλοὺς δὴ βελτίους ἠνάγκασαν εἶναι σωφρονίσαντες, καὶ ῥᾷον βιοτεύειν τὸν λοιπὸν χρόνον ἐποίησαν: αἱ δὲ τοιαῦται δέσποιναι αἰκιζόμεναι τὰ σώματα τῶν ἀνθρώπων καὶ τὰς ψυχὰς καὶ τοὺς οἴκους οὔποτε λήγουσιν, ἔστ᾽ ἂν ἄρχωσιν αὐτῶν.

1.22 δοῦλοι χαλεπῶν δεσποτῶν, Sklaven schlimmer Herren • ἡ λαγνεία, die Ausschweifung • ἡ οἰνοφλυγία, die Trinkerei • ἡ φιλοτιμία, Eifersüchtelei • μῶρος, töricht • δαπανηρός, verschwendungssüchtig • ἄρχω mit Genitiv, herrschen über • ὧν ἄν, Relativsatz, K. 188 • κρατέω mit Genitiv, Herr sein über, im Griff haben • ἕως μὲν ἄν, Temporalsatz, solange, K. 187, 3 • ἡβάω, bei Kräften sein • ἃ ἄν, Relativsatz, K.188 • τελέω εἰς, bezahlen für • τὸ γῆρας, das Alter • ἀπολείπω lassen, K. 107, 4.

1.23 οὐχ ἧττων ἤ, nicht weniger als, K. 58, 2; 59 • πειράομαι, versuchen • καταδουλόομαι, unterwerfen • ἀναγκάζω, zwingen • σωφρονίζω, zur Vernunft bringen • ῥᾷον, leichter, Komparativ des Adverbs ῥᾳδίως, K. 58, 7 • τὸν λοιπὸν χρόνον, die restliche Zeit über, Akkusativ der zeitlichen Ausdehnung, K. 137 • ἡ δέσποινα, die Herrin • αἰκίζομαι, peinigen • λήγω, aufhören • ἔστ᾽ ἄν, bis, Temporalsatz, K. 187, 3.

2. Kapitel: Was vergrößert und vermehrt den Oikos?

1 Ὁ οὖν Κριτόβουλος ἐκ τούτων ὧδέ πως εἶπεν· Ἀλλὰ περὶ μὲν τῶν τοιούτων
ἀρκούντως πάνυ μοι δοκῶ τὰ λεγόμενα ὑπὸ σοῦ ἀκηκοέναι· αὐτὸς δ᾽ ἐμαυτὸν ἐξετά-
ζων δοκῶ μοι εὑρίσκειν ἐπιεικῶς τῶν τοιούτων ἐγκρατῆ ὄντα, ὥστ᾽ εἴ μοι συμβου-
λεύοις ὅ τι ἂν ποιῶν αὔξοιμι τὸν οἶκον, οὐκ ἄν μοι δοκῶ ὑπό γε τούτων ὧν σὺ δεσποι-
νῶν καλεῖς κωλύεσθαι· ἀλλὰ θαρρῶν συμβούλευε ὅ τι ἔχεις ἀγαθόν· ἢ κατέγνωκας
ἡμῶν, ὦ Σώκρατες, ἱκανῶς πλουτεῖν καὶ οὐδὲν δοκοῦμέν σοι προσδεῖσθαι χρημά-
των; 2 Οὔκουν ἔγωγε, ἔφη ὁ Σωκράτης, εἰ καὶ περὶ ἐμοῦ λέγεις, οὐδέν μοι δοκῶ
προσδεῖσθαι χρημάτων, ἀλλ᾽ ἱκανῶς πλουτεῖν· σὺ μέντοι, ὦ Κριτόβουλε, πάνυ μοι
δοκεῖς πένεσθαι, καὶ ναὶ μὰ Δί᾽ ἔστιν ὅτε καὶ πάνυ οἰκτίρω σε ἐγώ. 3 καὶ ὁ Κριτόβου-
λος γελάσας εἶπε· Καὶ πόσον ἂν πρὸς τῶν θεῶν οἴει, ὦ Σώκρατες, ἔφη, εὑρεῖν τὰ σὰ
κτήματα πωλούμενα, πόσον δὲ τὰ ἐμά; Ἐγὼ μὲν οἶμαι, ἔφη ὁ Σωκράτης, εἰ ἀγαθοῦ
ὠνητοῦ ἐπιτύχοιμι, εὑρεῖν ἄν μοι σὺν τῇ οἰκίᾳ καὶ τὰ ὄντα πάντα πάνυ ῥᾳδίως πέντε
μνᾶς· τὰ μέντοι σὰ ἀκριβῶς οἶδα ὅτι πλέον ἂν εὕροι ἢ ἑκατονταπλασίονα τούτου.
4 Κᾆτα οὕτως ἐγνωκὼς σὺ μὲν οὐχ ἡγῇ προσδεῖσθαι χρημάτων, ἐμὲ δὲ οἰκτίρεις ἐπὶ
τῇ πενίᾳ; Τὰ μὲν γὰρ ἐμά, ἔφη, ἱκανά ἐστιν ἐμοὶ παρέχειν τὰ ἐμοὶ ἀρκοῦντα· εἰς δὲ
τὸ σὸν σχῆμα ὃ σὺ περιβέβλησαι καὶ τὴν σὴν δόξαν, οὐδ᾽ εἰ τρὶς ὅσα νῦν κέκτησαι
προσγένοιτό σοι, οὐδ᾽ ὣς ἂν ἱκανά μοι δοκεῖ εἶναί σοι.

Kritobulos meint, er leide nicht unter den Schwächen, die im ersten Abschnitt besprochen wurden. Er halte sich für reich, habe aber auch vielfältige gesellschaftliche Verpflichtungen in der Polis und auch private Lasten zu tragen (1–7). Sokrates hingegen hat viele Freunde, die ihn bei Bedarf unterstützen (8). Sokrates wundert sich darüber, dass er, der Mittellose, von dem reichen Kritobulos um Ratschläge zur Vermehrung seines Vermögens gebeten wird (9–11). Kritobulos ist davon überzeugt, dass Sokrates etwas von der Wissenschaft der Oikonomia versteht. Sokrates widerspricht und rät dazu, einen echten Fachmann zu fragen (12–16).

2.1 ὧδέ πως, so irgendwie • ἀρκούντως, genug • ἀκηκοέναι, gehört haben, Infinitiv Perfekt zu ἀκούω, hören, K. 93, 1; 96, 41 • ἐμαυτόν, mich, Reflexivpronomen, K. 63 • ἐξετάζων zu ἐξετάζω, prüfen • ἐπιεικῶς, hinreichend • ἐγκρατῆς εἶναί τινος, etwas im Griff haben • συμβουλεύω, raten • ὅ τι ἄν, was auch immer, verallgemeinerndes, unbestimmtes Relativpronomen, K. 65, 3 • ὑπὸ τούτων ὧν σὺ δεσποινῶν καλεῖς, von diesen (Mächten), die du als Herrinnen bezeichnest, Attractio relativa, K. 126, 2 • κωλύεσθαι zu κωλύω, behindern • θαρρῶν zu θαρρέω, mutig sein • κατέγνωκας, du hast erkannt, zu καταγιγνώσκω, K. 109, 11; 101, 2 (Wurzelaorist) • προσδεῖσθαι, mit Genitiv zu προσδέομαι, etwas benötigen.

2.2 πένεσθαι zu πένομαι arm sein • ἔστιν ὅτε, zuweilen • οἰκτίρω, bemitleiden.

2.3 πόσον ἄν, wie viel wohl • εὑρίσκω, finden, bekommen • πωλούμενα zu πωλέω verkaufen • ὠνητοῦ zu ὁ ὠνητής, der Käufer • ἐπιτύχοιμι, Optativ Aorist zu ἐπιτυγχάνω mit Genitiv etwas bekommen, K. 108, 15 • πέντε μνᾶς, fünf Minen (Geldwert unbestimmt) • τὰ σά,das, was dir gehört, zu σός, σή, σόν Possessivpronomen der 2. Person, K. 64 • ἀκριβῶς, Adverb zu ἀκριβής, genau, K. 45 • οἶδα, ich weiß, K. 102, 4 • ἑκατονταπλασίονα zu ἑκατονταπλασίων, -ονος, hundertfach.

2.4 κᾆτα, gleich καὶ εἶτα, und dann • ἐγνωκώς, Partizip Perfekt zu γιγνώσκω, K. 109, 11 • οἰκτίρω, bedauern • ἐπὶ τῇ πενίᾳ, wegen der Armut, K. 159, 2 (Präpositionen) • τὰ ἀρκοῦντα zu ἀρκέω, genügen • τὸ σχῆμα, K. 39, die Stellung • περιβέβλησαι, Perfekt Medium/Passiv zu περιβάλλομαι, sich etwas beilegen, sich umwerfen (wie einen Mantel), K. 96, 51 • τρίς, dreimal • προσγίγνομαι, hinzukommen, K. 110, 7 • οὐδ᾽ ὣς ἄν, nicht einmal so.

5 Πῶς δὴ τοῦτ᾽; ἔφη ὁ Κριτόβουλος. ἀπεφήνατο ὁ Σωκράτης· Ὅτι πρῶτον μὲν ὁρῶ σοι ἀνάγκην οὖσαν θύειν πολλά τε καὶ μεγάλα, ἢ οὔτε θεοὺς οὔτε ἀνθρώπους οἶμαί σε ἂν ἀνασχέσθαι· ἔπειτα ξένους προσήκει σοι πολλοὺς δέχεσθαι, καὶ τούτους μεγαλοπρεπῶς· ἔπειτα δὲ πολίτας δειπνίζειν καὶ εὖ ποιεῖν, ἢ ἔρημον συμμάχων εἶναι.
6 ἔτι δὲ καὶ τὴν πόλιν αἰσθάνομαι τὰ μὲν ἤδη σοι προστάττουσαν μεγάλα τελεῖν, ἱπποτροφίας τε καὶ χορηγίας καὶ γυμνασιαρχίας καὶ προστατείας, ἂν δὲ δὴ πόλεμος γένηται, οἶδ᾽ ὅτι καὶ τριηραρχίας [μισθοὺς] καὶ εἰσφορὰς τοσαύτας σοι προστάξουσιν ὅσας σὺ οὐ ῥᾳδίως ὑποίσεις. ὅπου δ᾽ ἂν ἐνδεῶς δόξῃς τι τούτων ποιεῖν, οἶδ᾽ ὅτι σε τιμωρήσονται Ἀθηναῖοι οὐδὲν ἧττον ἢ εἰ τὰ αὐτῶν λάβοιεν κλέπτοντα.

7 πρὸς δὲ τούτοις ὁρῶ σε οἰόμενον πλουτεῖν, καὶ ἀμελῶς μὲν ἔχοντα πρὸς τὸ μηχανᾶσθαι χρήματα, παιδικοῖς δὲ πράγμασι προσέχοντα τὸν νοῦν, ὥσπερ ἐξόν σοι. ὧν ἕνεκα οἰκτίρω σε μή τι ἀνήκεστον κακὸν πάθῃς καὶ εἰς πολλὴν ἀπορίαν καταστῇς.

8 καὶ ἐμοὶ μέν, εἴ τι καὶ προσδεηθείην, οἶδ᾽ ὅτι καὶ σὺ γιγνώσκεις ὡς εἰσὶν οἳ καὶ ἐπαρκέσειαν ἂν ὥστε πάνυ μικρὰ πορίσαντες κατακλύσειαν ἂν ἀφθονίᾳ τὴν ἐμὴν δίαιταν· οἱ δὲ σοὶ φίλοι πολὺ ἀρκοῦντα σοῦ μᾶλλον ἔχοντες τῇ ἑαυτῶν κατασκευῇ ἢ σὺ τῇ σῇ ὅμως ὡς παρὰ σοῦ ὠφελησόμενοι ἀποβλέπουσι.

9 καὶ ὁ Κριτόβουλος εἶπεν· Ἐγὼ τούτοις, ὦ Σώκρατες, οὐκ ἔχω ἀντιλέγειν· ἀλλ᾽ ὥρα σοι προστατεύειν ἐμοῦ, ὅπως μὴ τῷ ὄντι οἰκτρὸς γένωμαι. ἀκούσας οὖν ὁ Σωκράτης εἶπε· καὶ οὐ θαυμαστὸν δοκεῖς, ὦ Κριτόβουλε, τοῦτο σαυτῷ ποιεῖν, ὅτι ὀλίγῳ μὲν πρόσθεν, ὅτε ἐγὼ ἔφην πλουτεῖν, ἐγέλασας ἐπ᾽ ἐμοὶ ὡς οὐδὲ εἰδότι ὅ τι εἴη πλοῦτος, καὶ πρότερον οὐκ ἐπαύσω πρὶν ἐξήλεγξάς με καὶ ὁμολογεῖν ἐποίησας μηδὲ ἑκατοστὸν μέρος τῶν σῶν κεκτῆσθαι, νῦν δὲ κελεύεις προστατεύειν

2.5 ἀπεφήνατο, er erklärte, Aorist Medium zu ἀποφαίνω, K. 96, 28 und 29 • ἤ, andernfalls • ἀνασχέσθαι, Infinitiv Aorist zu ἀνέχομαι, aushalten, K. 111, 5 • προσήκει σοι, es ist deine Pflicht • μεγαλοπρεπῶς, Adverb zu μεγαλοπρεπής mit großem Aufwand • δειπνίζω, bewirten • ἔρημος mit Genitiv, leer von, ohne.

2.6 τελέω, bezahlen • ἡ ἱπποτροφία, die Unterhaltung von Pferdeställen • ἡ χορηγία, der Aufwand für Chöre • ἡ γυμνασιαρχία, die Leitung von Gymnasien • ἡ προστατεία, der führende Posten • ἡ τριηραρχία, der Bau von Kriegsschiffen • ἡ εἰσφορά, die Abgabe • τοσοῦτος, so groß, K. 68, 2, ὅσος, wie groß, K. 68,1 • ὑποίσεις, du wirst ertragen, Futur zu ὑποφέρω, K. 111, 11 • ἐνδεῶς τι ποιεῖν, etwas mangelhaft tun • ὅπου δὲ ἂν δόξῃς, Konjunktiv Aorist zu δοκέω, scheinen • τιμωρήσονται zu τιμωρέομαι, bestrafen • ἢ εἰ λάβοιεν, als ob sie ertappt hätten, zu λαμβάνω, K. 108, 11.

2.7 πρὸς δὲ τούτοις, außerdem • ἀμελῶς ἔχω πρός, ich verhalte mich nachlässig gegenüber • μηχανάομαι χρήματα, Geld verdienen • παιδικὰ πράγματα, Liebschaften • προσέχω τὸν νοῦν mit Dativ, ich richte meine Aufmerksamkeit auf • ὥσπερ ἐξόν, als ob es (unbegrenzt) möglich wäre, absoluter Akkusativ des Partizips, K. 199, 4 • οἰκτίρω σε μή, ich bemitleide dich und befürchte • ἀνήκεστον κακόν, eine unheilhabe Krankheit • πάθῃς, Konjunktiv Aorist zu πάσχω, leiden, K. 111, 7 • καταστῇς, Konjunktiv Aorist Medium zu καθίσταμαι εἰς, eintreten in, geraten in, K. 101.

2.8 εἴ τι προσδεηθείην, wenn ich außerdem um etwas bitten würde, Optativ Aorist als Potentialis zu προσδέομαι, K. 110, 11 • ἐπαρκέσειαν, Optativ Aorist zu ἐπαρκέω, aushelfen, K. 90, 4 • κατακλύσειαν, Optativ Aorist zu κατακλύζω, überschütten • (τὰ) ἀρκοῦντα, das Ausreichende • ἡ κατασκευή, das Vermögen • ὠφελησόμενοι, Partizip Futur Medium zu ὠφελέω, unterstützen, ὠφελέομαι sich unterstützen lassen, K. 93, 2 • ἀποβλέπω, darauf zielen.

μέ σου καὶ ἐπιμελεῖσθαι ὅπως ἂν μὴ παντάπασιν ἀληθῶς πένης γένοιο; 10 Ὁρῶ γάρ σε, ἔφη, ὦ Σώκρατες, ἕν τι πλουτηρὸν ἔργον ἐπιστάμενον περιουσίαν ποιεῖν. τὸν οὖν ἀπ᾽ ὀλίγων περιποιοῦντα ἐλπίζω ἀπὸ πολλῶν γ᾽ ἂν πάνυ ῥᾳδίως πολλὴν περιουσίαν ποιῆσαι.

11 Οὔκουν μέμνησαι ἀρτίως ἐν τῷ λόγῳ ὅτε οὐδ᾽ ἀναγρύζειν μοι ἐξουσίαν ἐποίησας, λέγων ὅτι τῷ μὴ ἐπισταμένῳ ἵπποις χρῆσθαι οὐκ εἴη χρήματα οἱ ἵπποι οὐδὲ ἡ γῆ οὐδὲ τὰ πρόβατα οὐδὲ ἀργύριον οὐδὲ ἄλλο οὐδὲ ἓν ὅτῳ τις μὴ ἐπίσταιτο χρῆσθαι; εἰσὶ μὲν οὖν αἱ πρόσοδοι ἀπὸ τῶν τοιούτων· ἐμὲ δὲ πῶς τινὶ τούτων οἴει ἂν ἐπιστηθῆναι χρῆσθαι, ᾧ τὴν ἀρχὴν οὐδὲν πώποτ᾽ ἐγένετο τούτων; 12 Ἀλλ᾽ ἐδόκει ἡμῖν, καὶ εἰ μὴ χρήματά τις τύχοι ἔχων, ὅμως εἶναί τις ἐπιστήμη οἰκονομίας. τί οὖν κωλύει καὶ σὲ ἐπίστασθαι; Ὅπερ νὴ Δία καὶ αὐλεῖν ἂν κωλύσειεν ἄνθρωπον ἐπίστασθαι, εἰ μήτε αὐτὸς πώποτε κτήσαιτο αὐλοὺς μήτε ἄλλος αὐτῷ παράσχοι ἐν τοῖς αὑτοῦ μανθάνειν· οὕτω δὴ καὶ ἐμοὶ ἔχει περὶ τῆς οἰκονομίας. 13 οὔτε γὰρ αὐτὸς ὄργανα χρήματα ἐκεκτήμην, ὥστε μανθάνειν, οὔτε ἄλλος πώποτέ μοι παρέσχε τὰ ἑαυτοῦ διοικεῖν ἀλλ᾽ ἢ σὺ νυνὶ ἐθέλεις παρέχειν.

οἱ δὲ δήπου τὸ πρῶτον μανθάνοντες κιθαρίζειν καὶ τὰς λύρας λυμαίνονται· καὶ ἐγὼ δὴ εἰ ἐπιχειρήσαιμι ἐν τῷ σῷ οἴκῳ μανθάνειν οἰκονομεῖν, ἴσως ἂν καταλυμηναίμην ἄν σου τὸν οἶκον. 14 πρὸς ταῦτα ὁ Κριτόβουλος εἶπε· Προθύμως γε, ὦ Σώκρατες, ἀποφεύγειν μοι πειρᾷ μηδέν με συνωφελῆσαι εἰς τὸ ῥᾶον ὑποφέρειν τὰ ἐμοὶ ἀναγκαῖα πράγματα. Οὐ μὰ Δί᾽, ἔφη ὁ Σωκράτης, οὐκ ἔγωγε, ἀλλ᾽ ὅσα ἔχω καὶ πάνυ προθύμως ἐξηγήσομαί σοι. 15 οἶμαι δ᾽ ἂν καὶ εἰ ἐπὶ πῦρ ἐλθόντος σου καὶ μὴ ὄντος παρ᾽ ἐμοί, εἰ ἄλλοσε ἡγησάμην ὁπόθεν σοι εἴη λαβεῖν, οὐκ ἂν ἐμέμφου μοι, καὶ εἰ ὕδωρ παρ᾽ ἐμοῦ αἰτοῦντί σοι αὐτὸς μὴ ἔχων ἄλλοσε καὶ ἐπὶ

2.9 προστατεύω mit Genitiv, jemanden anleiten • ὅπως μή, damit nicht • ὁ οἰκτρός, das Objekt des Mitleids • θαυμαστός, seltsam • ὀλίγῳ μὲν πρόσθεν, ein wenig vorher, ὀλίγῳ, Dativus mensurae et differentiae, K. 156, 3 • ἐγέλασας zu γελάω, lachen, K. 90, 4 • εἰδότι εἰδώς, Partizip zu οἶδα, K. 102, 4 • ἐπαύσω, 2. Sg. Aorist zu παύομαι, aufhören, K. 112 • πρίν, bis • ἐξηλέγξας, 2. Sg. Ind. Aorist zu ἐξελέγχω, überzeugen, K. 112 • ὁμολογεῖν, zustimmen • ἑκατοστὸν μέρος, ein hundertster Teil • προστατεύω mit Genitiv, jemanden anleiten • ἐπιμελέομαι, ὅπως ἂν μή, sich darum kümmern, dass nicht, K. 110, 13 • ἀληθῶς, Adverb zu ἀληθής, wahr, wahrhaftig, K. 45.

2.10 πλουτηρός, ertragreich • ἡ περιουσία, der Überschuss, Gewinn • περιποιέω, einen Gewinn erwirtschaften • ἐλπίζω, erwarten • πάνυ ῥᾳδίως, ganz leicht.

2.11 μέμνημαι, sich erinnern • ἀρτίως, eben • ἀναγρύζω, aufgrunzen, erklären • ἡ ἐξουσία, die Möglichkeit • ἐπίσταμαι, verstehen, K. 100, 6 • τὰ πρόβατα, die Schafe • οὐδὲ ἕν, nicht einmal eine einzige Sache, K. 70, 1 • ὅτῳ für ᾧτινι, zu ὅστις, unbestimmtes, verallgemeinerndes Relativpronomen, K. 67, 3 • αἱ πρόσοδοι, die Einkünfte • ἐπιστηθῆναι, Infinitiv Aorist zu ἐπίσταμαι, K. 100, 6 • ὅμως, doch, dennoch.

2.12 αὐλέω, Flöte blasen.

2.13 τὰ ὄργανα χρήματα, die Geldmittel • ἐκεκτήμην, ich hatte erworben, ich besaß • ἀλλ᾽ ἤ, außer dass • κιθαρίζω, Kithara spielen • λυμαίνομαι, beschädigen • ἡ λύρα, die Lyra • καταλυμηναίμην, Optativ Aorist (Verba liquida), K. 83, 3.

2.14 προθύμως, Adverb, mit Vergnügen • ἀποφεύγειν, davonkommen • συνωφελῆσαί τινα, zu συνωφελέω, jemand unterstützen • ῥᾶον ἀποφέρειν, leichter ertragen, erfüllen • τὰ ἐμοὶ ἀναγκαῖα πράγματα, die für mich notwendigen Aufgaben.

τοῦτο ἤγαγον, οἶδ' ὅτι οὐδ' ἂν τοῦτό μοι ἐμέμφου, καὶ εἰ βουλομένου μουσικὴν μαθεῖν σου παρ' ἐμοῦ δείξαιμί σοι πολὺ δεινοτέρους ἐμοῦ περὶ μουσικὴν καί σοι χάριν ⟨ἂν⟩ εἰδότας, εἰ ἐθέλοις παρ' αὐτῶν μανθάνειν, τί ἂν ἔτι μοι ταῦτα ποιοῦντι μέμφοιο; 16 Οὐδὲν ἂν δικαίως γε, ὦ Σώκρατες.

'Εγὼ τοίνυν σοι δείξω, ὦ Κριτόβουλε, ὅσα νῦν λιπαρεῖς παρ' ἐμοῦ μανθάνειν πολὺ ἄλλους ἐμοῦ δεινοτέρους [τοὺς] περὶ ταῦτα. ὁμολογῶ δὲ μεμεληκέναι μοι οἵτινες ἕκαστα ἐπιστημονέστατοί εἰσι τῶν ἐν τῇ πόλει. 17 καταμαθὼν γάρ ποτε ἀπὸ τῶν αὐτῶν ἔργων τοὺς μὲν πάνυ ἀπόρους ὄντας, τοὺς δὲ πάνυ πλουσίους, ἀπεθαύμασα, καὶ ἔδοξέ μοι ἄξιον εἶναι ἐπισκέψεως ὅ τι εἴη τοῦτο. καὶ ηὗρον ἐπισκοπῶν πάνυ οἰκείως ταῦτα γιγνόμενα. 18 τοὺς μὲν γὰρ εἰκῇ ταῦτα πράττοντας ζημιουμένους ἑώρων, τοὺς δὲ γνώμῃ συντεταμένῃ ἐπιμελουμένους καὶ θᾶττον καὶ ῥᾷον καὶ κερδαλεώτερον κατέγνων πράττοντας. παρ' ὧν ἂν καὶ σὲ οἶμαι, εἰ βούλοιο, μαθόντα, εἴ σοι ὁ θεὸς μὴ ἐναντιοῖτο, πάνυ ἂν δεινὸν χρηματιστὴν γενέσθαι.

2.15 ἐξηγήσομαι, Futur zu ἐξηγέομαι, erzählen • ἐπὶ πῦρ ἐλθόντος σου, wenn du wegen Feuer gekommen wärest, Genitivus absolutus, K. 199, 2–3 • μὴ ὄντος πὰρ' ἐμοί, wenn es bei mir nicht vorhanden wäre • εἰ ἄλλοσε ἡγησάμην, wenn ich dich dann anderswohin geführt hätte • οὐκ ἂν ἐμέμφου μοι, würdest du mir keinen Vorwurf machen, Irrealis der Gegenwart, K. 182 • τὸ ὕδωρ, τοῦ ὕδατος, das Wasser, K. 39, 3 • ἤγαγον, Aorist zu ἄγω • δείξαιμι, Optativ Aorist zu δείκνυμι, K. 104 • χάριν εἰδότας, Partizip εἰδώς zu οἶδα, χάριν εἰδέναι, Dank wissen, K. 102, 4.

2.16 οὐδὲν ἂν δικαίως γε, keinesfalls mit Recht • δείξω, Futur zu δείκνυμι, K. 104 • λιπαρεῖς zu λιπαρέω, inständig bitten, erbitten • παρ' ἐμοῦ, von mir, K. 160, 4 • ἐμοῦ, Genitivus comparationis, K. 146 • δεινοτέρους, Komparativ zu δεινός, tüchtig, K. 56, 2 • περὶ ταῦτα, darin, K. 160, 13 • μεμεληκέναι, Infinitiv Perfekt zu μέλει μοί τινος, mir liegt woran, ich kümmere mich um etwas • ἕκαστα, in allen Dingen, Akkusativ der Beziehung, K. 136 • ἐπιστημονέστατοι, Superlativ zu ἐπιστήμων, sachkundig, K. 56, 4.

2.17 καταμαθών, Partizip Aorist zu καταμανθάνω, lernen, bemerken, K. 108, 13 • ἀπὸ τῶν αὐτῶν ἔργων, von denselben Leistungen her, mit denselben Leistungen • ἡ ἐπίσκεψις, die Untersuchung • ηὗρον, Aorist zu εὑρίσκω, finden K. 109, 6 • πάνυ οἰκείως aus einem ganz naheliegenden Grund.

2.18 εἰκῇ, ohne Plan und Ziel • ζημιόομαι, Schaden nehmen • ἑώρων, Imperfekt zu ὁράω, K. 111, 6 • ἡ γνώμη συντεταμένη, der angespannte Verstand, zu συντείνω, K. 91, 7 ↔ ὁ τόνος die Anspannung • ἐπιμελουμένους zu ἐπιμελέομαι, sich mit etwas beschäftigen, K. 110, 13 • θᾶττον, Komparativ des Adverbs zu ταχύς, K. 57, 2 • ῥᾷον, Komparativ des Adverbs zu ῥᾴδιος, leicht, K. 58, 7 • κερδαλεώτερον, Komparativ des Adverbs zu κερδαλέος, erfolgreich • κατέγνων, ich erkannte, Wurzelaorist zu καταγιγνώσκω, K. 101; 109, 11 • εἰ μὴ ἐναντιοῖτο, wenn er nicht Widerstand leisten würde, zu ἐναντιόομαι • πάνυ δεινὸς χρησματιστής, ein ganz tüchtiger Hausverwalter.

3. Kapitel: Kompetenz und Inkompetenz als Ursachen für Erfolg oder Misserfolg, Nutzen oder Schaden

1 Ἀκούσας ταῦτα ὁ Κριτόβουλος εἶπε· Νῦν τοι, ἔφη, ἐγώ σε οὐκέτι ἀφήσω, ὦ
Σώκρατες, πρὶν ἄν μοι ἃ ὑπέσχησαι ἐναντίον τῶν φίλων τουτωνὶ ἀποδείξῃς. Τί
οὖν, ἔφη ὁ Σωκράτης, ὦ Κριτόβουλε, ἄν σοι ἀποδεικνύω πρῶτον μὲν οἰκίας τοὺς
μὲν ἀπὸ πολλοῦ ἀργυρίου ἀχρήστους οἰκοδομοῦντας, τοὺς δὲ ἀπὸ πολὺ ἐλάττο-
νος πάντα ἐχούσας ὅσα δεῖ, ἦ δόξω ἕν τί σοι τοῦτο τῶν οἰκονομικῶν ἔργων ἐπιδει-
κνύναι; 2 Καὶ πάνυ γ᾽, ἔφη ὁ Κριτόβουλος. Τί δ᾽ ἂν τὸ τούτου ἀκόλουθον μετὰ
τοῦτό σοι ἐπιδεικνύω, τοὺς μὲν πάνυ πολλὰ καὶ παντοῖα κεκτημένους ἔπιπλα, καὶ
τούτοις, ὅταν δέωνται, μὴ ἔχοντας χρῆσθαι μηδὲ εἰδότας εἰ σῶά ἐστιν αὐτοῖς, καὶ
διὰ ταῦτα πολλὰ μὲν αὐτοὺς ἀνιωμένους, πολλὰ δὲ ἀνιῶντας τοὺς οἰκέτας· τοὺς
δὲ οὐδὲν πλέον ἀλλὰ καὶ μείονα τούτων κεκτημένους ἔχοντας εὐθὺς ἕτοιμα [ὅταν]
ὧν ἂν δέωνται χρῆσθαι. 3 Ἄλλο τι οὖν τούτων ἐστίν, ὦ Σώκρατες, αἴτιον ἢ ὅτι
τοῖς μὲν ὅπου ἔτυχεν ἕκαστον καταβέβληται, τοῖς δὲ ἐν χώρᾳ ἕκαστα τεταγμένα
κεῖται; Ναὶ μὰ Δί᾽, ἔφη ὁ Σωκράτης· καὶ οὐδ᾽ ἐν χώρᾳ γ᾽ ἐν ᾗ ἔτυχεν, ἀλλ᾽ ἔνθα
προσήκει, ἕκαστα διατέτακται. Λέγειν τί μοι δοκεῖς, ἔφη, καὶ τοῦτο, ὁ Κριτόβου-
λος, τῶν οἰκονομικῶν.

4 Τί οὖν, ἄν σοι, ἔφη, καὶ οἰκέτας αὖ ἐπιδεικνύω ἔνθα μὲν πάντας ὡς εἰπεῖν δεδε-
μένους, καὶ τούτους θαμινὰ ἀποδιδράσκοντας, ἔνθα δὲ λελυμένους καὶ ἐθέλοντάς τε
ἐργάζεσθαι καὶ παραμένειν, οὐ καὶ τοῦτό σοι δόξω ἀξιοθέατον τῆς οἰκονομίας ἔργον
ἐπιδεικνύναι; Ναὶ μὰ Δί᾽, ἔφη ὁ Κριτόβουλος, καὶ σφόδρα γε. 5 Ἂν δὲ δείξω καὶ

Großer Besitz ist ohne die Fähigkeit zum richtigen Umgang damit nichts wert und manchmal sogar schädlich (1–7). Fehlender Sachverstand beim Umgang mit Ressourcen bringt Unheil (8–11).

3.1 ἀφήσω, Futur zu ἀφίημι, fortlassen, K. 97–99 • πρὶν ἄν μοι ἀποδείξῃς, bis du mir gezeigt hast, Temporalsatz, K. 187 • ὑπέσχησαι, Perfekt zu ὑπισχνέομαι, du hast versprochen, K. 111, 5 • οἰκοδομοῦντας zu οἰκοδομέω, bauen • ἄχρηστος, unbrauchbar • ἦ δόξω ἕν τί σοι τοῦτο τῶν οἰκονομικῶν ἔργων, werde ich dir damit eine der Aufgaben des Hausverwalters zu zeigen scheinen.

3.2 τὸ τούτου ἀκόλουθον, das darauf Folgende • ἐπιδεικνύω, Konjunktiv Präsens zu ἐπιδείκνυμι als dubitativer Konjunktiv, K. 170, 2 • ἔπιπλα, in Fülle • σωός, tauglich • ἀνιάομαι, Ärger haben, ἀνιάω, Ärger machen, belasten • πλείων, πλέον, mehr, Komparativ zu πολύς, πολλή, πολύ, K. 58 • μείων, μεῖον, μείονα, weniger, Komparativ zu ὀλίγος, K. 58 • ἕτοιμος, bereit, verfügbar • ὧν δέονται, was sie benötigen.

3.3 ὅπου ἔτυχεν, wo es sich gerade befand, zu τυγχάνω, K. 108, 15; 198 • καταβέβληται, Perfekt Passiv zu καταβάλλω, hinwerfen, K. 91, 4; 96, 51 • ἡ χώρα, der Platz • τεταγμένα, Partizip Perfekt Passiv zu τάττω, hinstellen, ordnen, K. 96 • κεῖται zu κεῖμαι, liegen, K. 103, 6 • ἔνθα προσήκει, wo es hingehört • διατέτακται, Perfekt Passiv zu διατάττω, einordnen, K. 96, 14.

3.4 ὁ οἰκέτης, der Sklave • δεδεμένους, Partizip Perfekt Passiv zu δέω, binden, K. 90, 6 • θάμινα, häufig • ἀποδιδράσκοντας, Partizip Präsens Aktiv zu ἀποδιδράσκω, weglaufen, K. 101; 109, 9 • λελυμένους, Partizip Perfekt Passiv zu λύω, lösen, K. 90, 6 • ἐθέλοντας, Partizip Präsens Aktiv zu ἐθέλω, wollen • ἀξιοθέατος, sehenswert • σφόδρα, Adverb, mit aller Deutlichkeit.

παραπλησίους γεωργίας γεωργοῦντας, τοὺς μὲν ἀπολωλέναι φάσκοντας ὑπὸ γεωργίας καὶ ἀποροῦντας, τοὺς δὲ ἀφθόνως καὶ καλῶς πάντα ἔχοντας ὅσων δέονται ἀπὸ τῆς γεωργίας; Ναὶ μὰ Δί', ἔφη ὁ Κριτόβουλος. ἴσως γὰρ ἀναλίσκουσιν οὐκ εἰς ἃ δεῖ μόνον, ἀλλὰ καὶ εἰς ἃ βλάβην φέρει αὐτοῖς καὶ τῷ οἴκῳ. 6 Εἰσὶ μέν τινες ἴσως, ἔφη ὁ Σωκράτης, καὶ τοιοῦτοι. ἀλλ' ἐγὼ οὐ τούτους λέγω, ἀλλ' οἳ οὐδ' εἰς τἀναγκαῖα ἔχουσι δαπανᾶν, γεωργεῖν φάσκοντες. Καὶ τί ἂν εἴη τούτου αἴτιον, ὦ Σώκρατες; 'Εγώ σε ἄξω καὶ ἐπὶ τούτους, ἔφη ὁ Σωκράτης· σὺ δὲ θεώμενος δήπου καταμαθήσῃ. Νὴ Δί', ἔφη, ἂν δύνωμαί γε. 7 οὐκοῦν χρὴ θεώμενον σαυτοῦ ἀποπειρᾶσθαι εἰ γνώσῃ.

νῦν δ' ἐγὼ σὲ σύνοιδα ἐπὶ μὲν κωμῳδῶν θέαν καὶ πάνυ πρῴ ἀνιστάμενον καὶ πάνυ μακρὰν ὁδὸν βαδίζοντα καὶ ἐμὲ ἀναπείθοντα προθύμως συνθεᾶσθαι· ἐπὶ δὲ τοιοῦτον οὐδέν με πώποτε ἔργον παρεκάλεσας. οὐκοῦν γελοῖός σοι φαίνομαι εἶναι, ὦ Σώκρατες. 8 Σαυτῷ δὲ πολὺ νὴ Δί', ἔφη, γελοιότερος. ἂν δὲ καὶ ἀφ' ἱππικῆς σοι ἐπιδεικνύω τοὺς μὲν εἰς ἀπορίαν τῶν ἐπιτηδείων ἐληλυθότας, τοὺς δὲ διὰ τὴν ἱππικὴν καὶ πάνυ εὐπόρους ὄντας καὶ ἅμα ἀγαλλομένους ἐπὶ τῷ κέρδει; Οὐκοῦν τούτους μὲν καὶ ἐγὼ ὁρῶ καὶ οἶδα ἑκατέρους, καὶ οὐδέν τι μᾶλλον τῶν κερδαινόντων γίγνομαι. 9 Θεᾷ γὰρ αὐτοὺς ἧπερ τοὺς τραγῳδούς τε καὶ κωμῳδούς, οὐχ ὅπως ποιητὴς οἴομαι γένῃ, ἀλλ' ὅπως ἡσθῇς ἰδών τι ἢ ἀκούσας· καὶ ταῦτα μὲν ἴσως οὕτως ὀρθῶς ἔχει (οὐ γὰρ ποιητὴς βούλει γενέσθαι), ἱππικῇ δ' ἀναγκαζόμενος χρῆσθαι οὐ μῶρος οἴει εἶναι εἰ μὴ σκοπεῖς ὅπως μὴ ἰδιώτης ἔσει τούτου τοῦ

3.5 οἱ παραπλήσιοι, die Nachbarn • γεωργίας γεωργεῖν, Landwirtschaft betreiben • φάσκοντας, Partizip Präsens zu φάσκω, behaupten • ὑπό (mit Genitiv), von, durch, infolge von, K. 160, 18 • ἀποροῦντας, Partizip Präsens zu ἀπορέω, in Not sein • ἀφθόνως, Adverb, reichlich • καλῶς, Adverb, in rechter Ordnung • ἀναλίσκουσιν zu ἀναλίσκω, aufwenden, ausgeben, K. 109, 5 • ἡ βλάβη, der Schaden.

3.6 ἴσως, vielleicht • δαπανάω, aufkommen • γεωργεῖν, Infinitiv zur Bezeichnung des Zwecks, K. 195, 4 • δήπου, doch wohl • καταμαθήσῃ, 2. Sg. Futur, Medium zu καταμανθάνω, verstehen, K. 108, 13 • ἂν δύνωμαι, wenn ich kann, Kondizionalsatz, K. 179, 1 • δύνωμαι, Konjunktiv Präsens zu δύναμαι, K. 100, 5 • σαυτοῦ, Reflexivpronomen, Genitiv der 2. Person Singular • γελοιότερος, Komparativ zu γελοῖος.

3.7 ἀποπειρᾶσθαι, zu ἀποπειράομαί τινος, jemand auf die Probe stellen • γνώσῃ, 2. Sg. Futur zu γιγνώσκω, erkennen, K. 109, 11 • σύνοιδα, ich bin mir bewusst, K. 102, 3 • ἡ θέα, das Anschauen • ὁ κωμῳδός, der Schauspieler in der Komödie, der Komödiendichter • πάνυ πρῴ, sehr früh • ἀνιστάμενον, Partizip Präsens zu ἀνίσταμαι, aufstehen, K. 97, 3 • μακρὰν ὁδόν, Akkusativ der Ausdehnung, K. 137 • φαίνομαι, scheinen, K. 96, 29.

3.8 σαυτῷ, Reflexivpronomen, Dativ der 2. Person Sg. • γελοιότερος, Komparativ zu γελοῖος, lächerlich • ἡ ἀπορία, der Mangel • τὰ ἐπιτήδεια, die Lebensmittel • ἐληλυθότας, Partizip Perfekt Aktiv zu ἔρχομαι, gehen, kommen, K. 111, 2 • εὔπορος, wohlhabend • ἀγάλλομαι, sich rühmen • τὸ κέρδος, der Gewinn, K. 44 • οὐδὲν μᾶλλον, kein bisschen mehr • κερδαίνω, gewinnen.

ἔργου, ἄλλως τε καὶ τῶν αὐτῶν ἵππων ἀγαθῶν εἴς τε τὴν χρῆσιν καὶ κερδαλέων εἰς πώλησιν ὄντων; 10 Πωλοδαμνεῖν με κελεύεις, ὦ Σώκρατες; Οὐ μὰ Δί' οὐδέν τι μᾶλλον ἢ καὶ γεωργοὺς ἐκ παιδίων ὠνούμενον κατασκευάζειν, ἀλλ' εἶναί τινές μοι δοκοῦσιν ἡλικίαι καὶ ἵππων καὶ ἀνθρώπων, αἳ εὐθύς τε χρήσιμοί εἰσι καὶ ἐπὶ τὸ βέλτιον ἐπιδιδόασιν.

ἔχω δ' ἐπιδεῖξαι καὶ γυναῖξι ταῖς γαμεταῖς τοὺς μὲν οὕτω χρωμένους ὥστε συνεργοὺς ἔχειν αὐτὰς εἰς τὸ συναύξειν τοὺς οἴκους, τοὺς δὲ ᾗ ὅτι πλεῖστον λυμαίνονται. 11 καὶ τούτου πότερα χρή, ὦ Σώκρατες, τὸν ἄνδρα αἰτιᾶσθαι ἢ τὴν γυναῖκα; πρόβατον μέν, ἔφη ὁ Σωκράτης, ὡς ἐπὶ τὸ πολὺ ἂν κακῶς ἔχῃ, τὸν νομέα αἰτιώμεθα, καὶ ἵππος ὡς ἐπὶ τὸ πολὺ ἂν κακουργῇ, τὸν ἱππέα κακίζομεν· τῆς δὲ γυναικός, εἰ μὲν διδασκομένη ὑπὸ τοῦ ἀνδρὸς τἀγαθὰ κακοποιεῖ, ἴσως δικαίως ἂν ἡ γυνὴ τὴν αἰτίαν ἔχοι· εἰ δὲ μὴ διδάσκων τὰ καλὰ κἀγαθὰ ἀνεπιστήμονι τούτων χρῷτο, ἆρ' οὐ δικαίως ἂν ὁ ἀνὴρ τὴν αἰτίαν ἔχοι; 12 πάντως δ', ἔφη, ὦ Κριτόβουλε (φίλοι γάρ ἐσμεν οἱ παρόντες) ἀπαληθεῦσαι δεῖ πρὸς ἡμᾶς. ἔστιν ὅτῳ ἄλλῳ τῶν σπουδαίων πλείω ἐπιτρέπεις ἢ τῇ γυναικί; οὐδενί, ἔφη. ἔστι δὲ ὅτῳ ἐλάττονα διαλέγῃ ἢ τῇ γυναικί; 13 εἰ δὲ μή, οὐ πολλοῖς γε, ἔφη. ἔγημας δὲ αὐτὴν παῖδα νέαν μάλιστα καὶ ὡς ἐδύνατο ἐλάχιστα ἑωρακυῖαν καὶ ἀκηκουῖαν; μάλιστα. οὐκοῦν πολὺ θαυμαστότερον εἴ τι ὧν δεῖ λέγειν ἢ πράττειν ἐπίσταιτο ἢ εἰ ἐξαμαρτάνοι.

3.9 θεᾷ, 2. Sg. Indikativ Präsens zu θεάομαι, ansehen • ᾗπερ, wie • ὁ τραγῳδός, der Tragödiendichter • ὁ κωμῳδός, der Komödiendichter • γένῃ zu γίγνομαι, K. 110, 7 • ὅπως γένῃ, Finalsatz, K. 178 • ἡσθῇς, Konjunktiv Aorist zu ἥδομαι, sich freuen • ἀναγκαζόμενος, Partizip Präsens Passiv zu ἀναγκάζω, zwingen • ὁ μῶρος, der Tor • ὁ ἰδιώτης, der Unerfahrene, Ahnungslose • ἄλλως τε καί, besonders weil • κερδαλέος, gewinnbringend • ἡ πώλησις, der Verkauf.

Eine tüchtige und gut ausgebildete Frau, die sich an der Hausverwaltung beteiligt, trägt zum Wohlstand bei. Sie ist darin dem Mann ebenbürtig (10–16).

3.10 πωλοδαμνέω, Pferde zureiten • τὸ παιδίον, der junge Sklave • αἱ ἡλικίαι, die Altersstufen • ἐπιδιδόασιν, zu ἐπιδίδωμι (intransitiv), Fortschritte machen, sich steigern, K. 97 • αἱ γυναῖκες αἱ γαμεταί, die verheirateten Frauen, K. 50, 1 • ἡ συνεργός, die Mitarbeiterin • συναύξειν, Infinitiv zu συναυξάνω und συναύξω, gemeinsam vermehren, vergrößern, K. 108, 9 • ὅτι πλεῖστον λυμαίνεσθαι, größtmöglichen Schaden erleiden.

3.11 αἰτιᾶσθαί τινά τινος, jemand die Schuld an etwas geben • πότερα … ἤ, ob … oder • ὡς ἐπὶ τὸ πολύ, meistens • κακῶς ἔχειν, sich in einem schlechten Zustand befinden • ὁ νομεύς, K. 48, der Hirt • κακουργέω, Schaden anrichten • ὁ ἱππεύς, der Reiter • κακίζω, beschimpfen • κακοποιέω, schlecht handeln • ἀνεπιστήμων unwissend.

3.12 ἀπαληθεύω, die Wahrheit sagen • σπουδαῖος, ernsthaft, wichtig • ἐπιτρέπω, anvertrauen, überlassen.

3.13 ἔγημας, Aorist zu γαμέω, heiraten, K. 110, 1 • παῖς νέα, junges Mädchen • ὡς ἐδύνατο ἐλάχιστα, denkbar wenig, so wenig, wie nur möglich • ἑωρακυῖαν, Partizip Perfekt Aktiv zu ὁράω, sehen, K. 111, 6 • ἀκηκουῖαν, Partizip Perfekt Aktiv zu ἀκούω, hören, K. 93, 1; 96, 41 • ἐξαμαρτάνω, Fehler machen, K. 108, 8.

14 Οἷς δὲ σὺ λέγεις ἀγαθὰς εἶναι γυναῖκας, ὦ Σώκρατες, ἦ αὐτοὶ ταύτας ἐπαίδευσαν; Οὐδὲν οἷον τὸ ἐπισκοπεῖσθαι. συστήσω δέ σοι ἐγὼ καὶ Ἀσπασίαν, ἣ ἐπιστημονέστερον ἐμοῦ σοι ταῦτα πάντα ἐπιδείξει. 15 νομίζω δὲ γυναῖκα κοινωνὸν ἀγαθὴν οἴκου οὖσαν πάνυ ἀντίρροπον εἶναι τῷ ἀνδρὶ ἐπὶ τὸ ἀγαθόν. ἔρχεται μὲν γὰρ εἰς τὴν οἰκίαν διὰ τῶν τοῦ ἀνδρὸς πράξεων τὰ κτήματα ὡς ἐπὶ τὸ πολύ, δαπανᾶται δὲ διὰ τῶν τῆς γυναικὸς ταμιευμάτων τὰ πλεῖστα· καὶ εὖ μὲν τούτων γιγνομένων αὔξονται οἱ οἶκοι, κακῶς δὲ τούτων πραττομένων οἱ οἶκοι μειοῦνται. 16 οἶμαι δέ σοι καὶ τῶν ἄλλων ἐπιστημῶν τοὺς ἀξίως λόγου ἑκάστην ἐργαζομένους ἔχειν ἂν ἐπιδεῖξαί σοι, εἰ τι προσδεῖσθαι νομίζεις.

3.14 ἦ, Fragepartikel zur Kennzeichnung einer Frage, K. 203 • ἐπισκοπέομαι, genau hinsehen • συστήσω, Futur zu συνίστημι, zusammenstellen, K. 97 • ἐπιστημονέστερον, sachkundiger, Komparativ des Adverbs ἐπιστημόνως, zu ἐπιστήμων, K. 56, 4; 59, 3.

3.15 κοινωνός τινος, beteiligt an etwas • ἀντίρροπος, ebenbürtig • ὡς ἐπὶ τὸ πολύ, meistens • δαπανάω, verbrauchen • τὸ ταμίευμα, die Haushaltsführung • μειόω, verringern.

3.16 δέ σοι καὶ τῶν ἄλλων ἐπιστημῶν, Genitivus partitivus, von, aus den anderen Fachgebieten, ἡ ἐπιστήμη, das Fachgebiet • τοὺς ἀξίως λόγου ἑκάστην ἐργαζομένους zu οἱ ἐργαζόμενοι, Partizip Präsens zu ἐργάζομαι, arbeiten, etwas betätigen, ausüben • οἶμαι δέ σοι ἔχειν ἂν ἐπιδεῖξαί σοι, das ἄν markiert die Möglichkeit, ich glaube aber, ich könnte dir zeigen • εἴ τι προσδεῖσθαι νομίζεις, wenn du es noch nötig zu haben meinst • προσδέομαι noch dazu benötigen.

4. Kapitel: Der Perserkönig als Vorbild

1 Ἀλλὰ πάσας μὲν τί σε δεῖ ἐπιδεικνύναι, ὦ Σώκρατες; ἔφη ὁ Κριτόβουλος· οὔτε γὰρ κτήσασθαι πασῶν τῶν τεχνῶν ἐργάτας ῥᾴδιον οἵους δεῖ, οὔτε ἔμπειρον γενέσθαι αὐτῶν οἷόν τε, ἀλλ᾽ αἳ δοκοῦσι κάλλισται τῶν ἐπιστημῶν καὶ ἐμοὶ πρέποι ἂν μάλιστα ἐπιμελομένῳ, ταύτας μοι καὶ αὐτὰς ἐπιδείκνυε καὶ τοὺς πράττοντας αὐτάς, καὶ αὐτὸς δὲ ὅ τι δύνασαι συνωφέλει εἰς ταῦτα διδάσκων.

2 Ἀλλὰ καλῶς, ἔφη, λέγεις, ὦ Κριτόβουλε. καὶ γὰρ αἵ γε βαναυσικαὶ καλούμεναι καὶ ἐπίρρητοί εἰσι καὶ εἰκότως μέντοι πάνυ ἀδοξοῦνται πρὸς τῶν πόλεων. καταλυμαίνονται γὰρ τὰ σώματα τῶν τε ἐργαζομένων καὶ τῶν ἐπιμελομένων, ἀναγκάζουσαι καθῆσθαι καὶ σκιατραφεῖσθαι, ἔνιαι δὲ καὶ πρὸς πῦρ ἡμερεύειν. τῶν δὲ σωμάτων θηλυνομένων καὶ αἱ ψυχαὶ πολὺ ἀρρωστότεραι γίγνονται. 3 καὶ ἀσχολίας δὲ μάλιστα ἔχουσι καὶ φίλων καὶ πόλεως συνεπιμελεῖσθαι αἱ βαναυσικαὶ καλούμεναι. ὥστε οἱ τοιοῦτοι δοκοῦσι κακοὶ καὶ φίλοις χρῆσθαι καὶ ταῖς πατρίσιν ἀλεξητῆρες εἶναι. καὶ ἐν ἐνίαις μὲν τῶν πόλεων, μάλιστα δὲ ἐν ταῖς εὐπολέμοις δοκούσαις εἶναι, οὐδ᾽ ἔξεστι τῶν πολιτῶν οὐδενὶ βαναυσικὰς τέχνας ἐργάζεσθαι.

4 Ἡμῖν δὲ δὴ ποίαις συμβουλεύεις, ὦ Σώκρατες, χρῆσθαι; Ἆρ᾽, ἔφη ὁ Σωκράτης, μὴ αἰσχυνθῶμεν τὸν Περσῶν βασιλέα μιμήσασθαι; ἐκεῖνον γάρ φασιν ἐν τοῖς καλλίστοις τε καὶ ἀναγκαιοτάτοις ἡγούμενον εἶναι ἐπιμελήμασι γεωργίαν τε καὶ τὴν πολεμικὴν τέχνην τούτων ἀμφοτέρων ἰσχυρῶς ἐπιμελεῖσθαι. καὶ ὁ Κριτόβουλος ἀκούσας ταῦτα εἶπε· 5 Καὶ τοῦτο, ἔφη, πιστεύεις, ὦ Σώκρατες, βασιλέα τὸν Περσῶν γεωργίας τι συνεπιμελεῖσθαι; Ὧδ᾽ ἄν, ἔφη ὁ Σωκράτης, ἐπισκοποῦντες, ὦ Κριτόβουλε, ἴσως ἂν καταμάθοιμεν εἴ τι συνεπιμελεῖται. τῶν μὲν γὰρ πολεμικῶν ἔργων ὁμολογοῦμεν αὐτὸν ἰσχυρῶς ἐπιμελεῖσθαι, ὅτι ἐξ ὁπόσωνπερ ἐθνῶν

Für eine prosperierende Oikonomia sind tüchtige Mitarbeiter erforderlich (1). Sokrates spricht über die Nachteile der sogenannten banausischen Tätigkeiten (2–3). Landwirtschaft und Kriegskunst gehören zusammen (4).

4.1 πάσας (τέχνας), alle Qualifikationen • ὁ ἐργάτης, der Mitarbeiter, ἐργάτας οἵους δεῖ, Mitarbeiter, wie sie sein müssen • οἷόν τέ ἐστιν, es ist möglich, K. 195 • ἔμπειρος, fachkundig • πρέποι ἄν zu πρέπει, es ist angemessen, es passt • συνωφέλει, hilf mir, Imperativ 2. Sg. zu συνωφελέω, K. 80, 2.

4.2 αἱ βαναυσικαὶ καλούμεναι, die sogenannten banausischen, handwerklichen Tätigkeiten • ἐπίρρητος, verpönt • εἰκότως, aus naheliegenden Gründen • ἀδοξέω, verachten • πρός, Präposition mit Genitiv, K. 160, 15, von Seiten, von … her • καταλυμαίνομαι, schädigen • κάθημαι, sitzen, K. 103, 5; 111, 14 • σκιατραφέομαι, sich im Dunkeln aufhalten • πρὸς πῦρ, im Blick auf das Feuer, am Feuer • ἡμερεύω, den Tag verbringen • θηλύνομαι, verweichlichen • ἄρρωστος schwach.

4.3 ἡ ἀσχολία, die Unlust • κακός, unfähig • ὁ ἀλεξητήρ, der Unterstützer • εὐπόλεμος, gern Krieg führend • ἔξεστιν, es ist erlaubt • ἐργάζεσθαι, ausüben.

4.4 αἰσχυνθῶμεν, Konjunktiv Aorist als Dubitativus, K. 170, 2, zu αἰσχύνομαι, sich schämen, K. 94, 4 • τὸ ἐπιμέλημα, die Beschäftigung • ἰσχυρῶς, vor allem, besonders • ἐξ ὁπόσωνπερ ἐθνῶν λαμβάνει τι, von allen Stämmen, von denen er etwas bekommt, Relativsatz, K. 68 • τὸ ἔθνος, der Stamm, das Volk, K. 44.

Sokrates spricht über die Verwaltung des Perserreichs und den persönlichen Einsatz des Kyros, der sich um alles selbst kümmert (5–14).

λαμβάνει ⟨τι⟩, τέταχε τῷ ἄρχοντι ἑκάστῳ εἰς ὁπόσους δεῖ διδόναι τροφὴν ἱππέας καὶ τοξότας καὶ σφενδονήτας καὶ γερροφόρους, οἵτινες τῶν τε ὑπ᾽ αὐτοῦ ἀρχομένων ἱκανοὶ ἔσονται κρατεῖν καὶ ἂν πολέμιοι ἐπίωσιν, 6 ἀρήξουσι τῇ χώρᾳ, χωρὶς δὲ τούτων φύλακας ἐν ταῖς ἀκροπόλεσι τρέφει· καὶ τὴν μὲν τροφὴν τοῖς φρουροῖς δίδωσιν ὁ ἄρχων ᾧ τοῦτο προστέτακται, βασιλεὺς δὲ κατ᾽ ἐνιαυτὸν ἐξέτασιν ποιεῖται τῶν μισθοφόρων καὶ τῶν ἄλλων οἷς ὡπλίσθαι προστέτακται, καὶ πάντας ἅμα συνάγων πλὴν τοὺς ἐν ταῖς ἀκροπόλεσιν ἔνθα δὴ ὁ σύλλογος καλεῖται· καὶ τοὺς μὲν ἀμφὶ τὴν ἑαυτοῦ οἴκησιν αὐτὸς ἐφορᾷ, τοὺς δὲ πρόσω ἀποικοῦντας πιστοὺς πέμπει ἐπισκοπεῖν· 7 καὶ οἳ μὲν ἂν φαίνωνται τῶν φρουράρχων καὶ τῶν χιλιάρχων καὶ τῶν σατραπῶν τὸν ἀριθμὸν τὸν τεταγμένον ἔκπλεων ἔχοντες, καὶ τούτους δοκίμοις ἵπποις τε καὶ ὅπλοις κατεσκευασμένους παρέχωσι, τούτους μὲν τοὺς ἄρχοντας καὶ ταῖς τιμαῖς αὔξει καὶ δώροις μεγάλοις καταπλουτίζει, οὓς δ᾽ ἂν εὕρῃ τῶν ἀρχόντων ἢ καταμελοῦντας τῶν φρουραρχιῶν ἢ κατακερδαίνοντας, τούτους χαλεπῶς κολάζει καὶ παύων τῆς ἀρχῆς ἄλλους ἐπιμελητὰς καθίστησι. τῶν μὲν δὴ πολεμικῶν ἔργων ταῦτα ποιῶν δοκεῖ ἡμῖν ἀναμφιλόγως ἐπιμελεῖσθαι.

8 ἔτι δὲ ὁπόσην μὲν τῆς χώρας διελαύνων ἐφορᾷ αὐτός, καὶ δοκιμάζει, ὁπόσην δὲ μὴ αὐτὸς ἐφορᾷ, πέμπων πιστοὺς ἐπισκοπεῖται. καὶ οὓς μὲν ἂν αἰσθάνηται τῶν ἀρχόντων συνοικουμένην τε τὴν χώραν παρεχομένους καὶ ἐνεργὸν οὖσαν τὴν γῆν καὶ πλήρη δένδρων τε ὧν ἑκάστη φέρει καὶ καρπῶν, τούτοις μὲν χώραν τε ἄλλην προστίθησι καὶ δώροις κοσμεῖ καὶ ἕδραις ἐντίμοις γεραίρει, οἷς δ᾽ ἂν ὁρᾷ ἀργόν τε τὴν χώραν οὖσαν καὶ ὀλιγάνθρωπον ἢ διὰ χαλεπότητα ἢ δι᾽ ὕβριν ἢ δι᾽ ἀμέλειαν, τούτους δὲ κολάζων καὶ παύων τῆς ἀρχῆς ἄρχοντας ἄλλους καθίστησι. 9 ταῦτα

4.5 τέταχε, Perfekt zu τάττω, befehlen, anordnen, K. 96, 14 • εἰς ὁπόσους, für wie viele, ἡ τροφή, die Nahrung • ἱππέας, Reiter • τοξότας, Bogenschützen • σφενδονήτας, Schleuderer • γερροφόρους, Leichtbewaffnete • ἐπίωσιν, Konjunktiv zu ἔπειμι (ἐπιέναι), angreifen, K. 103, 3 • ἀρήξουσιν, Futur zu ἀρήγω, helfen.

4.6 χωρὶς τούτων, abgesehen davon • ἡ ἀκρόπολις, die Burg • ὁ φρουρός, der Bewacher • προστέτακται, Perfekt Passiv zu προστάττω, befehlen, K. 96, 14 • ὁ βασιλεύς, der König, K. 48 • κατ᾽ ἐνιαυτόν, jedes Jahr • ἡ ἐξέτασις (ἐξετάζω, prüfen), die Musterung, K. 46 • ὁ μισθόφορος, der Söldner • ὡπλίσθαι, Infinitiv Perfekt Passiv, bewaffnet bleiben, zu ὁπλίζω, bewaffnen, K. 82 • ὁ σύλλογος, die Heeresversammlung • ἐφοράω, beaufsichtigen • οἱ πρόσω ἀποικοῦντες, die weiter entfernt Stationierten • ἐπισκοπεῖν zu ἐπισκοπέω, überprüfen.

4.7 ὁ φρούραρχος, der Festungskommandant • ὁ χιλίαρχος, der Befehlshaber über eintausend Mann • ὁ σατράπης, der Statthalter, K. 29 • ἔκπλεων, Akk. Sg. zu ἔκπλεως, voll, K. 35 • κατεσκευασμένους, Partizip Perfekt Passiv zu κατασκευάζω, ausrüsten • δόκιμος, stattlich • ἡ τιμή, die Ehrung • αὔξει, zu αὔξω, vermehren, vergrößern • καταπλουτίζει zu καταπλουτίζω, reich machen • οὓς ἄν, kondizionaler Relativsatz, K. 188, 4 • εὕρῃ, Konjunktiv Aorist zu εὑρίσκω, finden, K. 109, 6 • καταμελοῦντας zu καταμελέω, nachlässig, pflichtvergessen sein • κατακερδαίνοντας zu κατακερδαίνω (τὸ κέρδος, der Gewinn), gewinnsüchtig sein • κολάζει zu κολάζω, bestrafen • παύων zu παύω, mit Genitiv, aufhören lassen mit ↔ παύομαι, aufhören • ὁ ἐπιμελετής, der Amtsträger, ἐπιμελέομαι, sich kümmern • καθίστησι zu καθίστημι, einsetzen K. 97, 1 • ἀμφιλόγως, Adverb, zweifellos • ἐπιμελεῖσθαι zu ἐπιμελέομαι mit Genitiv, sich kümmern um, K. 94, 2.

4.8 ὁπόσην τῆς χώρας, wieviel Land • διελαύνων, zu διελαύνω, bereisen, durchziehen, K. 108, 5 • ἐφορᾷ zu ἐφοράω, beaufsichtigen • δοκιμάζει zu δοκιμάζω, prüfen • ἐπισκοπεῖται zu ἐπισκοπέομαι, überprüfen • οὓς ἂν αἰσθάνηται, konditionaler Relativsatz, K. 188, 4 • αἰσθάνηται, Konjunktiv zu

ποιῶν δοκεῖ ⟨οὐχ⟩ ἧττον ἐπιμελεῖσθαι ὅπως ἡ γῆ ἐνεργὸς ἔσται ὑπὸ τῶν κατοικούντων ἢ ὅπως εὖ φυλάξεται ὑπὸ τῶν φρουρούντων; καὶ εἰσὶ δ᾽ αὐτῷ οἱ ἄρχοντες διατεταγμένοι ἐφ᾽ ἑκάτερον οὐχ οἱ αὐτοί, ἀλλ᾽ οἱ μὲν ἄρχουσι τῶν κατοικούντων τε καὶ τῶν ἐργατῶν, καὶ δασμοὺς ἐκ τούτων ἐκλέγουσιν, οἱ δ᾽ ἄρχουσι τῶν ὡπλισμένων ⟨τε καὶ τῶν⟩ φρουρῶν. 10 κἂν μὲν ὁ φρούραρχος μὴ ἱκανῶς τῇ χώρᾳ ἀρήγῃ, ὁ τῶν ἐνοικούντων ἄρχων καὶ τῶν ἔργων ἐπιμελούμενος κατηγορεῖ τοῦ φρουράρχου, ὅτι οὐ δύνανται ἐργάζεσθαι διὰ τὴν ἀφυλαξίαν, ἂν δὲ παρέχοντος τοῦ φρουράρχου εἰρήνην τοῖς ἔργοις ὁ ἄρχων ὀλιγάνθρωπόν τε παρέχηται καὶ ἀργὸν τὴν χώραν, τούτου αὖ κατηγορεῖ ὁ φρούραρχος. 11 καὶ γὰρ σχεδόν τι οἱ κακῶς τὴν χώραν ἐργαζόμενοι οὔτε τοὺς φρουροὺς τρέφουσιν οὔτε τοὺς δασμοὺς δύνανται ἀποδιδόναι. ὅπου δ᾽ ἂν σατράπης καθιστῆται, οὗτος ἀμφοτέρων τούτων ἐπιμελεῖται. 12 ἐκ τούτων ὁ Κριτόβουλος εἶπεν·οὐκοῦν εἰ μὲν δὴ ταῦτα ποιεῖ βασιλεύς, ὦ Σώκρατες, οὐδὲν ἔμοιγε δοκεῖ ἧττον τῶν γεωργικῶν ἔργων ἐπιμελεῖσθαι ἢ τῶν πολεμικῶν.

13 Ἔτι δὲ πρὸς τούτοις, ἔφη ὁ Σωκράτης, ἐν ὁπόσαις τε χώραις ἐνοικεῖ καὶ εἰς ὁπόσας ἐπιστρέφεται, ἐπιμελεῖται τούτων ὅπως κῆποί τε ἔσονται, οἱ παράδεισοι καλούμενοι, πάντων καλῶν τε κἀγαθῶν μεστοὶ ὅσα ἡ γῆ φύειν θέλει, καὶ ἐν τούτοις αὐτὸς τὰ πλεῖστα διατρίβει, ὅταν μὴ ἡ ὥρα τοῦ ἔτους ἐξείργῃ. 14 Νὴ Δί᾽, ἔφη ὁ Κριτόβουλος, ἀνάγκη τοίνυν, ὦ Σώκρατες, ἔνθα γε διατρίβει αὐτός, καὶ ὅπως ὡς κάλλιστα κατεσκευασμένοι ἔσονται οἱ παράδεισοι ἐπιμελεῖσθαι δένδρεσι καὶ τοῖς ἄλλοις ἅπασι καλοῖς ὅσα ἡ γῆ φύει.

αἰσθάνομαι, wahrnehmen, K. 108, 7 • συνοικουμένην, Partizip Perfekt Passiv zu συνοικέω, gemeinsam besiedeln • ἐνεργός, ertragreich • πλήρη zu πλήρης, mit Genitiv, voll mit, K. 141, 3 • ὧν ἑκάστη φέρει, wie sie jede einzelne Gegend hervorbringt, Attractio relativa, K. 126, 2 • προστίθησι zu προστίθημι, hinzugeben, K. 97, 1 • ἕδραι ἔντιμοι, ehrenvolle Ämter • γεραίει zu γεραίω, ehren • ἀργός, unbearbeitet, brach liegend • ὀλιγάνθρωπος, menschenleer • ἡ χαλεπότης, die Unfähigkeit • ἡ ὕβρις, die Überheblichkeit • ἡ ἀμέλεια, die Vernachlässigung • παύων zu παύω, mit Genitiv, aufhören lassen mit, entfernen von • καθίστησι zu καθίστημι, einsetzen K. 97, 1.

4.9 φρουρούντων zu φρουρέω, bewachen • διατεταγμένοι, Partizip Perfekt Passiv zu διατάττω, einsetzen • ἐφ᾽ ἑκάτερον, für beides • δασμούς zu οἱ δασμοί, die Abgaben • τῶν ὡπλισμένων zu οἱ ὡπλισμένοι, die Bewaffneten • τῶν φρουρῶν zu οἱ φρουροί, die Wachen.

4.10 ἀρήγῃ zu ἀρήγω, helfen • κατηγορεῖ zu κατηγορέω, mit Genitiv, jemanden verklagen • ἡ ἀφυλαξία, der fehlende Schutz, die Schutzlosigkeit.

4.11 σχεδόν τι, kurz gesagt • καθιστῆται, Konjunktiv Präsens Passiv zu καθίστημι, einsetzen, K. 97, 3.

4.12 εἰ μὲν δή, Kondizionalsatz, K. 179 • οὐδὲν ἧττον, nicht weniger • ἐπιμελέομαί τινος, sich kümmern um.

4.13 πρὸς τούτοις, außerdem • ὁ κῆπος, der Garten • τὰ πλεῖστα, die meiste Zeit • διατρίβει, zu διατρίβω, verbringen • ἡ ὥρα τοῦ ἔτους, die Jahreszeit • τὸ ἔτος, das Jahr, K. 44 • ὅταν μὴ ἐξείργῃ, Konjunktiv Präsens zu ἐξείργω, verhindern.

4.14 ὡς κάλλιστα, möglichst schön • κατεσκευασμένοι, Partizip Perfekt Passiv zu κατασκευάζω, ausstatten • δένδρεσι, Dativ Plural zu τὸ δένδρος, wie τὸ δένδρον der Baum, K. 44.

Der Perserkönig ehrte diejenigen, die das Land bestellen, ebenso wie diejenigen, die es beschützen (15).

15 Φασὶ δέ τινες, ἔφη ὁ Σωκράτης, ὦ Κριτόβουλε, καὶ ὅταν δῶρα διδῷ ὁ βασιλεύς, πρῶτον μὲν εἰσκαλεῖν τοὺς πολέμῳ ἀγαθοὺς γεγονότας, ὅτι οὐδὲν ὄφελος πολλὰ ἀροῦν, εἰ μὴ εἶεν οἱ ἀρήξοντες δεύτερον δὲ τοὺς κατασκευάζοντας τὰς χώρας ἄριστα καὶ ἐνεργοὺς ποιοῦντας, λέγοντα ὅτι οὐδ' ἂν οἱ ἄλκιμοι δύναιντο ζῆν, εἰ μὴ εἶεν οἱ ἐργαζόμενοι.

16 λέγεται δὲ καὶ Κῦρός ποτε, ὅσπερ εὐδοκιμώτατος δὴ βασιλεὺς γεγένηται, εἰπεῖν τοῖς ἐπὶ τὰ δῶρα κεκλημένοις ὅτι αὐτὸς ἂν δικαίως τὰ ἀμφοτέρων δῶρα λαμβάνοι· κατασκευάζειν τε γὰρ ἄριστος εἶναι ἔφη χώραν καὶ ἀρήγειν τοῖς κατεσκευασμένοις.

17 Κῦρος μὲν τοίνυν, ἔφη ὁ Κριτόβουλος, ὦ Σώκρατες, καὶ ἐπηγάλλετο οὐδὲν ἧττον, εἰ ταῦτα ἔλεγεν, ἐπὶ τῷ χώρας ἐνεργοὺς ποιεῖν καὶ κατασκευάζειν ἢ ἐπὶ τῷ πολεμικὸς εἶναι. 18 Καὶ ναὶ μὰ Δί', ἔφη ὁ Σωκράτης, Κῦρός γε, εἰ ἐβίωσεν, ἄριστος ἂν δοκεῖ ἄρχων γενέσθαι· καὶ τούτου τεκμήρια ἄλλα τε πολλὰ παρέσχηται καὶ ὁπότε περὶ τῆς βασιλείας τῷ ἀδελφῷ ἐπορεύετο μαχούμενος, παρὰ μὲν Κύρου οὐδεὶς λέγεται αὐτομολῆσαι πρὸς βασιλέα, παρὰ δὲ βασιλέως πολλαὶ μυριάδες πρὸς Κῦρον. 19 ἐγὼ δὲ καὶ τοῦτο ἡγοῦμαι μέγα τεκμήριον ἄρχοντος ἀρετῆς εἶναι, ᾧ ἂν ἑκόντες πείθωνται καὶ ἐν τοῖς δεινοῖς παραμένειν ἐθέλωσιν. ἐκείνῳ δὲ καὶ οἱ φίλοι ζῶντί τε συνεμάχοντο καὶ ἀποθανόντι συναπέθανον πάντες περὶ τὸν νεκρὸν μαχόμενοι πλὴν Ἀριαίου· Ἀριαῖος δ' ἔτυχεν ἐπὶ τῷ εὐωνύμῳ κέρατι τεταγμένος.

20 οὗτος τοίνυν ὁ Κῦρος λέγεται Λυσάνδρῳ, ὅτε ἦλθεν ἄγων αὐτῷ τὰ παρὰ τῶν συμμάχων δῶρα, ἄλλα τε φιλοφρονεῖσθαι, ὡς αὐτὸς ἔφη ὁ Λύσανδρος ξένῳ ποτέ τινι ἐν Μεγάροις διηγούμενος, καὶ τὸν ἐν Σάρδεσι παράδεισον ἐπιδεικνύναι

4.15 γεγονότας, Partizip Perfekt zu γίγνομαι, K. 110, 7 • οὐδὲν ὄφελος, es sei überhaupt nicht sinnvoll • πολλὰ ἀροῦν, viel Land bestellen • οἱ ἀρήξοντες, Partizip Futur, die Helfer, Beschützer, zu ἀρήγω, helfen, beschützen • δεύτερον, an zweiter Stelle • τοὺς κατακευάζοντας, Partizip Präsens zu κατασκευάζω, verwalten • ἐνεργός, ertragreich • ὁ ἄλκιμος der Beschützer.

Sokrates erinnert an den jüngeren Kyros, der ein sehr guter Herrscher hätte sein können, wenn er länger gelebt hätte (16–19).

4.16 εὐδόκιμος, berühmt.

4.17 ἐπηγάλλετο, Imperfekt zu ἐπαγάλλομαι, stolz sein auf • ἐπὶ τῷ χώρας ἐνεργοὺς ποιεῖν, substantivierter Infinitiv mit Artikel, K. 194.

4.18 τὸ τεκμήριον, der Beweis • παρέσχηται, Perfekt Passiv zu παρέχω, bieten, K. 111, 5 • μαχούμενος, Partizip Futur zu μάχομαι, K. 110, 15 • αὐτομολῆσαι, Infinitiv Aorist zu αὐτομολέω, überlaufen.

4.19 ᾧ ἂν πείθωνται, ᾧ ἄν kondizionaler Relativsatz, K. 188, 4, wenn sie ihm freiwillig gehorchten • ἑκόντες, freiwillig, Prädikativum zu ἑκών, ἑκοῦσα, ἑκόν • καὶ παραμένειν ἐθέλωσιν, und bei ihm bleiben wollen • Ariaios aber war zufällig, ἔτυχεν zu τυγχάνω, K. 108 • ἐπὶ τῷ εὐωνύμῳ κέρατι τεταγμένος, auf dem linken Flügel aufgestellt, prädikatives Partizip zu ἔτυχεν, K. 198, 1.

Sokrates gibt ein Gespräch des Kyros mit Lysander wieder, der Kyros' „Paradies" in Sardes bewunderte (20–25).

αὐτὸν ἔφη. 21 ἐπεὶ δὲ ἐθαύμαζεν αὐτὸν ὁ Λύσανδρος ὡς καλὰ μὲν τὰ δένδρα εἴη, δι᾽ ἴσου δὲ τὰ πεφυτευμένα, ὀρθοὶ δὲ οἱ στίχοι τῶν δένδρων, εὐγώνια δὲ πάντα καλῶς εἴη, ὀσμαὶ δὲ πολλαὶ καὶ ἡδεῖαι συμπαρομαρτοῖεν αὐτοῖς περιπατοῦσι, καὶ ταῦτα θαυμάζων εἶπεν· Ἀλλ᾽ ἐγώ τοι, ὦ Κῦρε, πάντα μὲν ⟨ταῦτα⟩ θαυμάζω ἐπὶ τῷ κάλλει, πολὺ δὲ μᾶλλον ἄγαμαι τοῦ καταμετρήσαντός σοι καὶ διατάξαντος ἕκαστα τούτων· 22 ἀκούσαντα δὲ ταῦτα τὸν Κῦρον ἡσθῆναί τε καὶ εἰπεῖν· Ταῦτα τοίνυν, ὦ Λύσανδρε, ἐγὼ πάντα καὶ διεμέτρησα καὶ διέταξα, ἔστι δ᾽ αὐτῶν, φάναι, ἃ καὶ ἐφύτευσα αὐτός. 23 καὶ ὁ Λύσανδρος ἔφη, ἀποβλέψας εἰς αὐτὸν καὶ ἰδὼν τῶν τε ἱματίων τὸ κάλλος ὧν εἶχε καὶ τῆς ὀσμῆς αἰσθόμενος καὶ τῶν στρεπτῶν καὶ τῶν ψελίων τὸ κάλλος καὶ τοῦ ἄλλου κόσμου οὗ εἶχεν, εἰπεῖν· Τί λέγεις, φάναι, ὦ Κῦρε; ἦ γὰρ σὺ ταῖς σαῖς χερσὶ τούτων τι ἐφύτευσας; 24 καὶ τὸν Κῦρον ἀποκρίνασθαι· θαυμάζεις τοῦτο, [ἔφη,] ὦ Λύσανδρε; ὄμνυμί σοι τὸν Μίθρην, ὅτανπερ ὑγιαίνω, μηπώποτε δειπνῆσαι πρὶν ἱδρῶσαι ἢ τῶν πολεμικῶν τι ἢ τῶν γεωργικῶν ἔργων μελετῶν ἢ ἀεὶ ἕν γέ τι φιλοτιμούμενος. 25 καὶ αὐτὸς μέντοι ἔφη ὁ Λύσανδρος ἀκούσας ταῦτα δεξιώσασθαί τε αὐτὸν καὶ εἰπεῖν· δικαίως μοι δοκεῖς, ὦ Κῦρε, εὐδαίμων εἶναι· ἀγαθὸς γὰρ ὢν ἀνὴρ εὐδαιμονεῖς.

4.20 ἄλλα, auch sonst, Akkusativ der Beziehung, K. 136 • φιλοφρονεῖσθαι, zu φιλοφρονέομαι, freundlich aufnehmen.

4.21 δι᾽ ἴσου, gleichmäßig, in gleichem Abstand • οἱ στίχοι, die Reihen • εὐγώνιος, rechtwinklig • ἡ ὀσμή, der Duft • ἡδεῖαι, zu ἡδύς, süß, K. 47 • συμπαρομαρτοῖεν, Optativ Präsens zu συμπαρομαρτέω, begleiten, K. 80, 2 • περιπατοῦσι, Partizip Präsens zu περιπατέω, umhergehen • ἐπί, Präposition mit Dativ, aufgrund, K. 160, 9 • τῷ κάλλει, Dativ Singular zu τὸ κάλλος, die Schönheit, K. 44 • καταμετρήσαντος, Partizip Aorist Aktiv zu καταμετρέω, vermessen • διατάξαντος, Partizip Aorist Aktiv zu διατάττω, anordnen.

4.22 ἡσθῆναι, Infinitiv Aorist zu ἥδομαι, sich freuen, K. 94, 2.

4.23 ἔστι δ᾽ αὐτῶν, ἃ καὶ ἐφύτευσα αὐτός, es ist auch einiges darunter, was ich selbst gepflanzt habe • τὸ ἱμάτιον, das Kleid • τὸ κάλλος, die Schönheit, K. 44 • αἰσθόμενος, Partizip Aorist zu αἰσθάνομαί τινος, etwas wahrnehmen, K. 108, 7 • ὁ στρεπτός, die Halskette • τὸ ψέλιον das Armband • ταῖς σαῖς χερσίν, mit deinen eigenen Händen, zu ἡ χείρ, die Hand, K. 50, 12 • ἀποκρίνασθαι, Infinitiv Aorist zu ἀποκρίνομαι, antworten, K. 94, 1.

4.24 ὄμνυμί σοι, ich schwöre dir, K. 105, 12, τὸν Μίθρην, bei Mithras • πρίν mit Prädikat im Infinitiv, ohne vorher, ehe nicht, K. 187, 4 • ἱδρῶσαι, Infinitiv Aorist zu ἱδρόω, schwitzen • μελετῶν zu μελετάω τι, sich kümmern um etwas • φιλοτιμούμενος, Partizip zu φιλοτιμέομαι, sich ehrgeizig anstrengen.

4.25 δεξιώσασθαί τινα, Infinitiv Aorist zu δεξιόομαι, jemand bei der Hand greifen.

5. Kapitel: Landwirtschaft für ein gutes Lebensgefühl, eine Vermehrung des Wohlstands und eine Steigerung des körperlichen Leistungsvermögens durch Anstrengung

1 Ταῦτα δέ, ὦ Κριτόβουλε, ἐγὼ διηγοῦμαι, ἔφη ὁ Σωκράτης, ὅτι τῆς γεωργίας οὐδ᾽ οἱ πάνυ μακάριοι δύνανται ἀπέχεσθαι. ἔοικε γὰρ ἡ ἐπιμέλεια αὐτῆς εἶναι ἅμα τε ἡδυπάθειά τις καὶ οἴκου αὔξησις καὶ σωμάτων ἄσκησις εἰς τὸ δύνασθαι ὅσα ἀνδρὶ ἐλευθέρῳ προσήκει. 2 πρῶτον μὲν γὰρ ἀφ᾽ ὧν ζῶσιν οἱ ἄνθρωποι, ταῦτα ἡ γῆ φέρει ἐργαζομένοις, καὶ ἀφ᾽ ὧν τοίνυν ἡδυπαθοῦσι, προσεπιφέρει·

3 ἔπειτα δὲ ὅσοις κοσμοῦσι βωμοὺς καὶ ἀγάλματα καὶ οἷς αὐτοὶ κοσμοῦνται, καὶ ταῦτα μετὰ ἡδίστων ὀσμῶν καὶ θεαμάτων παρέχει· ἔπειτα δὲ ὄψα πολλὰ τὰ μὲν φύει, τὰ δὲ τρέφει· καὶ γὰρ ἡ προβατευτικὴ τέχνη συνῆπται τῇ γεωργίᾳ, ὥστε ἔχειν καὶ θεοὺς ἐξαρέσκεσθαι θύοντας καὶ αὐτοὺς χρῆσθαι.

4 παρέχουσα δ᾽ ἀφθονώτατα τἀγαθὰ οὐκ ἐᾷ ταῦτα μετὰ μαλακίας λαμβάνειν, ἀλλὰ ψύχη τε χειμῶνος καὶ θάλπη θέρους ἐθίζει καρτερεῖν. καὶ τοὺς μὲν αὐτουργοὺς διὰ τῶν χειρῶν γυμνάζουσα ἰσχὺν αὐτοῖς προστίθησι, τοὺς δὲ τῇ ἐπιμελείᾳ γεωργοῦντας ἀνδρίζει πρῴ τε ἐγείρουσα καὶ πορεύεσθαι σφοδρῶς ἀναγκάζουσα. καὶ γὰρ ἐν τῷ χώρῳ καὶ ἐν τῷ ἄστει ἀεὶ ἐν ὥρᾳ αἱ ἐπικαιριώταται πράξεις εἰσίν.

5 ἔπειτα ἄν τε σὺν ἵππῳ ἀρήγειν τις τῇ πόλει βούληται, τὸν ἵππον ἱκανωτάτη ἡ γεωργία συντρέφειν, ἄν τε πεζῇ, σφοδρὸν τὸ σῶμα παρέχει· θήραις τε ἐπιφιλοπονεῖσθαι συνεπαίρει τι ἡ γῆ καὶ κυσὶν εὐπέτειαν τροφῆς παρέχουσα καὶ θηρία συμπαρατρέφουσα. 6 ὠφελούμενοι δὲ καὶ οἱ ἵπποι καὶ αἱ κύνες ἀπὸ τῆς γεωργίας ἀντωφελοῦσι τὸν χῶρον, ὁ μὲν ἵππος πρῴ τε κομίζων τὸν κηδόμενον εἰς τὴν ἐπι-

---

Die Landwirtschaft vermittelt ein gutes Lebensgefühl, weil sie die körperliche Leistungsfähigkeit und die Lebensqualität erhöht (1–10).

5.1 οἱ μακάριοι, die Menschen in den höchsten Stellungen • ἀπέχομαί τινος, sich fernhalten von • ἡ ἐπιμέλειά τινος, die Beschäftigung mit etwas • ἡ ἡδυπάθεια, das gute Lebensgefühl • προσήκει, es kommt zu.

5.2 ἀφ᾽ ὧν ζῶσιν, wovon sie leben • ἀφ᾽ ὧν ἡδυπάθοῦσι, zu ἡδυπαθέω, Lust gewinnen.

5.3 ὅσοις κοσμοῦσιν, womit sie schmücken • τὸ ἄγαλμα, das Götterbild • ἡ ὀσμή, der Duft • τὸ θέαμα, der Anblick, der Eindruck • ὄψα, angenehme Zutaten, zusätzliche Annehmlichkeiten, zu τὸ ὄψον, der Leckerbissen • ἡ προβατευτικὴ τέχνη, die Kunst der Viehzucht • συνῆπται, Perfekt Passiv zu συνάπτω, verbinden • ἐξαρέσκεσθαι, zu ἐξαρέσκω, erfreuen.

5.4 ἄφθονος, reichhaltig • ἡ μαλακία, die Verweichlichung • ψύχη, Plural zu τὸ ψῦχος, die Kälte, K. 44 • ὁ χειμῶν, der Winter • τὸ θάλπος, die Hitze, K. 44 • τὸ θέρος, der Sommer • χειμῶνος, θέρους, Genitivus temporis, K. 144 • ὁ αὐτουργός, der Handwerker • ἡ ἰσχύς, die Kraft, K. 47 • προστίθησι zu προστίθημι, hinzufügen, K. 97 • ἡ ἐπιμέλεια, der Fleiß • ἀνδρίζει zu ἀνδρίζω, zu Männern machen • ἐν ὥρᾳ, am frühen Morgen • ἐπικαίριος, wichtig • αἱ ἐπικαιριώταται πράξεις, diejenigen Handlungen, die zur richtigen Zeit und am richtigen Ort stattfinden.

Sokrates bespricht den Nutzen der Landwirtschaft für die Polis (5–8).

5.5 ἀρήγειν, zu ἀρήγω, helfen • σφοδρός, stark • συνεπαίρει zu συνεπαίρω, anregen • ἡ εὐπέτεια, der Überfluss.

μέλειαν καὶ ἐξουσίαν παρέχων ὀψὲ ἀπιέναι, αἱ δὲ κύνες τά τε θηρία ἀπερύκουσαι ἀπὸ λύμης καρπῶν καὶ προβάτων καὶ τῇ ἐρημίᾳ τὴν ἀσφάλειαν συμπαρέχουσαι.

7 παρορμᾷ δέ τι καὶ εἰς τὸ ἀρήγειν σὺν ὅπλοις τῇ χώρᾳ καὶ ἡ γῆ τοὺς γεωργοὺς ἐν τῷ μέσῳ τοὺς καρποὺς τρέφουσα τῷ κρατοῦντι λαμβάνειν. 8 καὶ δραμεῖν δὲ καὶ βαλεῖν καὶ πηδῆσαι τίς ἱκανωτέρους τέχνη γεωργίας παρέχεται; τίς δὲ τοῖς ἐργαζομένοις πλείω τέχνη ἀντιχαρίζεται; τίς δὲ ἥδιον τὸν ἐπιμελόμενον δέχεται προτείνουσα προσιόντι λαβεῖν ὅ τι χρῄζει;

9 τίς δὲ ξένους ἀφθονώτερον δέχεται; χειμάσαι δὲ πυρὶ ἀφθόνῳ καὶ θερμοῖς λουτροῖς ποῦ πλείων εὐμάρεια ἢ ἐν χώρῳ τῳ; ποῦ δὲ ἥδιον θερίσαι ὕδασί τε καὶ πνεύμασι καὶ σκιαῖς ἢ κατ᾽ ἀγρόν;

10 τίς δὲ ἄλλη θεοῖς ἀπαρχὰς πρεπωδεστέρας παρέχει ἢ ἑορτὰς πληρεστέρας ἀποδεικνύει; τίς δὲ οἰκέταις προσφιλεστέρα ἢ γυναικὶ ἡδίων ἢ τέκνοις ποθεινοτέρα ἢ φίλοις εὐχαριστοτέρα; 11 ἐμοὶ μὲν θαυμαστὸν δοκεῖ εἶναι εἴ τις ἐλεύθερος ἄνθρωπος ἢ κτῆμά τι τούτου ἥδιον κέκτηται ἢ ἐπιμέλειαν ἡδίω τινὰ ταύτης ηὕρηκεν ἢ ὠφελιμωτέραν εἰς τὸν βίον.

12 ἔτι δὲ ἡ γῆ θεὸς οὖσα τοὺς δυναμένους καταμανθάνειν καὶ δικαιοσύνην διδάσκει· τοὺς γὰρ ἄριστα θεραπεύοντας αὐτὴν πλεῖστα ἀγαθὰ ἀντιποιεῖ. 13 ἐὰν δ᾽ ἄρα καὶ ὑπὸ πλήθους ποτὲ στρατευμάτων τῶν ἔργων στερηθῶσιν οἱ ἐν τῇ γεωργίᾳ

5.6 τὸν κηδόμενον zu κήδομαι, sich sorgen um, zuständig sein für etwas • ἡ ἐπιμέλεια, die Aufgabe • ἡ ἐξουσία, die Möglichkeit • ἀπερύκουσαι, Partizip zu ἀπερύκω, fernhalten • ἡ λύμη, die Vernichtung.

5.7 παρορμᾷ zu παρορμάω, veranlassen • ἐν τῷ μέσῳ, in der Mitte, zwischen den Parteien • τῷ κρατοῦντι, Partizip zu κρατέω, überlegen sein • λαμβάνειν, finaler Infinitiv, K. 195, 4.

5.8 δραμεῖν, Infinitiv Aorist zu τρέχω, laufen, K. 111, 10 • βαλεῖν, Infinitiv Aorist zu βάλλω, werfen, K. 91, 4; 96, 51 • πηδῆσαι, Infinitiv Aorist zu πηδάω, springen • ἀντιχαρίζεται zu ἀντιχαρίζομαι, zurückgeben • προτείνουσα, Partizip zu προτείνω, anbieten, K. 91, 7; 96, 50 • προσιόντι, Partizip zu πρόσειμι, entgegenkommen, K. 103, 2 • χρῄζει zu χρῄζω, wünschen.

Das Landgut bietet zu jeder Jahreszeit Gastfreundschaft und angenehmen Aufenthalt (9–11). Die Erde weckt ein Gefühl für Gerechtigkeit und stärkt den Gemeinschaftsgeist (12–14).

5.9 ἀφθονώτερον, Komparativ des Adverbs zu ἄφθονος, großzügig • χειμάσαι, Infinitiv Aorist zu χειμάζω, im Winter bewirten • τὸ λουθρόν, das Bad • ἡ εὐμάρεια, die Bequemlichkeit • θερίσαι, Infinitiv Aorist zu θερίζω, den Sommer verbringen • ἐν χώρῳ τῳ, irgendwo auf dem Land

5.10 τίςδὲ ἄλλη, welcher andere Ort als das Land? • αἱ ἀπαρχαί, die Erstlingsgaben • πρεπωδεστέρας, Komparativ zu πρεπώδης, würdig • πληρεστέρας, Komparativ zu πλήρης, stattlich • ὁ οἰκέτης, der Sklave • προσφιλής, beliebt • ποθεινοτέρα, Komparativ zu ποθεινός, ersehnt • εὐχαριστοτέρα, Komparativ zu εὐχάριστος willkommen.

5.11 ἡ ἐπιμέλεια, die Tätigkeit • ἡδίω, wie ἡδίονα, Komparativ zu ἡδύς, K. 47; 57, 2.

5.12 ἡ θεός, die Göttin • θεραπεύοντας, Partizip Präsens zu θεραπεύω, pflegen • ἀντιποιέω τινά τι, jemand etwas dafür geben.

ἀναστρεφόμενοι καὶ σφοδρῶς καὶ ἀνδρικῶς παιδευόμενοι, οὗτοι εὖ παρεσκευασμένοι καὶ τὰς ψυχὰς καὶ τὰ σώματα, ἂν μὴ θεὸς ἀποκωλύῃ, δύνανται ἰόντες εἰς τὰς τῶν ἀποκωλυόντων λαμβάνειν ἀφ᾽ ὧν θρέψονται. πολλάκις δ᾽ ἐν τῷ πολέμῳ καὶ ἀσφαλέστερόν ἐστι σὺν τοῖς ὅπλοις τὴν τροφὴν μαστεύειν ἢ σὺν τοῖς γεωργικοῖς ὀργάνοις. 14 συμπαιδεύει δὲ καὶ εἰς τὸ ἐπαρκεῖν ἀλλήλοις ἡ γεωργία. ἐπί τε γὰρ τοὺς πολεμίους σὺν ἀνθρώποις δεῖ ἰέναι, τῆς τε γῆς σὺν ἀνθρώποις ἐστὶν ἡ ἐργασία.

15 τὸν οὖν μέλλοντα εὖ γεωργήσειν δεῖ τοὺς ἐργαστῆρας καὶ προθύμους παρασκευάζειν καὶ πείθεσθαι θέλοντας· τὸν δὲ ἐπὶ πολεμίους ἄγοντα ταὐτὰ δεῖ μηχανᾶσθαι δωρούμενόν τε τοῖς ποιοῦσιν ἃ δεῖ ποιεῖν τοὺς ἀγαθοὺς καὶ κολάζοντα τοὺς ἀτακτοῦντας. 16 καὶ παρακελεύεσθαι δὲ πολλάκις οὐδὲν ἧττον δεῖ τοῖς ἐργάταις τὸν γεωργὸν ἢ τὸν στρατηγὸν τοῖς στρατιώταις· καὶ ἐλπίδων δὲ ἀγαθῶν οὐδὲν ἧττον οἱ δοῦλοι τῶν ἐλευθέρων δέονται, ἀλλὰ καὶ μᾶλλον, ὅπως μένειν ἐθέλωσι.

17 καλῶς δὲ κἀκεῖνος εἶπεν ὃς ἔφη τὴν γεωργίαν τῶν ἄλλων τεχνῶν μητέρα καὶ τροφὸν εἶναι. εὖ μὲν γὰρ φερομένης τῆς γεωργίας ἔρρωνται καὶ αἱ ἄλλαι τέχναι ἅπασαι, ὅπου δ᾽ ἂν ἀναγκασθῇ ἡ γῆ χερσεύειν, ἀποσβέννυνται καὶ αἱ ἄλλαι τέχναι σχεδόν τι καὶ κατὰ γῆν καὶ κατὰ θάλατταν.

5.13 τὸ πλῆθος, die Menge, K. 44 • τὸ στράτευμα, das Heer, K. 39 • στερηθῶσι, Konjunktiv Aorist Passiv zu στερέω, berauben • ἀναστρεφόμενοι, zu ἀναστρέφομαι, sich bewegen • σφοδρῶς καὶ ἀνδρικῶς, streng und männlich • εὖ παρεσκευασμέναι, gut vorbereitet • τὰς ψυχὰς καὶ τὰ σώματα, Akkusativ der Beziehung, K. 136 • ἂν μὴ ἀποκωλύῃ, zu ἀποκωλύω, hindern, Konditionalsatz, K. 179 • εἰς τάς, ergänze χώρας ..., wenn ein Gott sie nicht daran hindert, auf die Äcker derer zu gehen, die sie von ihren eigenen Äckern fernhalten, um sich zu nehmen, wovon sie sich ernähren können • μαστεύειν zu μαστεύω, suchen.

5.14 ἐπαρκεῖν zu ἐπαρκέω, helfen.

Landwirtschaftlicher Erfolg beruht auf der Freiwilligkeit der Landarbeiter. Der Landwirt muss seine Arbeiter genauso motivieren wie der Feldherr seine Soldaten (15–16). Die Landwirtschaft ist die Mutter und Ernährerin der anderen Künste. Ihr Wohlergehen hängt vom Wohlergehen der Landwirtschaft ab (17).

5.15 μέλλοντα, Partizip zu μέλλω, vorhaben, K. 110, 5 • ὁ ἐργαστήρ, τοῦ ἐργαστῆρος, der Arbeiter • προθύμως, Adverb zu πρόθυμος, bereitwillig • μηχανᾶσθαι, zu μηχανάομαι, erwirken • ἀτακτοῦντας, zu ἀτακτέω, ungehorsam, disziplinlos sein ↔ ἡ τάξις, τῆς τάξεως, die Ordnung.

5.16 παρακελεύεσθαι zu παρακελεύομαι, motivieren.

5.17 ἡ τρόφος, die Amme, die Ernährerin • εὖ φερομένης τῆς γεωργίας, wenn es nämlich der Landwirtschaft gut geht, Genitivus absolutus, K. 199 • ἔρρωνται, Perfekt Passiv zu ῥώννυμι, stärken ↔ ἡ ῥώμη, die Stärke • ἀναγκασθῇ, Konjunktiv Aorist Passiv zu ἀναγκάζω, zwingen ↔ ἡ ἀνάγκη, der Zwang, die Notwendigkeit ↔ ἀναγκαῖος, notwendig • χερσεύειν, trocken sein • ἀποσβέννυνται, zu ἀποσβέννυμαι, erlöschen, zugrunde gehen, K. 112.

Die Götter bewahren die Landwirtschaft vor Unheil, wenn man sie durch gebührende Achtung und Verehrung gnädig stimmt (18–20).

18 Ἀκούσας δὲ ταῦτα ὁ Κριτόβουλος εἶπεν· Ἀλλὰ ταῦτα μὲν ἔμοιγε, ὦ Σώκρατες, καλῶς δοκεῖς λέγειν· ὅτι δὲ τῆς γεωργικῆς τὰ πλεῖστά ἐστιν ἀνθρώπῳ ἀδύνατα προνοῆσαι, ⟨δῆλον·⟩ καὶ γὰρ χάλαζαι καὶ πάχναι ἐνίοτε καὶ αὐχμοὶ καὶ ὄμβροι ἐξαίσιοι καὶ ἐρυσῖβαι καὶ ἄλλα πολλάκις τὰ καλῶς ἐγνωσμένα καὶ πεποιημένα ἀφαιροῦνται· καὶ πρόβατα δ᾽ ἐνίοτε κάλλιστα τεθραμμένα νόσος ἐλθοῦσα κάκιστα ἀπώλεσεν. 19 ἀκούσας δὲ ταῦτα ὁ Σωκράτης εἶπεν· Ἀλλ᾽ ᾤμην ἔγωγέ σε, ὦ Κριτόβουλε, εἰδέναι ὅτι οἱ θεοὶ οὐδὲν ἧττόν εἰσι κύριοι τῶν ἐν τῇ γεωργίᾳ ἔργων ἢ τῶν ἐν τῷ πολέμῳ. καὶ τοὺς μὲν ἐν τῷ πολέμῳ ὁρᾷς, οἶμαι, πρὸ τῶν πολεμικῶν πράξεων ἐξαρεσκομένους τοὺς θεοὺς καὶ ἐπερωτῶντας θυσίαις καὶ οἰωνοῖς ὅ τι τε χρὴ ποιεῖν καὶ ὅ τι μή· 20 περὶ δὲ τῶν γεωργικῶν πράξεων ἧττον οἴει δεῖν τοὺς θεοὺς ἱλάσκεσθαι; εὖ γὰρ ἴσθι, ἔφη, ὅτι οἱ σώφρονες καὶ ὑπὲρ ὑγρῶν καὶ ξηρῶν καρπῶν καὶ βοῶν καὶ ἵππων καὶ προβάτων καὶ ὑπὲρ πάντων γε δὴ τῶν κτημάτων τοὺς θεοὺς θεραπεύουσιν.

5.18 προνοῆσαι zu προνοέω, im Voraus bedenken, voraussehen ↔ ἡ πρόνοια, Vorsicht, Vorsorge, Voraussicht • ἡ χάλαζα, der Hagel • ἡ πάχνη, Reif • ὁ αὐχμός, die Trockenheit • ὁ ὄμβρος, der Regen • ἐξαίσιος, maßlos • ἡ ἐρυσίβη, der Mehltau • ἀφαιροῦνται zu ἀφαιρέομαι, fortnehmen, vernichten • ἐγνωσμένα, Partizip Perfekt Passiv zu γιγνώσκω, erkennen, K. 109, 11 • ἀπώλεσεν, Aorist zu ἀπόλλυμι, vernichten, K. 105, 11.

5.19 εἰδέναι zu οἶδα, K. 102, 4 • ἐξαρεσκομένους, zu ἐξαρέσκομαι, für sich gewinnen.

5.20 ἱλάσκεσθαι zu ἱλάσκομαι, gnädig stimmen • ὑγρός, feucht • ξηρός, trocken.

6. Kapitel: Eine erneute Definition der Oikonomia

1 Ἀλλὰ ταῦτα μέν, ἔφη, ὦ Σώκρατες, καλῶς μοι δοκεῖς λέγειν κελεύων πειρᾶσθαι σὺν τοῖς θεοῖς. ἄρχεσθαι παντὸς ἔργου, ὡς τῶν θεῶν κυρίων ὄντων οὐδὲν ἧττον τῶν εἰρηνικῶν ἢ τῶν πολεμικῶν ἔργων. ταῦτα μὲν οὖν πειρασόμεθα οὕτω ποιεῖν. σὺ δ' ἡμῖν ἔνθεν λέγων περὶ τῆς οἰκονομίας ἀπέλιπες, πειρῶ τὰ τούτων ἐχόμενα διεκπεραίνειν, ὡς καὶ νῦν μοι δοκῶ ἀκηκοὼς ὅσα εἶπες μᾶλλόν τι ἤδη διορᾶν ἢ πρόσθεν ὅ τι χρὴ ποιοῦντα βιοτεύειν.

2 Τί οὖν, ἔφη ὁ Σωκράτης, ἄρα, εἰ πρῶτον μὲν ἐπανέλθοιμεν ὅσα συνομολογοῦντες διεληλύθαμεν, ἵν', ἄν πως δυνώμεθα, πειραθῶμεν οὕτω καὶ τὰ λοιπὰ διεξιέναι συνομολογοῦντες; 3 Ἡδὺ γοῦν ἐστιν, ἔφη ὁ Κριτόβουλος, ὥσπερ καὶ χρημάτων κοινωνήσαντας ἀναμφιλόγως διελθεῖν, οὕτω καὶ λόγων κοινωνοῦντας περὶ ὧν ἂν διαλεγώμεθα συνομολογοῦντας διεξιέναι.

4 Οὐκοῦν, ἔφη ὁ Σωκράτης, ἐπιστήμης μέν τινος ἔδοξεν ἡμῖν ὄνομα εἶναι ἡ οἰκονομία, ἡ δὲ ἐπιστήμη αὕτη ἐφαίνετο ᾗ οἴκους δύνανται αὔξειν ἄνθρωποι, οἶκος δ' ἡμῖν ἐφαίνετο ὅπερ κτῆσις ἡ σύμπασα, κτῆσιν δὲ τοῦτο ἔφαμεν εἶναι ὅ τι ἑκάστῳ εἴη ὠφέλιμον εἰς τὸν βίον, ὠφέλιμα δὲ ὄντα ηὑρίσκετο πάντα ὁπόσοις τις ἐπίσταιτο χρῆσθαι.

5 πάσας μὲν οὖν τὰς ἐπιστήμας οὔτε μαθεῖν οἷόν τε ἡμῖν ἐδόκει, συναπεδοκιμάζομέν τε ταῖς πόλεσι τὰς βαναυσικὰς καλουμένας τέχνας, ὅτι καὶ τὰ σώματα καταλυμαίνεσθαι δοκοῦσι καὶ τὰς ψυχὰς καταγνύουσι.

6 τεκμήριον δὲ σαφέστατον γενέσθαι ἂν τούτου ἔφαμεν, εἰ πολεμίων εἰς τὴν χώραν ἰόντων διακαθίσας τις τοὺς γεωργοὺς καὶ τοὺς τεχνίτας χωρὶς ἑκατέρους ἐπερωτῴη πότερα δοκεῖ ἀρήγειν τῇ χώρᾳ ἢ ὑφεμένους τῆς γῆς τὰ τείχη διαφυλάτ-

---

Jedes Werk muss man mit den Göttern beginnen. Das ist die Voraussetzung für ein gutes Leben (1). Einigkeit im Gespräch schafft gemeinsame Gedanken ohne Streit und Zwietracht (2–3).

6.1 ὡς τῶν θεῶν κυρίων ὄντων, Genitivus absolutus, kausal, K. 199, 3 • ἔνθεν ἀπέλιπες λέγων, von dort, wo du aufgehört hast zu sprechen, prädikatives Partizip, K. 198 • διεκπεραίνειν zu διεκπεραίνω, ganz vollenden • ἀκηκοώς, Partizip Perfekt zu ἀκούω, hören, K. 93, 1; 96, 41.

6.2 βιοτεύειν, ein gutes Leben haben, finaler Infinitiv, K. 195, 4 • διεληλύθαμεν, Perfekt zu διέρχομαι, durchgehen (im Gespräch), K. 111, 2.

6.3 ἀναμφιλόγως διελθεῖν, ohne Streit und ohne Zwietracht auseinandergehen • λόγων κοινωνοῦντας κοινωνέομεν, gemeinsame Gedanken haben.

Die Gesprächspartner vergewissern sich, dass die Ökonomie eine Wissenschaft ist, die der Vermehrung von Vermögen dient. Sokrates unterstreicht noch einmal, dass ein Besitz nur dann nützlich für das Leben ist, wenn man ihn richtig gebraucht (4).

6.4 ηὑρίσκετο, Imperfekt Passiv zu εὑρίσκω, finden.

Sokrates spricht über den Unterschied zwischen einem Banausen und einem Bauern (5–8).

6.5 συναπεδοκιμάζομεν, Imperfekt zu συναποδοκιμάζω, gemeinsam ablehnen • τὰς βαναυσικὰς καλουμένας τέχνας, die sogenannten banausischen (geistlosen) Künste • καταλυμαίνεσθαι, zu καταλυμαίνομαι, schwächen • καταγνύουσι, zu καταγνύω, κατάγνυμι zerbrechen, verderben.

τειν. 7 οὕτως γὰρ ἂν τοὺς μὲν ἀμφὶ γῆν ἔχοντας ᾠόμεθ' ἂν ψηφίζεσθαι ἀρήγειν, τοὺς δὲ τεχνίτας μὴ μάχεσθαι, ἀλλ' ὅπερ πεπαίδευνται καθῆσθαι μήτε πονοῦντας μήτε κινδυνεύοντας.

8 ἐδοκιμάσαμεν δὲ ἀνδρὶ καλῷ τε κἀγαθῷ ἐργασίαν εἶναι καὶ ἐπιστήμην κρατίστην γεωργίαν, ἀφ' ἧς τὰ ἐπιτήδεια ἄνθρωποι πορίζονται. 9 αὕτη γὰρ ἡ ἐργασία μαθεῖν τε ῥᾴστη ἐδόκει εἶναι καὶ ἡδίστη ἐργάζεσθαι, καὶ τὰ σώματα κάλλιστά τε καὶ εὐρωστότατα παρέχεσθαι, καὶ ταῖς ψυχαῖς ἥκιστα ἀσχολίαν παρέχειν φίλων τε καὶ πόλεων συνεπιμελεῖσθαι. 10 συμπαροξύνειν δέ τι ἐδόκει ἡμῖν καὶ εἰς τὸ ἀλκίμους εἶναι ἡ γεωργία ἔξω τῶν ἐρυμάτων τὰ ἐπιτήδεια φύουσά τε καὶ τρέφουσα τοὺς ἐργαζομένους. διὰ ταῦτα δὲ καὶ εὐδοξοτάτη εἶναι πρὸς τῶν πόλεων αὕτη ἡ βιοτεία, ὅτι καὶ πολίτας ἀρίστους καὶ εὐνουστάτους παρέχεσθαι δοκεῖ τῷ κοινῷ.

11 καὶ ὁ Κριτόβουλος· Ὅτι μέν, ὦ Σώκρατες, κάλλιστόν τε καὶ ἄριστον καὶ ἥδιστον ἀπὸ γεωργίας τὸν βίον ποιεῖσθαι πάνυ μοι δοκῶ πεπεῖσθαι ἱκανῶς· ὅτι δὲ ἔφησθα καταμαθεῖν τὰ αἴτια τῶν τε οὕτω γεωργούντων ὥστε ἀπὸ τῆς γεωργίας ἀφθόνως ἔχειν ὧν δέονται καὶ τῶν οὕτως ἐργαζομένων ὡς μὴ λυσιτελεῖν αὐτοῖς τὴν γεωργίαν, καὶ ταῦτ' ⟨ἂν⟩ μοι δοκῶ ἡδέως ἑκάτερα ἀκούειν σου, ὅπως ἃ μὲν ἀγαθά ἐστι ποιῶμεν, ἃ δὲ βλαβερὰ μὴ ποιῶμεν.

12 Τί οὖν, ἔφη ὁ Σωκράτης, ὦ Κριτόβουλε, ἄν σοι ἐξ ἀρχῆς διηγήσωμαι ὡς συνεγενόμην ποτὲ ἀνδρί, ὃς ἐμοὶ ἐδόκει εἶναι τῷ ὄντι τούτων τῶν ἀνδρῶν ἐφ' οἷς τοῦτο τὸ ὄνομα δικαίως ἐστὶν ὃ καλεῖται καλός τε κἀγαθὸς ἀνήρ; Πάνυ ἄν, ἔφη ὁ Κριτόβουλος, βουλοίμην ἂν οὕτως ἀκούειν, ὡς καὶ ἔγωγε ἐρῶ τούτου τοῦ ὀνόματος ἄξιος γενέσθαι.

6.6 διακαθίσας zu διακαθίζω, trennen, K. 111, 14 • ἐπερωτῴη, Optativ Präsens zu ἐπερωτάω fragen • ἀρήγω, beistehen • ὑφεμένους, Partizip Aorist Medium zu ὑφίεμαί τινος, etwas aufgeben, K. 97, 3.

6.7 ᾠόμεθ' ἄν, Optativ Präsens zu οἴομαι, glauben • ψηφίζεσθαι zu ψηφίζομαι, für etwas stimmen.

6.8 ἐδοκιμάσαμεν, Aorist zu δοκιμάζω, urteilen • τὰ ἐπιτήδεια, der Lebensunterhalt.

Landwirtschaft ermöglicht das schönste, beste, aber auch anstrengendste Leben (9–11).

6.9 ῥᾴστη, Superlativ zu ῥᾴδιος, leicht, K. 58 • εὐρωστότατα, Superlativ zu εὔρωστος, stark • ἥκιστα, Adverb, am wenigsten • ἡ ἀσχολία, der Mangel an Muße • συνεπιμελεῖσθαί τινος, zu συνεπιμελέομαι, sich mitkümmern um etwas.

6.10 συμπαροξύνειν zu συμπαροξύνω, anspornen ↔ ὀξύς, scharf • τὸ ἔρυμα, die Mauer • φύουσα, Partizip zu φύω, erzeugen ↔ φύομαι, entstehen ↔ ἡ φύσις, die Natur, K. 92 • ἄλκιμος, stark • ἡ βιοτεία, die Lebensweise ↔ ὁ βίος, das Leben • εὐδοξοτάτη, besonders wertvoll • πρὸς πόλεων, aus der Sicht der Städte, πρός, Präposition mit Genitiv, von ... her.

6.11 πεπεῖσθαι, Infinitiv Perfekt Passiv, überzeugend dargestellt worden sein, zu πείθω, überzeugen, K. 96, 8 • ἀφθόνως ἔχειν, im Überfluss haben • λυσιτελεῖν, zu λυσιτελέω, nützlich sein.

Sokrates erzählt von seiner Suche nach einem in jeder Hinsicht tüchtigen Menschen (12–17).

6.12 διηγήσομαι, Konjunktiv Aorist im Konditionalsatz mit ἄν, zu διηγέομαι, darstellen • συνεγενόμην, zu συγγίγνομαι, zusammenkommen, K. 110, 7.

13 Λέξω τοίνυν σοι, ἔφη ὁ Σωκράτης, ὡς καὶ ἦλθον ἐπὶ τὴν σκέψιν αὐτοῦ. τοὺς μὲν γὰρ ἀγαθοὺς τέκτονας, χαλκέας ἀγαθούς, ζωγράφους ἀγαθούς, ἀνδριαντοποιούς, καὶ τἆλλα τὰ τοιαῦτα, πάνυ ὀλίγος μοι χρόνος ἐγένετο ἱκανὸς περιελθεῖν τε καὶ θεάσασθαι τὰ δεδοκιμασμένα καλὰ ἔργα αὐτοῖς εἶναι. 14 ὅπως δὲ δὴ καὶ τοὺς ἔχοντας τὸ σεμνὸν ὄνομα τοῦτο τὸ καλός τε κἀγαθὸς ἐπισκεψαίμην, τί ποτε ἐργαζόμενοι τοῦτ᾽ ἀξιοῖντο καλεῖσθαι, πάνυ μου ἡ ψυχὴ ἐπεθύμει αὐτῶν τινι συγγενέσθαι. 15 καὶ πρῶτον μὲν ὅτι προσέκειτο τὸ καλὸς τῷ ἀγαθῷ, ὅντινα ἴδοιμι καλόν, τούτῳ προσῄειν καὶ ἐπειρώμην καταμανθάνειν εἴ που ἴδοιμι προσηρτημένον τῷ καλῷ τὸ ἀγαθόν. 16 ἀλλ᾽ οὐκ ἄρα εἶχεν οὕτως, ἀλλ᾽ ἐνίους ἐδόκουν κατάμανθάνειν τῶν καλῶν τὰς μορφὰς πάνυ μοχθηροὺς ὄντας τὰς ψυχάς. ἔδοξεν οὖν μοι ἀφέμενον τῆς καλῆς ὄψεως ἐπ᾽ αὐτῶν τινα ἐλθεῖν τῶν καλουμένων καλῶν τε κἀγαθῶν.

17 ἐπεὶ οὖν τὸν Ἰσχόμαχον ἤκουον πρὸς πάντων καὶ ἀνδρῶν καὶ γυναικῶν καὶ ξένων καὶ ἀστῶν καλόν τε κἀγαθὸν ἐπονομαζόμενον, ἔδοξέ μοι τούτῳ πειραθῆναι συγγενέσθαι.

6.13 ἐρῶ, wie auch λεξω, Futur zu λέγω, sagen • ὡς, sodass im Konsekutivsatz • ἡ σκέψις, die Suche, K. 46 ↔ σκοπέω ↔ σκέπτομαι, untersuchen • ὁ τέκτων, der Baumeister • ὁ χαλκεύς, der Schmied • ὁ ζωγράφος, der Maler • ὁ ἀνδριαντοποιός, Bildhauer • δεδοκιμασμένα, Partizip Perfekt Passiv zu δοκιμάζω, einschätzen.

6.14 ἀξιοῖντο, Optativ Präsens Medium zu ἀξιόομαι, verdienen.

6.15 προσέκειτο, Plusquamperfekt Passiv zu προστίθημι, hinzufügen, anfügen, K. 97; 103, 6 • ἴδοιμι, Optativ Aorist zu ὁράω, K. 111, 6 • προσῄειν, Imperfekt zu πρόσειμι (εἶμι), K. 103, 2; 112 • προσηρτημένον, Partizip Perfekt Passiv zu προσαρτάω, anknüpfen, verknüpfen.

6.16 τὰς μορφάς, τὰς ψυχάς, Akkusativ der Beziehung, K. 136 • ἀφέμενον, Partizip Aorist zu ἀφίεμαι, sich abwenden, K. 97.

6.17 πρός, Präposition mit Genitiv von … her, K. 160, 15.

Zweiter Teil: Das Gespräch zwischen Sokrates und Ischomachos, Kapitel 7–21

7. Kapitel: Sokrates trifft Ischomachos auf dem Markt

1 Ἰδὼν οὖν ποτε αὐτὸν ἐν τῇ τοῦ Διὸς τοῦ ἐλευθερίου στοᾷ καθήμενον, ἐπεί μοι ἔδοξε σχολάζειν, προσῆλθον αὐτῷ καὶ παρακαθιζόμενος εἶπον· Τί, ὦ Ἰσχόμαχε, οὐ μάλα εἰωθὼς σχολάζειν κάθησαι; ἐπεὶ τά γε πλεῖστα ἢ πράττοντά τι ὁρῶ σε ἢ οὐ πάνυ σχολάζοντα ἐν τῇ ἀγορᾷ. 2 Οὐδὲ ἄν γε νῦν, ἔφη ὁ Ἰσχόμαχος, ὦ Σώκρατες, ἑώρας, εἰ μὴ ξένους τινὰς συνεθέμην ἀναμένειν ἐνθάδε. Ὅταν δὲ μὴ πράττῃς τι τοιοῦτον, πρὸς τῶν θεῶν, ἔφην ἐγώ, ποῦ διατρίβεις καὶ τί ποιεῖς; ἐγὼ γάρ τοι πάνυ βούλομαί σου πυθέσθαι τί ποτε πράττων καλὸς κἀγαθὸς κέκλησαι, ἐπεὶ οὐκ ἔνδον γε διατρίβεις οὐδὲ τοιαύτη σου ἡ ἕξις τοῦ σώματος καταφαίνεται. 3 καὶ ὁ Ἰσχόμαχος γελάσας ἐπὶ τῷ τί ποιῶν καλὸς κἀγαθὸς κέκλησαι, καὶ ἡσθείς, ὥς γ' ἐμοὶ ἔδοξεν, εἶπεν· Ἀλλ' εἰ μὲν ὅταν σοι διαλέγωνται περὶ ἐμοῦ τινες καλοῦσί με τοῦτο τὸ ὄνομα οὐκ οἶδα· οὐ γὰρ δή, ὅταν γέ με εἰς ἀντίδοσιν καλῶνται τριηραρχίας ἢ χορηγίας, οὐδείς, ἔφη, ζητεῖ τὸν καλόν τε κἀγαθόν, ἀλλὰ σαφῶς, ἔφη, ὀνομάζοντές με Ἰσχόμαχον πατρόθεν προσκαλοῦνται.

ἐγὼ μὲν τοίνυν, ἔφη, ὦ Σώκρατες, ὅ με ἐπήρου, οὐδαμῶς ἔνδον διατρίβω. καὶ γὰρ δή, ἔφη, τά γε ἐν τῇ οἰκίᾳ μου πάνυ καὶ αὐτὴ ἡ γυνή ἐστιν ἱκανὴ διοικεῖν.

4 Ἀλλὰ καὶ τοῦτο, ἔφην, ἔγωγε, ὦ Ἰσχόμαχε, πάνυ ἂν ἡδέως σου πυθοίμην, πότερα αὐτὸς σὺ ἐπαίδευσας τὴν γυναῖκα ὥστε εἶναι οἵαν δεῖ ἢ ἐπισταμένην ἔλαβες παρὰ τοῦ πατρὸς καὶ τῆς μητρὸς διοικεῖν τὰ προσήκοντα αὐτῇ. 5 Καὶ τί ἄν, ἔφη, ὦ Σώκρατες, ἐπισταμένην αὐτὴν παρέλαβον, ἣ ἔτη μὲν οὔπω πεντεκαίδεκα

Sokrates möchte etwas über Ischomachos' Tagesablauf wissen und lenkt sofort das Gespräch auf dessen junge Frau und deren Aufgaben auf dem gemeinsamen Gutshof (1–6).

7.1 σχολάζειν zu σχολάζω, Zeit haben • παρακαθιζόμενος zu παρακαθίζομαί τινι, sich neben jemand setzen • εἰωθώς, Partizip zu εἴωθα, ich bin gewohnt, K. 88, 6 • κάθησαι zu κάθημαι, sitzen, K. 103, 5; 111, 14.

7.2 οὐδὲ ἄν γε νῦν, du würdest mich gewiss auch jetzt nicht sehen, ἑώρας, Imperfekt zu ὁράω, K. 88, 2; 111, 6, Irrealis, K. 182 • εἰ μὴ συνεθέμην, wenn ich mich nicht verabredet hätte, Aorist zu συντίθεμαι, sich verabreden, vereinbaren, K. 97, 3 • διατρίβεις, zu διατρίβω, sich aufhalten • πυθέσθαι, Infinitiv Aorist zu πυνθάνομαι, erfahren, erfragen, K. 108, 14 • ἡ ἕξις τοῦ σώματος, der Zustand des Körpers.

7.3 γελάσας, Partizip Aorist zu γελάω, lachen, K. 90, 4 • κέκλησαι, 2. Sg. Perfekt Passiv zu καλέω, nennen, K. 91, 5 • ἡσθείς, Partizip Aorist zu ἥδομαι, sich freuen, K. 94, 2 • ἡ ἀντίδοσις, der Vermögenstausch (z. B. in Form der Finanzierung einer Triere) • ἡ τριηραρχία, die Finanzierung eines Kriegsschiffes • ἡ χορηγία, die Unterhaltung eines Chores • πατρόθεν, vom Vater her • διοικεῖν zu διοικέω, organisieren, verwalten.

7.4 πυθοίμην, Optativ Aorist zu πυνθάνομαι, erfahren, erfragen, K. 108, 14 • πότερα (πότερον) ... ἤ, ob ... oder, abhängiger Fragesatz, K. 175; 203, 4 • ἐπισταμένην, Partizip Präsens zu ἐπίσταμαι, verstehen, verständig sein • τὰ προσήκοντα, das Zukommende, Partizip Präsens zu προσήκω, zukommen, zustehen.

γεγονυῖα ἦλθε πρὸς ἐμέ, τὸν δ᾽ ἔμπροσθεν χρόνον ἔζη ὑπὸ πολλῆς ἐπιμελείας ὅπως ὡς ἐλάχιστα μὲν ὄψοιτο, ἐλάχιστα δ᾽ ἀκούσοιτο, ἐλάχιστα δ᾽ ἔροιτο; 6 οὐ γὰρ ἀγαπητόν σοι δοκεῖ εἶναι, εἰ μόνον ἦλθεν ἐπισταμένη ἔρια παραλαβοῦσα ἱμάτιον ἀποδεῖξαι, καὶ ἑωρακυῖα ὡς ἔργα ταλάσια θεραπαίναις δίδοται;

ἐπεὶ τά γε ἀμφὶ γαστέρα, ἔφη, πάνυ καλῶς, ὦ Σώκρατες, ἦλθε πεπαιδευμένη· ὅπερ μέγιστον ἔμοιγε δοκεῖ παίδευμα εἶναι καὶ ἀνδρὶ καὶ γυναικί.

7 Τὰ δ᾽ ἄλλα, ἔφην ἐγώ, ὦ Ἰσχόμαχε, αὐτὸς ἐπαίδευσας τὴν γυναῖκα ὥστε ἱκανὴν εἶναι ὧν προσήκει ἐπιμελεῖσθαι; Οὐ μὰ Δί᾽, ἔφη ὁ Ἰσχόμαχος, 8 οὐ πρίν γε καὶ ἔθυσα καὶ ηὐξάμην ἐμέ τε τυγχάνειν διδάσκοντα καὶ ἐκείνην μανθάνουσαν τὰ βέλτιστα ἀμφοτέροις ἡμῖν. Οὐκοῦν, ἔφην ἐγώ, καὶ ἡ γυνή σοι συνέθυε καὶ συνηύχετο ταὐτὰ ταῦτα; Καὶ μάλα γ᾽, ἔφη ὁ Ἰσχόμαχος, †πολλὰ ὑπισχνουμένη μὲν πρὸς τοὺς θεοὺς γενέσθαι οἵαν δεῖ,† καὶ εὔδηλος ἦν ὅτι οὐκ ἀμελήσει τῶν διδασκομένων. 9 Πρὸς θεῶν, ἔφην ἐγώ, ὦ Ἰσχόμαχε, τί πρῶτον διδάσκειν ἤρχου αὐτήν, διηγοῦ μοι· ὡς ἐγὼ ταῦτ᾽ ἂν ἥδιόν σου διηγουμένου ἀκούοιμι ἢ εἴ μοι γυμνικὸν ἢ ἱππικὸν ἀγῶνα τὸν κάλλιστον διηγοῖο.

10 καὶ ὁ Ἰσχόμαχος ἀπεκρίνατο· Τί δ᾽; ἔφη, ὦ Σώκρατες, ἐπεὶ ἤδη μοι χειροήθης ἦν καὶ ἐτετιθάσευτο ὥστε διαλέγεσθαι, ἠρόμην αὐτὴν ὧδέ πως· Εἰπέ μοι, ὦ γύναι, ἆρα ἤδη κατενόησας τίνος ποτὲ ἕνεκα ἐγώ τε σὲ ἔλαβον καὶ οἱ σοὶ γονεῖς ἔδοσάν σε ἐμοί; 11 ὅτι μὲν γὰρ οὐκ ἀπορία ἦν μεθ᾽ ὅτου ἄλλου ἐκαθεύδομεν ἄν, οἶδ᾽ ὅτι καὶ σοὶ καταφανὲς τοῦτ᾽ ἐστί. βουλευόμενος δ᾽ ἔγωγε ὑπὲρ ἐμοῦ καὶ οἱ σοὶ γονεῖς ὑπὲρ

7.5 ἔτη μὲν οὔπω πεντεκαίδεκα γεγονυῖα, noch nicht fünfzehn Jahre alt, Akkusativ der zeitlichen Ausdehnung, K. 137 • τὸ ἔτος, das Jahr, K. 44 • γεγονυῖα, Partizip Perfekt zu γίγνομαι, K. 110, 4 • τὸν ἔμπροσθεν χρόνον, die Zeit davor, Akkusativ der zeitlichen Ausdehnung, K. 137 • ἔζη, Imperfekt zu ζάω, leben, K. 111, 13 • ὑπὸ πολλῆς ἐπιμελείας, unter großer Fürsorge • ὅπως ὄψοιτο ὡς ἐλάχιστα, damit sie möglichst wenig erführe • ὄψοιτο, Optativ Futur zu ὁράω, K. 111, 5 • ὅπως ὄψοιτο, Finalsatz, K. 178 • ἔροιτο, Optativ zu ἔρομαι, fragen, K. 110, 6.

7.6 ἀγαπητός, zufriedenstellend • τὰ ἔρια, die Wollfäden • παραλαβοῦσα, Partizip Aorist zu παραλαμβάνω, in die Hand nehmen • τὸ ἱμάτιον, das Kleidungsstück • ἀποδεῖξαι, Infinitiv Aorist zu ἀποδείκνυμι, vorzeigen, vorweisen, K. 104, 3 • ἑωρακυῖα, Partizip Perfekt zu ὁράω, sehen, K. 111, 6 • ἔργα ταλάσια, Wollarbeiten • τὸ παίδευμα, die erworbene Kompetenz.

Ischomachos hat seiner Frau alles beigebracht, was sie für die selbstständige Erfüllung ihrer Aufgaben im Haus benötigt (7).

7.7 ὧν προσήκει ἐπιμελεῖσθαι, Attraktion des Relativpronomens, sich um das kümmern, was angebracht ist.

Ischomachos berichtet, wie die Partnerschaft begann und wie sie allmählich weiter vertieft wurde (8–16).

7.8 ηὐξάμην, Aorist zu εὔχομαι, beten • πολλὰ ὑπισχνουμένη, Partizip Präsens zu ὑπισχνέομαι, K. 111, 5 • πολλὰ ὑπισχνέομαι, fest versprechen • ἀμελήσει, Futur zu μέλει μοί τινος, es liegt mir woran, K. 110, 12.

7.9 ἤρχου, Imperfekt zu ἄρχομαι, anfangen • διήγου, Imperativ zu διηγέομαι, erzählen • διηγοῖο, Optativ zu διηγέομαι.

7.10 χειροήθης, an die Hand gewöhnt, fügsam ↔ ἡ χείρ, die Hand • τὸ ἦθος, die Gewöhnung • ἐτετιθάσευτο, Plusquamperfekt Passiv zu τιθασεύω, zähmen, besänftigen • κατενόησας, 2. Sg. Aorist zu κατανοέω, nachdenken • τίνος ποτὲ ἕνεκα, weswegen eigentlich.

σοῦ τίν᾽ ἂν κοινωνὸν βέλτιστον οἴκου τε καὶ τέκνων λάβοιμεν, ἐγώ τε σὲ καὶ οἱ σοὶ γονεῖς, ὡς ἐοίκασιν, ἐκ τῶν δυνατῶν ἐμέ. 12 τέκνα μὲν οὖν ἂν θεός ποτε διδῷ ἡμῖν γενέσθαι, τότε βουλευσόμεθα περὶ αὐτῶν ὅπως ὅτι βέλτιστα παιδεύσομεν αὐτά· κοινὸν γὰρ ἡμῖν καὶ τοῦτο ἀγαθόν, συμμάχων καὶ γηροβοσκῶν ὅτι βελτίστων τυγχάνειν· 13 νῦν δὲ δὴ οἶκος ἡμῖν ὅδε κοινός ἐστιν. ἐγώ τε γὰρ ὅσα μοι ἔστιν ἅπαντα εἰς τὸ κοινὸν ἀποφαίνω, σύ τε ὅσα ἠνέγκω πάντα εἰς τὸ κοινὸν κατέθηκας. καὶ οὐ τοῦτο δεῖ λογίζεσθαι, πότερος ἄρα ἀριθμῷ πλείω συμβέβληται ἡμῶν, ἀλλ᾽ ἐκεῖνο εὖ εἰδέναι, ὅτι ὁπότερος ἂν ἡμῶν βελτίων κοινωνὸς ᾖ, οὗτος τὰ πλείονος ἄξια συμβάλλεται.

14 ἀπεκρίνατο δέ μοι, ὦ Σώκρατες, πρὸς ταῦτα ἡ γυνή· Τί δ᾽ ἂν ἐγώ σοι, ἔφη, δυναίμην συμπρᾶξαι; τίς δὲ ἡ ἐμὴ δύναμις; ἀλλ᾽ ἐν σοὶ πάντα ἐστίν· ἐμὸν δ᾽ ἔφησεν ἡ μήτηρ ἔργον εἶναι σωφρονεῖν. 15 Ναὶ μὰ Δί᾽, ἔφην ἐγώ, ὦ γύναι, καὶ γὰρ ἐμοὶ ὁ πατήρ. ἀλλὰ σωφρόνων τοί ἐστι καὶ ἀνδρὸς καὶ γυναικὸς οὕτω ποιεῖν, ὅπως τά τε ὄντα ὡς βέλτιστα ἕξει καὶ ἄλλα ὅτι πλεῖστα ἐκ τοῦ καλοῦ τε καὶ δικαίου προσγενήσεται. 16 Καὶ τί δή, ἔφη, ὁρᾷς, ἡ γυνή, ὅ τι ἂν ἐγὼ ποιοῦσα συναύξοιμι τὸν οἶκον; Ναὶ μὰ Δί᾽, ἔφην ἐγώ, ἅ τε οἱ θεοὶ ἔφυσάν σε δύνασθαι καὶ ὁ νόμος συνεπαινεῖ, ταῦτα πειρῶ ὡς βέλτιστα ποιεῖν.

17 Καὶ τί δὴ ταῦτ᾽ ἐστιν; ἔφη ἐκείνη. Οἶμαι μὲν ἔγωγε, ἔφην, οὐ τὰ ἐλαχίστου ἄξια, εἰ μή πέρ γε καὶ ἡ ἐν τῷ σμήνει ἡγεμὼν μέλιττα ἐπ᾽ ἐλαχίστου ἀξίοις ἔργοις ἐφέστηκεν.

18 ἐμοὶ γάρ τοι, ἔφη φάναι, καὶ οἱ θεοί, ὦ γύναι, δοκοῦσι πολὺ διεσκεμμένως μάλιστα τὸ ζεῦγος τοῦτο συντεθεικέναι ὃ καλεῖται θῆλυ καὶ ἄρρεν, ὅπως ὅτι ὠφελιμώτατον ᾖ αὐτῷ εἰς τὴν κοινωνίαν. 19 πρῶτον μὲν γὰρ τοῦ μὴ ἐκλιπεῖν ζῴων

7.11 ἡ ἀπορία, die Notwendigkeit • μεθ' ὅτου ἄλλου, mit irgendeinem anderen, mit wem auch immer sonst • ὅτου für οὕτινος, zu ὅστις, K. 67 • καθεύδομεν, zu καθεύδω, schlafen • βουλευόμενος, zu βουλεύομαι, nachdenken.

7.12 ὁ κοινωνός, der Partner • ἐξελεξάμην, Aorist zu ἐκλέγομαι, auswählen • ἐοίκασιν, zu ἔοικα, ich tue etwas offensichtlich, K. 88, 3 • ὅτι βέλτιστα, Superlativ des Adverbs zu ἀγαθός, K. 58; 59 • ὅτι βέλτιστα, möglichst gut • τυγχάνειν zu τυγχάνω τινός, etwas bekommen, K. 108, 15.

7.13 ἀποφαίνω, ich erkläre für, mache zu, K. 96, 28 • ἠνέγκω, 2. Person Sg. Aorist Medium zu φέρω, tragen, bringen, K. 111, 11 • κατέθηκας, 2. Person Sg. Aorist Aktiv zu κατατίθημι, dazulegen, K. 97, 1 • ἀριθμῷ, der Zahl nach, zahlenmäßig, Dativus modi, K. 156, 3 • πλείω, mehr, Komparativ zu πολύς, viel, K. 55; 58, 6 • συμβέβληται, Perfekt Medium zu συμβάλλω, beisteuern, K. 91, 4 • τὰ πλείονος ἄξια, das Wertvollere.

7.14 σωφρονέω, vernünftig sein ↔ σωφροσύνη, σώφρων.

7.15 ἕξει, Futur zu ἔχω, K.111, 5 • προσγενήσεται, Futur zu προσγίγνομαι, hinzukommen, K. 110, 7.

7.16 συναύξοιμι, Optativ zu συναύξω, mit vergrößern • ἔφυσαν, zu φύω, erzeugen, verleihen.

Der Vergleich mit einer Bienenkönigin soll die Rolle der Hausherrin veranschaulichen (17–25).

7.17 τὰ ἐλαχίστου ἄξια, das Wertloseste • ἐλάχιστος, Superlativ zu ὀλίγος, wenig • εἰ μή πέρ γε καί, wenigstens wenn nicht auch • ἐν τῷ σμήνει, zu τὸ σμῆνος, der Bienenstock, K. 44, ἡ ἡγεμὼν μέλιττα, die Bienenkönigin • ἐφέστηκεν, Perfekt zu ἐφίσταμαι, herantreten K. 99, 2.

7.18 πολὺ διεσκεμμένως, sehr umsichtig • μάλιστα, wirklich • τὸ ζεῦγος das Gespann, K. 44 • συντεθεικέναι, Infinitiv Perfekt Aktiv zu συντίθημι, zusammenstellen • τὸ θῆλυ καὶ τὸ ἄρρεν, das Weibliche und das Männliche • ὅπως ᾖ, Finalsatz • αὐτῷ, Reflexivpronomen der 3. Person, K. 63 • εἰς τὴν κοινωνίαν, für das gemeinsame Leben.

γένη τοῦτο τὸ ζεῦγος κεῖται μετ᾽ ἀλλήλων τεκνοποιούμενον, ἔπειτα τὸ γηροβοσκοὺς κεκτῆσθαι ἑαυτοῖς ἐκ τούτου τοῦ ζεύγους τοῖς γοῦν ἀνθρώποις πορίζεται· ἔπειτα δὲ καὶ ἡ δίαιτα τοῖς ἀνθρώποις οὐχ ὥσπερ τοῖς κτήνεσίν ἐστιν ἐν ὑπαίθρῳ, ἀλλὰ στεγῶν δεῖται δῆλον ὅτι.

20 δεῖ μέντοι τοῖς μέλλουσιν ἀνθρώποις ἕξειν ὅ τι εἰσφέρωσιν εἰς τὸ στεγνὸν τοῦ ἐργασομένου τὰς ἐν τῷ ὑπαίθρῳ ἐργασίας. καὶ γὰρ νεατὸς καὶ σπόρος καὶ φυτεία καὶ νομαὶ ὑπαίθρια ταῦτα πάντα ἔργα ἐστίν· ἐκ τούτων δὲ τὰ ἐπιτήδεια γίγνεται. 21 δεῖ δ᾽ αὖ, ἐπειδὰν ταῦτα εἰσενεχθῇ εἰς τὸ στεγνόν, καὶ τοῦ σώσοντος ταῦτα καὶ τοῦ ἐργασομένου δ᾽ ἃ τῶν στεγνῶν ἔργα δεόμενά ἐστι. στεγνῶν δὲ δεῖται καὶ ἡ τῶν νεογνῶν τέκνων παιδοτροφία, στεγνῶν δὲ καὶ αἱ ἐκ τοῦ καρποῦ σιτοποιίαι δέονται· ὡσαύτως δὲ καὶ ἡ τῆς ἐσθῆτος ἐκ τῶν ἐρίων ἐργασία. 22 ἐπεὶ δ᾽ ἀμφότερα ταῦτα καὶ ἔργων καὶ ἐπιμελείας δεῖται τά τε ἔνδον καὶ τὰ ἔξω, καὶ τὴν φύσιν, φάναι, εὐθὺς παρεσκεύασεν ὁ θεός, ὡς ἐμοὶ δοκεῖ, τὴν μὲν τῆς γυναικὸς ἐπὶ τὰ ἔνδον ἔργα καὶ ἐπιμελήματα, ⟨τὴν δὲ τοῦ ἀνδρὸς ἐπὶ τὰ ἔξω⟩. 23 ῥίγη μὲν γὰρ καὶ θάλπη καὶ ὁδοιπορίας καὶ στρατείας τοῦ ἀνδρὸς τὸ σῶμα καὶ τὴν ψυχὴν μᾶλλον δύνασθαι καρτερεῖν κατεσκεύασεν· ὥστε τὰ ἔξω ἐπέταξεν αὐτῷ ἔργα«· τῇ δὲ γυναικὶ ἧττον τὸ σῶμα δυνατὸν πρὸς ταῦτα φύσας τὰ ἔνδον ἔργα αὐτῇ, φάναι ἔφη, προστάξαι μοι δοκεῖ ὁ θεός. 24 εἰδὼς δὲ ὅτι τῇ γυναικὶ καὶ ἐνέφυσε καὶ προσέταξε τὴν τῶν νεογνῶν τέκνων τροφήν, καὶ τοῦ στέργειν τὰ νεογνὰ βρέφη πλέον αὐτῇ ἐδάσατο ἢ τῷ ἀνδρί.

7.19 ἐκλιπεῖν, Infinitiv Aorist zu ἐκλείπω, aussterben • τοῦτο τὸ ζεῦγος, diese Verbindung • κεῖται, Perfekt Passiv zu τίθημι, legen, setzen, stellen, K. 97 • τεκνοποιούμενον, Partizip Präsens zu τεκνοποιέομαι, Kinder zeugen • γηροβοσκοὺς zu γηροβοσκός ein Mensch, der die alten Eltern pflegt • ἑαυτοῖς für sich selbst, Reflexivpronomen der 3. Person, Dativ Plural, K. 63 • πορίζεται, zu πορίζω, verschaffen • ἡ δίαιτα, die Lebensweise • τοῖς κτήνεσιν, zu τὰ κτήνη, Plural zu τὸ κτῆνος, das Vieh.

7.20 τὸ στεγνόν, die Scheune • ἐργασομένου, Partizip Futur zu ἐργάζομαι, verrichten • ἐν τῷ ὑπαίθρῳ, im Freien • ἡ ἐργασία, die Arbeit • ὁ νεατός, die Feldbestellung, ὁ σπόρος, die Aussaat der Pflanzen, ἡ φυτεία, das Pflanzen, αἱ νομαί, das Weiden der Tiere • ὑπαίθρια ἔργα, Arbeiten im Freien • τὰ ἐπιτήδεια das Lebensnotwendige.

7.21 εἰσενεχθῇ, Konjunktiv Aorist Passiv zu εἰσφέρω, hineinbringen, K. 111, 11 • σώσοντος, Partizip Futur zu σῴζω, sicher aufbewahren • δεόμενα, Partizip zu δέομαί τινος, etwas benötigen • τῶν νεογνῶν τέκνων, zu τὰ νεογνὰ τέκνα, die neugeborenen Kinder • ἡ παιδοτροφία, die Aufzucht ↔ τρέφω, ernähren, aufziehen • ὁ παῖς, das Kind • ἡ σιτοποιία ἐκ τοῦ καρποῦ, das Brotbacken aus dem Getreide • ἡ τῆς ἐσθῆτος, zu ἡ ἐσθής, die Kleidung, ἡ ἐκ τῶν ἐρίων ἐργασία, die Herstellung von Kleidung aus Wollfäden.

7.22 φάναι, Infinitiv zu φημί, sagen, K. 103, 1; 111, 12 • εὐθύς, sofort • τὸ ἐπιμέλημα, das Arbeitsgebiet ↔ ἐπιμελέομαι, ἐπιμέλομαι ↔ ἡ ἐπιμέλεια.

7.23 τὸ ῥῖγος, die Kälte • τὸ θάλπος, die Hitze, K. 44 • ἡ ὁδοιπορία, der Marsch • ἡ στρατεία, der Feldzug • καρτερεῖν, zu καρτερέω, ertragen ↔ καρτερός, καρτερία • κατεσκεύασεν zu κατασκευάζω einrichten, ausstatten • ἐπέταξεν, Aorist zu ἐπιτάττω, auftragen, K. 96, 14 • ἧττον δυνατός, weniger leistungsfähig • φύω, erschaffen ↔ ἡ φύσις • φάναι ἔφη, habe er gesagt, sagte er.

7.24 εἰδώς Partizip zu οἶδα wissen, K. 102, 4 • ἐνέφυσε, Aorist zu ἐμφύω, einpflanzen ↔ ἡ φύσις • προσέταξε, Aorist zu προστάττω, anordnen, K. 96, 14 • ἡ τῶν νεογνῶν τέκνων τροφή, die Aufzucht der neugeborenen Kinder • τὰ νεογνὰ βρέφη, die kleinen Kinder • τὸ βρέφος, das kleine Kind, K. 44 • ἐδάσατο, Aorist zu δαίομαι, zuteilen • πλέον ἐδάσατό τινος, er teilte mehr von etwas

25 ἐπεὶ δὲ καὶ τὸ φυλάττειν τὰ εἰσενεχθέντα τῇ γυναικὶ προσέταξε, γιγνώσκων ὁ θεὸς ὅτι πρὸς τὸ φυλάττειν οὐ κάκιόν ἐστι φοβερὰν εἶναι τὴν ψυχὴν πλέον μέρος καὶ τοῦ φόβου ἐδάσατο τῇ γυναικὶ ἢ τῷ ἀνδρί. εἰδὼς δὲ ὅτι καὶ ἀρήγειν αὖ δεήσει, ἐάν τις ἀδικῇ, τὸν τὰ ἔξω ἔργα ἔχοντα, τούτῳ αὖ πλέον μέρος τοῦ θράσους ἐδάσατο.

26 ὅτι δ᾽ ἀμφοτέρους δεῖ καὶ διδόναι καὶ λαμβάνειν, τὴν μνήμην καὶ τὴν ἐπιμέλειαν εἰς τὸ μέσον ἀμφοτέροις κατέθηκεν. ὥστε οὐκ ἂν ἔχοις διελεῖν πότερα τὸ ἔθνος τὸ θῆλυ ἢ τὸ ἄρρεν τούτων πλεονεκτεῖ.

27 καὶ τὸ ἐγκρατεῖς δὲ εἶναι ὧν δεῖ εἰς τὸ μέσον ἀμφοτέροις κατέθηκε, καὶ ἐξουσίαν ἐποίησεν ὁ θεὸς ὁπότερος ἂν ᾖ βελτίων, εἴθ᾽ ὁ ἀνὴρ εἴθ᾽ ἡ γυνή, τοῦτον καὶ πλέον φέρεσθαι τούτου τοῦ ἀγαθοῦ.

28 διὰ δὲ τὸ τὴν φύσιν μὴ πρὸς πάντα ταὐτὰ ἀμφοτέρων εὖ πεφυκέναι, διὰ τοῦτο καὶ δέονται μᾶλλον ἀλλήλων καὶ τὸ ζεῦγος ὠφελιμώτερον ἑαυτῷ γεγένηται, ἃ τὸ ἕτερον ἐλλείπεται τὸ ἕτερον δυνάμενον. 29 ταῦτα δέ, ἔφην, δεῖ ἡμᾶς, ὦ γύναι, εἰδότας, ἃ ἑκατέρῳ ἡμῶν προστέτακται ὑπὸ τοῦ θεοῦ, πειρᾶσθαι ὅπως ὡς βέλτιστα τὰ προσήκοντα ἑκάτερον ἡμῶν διαπράττεσθαι.

30 συνεπαινεῖ δέ, ἔφη φάναι, καὶ ὁ νόμος αὐτά, συζευγνὺς ἄνδρα καὶ γυναῖκα· καὶ κοινωνοὺς ὥσπερ τῶν τέκνων ὁ θεὸς ἐποίησεν, οὕτω καὶ ὁ νόμος ⟨τοῦ οἴκου⟩ κοινωνοὺς καθίστησι. καὶ καλὰ δὲ εἶναι ὁ νόμος ἀποδείκνυσιν ⟨ἃ⟩ καὶ ὁ θεὸς ἔφυσεν ἑκάτερον μᾶλλον δύνασθαι. τῇ μὲν γὰρ γυναικὶ κάλλιον ἔνδον μένειν ἢ θυραυλεῖν, τῷ δὲ ἀνδρὶ αἴσχιον ἔνδον μένειν ἢ τῶν ἔξω ἐπιμελεῖσθαι. 31 εἰ δέ τις παρ᾽

---

zu.

7.25 τὰ εἰσενεχθέντα, Partizip Aorist Passiv zu εἰσφέρω, hineinbringen, K. 111, 11 • πλέον μέρος, ein größerer Teil, K. 44 • ἀρήγειν, zu ἀρήγω, helfen, seinen Besitz verteidigen • τὸ θράσος, der Mut, K. 44.

Es gibt keinen Unterschied zwischen den Geschlechtern und auch keine Überlegenheit oder Unterlegenheit in ihrem Verhältnis zueinander. Die Geschlechter ergänzen sich vielmehr und erhöhen so ihre Kräfte (26–31).

7.26 ἡ μνήμη, das Gedächtnis • ἡ ἐπιμέλεια, die Verantwortung • κατέθηκεν, Aorist zu τίθημι, überlassen • εἰς τὸ μέσον, zu gleichen Teilen • διελεῖν, Infinitiv Aorist zu διαιρέω, unterscheiden • πότερα ... ἤ, ob ... oder • τὸ ἔθνος, das Geschlecht • πλεονεκτεῖ zu πλεονεκτέω, überlegen sein.

7.27 τὸ ἐγκρατεῖς εἶναι, das Beherrschtsein • εἰς τὸ μέσον, zu gleichen Teilen • κατέθηκε zu κατατίθημι, zur Verfügung stellen • ἡ ἐξουσία, die Entscheidungsfreiheit • βελτίων, Komparativ zu ἀγαθός, K. 58, 1 • φέρεσθαι zu φέρομαι, mitnehmen, gewinnen.

7.28 εὖ πεφυκέναι, Infinitiv Perfekt, geschaffen sein, zu φύομαι, geschaffen werden, entstehen, K. 101, 9 • δέονται ἀλλήλων, sie brauchen einander, sie sind aufeinander angewiesen, K. 110, 11 • τὸ ἕτερον ... τὸ ἕτερον, das eine ... das andere.

7.29 εἰδότας, Partizip zu οἶδα, K. 102, 4 • τὰ προσήκοντα, die Pflichten.

7.30 συζευγνύς, Partizip Präsens zu συζεύγνυμι, zusammenspannen, verbinden, K. 105, 7 • θυραυλεῖν, draußen arbeiten.

ἃ ὁ θεὸς ἔφυσε ποιεῖ, ἴσως τι καὶ ἀτακτῶν τοὺς θεοὺς οὐ λήθει καὶ δίκην δίδωσιν ἀμελῶν τῶν ἔργων τῶν ἑαυτοῦ ἢ πράττων τὰ τῆς γυναικὸς ἔργα.

32 δοκεῖ δέ μοι, ἔφην, καὶ ἡ τῶν μελιττῶν ἡγεμὼν τοιαῦτα ἔργα ὑπὸ τοῦ θεοῦ προστεταγμένα διαπονεῖσθαι. Καὶ ποῖα δή, ἔφη ἐκείνη, ἔργα ἔχουσα ἡ τῶν μελιττῶν ἡγεμὼν ἐξομοιοῦται τοῖς ἔργοις οἷς ἐμὲ δεῖ πράττειν; 33 Ὅτι, ἔφην ἐγώ, ἐκείνη γε ἐν τῷ σμήνει μένουσα οὐκ ἐᾷ ἀργοὺς τὰς μελίττας εἶναι, ἀλλ᾽ ἃς μὲν δεῖ ἔξω ἐργάζεσθαι ἐκπέμπει ἐπὶ τὸ ἔργον, καὶ ἃ ἂν αὐτῶν ἑκάστη εἰσφέρῃ οἶδέ τε καὶ δέχεται, καὶ σῴζει ταῦτα ἔστ᾽ ἂν δέῃ χρῆσθαι. ἐπειδὰν δὲ ἡ ὥρα τοῦ χρῆσθαι ἥκῃ, διανέμει τὸ δίκαιον ἑκάστῃ. 34 καὶ ἐπὶ τοῖς ἔνδον δ᾽ ἐξυφαινομένοις κηρίοις ἐφέστηκεν, ὡς καλῶς καὶ ταχέως ὑφαίνηται, καὶ τοῦ γιγνομένου τόκου ἐπιμελεῖται ὡς ἐκτρέφηται· ἐπειδὰν δὲ ἐκτραφῇ καὶ ἀξιοεργοὶ οἱ νεοττοὶ γένωνται, ἀποικίζει αὐτοὺς σὺν τῶν ἐπιγόνων τινὶ ἡγεμόνι. 35 Ἦ καὶ ἐμὲ οὖν, ἔφη ἡ γυνή, δεήσει ταῦτα ποιεῖν; Δεήσει μέντοι σε, ἔφην ἐγώ, ἔνδον τε μένειν καὶ οἷς μὲν ἂν ἔξω τὸ ἔργον ᾖ τῶν οἰκετῶν, τούτους συνεκπέμπειν, οἷς δ᾽ ἂν ἔνδον ἔργον ἐργαστέον, 36 τούτων σοι ἐπιστατητέον, καὶ τά τε εἰσφερόμενα ἀποδεκτέον καὶ ἃ μὲν ἂν αὐτῶν δέῃ δαπανᾶν σοὶ διανεμητέον, ἃ δ᾽ ἂν περιττεύειν δέῃ, προνοητέον καὶ φυλακτέον ὅπως μὴ ἡ εἰς τὸν ἐνιαυτὸν κειμένη δαπάνη εἰς τὸν μῆνα δαπανᾶται. καὶ ὅταν ἔρια εἰσενεχθῇ σοι, ἐπιμελητέον ὅπως οἷς δεῖ ἱμάτια γίγνηται. καὶ ὅ γε ξηρὸς σῖτος ὅπως καλῶς ἐδώδιμος γίγνηται ἐπιμελητέον.

37 ἓν μέντοι τῶν σοὶ προσηκόντων, ἔφην ἐγώ, ἐπιμελημάτων ἴσως ἀχαριστότερον δόξει εἶναι, ὅτι, ὃς ἂν κάμνῃ τῶν οἰκετῶν, τούτων σοι ἐπιμελητέον πάντων ὅπως θεραπεύηται. Νὴ Δί᾽, ἔφη ἡ γυνή, ἐπιχαριτώτατον μὲν οὖν, ἂν μέλλωσί γε οἱ καλῶς θεραπευθέντες χάριν εἴσεσθαι καὶ εὐνούστεροι ἢ πρόσθεν ἔσεσθαι. 38 Καὶ ἐγώ, ἔφη ὁ Ἰσχό-

---

7.31 παρ᾽ ἅ, vorbei an dem, was, gegen das, was, Präposition, K. 160, 12 • ἀτακτῶν, prädikatives Partizip zu ἀτακτέω, sich gegen die Ordnung stellen • ἴσως τι τοὺς θεοὺς οὐ λήθει, es bleibt wahrscheinlich den Göttern nicht verborgen, K. 198 • δίκην δίδωσιν, zu δίκην δίδωμι, Strafe zahlen, K. 97 • ἀμελῶν, zu ἀμελέω τινός, etwas vernachlässigen.

Hausherrin und Bienenkönigin haben analoge Aufgaben (32–38).

7.32 ἡ τῶν μελιττῶν ἡγεμών, die Bienenkönigin • ἐξομοιοῦται, zu ἐξομοιόω, ähnlich machen • οἷς wie τούτοις, ἅ ..., Attraktion des Relativpronomens, K. 126, 2.

7.33 τὸ σμῆνος, der Bienenstock, K. 44 • ἀργός, untätig • οἶδε zu οἶδα, K. 102, 4 • ἔστ᾽ ἂν δέῃ, bis es nötig ist.

7.34 ἐξυφαινομένοις, Partizip Präsens Passiv zu ἐξυφαίνω, weben, vollenden • τὸ κηρίον, die Honigwabe • ἐφέστηκεν, Perfekt zu ἐφίσταμαι, sich über etwas stellen, etwas beaufsichtigen, K. 97–99; 101; 102, 1 • ὁ τόκος, die Nachkommenschaft, die Brut • ἐκτρέφηται, Konjunktiv Präsens zu ἐκτρέφω, ἐκτρέφομαι, aufziehen, K. 96, 24 • ἐκτραφῇ, Konjunktiv Aorist Passiv, K. 96, 24 • ἀξιοεργός, arbeitsfähig • οἱ νεοτοί, die Jungen • ἀποικίζει, zu ἀποικίζω, ausfliegen lassen • οἱ ἐπίγονοι die Nachkommen.

7.35 ἦ, Fragepartikel, K. 203, 1.

7.36 ἐργαστέον, Verbaladjektiv zu ἐργάζομαι, arbeiten, man muss arbeiten • σοι ἐπιστατέον, Verbaladjektiv zu ἐφίσταμαί τινος, du musst jemanden beaufsichtigen • περιττεύειν, zu περιττεύω, übrigbleiben • προνοητέον, Verbaladjektiv zu προνοέω, vorher überlegen • ἡ δαπάνη, der Verbrauch • εἰσενεχθῇ, Konjunktiv Aorist Passiv zu εἰσφέρω, K. 111, 11 • ξηρός, trocken • ἐδώδιμος, voll genießbar.

7.37 τὸ ἐπιμέλημα, die Aufgabe • ἀχαριστότερον, weniger angenehm • ὃς ἂν κάμνῃ, wer krank ist • σοι ἐπιμελητέον, ὅπως ..., du musst dich darum kümmern, dass ... • ἐπιχαρτώτατον, am angenehmsten, χάριν εἴσεσθαι, Infinitiv Futur zu οἶδα, K. 102, 4, Dank wissen werden • εὐνούστεροι, Komparativ zu εὔνους, freundlich, loyal.

μαχος, ἀγασθεὶς αὐτῆς τὴν ἀπόκρισιν εἶπον· Ἆρά γε, ὦ γύναι, διὰ τοιαύτας τινὰς προνοίας καὶ τῆς ἐν τῷ σμήνει ἡγεμόνος αἱ μέλιτται οὕτω διατίθενται πρὸς αὐτήν, ὥστε, ὅταν ἐκείνη ἐκλίπῃ, οὐδεμία οἴεται τῶν μελιττῶν ἀπολειπτέον εἶναι, ἀλλ' ἕπονται πᾶσαι;

39 καὶ ἡ γυνή μοι ἀπεκρίνατο· Θαυμάζοιμ' ἄν, ἔφη, εἰ μὴ πρὸς σὲ μᾶλλον τείνοι τὰ τοῦ ἡγεμόνος ἔργα ἢ πρὸς ἐμέ. ἡ γὰρ ἐμὴ φυλακὴ τῶν ἔνδον καὶ διανομὴ γελοία τις ἄν, οἶμαι, φαίνοιτο, εἰ μὴ σύγε ἐπιμελοῖο ὅπως ἔξωθέν τι εἰσφέροιτο. 40 Γελοία δ' αὖ, ἔφην ἐγώ, ἡ ἐμὴ εἰσφορὰ φαίνοιτ' ἄν, εἰ μὴ εἴη ὅστις τὰ εἰσενεχθέντα σῴζοι. οὐχ ὁρᾷς, ἔφην ἐγώ, οἱ εἰς τὸν τετρημένον πίθον ἀντλεῖν λεγόμενοι ὡς οἰκτίρονται, ὅτι μάτην πονεῖν δοκοῦσι; Νὴ Δί', ἔφη ἡ γυνή, καὶ γὰρ τλήμονές εἰσιν, εἰ τοῦτό γε ποιοῦσιν. 41 Ἄλλαι δέ τοι, ἔφην ἐγώ, ἴδιαι ἐπιμέλειαι, ὦ γύναι, ἡδεῖαί σοι γίγνονται, ὁπόταν ἀνεπιστήμονα ταλασίας λαβοῦσα ἐπιστήμονα ποιήσῃς καὶ διπλασίου σοι ἀξία γένηται, καὶ ὁπόταν ἀνεπιστήμονα ταμιείας καὶ διακονίας παραλαβοῦσα ἐπιστήμονα καὶ πιστὴν καὶ διακονικὴν ποιησαμένη παντὸς ἀξίαν ἔχῃς, καὶ ὁπόταν τοὺς μὲν σώφρονάς τε καὶ ὠφελίμους τῷ σῷ οἴκῳ ἐξῇ σοι εὖ ποιῆσαι, ἐὰν δέ τις πονηρὸς φαίνηται, ἐξῇ σοι κολάσαι·

42 τὸ δὲ πάντων ἥδιστον, ἐὰν βελτίων ἐμοῦ φανῇς, καὶ ἐμὲ σὸν θεράποντα ποιήσῃ, καὶ μὴ δέῃ σε φοβεῖσθαι μὴ προϊούσης τῆς ἡλικίας ἀτιμοτέρα ἐν τῷ οἴκῳ γένῃ, ἀλλὰ πιστεύῃς ὅτι πρεσβυτέρα γιγνομένη ὅσῳ ἂν καὶ ἐμοὶ κοινωνὸς καὶ παισὶν οἴκου φύλαξ ἀμείνων γίγνῃ, τοσούτῳ καὶ τιμιωτέρα ἐν τῷ οἴκῳ ἔσει.

43 τὰ γὰρ καλά τε κἀγαθά, ἐγὼ ἔφην, οὐ διὰ τὰς ὡραιότητας, ἀλλὰ διὰ τὰς ἀρετὰς εἰς τὸν βίον τοῖς ἀνθρώποις ἐπαύξεται. τοιαῦτα μέν, ὦ Σώκρατες, δοκῶ μεμνῆσθαι αὐτῇ τὰ πρῶτα διαλεχθείς.

7.38 ἀγασθείς, Partizip Aorist zu ἄγαμαι, bewundern, K. 100, 4 • ὅταν ἐκείνη ἐκλίπῃ, wenn sie (den Bienenstock) verlässt.

Die Pflichten von Mann und Frau ergänzen sich. Beide sind aufeinander angewiesen und schaffen miteinander Nutzen füreinander (39–43).

7.39 εἰ μὴ τείνοι, ob nicht passen würde, Optativ zu τείνω πρός, zielen auf, passen zu, K. 91, 7; 96, 50.

7.40 τὰ εἰσενεχθέντα, Partizip Aorist Passiv, zu εἰσφέρω, hineinbringen, K. 111, 11 • ὁ τετρημένος πίθος, das durchlöcherte Fass • ἀντλεῖν zu ἀντλέω (Wasser) schöpfen, οἰκτίρονται, zu οἰκτίρω, bemitleiden • μάτην, vergeblich • τλήμονες, bedauernswert.

7.41 ἴδιαι ἐπιμέλειαι, eigene Tätigkeiten zu Hause • ἀνεπιστήμων, unerfahren ↔ ἐπιστήμων, ἐπίσταμαι • διπλασίου ἄξια, doppelt wertvoll, zu διπλάσιος, doppelt • ἡ ταμιεία, die Hausarbeit • ἡ διακονία, die Bedienung • ὁπόταν σοι ἐξῇ, wenn es dir möglich ist • κολάσαι, Infinitiv Aorist zu κολάζω, bestrafen.

7.42 βελτίων ἐμοῦ, besser als ich, Komparativ mit Genitivus comparationis zu ἀγαθός, K. 58 • φανῇς, Konjunktiv Aorist zu φαίνομαι, erscheinen, sich zeigen, K. 96, 29 • προϊούσης τῆς ἡλικίας, mit fortschreitendem Alter, Genitivus absolutus, K. 199, 2 • ἀτιμωτέρα, Komparativ zu ἄτιμος, weniger angesehen • ὅσῳ ἂν γίγνῃ, je mehr du wirst, τοσούτῳ ἔσει, desto mehr wirst du sein, Dativus mensurae, K. 156, 4 • ἡ κοινωνός die Gefährtin.

7.43 ἡ ὡραιότης, die jugendliche Schönheit, im Plural jugendliche Reize • ἐπαύξεται, Präsens Passiv zu ἐπαύξω, vermehren • διαλεχθείς, Partizip Aorist zu διαλέγομαί τινι, mit jemandem besprechen.

8. Kapitel: Über den Sinn der Ordnung (taxis)

1 Ἦ καὶ ἐπέγνως τι, ὦ Ἰσχόμαχε, ἔφην ἐγώ, ἐκ τούτων αὐτὴν κεκινημένην μᾶλλον πρὸς τὴν ἐπιμέλειαν; Ναὶ μὰ Δί', ἔφη ὁ Ἰσχόμαχος, καὶ δηχθεῖσάν γε οἶδα αὐτὴν καὶ ἐρυθριάσασαν σφόδρα ὅτι τῶν εἰσενεχθέντων τι αἰτήσαντος ἐμοῦ οὐκ εἶχέ μοι δοῦναι. 2 καὶ ἐγὼ μέντοι ἰδὼν ἀχθεσθεῖσαν αὐτὴν εἶπον· Μηδέν τι, ἔφην, ἀθυμήσῃς, ὦ γύναι, ὅτι οὐκ ἔχεις δοῦναι ὅ σε αἰτῶν τυγχάνω. ἔστι μὲν γὰρ πενία αὕτη σαφής, τὸ δεόμενόν τινος μὴ ἔχειν χρῆσθαι· ἀλυποτέρα δὲ αὕτη ἡ ἔνδεια, τὸ ζητοῦντά τι μὴ δύνασθαι λαβεῖν, ἢ τὴν ἀρχὴν μηδὲ ζητεῖν εἰδότα ὅτι οὐκ ἔστιν.

ἀλλὰ γάρ, ἔφην ἐγώ, τούτων οὐ σὺ αἰτία, ἀλλ' ἐγὼ οὐ τάξας σοι παρέδωκα ὅπου χρὴ ἕκαστα κεῖσθαι, ὅπως εἰδῇς ὅπου τε δεῖ τιθέναι καὶ ὁπόθεν λαμβάνειν. 3 ἔστι δ' οὐδὲν οὕτως, ὦ γύναι, οὔτ' εὔχρηστον οὔτε καλὸν ἀνθρώποις ὡς τάξις. καὶ γὰρ χορὸς ἐξ ἀνθρώπων συγκείμενός ἐστιν ἀλλ' ὅταν μὲν ποιῶσιν ὅ τι ἂν τύχῃ ἕκαστος, ταραχή τις φαίνεται καὶ θεᾶσθαι ἀτερπές, ὅταν δὲ τεταγμένως ποιῶσι καὶ φθέγγωνται, ἅμα οἱ αὐτοὶ οὗτοι καὶ ἀξιοθέατοι δοκοῦσιν εἶναι καὶ ἀξιάκουστοι. 4 καὶ στρατιά γε, ἔφην ἐγώ, ὦ γύναι, ἄτακτος μὲν οὖσα ταραχωδέστατον, καὶ τοῖς μὲν πολεμίοις εὐχειρωτότατον, τοῖς δὲ φίλοις ἀκλεέστατον ὁρᾶν καὶ ἀχρηστότατον, ὄνος ὁμοῦ, ὁπλίτης, σκευοφόρος, ψιλός, ἱππεύς, ἅμαξα· πῶς γὰρ ἂν πορευθείησαν, ⟨ἐὰν⟩ ἔχοντες οὕτως ἐπικωλύσωσιν ἀλλήλους, ὁ μὲν βαδίζων τὸν τρέχοντα, ὁ δὲ τρέχων τὸν ἑστηκότα, ἡ δὲ ἅμαξα τὸν ἱππέα, ὁ δὲ ὄνος τὴν ἅμαξαν, ὁ δὲ σκευοφόρος τὸν ὁπλίτην; 5 εἰ δὲ καὶ μάχεσθαι δέοι, πῶς ἂν οὕτως ἔχοντες μαχέσαιντο; οἷς γὰρ ἀνάγκη αὐτῶν τοὺς ἐπιόντας φεύγειν, οὗτοι ἱκανοί εἰσι φεύγοντες

Ordnung ist nicht nur nützlich, sondern auch schön. Unordnung ist schädlich, abstoßend und hässlich (1–10).

8.1 ἦ Fragepartikel, K. 203 • ἐπέγνως, Aorist zu ἐπιγιγνώσκω, feststellen, K. 101, 5; 109, 11 • κεκινημένην, Partizip Perfekt Passiv zu κινέω, bewegen • ἡ ἐπιμέλεια, die Sorgfalt • δηχθεῖσαν, Partizip Aorist Passiv zu δάκνω, beißen, verärgern • ἐρυθριάσασαν, Partizip Aorist zu ἐρυθριάω, erröten • εἰσενεχθέντων, Partizip Aorist zu εἰσφέρω, hineinbringen, K. 111, 11 • αἰτήσαντος, Partizip Aorist zu αἰτέω, erbitten, Genitivus absolutus, K. 199, 2 • εἶχε, Imperfekt zu ἔχω, können • δοῦναι, Infinitiv Aorist zu δίδωμι, geben K. 97.

8.2 ἀχθεσθεῖσαν, Partizip Aorist zu ἄχθομαι, sich ärgern • ἀθυμήσῃς, Konjunktiv Aorist zu ἀθυμέω, mutlos sein, Konjunktiv Aorist mit μηδέν, Prohibitivus, K. 170, 3 • γύναι, Vokativ zu ἡ γυνή • αἰτῶν τυγχάνω, ich bitte gerade • ἡ πενία, die Armut • ἀλυποτέρα, weniger schmerzhaft • ἡ ἔνδεια, der Mangel, τὸ μὴ δύνασθαι, substantivierter Infinitiv mit Artikel, K. 194 • ζητοῦντα, Partizip Präsens zu ζητέω, suchen • τὴν ἀρχήν, von vornherein • εἰδότα, Partizip zu οἶδα • αἴτιος, schuldig • τάξας, Partizip Aorist zu τάττω, anordnen, K. 96, 14 • παρέδωκα, Aorist zu παραδίδωμι, übergeben, K. 97, 2 • ὁπόθεν, von wo.

8.3 εὔχρηστος, gut zu gebrauchen, nützlich • ἡ τάξις, die Ordnung • ὁ χορός, der Chor • συγκείμενος, zu συντίθημι, zusammenstellen, K. 97 • ἡ ταραχή, die Unordnung • ἀτερπής, ἀτερπές, unerfreulich, K. 45 • τεταγμένως, geordnet • ἀξιοθέατος, sehenswert • ἀξιάκουστος, hörenswert.

8.4 ἡ στρατιά, das Heer • ἄτακτος, ungeordnet • ταραχωδέστατον, ein völlig verwirrter Haufe • εὐχειρωτότατον, leicht zu überwältigen • ἀκλεέστατον ὁρᾶν, äußerst schändlich anzusehen, ἀχρηστότατον, völlig unbrauchbar • ὁ ὄνος, der Esel • ὁμοῦ, an derselben Stelle • ὁ ὁπλίτης, der Schwerbewaffnete • ὁ σκευοφόρος, der Gepäckträger • ὁ ψιλός, der Leichtbewaffnete • ὁ ἱππεύς, der Reiter • ἡ ἅμαξα, der Wagen • πῶς ἂν πορευθείησαν, Optativ Aorist als Potentialis, K. 171.

καταπατῆσαι τοὺς ὅπλα ἔχοντας· 6 τεταγμένη δὲ στρατιὰ κάλλιστον μὲν ἰδεῖν τοῖς φίλοις, δυσχερέστατον δὲ τοῖς πολεμίοις. τίς μὲν γὰρ οὐκ ἂν φίλος ἡδέως θεάσαιτο ὁπλίτας πολλοὺς ἐν τάξει πορευομένους, τίς δ᾽ οὐκ ἂν θαυμάσειεν ἱππέας κατὰ τάξεις ἐλαύνοντας, τίς δὲ οὐκ ἂν πολέμιος φοβηθείη ἰδὼν διηυκρινημένους ὁπλίτας, ἱππέας, πελταστάς, τοξότας, σφενδονήτας, καὶ τοῖς ἄρχουσι τεταγμένως ἑπομένους; 7 ἀλλὰ καὶ πορευομένων ἐν τάξει, κἂν πολλαὶ μυριάδες ὦσιν, ὁμοίως ὥσπερ εἷς ἕκαστος καθ᾽ ἡσυχίαν πάντες πορεύονται· εἰς γὰρ τὸ κενούμενον ἀεὶ ⟨οἱ⟩ ὄπισθεν ἐπέρχονται.

8 καὶ τριήρης δέ τοι ἡ ἀνθρώπων διὰ τί ἄλλο φοβερόν ἐστι πολεμίοις ἢ φίλοις ἀξιοθέατον ἢ ὅτι ταχὺ πλεῖ; διὰ τί δὲ ἄλλο ἄλυποι ἀλλήλοις εἰσὶν οἱ ἐμπλέοντες ἢ διότι ἐν τάξει μὲν κάθηνται, ἐν τάξει δὲ προνεύουσιν, ἐν τάξει δ᾽ ἀναπίπτουσιν, ἐν τάξει δ᾽ ἐμβαίνουσι καὶ ἐκβαίνουσιν;

9 ἡ δ᾽ ἀταξία ὅμοιόν τί μοι δοκεῖ εἶναι οἷόνπερ εἰ γεωργὸς ὁμοῦ ἐμβάλοι κριθὰς καὶ πυροὺς καὶ ὄσπρια, κἄπειτα, ὁπότε δέοι ἢ μάζης ἢ ἄρτου ἢ ὄψου, διαλέγειν δέοι αὐτῷ ἀντὶ τοῦ λαβόντα διηυκρινημένοις χρῆσθαι. 10 καὶ σὺ οὖν, ὦ γύναι, ⟨εἰ⟩ τοῦ μὲν ταράχου τούτου μὴ δέοιο, βούλοιο δ᾽ ἀκριβῶς διοικεῖν τὰ ὄντα εἰδέναι καὶ τῶν ὄντων εὐπόρως λαμβάνουσα ὅτῳ ἂν δέῃ χρῆσθαι, καὶ ἐμοί, ἐάν τι αἰτῶ, ἐν χάριτι διδόναι, χώραν τε δοκιμασώμεθα τὴν προσήκουσαν ἑκάστοις ἔχειν καὶ ἐν ταύτῃ θέντες διδάξωμεν τὴν διάκονον λαμβάνειν τε ἐντεῦθεν καὶ κατατιθέναι πάλιν εἰς ταύτην· καὶ οὕτως εἰσόμεθα τά τε σῶα ὄντα καὶ τὰ μή· ἡ γὰρ χώρα αὐτὴ τὸ μὴ ὂν

8.5 ἐπιόντας, Partizip zu ἔπειμι, ἐπιέναι, angreifen, K. 103, 2 • καταπατῆσαι, zu καταπατέω, niedertrampeln.

8.6 τεταγμένη στρατιά, ein geordnetes Heer • κάλλιστον ἰδεῖν, sehr schön anzusehen • δυσχερέστατον, äußerst gefährlich • κατὰ, nach, K. 160, 10 • τάξεις, nach Abteilungen geordnet • ἐλαύνοντας, Partizip Präsens zu ἐλαύνω, marschieren, K. 108, 5 • φοβηθείη Optativ Aorist zu φοβέομαι, sich fürchten, K. 94, 2 • διηυκρινημένους, Partizip Perfekt Passiv zu διευκρινέω, in einzelnen Reihen ordentlich aufstellen • ὁ ἱππεύς, der Reiter, K. 48 • ὁ πελταστής, der Leichtbewaffnete • ὁ τοξότης, der Bogenschütze • ὁ σφενδονήτης der Schleuderer.

8.7 πολλαὶ μυριάδες, unzählig viele • ὁμοίως, gleichmäßig • καθ᾽ ἡσυχίαν, in Ruhe, K. 160, 10 • τὸ κενούμενον, der leer gewordene Raum, zu κενόω, leer machen ↔ κενός • ὄπισθεν, von hinten • ἐπέρχονται, zu ἐπέρχομαι, nachrücken.

8.8 ἡ τριήρη, das Kriegsschiff • σεσαγμένη, Partizip Perfekt Passiv zu σάττω, voll beladen • ἀξιοθέατος, sehenswert • ἄλυπος, nicht störend • οἱ ἐμπλέοντες, die Ruderer • προνεύουσιν, zu προνεύω, sich nach vorn beugen • ἀναπίπτουσιν zu ἀναπίπτω, sich nach hinten fallen lassen.

8.9 ἡ ἀταξία, die Unordnung • οἷόνπερ εἰ, als ob • ὁμοῦ, ungetrennt, zusammen • ἐμβάλοι, Optativ Aorist, K. 85, 2, zu ἐμβάλλω, hineinwerfen (in die Erde) • κριθάς, zu ἡ κριθή, die Gerste • πυρούς, zu ὁ πυρός, der Weizen • ὄσπρια zu τὸ ὄσπριον, die Bohne • ὁ ἄρτος, das Weizenbrot • τὸ ὄψον, der Kuchen • δέοι, Optativ zu δέω τινός • nach etwas verlangen ≠ δέω, binden • διαλέγειν, auswählen • διηυκρινημένοις, Partizip Perfekt Passiv zu διευκρινέω, klar unterscheiden, gut sortieren.

ποθήσει, καὶ ⟨τὸ⟩ δεόμενον θεραπείας ἐξετάσει ἡ ὄψις, καὶ τὸ εἰδέναι ὅπου ἕκαστόν ἐστι ταχὺ ἐγχειριεῖ, ὥστε μὴ ἀπορεῖν χρῆσθαι.

11 καλλίστην δέ ποτε καὶ ἀκριβεστάτην ἔδοξα σκευῶν τάξιν ἰδεῖν, ὦ Σώκρατες, εἰσβὰς ἐπὶ θέαν εἰς τὸ μέγα πλοῖον τὸ Φοινικικόν. πλεῖστα γὰρ σκεύη ἐν σμικροτάτῳ ἀγγείῳ διακεχωρισμένα ἐθεασάμην. 12 διὰ πολλῶν μὲν γὰρ δήπου, ἔφη, ξυλίνων σκευῶν καὶ πλεκτῶν ὁρμίζεται ναῦς καὶ ἀνάγεται, διὰ πολλῶν δὲ τῶν κρεμαστῶν καλουμένων πλεῖ, πολλοῖς δὲ μηχανήμασιν ἀνθώπλισται πρὸς τὰ πολέμια πλοῖα, πολλὰ δὲ ὅπλα τοῖς ἀνδράσι συμπεριάγει, πάντα δὲ σκεύη ὅσοισπερ ἐν οἰκίᾳ χρῶνται ἄνθρωποι τῇ συσσιτίᾳ ἑκάστῃ κομίζει· γέμει δὲ παρὰ πάντα φορτίων ὅσα ναύκληρος κέρδους ἕνεκα ἄγεται. 13 καὶ ὅσα λέγω, ἔφη, ἐγώ, πάντα οὐκ ἐν πολλῷ τινι μείζονι χώρᾳ ἔκειτο ἢ ἐν δεκακλίνῳ στέγῃ συμμέτρῳ. καὶ οὕτω κείμενα ἕκαστα κατενόησα ὡς οὔτε ἄλληλα ἐμποδίζει οὔτε μαστευτοῦ δεῖται οὔτε ἀσυσκεύαστά ἐστιν οὔτε δυσλύτως ἔχει, ὥστε διατριβὴν παρέχειν, ὅταν τῳ ταχὺ δέῃ χρῆσθαι.

14 τὸν δὲ τοῦ κυβερνήτου διάκονον, ὃς πρῳρεὺς τῆς νεὼς καλεῖται, οὕτως ηὗρον ἐπιστάμενον ἑκάστων τὴν χώραν ὡς καὶ ἀπὼν ἂν εἴποι ὅπου ἕκαστα κεῖται καὶ ὁπόσα ἐστὶν οὐδὲν ἧττον ἢ ὁ γράμματα ἐπιστάμενος εἴποι ἂν Σωκράτους καὶ

8.10 ὁ τάραχος ↔ ἡ ταραχή, die Unordnung • δέοιο, Optativ zu δέομαί τινος, Verlangen haben nach etwas, K. 110, 11 • ἀκριβῶς, Adverb zu ἀκριβής, genau, sorgfältig • διοικεῖν, verwalten • εὐπόρως, bequem • ἐν χάριτι, zu ἡ χάρις, χάριτος, Anmut, Dank, Wohlwollen, ἐν χάριτι, ohne Schwierigkeiten, problemlos • δοκιμασώμεθα, Konjunktiv Aorist zu δοκιμάζομαι, zuweisen • ἡ χώρα προσήκουσα, der zukommende, passende Platz • θέντες, Partizip Aorist zu τίθημι, legen, stellen K. 97, 2 • ἡ διάκονος, die Dienerin • εἰσόμεθα, Futur zu οἶδα, K. 102, 4 • σῶος, heil, gesund ↔ σῴζω, ἡ σωτηρία, σώφρων, ἡ σωφροσύνη • προθήσει, Futur zu προτίθημι, zeigen, beweisen • τὸ δεόμενον θεραπείας, das, was pflegebedürftig ist • ἐγχειριεῖ, 2. Sg. Futur Medium zu ἐγχειρίζομαι in die Hände nehmen • ἀπορεῖν zu ἀπορέω, Schwierigkeiten haben.

Die Ordnung auf einem schönen phönizischen Schiff wird als Beispiel für funktionale Ordnung beschrieben: Alle Gegenstände befinden sich dort, wo sie hingehören, damit man sie im Bedarfsfall nicht lange suchen muss (11–20).

8.11 ἔδοξα, Aorist zu δοκέω glauben ↔ δοκεῖ, es scheint • εἰσβάς, Partizip Aorist zu εἰσβαίνω, einsteigen, K.111, 2 und 4 • ἐπὶ θέαν, zur Besichtigung • τὸ ἀγγεῖον, der enge Raum • διακεχωρισμένα, Partizip Perfekt Passiv zu διαχωρίζω, trennen.

8.12 διά mit Genitiv durch, mit Hilfe von, K. 160, 5 • σκεύη ξύλινα, Gegenstände aus Holz • πλεκτός, geflochten • σκεύη πλεκτά, geflochtene Gegenstände, Taue, Seile • ὁρμίζεται zu ὁρμίζομαι, ankern • ἡ ναῦς, das Schiff, K. 50, 5 • ἀνάγεται zu ἀνάγομαι, in See gehen • διὰ τῶν λεγομένων κρεμαστῶν, mit Hilfe der sogenannten Takelage, d. h. der Segel • πλεῖ zu πλέω, fahren, K. 107, 7 • τὸ μηχάνημα, die Vorrichtung • ἀνθώπλισται, Perfekt Passiv zu ἀνθοπλίζω, dagegen ausrüsten • ἡ συσσιτία, die gemeinsame Mahlzeit • κομίζει zu κομίζω, transportieren • γέμει zu γέμω τινός, voll sein mit • τὸ φορτίον, die Fracht • ὁ ναύκληρος, der Schiffseigentümer • τοῦ κέρδους ἕνεκα, wegen des Gewinns.

8.13 δεκάκλινος, zehn Liegen fassend • ἡ στέγη, das Haus • σύμμετρος, verhältnismäßig klein • ἐμποδίζει zu ἐμποδίζω, behindern • ὁ μαστευτής, der Sucher, der Suchende • δεῖται zu δέομαί τινος, etwas benötigen • ἀσυσκευαστός, ungeordnet • δυσλύτως ἔχει, es befindet sich in einem schlecht trennbaren Zustand, d. h. in einem großen Durcheinander • διατριβὴν παρέχειν, Zeit aufwenden • ὅταν τῳ ταχὺ δέῃ χρῆσθαι, wenn er etwas schnell gebrauchen muss.

ὁπόσα γράμματα καὶ ὅπου ἕκαστον τέτακται. 15 εἶδον δέ, ἔφη ὁ Ἰσχόμαχος, καὶ ἐξετάζοντα τοῦτον αὐτὸν ἐν τῇ σχολῇ πάντα ὁπόσοις ἄρα δεῖ ἐν τῷ πλοίῳ χρῆσθαι. θαυμάσας δέ, ἔφη, τὴν ἐπίσκεψιν αὐτοῦ ἠρόμην τί πράττοι. ὁ δ' εἶπεν· Ἐπισκοπῶ, ἔφη, ὦ ξένε, εἴ τι συμβαίνοι γίγνεσθαι, πῶς κεῖται, ἔφη, τὰ ἐν τῇ νηί, ἢ εἴ τι ἀποστατεῖ ἢ εἰ δυστραπέλως τι σύγκειται. 16 οὐ γάρ, ἔφη, ἐγχωρεῖ, ὅταν χειμάζῃ ὁ θεὸς ἐν τῇ θαλάττῃ, οὔτε μαστεύειν ὅτου ἂν δέῃ οὔτε δυστραπέλως ἔχον διδόναι. ἀπειλεῖ γὰρ ὁ θεὸς καὶ κολάζει τοὺς βλᾶκας. ἐὰν δὲ μόνον μὴ ἀπολέσῃ τοὺς μὴ ἁμαρτάνοντας, πάνυ ἀγαπητόν· ἐὰν δὲ καὶ πάνυ καλῶς ὑπηρετοῦντας σῴζῃ, πολλὴ χάρις, ἔφη, τοῖς θεοῖς.

17 ἐγὼ οὖν κατιδὼν ταύτην τὴν ἀκρίβειαν τῆς κατασκευῆς ἔλεγον τῇ γυναικὶ ὅτι πάνυ ἂν ἡμῶν εἴη βλακικόν, εἰ οἱ μὲν ἐν τοῖς πλοίοις καὶ μικροῖς οὖσι χώρας εὑρίσκουσι, καὶ σαλεύοντες ἰσχυρῶς ὅμως σῴζουσι τὴν τάξιν, καὶ ὑπερφοβούμενοι ὅμως εὑρίσκουσι τὸ δέον λαμβάνειν, ἡμεῖς δὲ καὶ διῃρημένων ἑκάστοις θηκῶν ἐν τῇ οἰκίᾳ μεγάλων καὶ βεβηκυίας τῆς οἰκίας ἐν δαπέδῳ, εἰ μὴ εὑρήσομεν καλὴν καὶ εὐεύρετον χώραν ἑκάστοις αὐτῶν, πῶς οὐκ ἂν πολλὴ ἡμῶν ἀσυνεσία εἴη; 18 ὡς μὲν δὴ ἀγαθὸν τετάχθαι σκευῶν κατασκευὴν καὶ ὡς ῥᾴδιον χώραν ἑκάστοις αὐτῶν εὑρεῖν ἐν οἰκίᾳ θεῖναι ὡς ἑκάστοις συμφέρει εἴρηται· 19 ὡς δὲ καλὸν φαίνεται, ἐπειδὰν ὑποδήματα ἐφεξῆς κέηται, κἂν ὁποῖα ᾖ, καλὸν δὲ ἱμάτια κεχωρισμένα ἰδεῖν, κἂν ὁποῖα ᾖ, καλὸν δὲ στρώματα, καλὸν δὲ χαλκία, καλὸν δὲ τὰ ἀμφὶ τραπέζας, καλὸν δὲ καὶ ὃ πάντων καταγελάσειεν ἂν μάλιστα οὐχ ὁ σεμνὸς ἀλλ' ὁ κομψός, [ὅτι] καὶ χύτρας [φησὶν] εὔρυθμον φαίνεσθαι εὐκρινῶς κειμένας,

---

8.14 ὁ κυβερνήτης, der Kapitän • ὁ διάκονος, der Gehilfe • ὁ πρωρεύς, der Steuermann • ὁπόσα γράμματα, wie viele Buchstaben • τέτακται, Perfekt Passiv zu τάττω, hinstellen, K. 96, 14.

8.15 ἡ σχολή, die Freizeit • ἡ ἐπίσκεψις, die Aufsicht, die Überprüfung ↔ ἐπισκέπτομαι, ἐπισκοπέω • ἠρόμην, Aorist zu ἔρομαι, fragen, K. 110, 6 ↔ ἐρωτάω • συμβαίνοι, Optativ zu συμβαίνει, es ergibt sich • ἀποστατεῖ zu ἀποστατέω, fehlen • δυστραπέλως, durcheinander • σύγκειται, Perfekt Passiv zu συντίθημι, zusammenlegen, K. 97; 99; 103, 6.

8.16 ἐγχωρεῖ, es ist möglich, es geht gut, es passt • χειμάζῃ, Konjunktiv zu χειμάζω, ein Unwetter schicken • μαστεύειν, zu μαστεύω, suchen • δυστραπέλως ἔχειν, sich in einem unordentlichen Durcheinander befinden • ἀπειλεῖ zu ἀπειλέω, bedrohen • κολάζει zu κολάζω, bestrafen • τοὺς βλᾶκας zu ὁ βλάξ, βλακός, der Träge • ἐὰν δὲ μόνον μή, wenn aber nur nicht • ἀπολέσῃ, Konjunktiv Aorist zu ἀπόλλυμι, K. 105, 11 • πάνυ ἀγαπητός, sehr erfreulich • ὑπηρετοῦντας, Partizip zu ὑπηρετέω, dienen • ἡ χάρις der Dank, die Dankbarkeit.

8.17 ἡ ἀκρίβεια, die Genauigkeit • ἡ κατασκευή, die Einrichtung, die Ordnung • ἡμῶν βλακικόν, unsere Trägheit • σαλεύοντες, Partizip zu σαλεύω, in Gefahr sein • διῃρημένων, Partizip Perfekt Passiv zu διαιρέω, auseinandernehmen, einteilen, verteilen • ἡ θήκη, die Ablage, der Aufbewahrungsort ↔ τίθημι • βεβηκυίας, Partizip Perfekt zu βαίνω, gehen, im Perfekt stehen, K. 101, 2 • τὸ δάπεδον, der feste Boden • εὐεύρετος, gut auffindbar ↔ εὑρίσκω • ἡ ἀσυνεσία, der Unverstand ↔ ἡ σύνεσις.

8.18 τετάχθαι, Infinitiv Perfekt Passiv zu τάττω, ordnen K. 96, 14 • ἡ κατασκευή, die Einrichtung • θεῖναι, Infinitiv Aorist Aktiv zu τίθημι, K. 97 • συμφέρει, es ist nützlich, τὸ συμφέρον, was Nutzen bringt • εἴρηται, Perfekt Passiv zu λέγω, K. 111, 12.

8.19 τὸ ὑπόδημα, der Schuh • ἐφεξῆς, aufgereiht • κέηται, Konjunktiv zu κεῖμαι, K. 103, 6; 112 ↔ τίθημι • κἂν ὁποῖα ᾖ, wie beschaffen (wie verschieden sie auch sein mögen) • τὰ ἱμάτια, die Kleider • κεχωρισμένα, Perfekt Passiv zu χωρίζω, trennen • τὰ στρώματα, die Decken • τὰ χαλκία

20 τὰ δὲ ἄλλα ἤδη που ἀπὸ τούτου ἅπαντα καλλίω φαίνεται κατὰ κόσμον κείμενα· χορὸς γὰρ σκευῶν ἕκαστα φαίνεται, καὶ τὸ μέσον δὲ πάντων τούτων καλὸν φαίνεται, ἐκποδὼν ἑκάστου κειμένου· ὥσπερ καὶ κύκλιος χορὸς οὐ μόνον αὐτὸς καλὸν θέαμά ἐστιν, ἀλλὰ καὶ τὸ μέσον αὐτοῦ καλὸν καὶ καθαρὸν φαίνεται,

21 εἰ δὲ ἀληθῆ ταῦτα λέγω, ἔξεστιν, ἔφην, ὦ γύναι, καὶ πεῖραν λαμβάνειν αὐτῶν οὔτε τι ζημιωθέντας οὔτε τι πολλὰ πονήσαντας. ἀλλὰ μὴν οὐδὲ τοῦτο δεῖ ἀθυμῆσαι, ὦ γύναι, ἔφην ἐγώ, ὡς χαλεπὸν εὑρεῖν τὸν μαθησόμενόν τε τὰς χώρας καὶ μεμνησόμενον καταχωρίζειν ἕκαστα. 22 ἴσμεν γὰρ δήπου ὅτι μυριοπλάσια ἡμῶν ἅπαντα ἔχει ἡ πᾶσα πόλις,

ἀλλ᾽ ὅμως, ὁποῖον ἂν τῶν οἰκετῶν κελεύσῃς πριάμενόν τί σοι ἐξ ἀγορᾶς ἐνεγκεῖν, οὐδεὶς ἀπορήσει, ἀλλὰ πᾶς εἰδὼς φανεῖται ὅποι χρὴ ἐλθόντα λαβεῖν ἕκαστα. τούτου μέντοι, ἔφην ἐγώ, οὐδὲν ἄλλο αἴτιόν ἐστιν ἢ ὅτι ἐν χώρᾳ κεῖται τεταγμένῃ. 23 ἄνθρωπον δέ γε ζητῶν, καὶ ταῦτα ἐνίοτε ἀντιζητοῦντα, πολλάκις ἄν τις πρότερον, πρὶν εὑρεῖν, ἀπείποι. καὶ τούτου αὖ οὐδὲν ἄλλο αἴτιόν ἐστιν ἢ τὸ μὴ εἶναι τεταγμένον ὅπου ἕκαστον δεῖ ἀναμένειν. περὶ μὲν [γὰρ] δὴ τάξεως σκευῶν καὶ χρήσεως τοιαῦτα αὐτῇ διαλεχθεὶς δοκῶ μεμνῆσθαι.

τὰ ἀμφὶ τραπέζας, das Geschirr für die Tische, das Tischgeschirr • καταγελάσειεν ἄν, Optativ zu καταγελάω τι, über etwas lachen • σεμνός, ernsthaft • κομψός, lustig • ἡ χύτρα, der Topf • εὔρυθμος, harmonisch • εὐκρινῶς, Adverb zu εὐκρινής, wohlgeordnet ↔ κρίνω.

8.20 καλλίω = καλλίονα, Komparativ zu καλός, K. 57, 2 • κατὰ κόσμον, ordnungsgemäß • χορὸς σκευῶν, ein Reigen von Gegenständen, τὸ μέσον, die Mitte, der freie Raum • ἐκποδών, Adverb, aus dem Weg, nicht im Weg • ἑκάστου κειμένου, Genitivus absolutus, K. 199, 2–3 • κύκλιος χορός, ein kreisförmiger Tanzplatz, ein im Kreis stehender Chor • τὸ θέαμα, der Anblick ↔ θεάομαι.

Verlässlichkeit ist wesentlich und unerlässlich für den Umgang der Menschen miteinander in allen Lebenssituationen, im Privathaus und in der Polis, in Krieg und Frieden (21–23).

8.21 ἡ πεῖρα, die Probe ↔ πειράομαι • ζημιοθέντας, Partizip Aorist Passiv zu ζημιόομαι, Schaden erleiden • πονήσαντας, Partizip Aorist Aktiv zu πονέω, Mühe haben • ἀθυμῆσαι, Infinitiv Aorist Aktiv zu ἀθυμέω, den Mut verlieren • μαθησόμενον, Partizip Futur zu μανθάνω, lernen • μεμνησόμενον, Partizip Futur zu μέμνημαι, sich erinnern • καταχωρίζειν zu καταχωρίζω, wieder an seinen Platz stellen ↔ ἡ χώρα, τὸ χωρίον.

8.22 μυριοπλάσια ἅπαντα, alles in allem unendlich viel mehr • ἡμῶν, Genitivus comparationis, K. 146 • ὅμως, dennoch • ὁποῖος, wer auch immer, jeder, der • ἀπορήσει, Futur zu ἀπορέω, in Verlegenheit sein • εἰδώς, Partizip zu οἶδα, K. 102 • φανεῖται, Futur zu φαίνομαι, sich zeigen als, K. 92; 96, 29 • τεταγμένῃ, Partizip Perfekt Passiv zu τάττω, festlegen, bestimmen, ordnen, K. 96, 14 ↔ ἡ τάξις.

8.23 ἀντιζητοῦντα, Partizip Präsens zu ἀντιζητέω, ebenfalls suchen • πρίν mit Prädikat im Infinitiv, ehe, ohne vorher, K. 187, 4 • ἀπείποι, Optativ Aorist zu ἀπαγορεύω, versagen, aufgeben • ἀναμένειν, zu ἀναμένω, warten • διαλεχθείς, Partizip Aorist zu διαλέγομαί τινι, mit jemand sprechen, K. 88, 6; 94, 2; 111, 12.

9. Kapitel: Einrichtung und Funktion des Hauses

1 Καὶ τί δή; ἡ γυνὴ ἐδόκει σοι, ἔφην ἐγώ, ὦ Ἰσχόμαχε, πώς τι ὑπακούειν ὧν σὺ ἐσπούδαζες διδάσκων; Τί δέ, εἰ μὴ ὑπισχνεῖτό γε ἐπιμελήσεσθαι καὶ φανερὰ ἦν ἡδομένη ἰσχυρῶς, ὥσπερ ἐξ ἀμηχανίας εὐπορίαν τινὰ ηὑρηκυῖα, καὶ ἐδεῖτό μου ὡς τάχιστα ᾗπερ ἔλεγον διατάξαι. 2 Καὶ πῶς δή, ἔφην ἐγώ, ὦ Ἰσχόμαχε, διέταξας αὐτῇ; Τί δ᾽, εἰ μὴ τῆς γε οἰκίας τὴν δύναμιν ἔδοξέ μοι πρῶτον ἐπιδεῖξαι αὐτῇ. οὐ γὰρ ποικίλμασι κεκόσμηται, ὦ Σώκρατες, ἀλλὰ τὰ οἰκήματα ᾠκοδόμηται πρὸς αὐτὸ τοῦτο ἐσκεμμένα, ὅπως ἀγγεῖα ὡς συμφορώτατα ᾖ τοῖς μέλλουσιν ἐν αὐτοῖς ἔσεσθαι·ὥστε αὐτὰ ἐκάλει τὰ πρέποντα εἶναι ἐν ἑκάστῳ. 3 ὁ μὲν γὰρ θάλαμος ἐν ὀχυρῷ ὢν τὰ πλείστου ἄξια καὶ στρώματα καὶ σκεύη παρεκάλει, τὰ δὲ ξηρὰ τῶν στεγνῶν τὸν σῖτον, τὰ δὲ ψυχεινὰ τὸν οἶνον, τὰ δὲ φανὰ ὅσα φάους δεόμενα ἔργα τε καὶ σκεύη ἐστί.

4 καὶ διαιτητήρια δὲ τοῖς ἀνθρώποις ἐπεδείκνυον αὐτῇ κεκαλλωπισμένα τοῦ μὲν θέρους ἔχειν ψυχεινά, τοῦ δὲ χειμῶνος ἀλεεινά. καὶ σύμπασαν δὲ τὴν οἰκίαν ἐπέδειξα αὐτῇ ὅτι πρὸς μεσημβρίαν ἀναπέπταται, ὥστε εὔδηλον εἶναι ὅτι χειμῶνος μὲν εὐήλιός ἐστι, τοῦ δὲ θέρους εὔσκιος.

5 ἔδειξα δὲ καὶ τὴν γυναικωνῖτιν αὐτῇ, θύρᾳ βαλανωτῇ ὡρισμένην ἀπὸ τῆς ἀνδρωνίτιδος, ἵνα μήτε ἐκφέρηται ἔνδοθεν ὅ τι μὴ δεῖ μήτε τεκνοποιῶνται οἱ οἰκέται

Belehrung ist nur dann erfolgreich, wenn sie auch den größeren Zusammenhang vor Augen führt, worin das Gelernte anzuwenden ist. Das gilt auch für den Einsatz des Personals, das zuverlässige Vorgesetzte benötigt (1–10).

9.1 ὑπακούειν ὧν zu ὑπακούω τινός, hören auf etwas, ὧν Attraktion des Relativpronomens, K. 126, 2 • ἐσπούδαζες, Imperfekt zu σπουδάζω, mit prädikativem Partizip, etwas ernsthaft tun, K. 198 • ὑπισχνεῖτο, Imperfekt zu ὑπισχνέομαι, versprechen, K. 111, 5 • ἐπιμελήσεσθαι, Infinitiv Futur zu ἐπιμελέομαι, ἐπιμέλομαι, alles berücksichtigen, K. 94, 2; 110, 13 • φανερὰ ἦν ἡδομένη ἰσχυρῶς, sie freute sich offensichtlich sehr, prädikatives Partizip, K. 198 • ἡ ἀμηχανία, die Hilflosigkeit • ἡ εὐπορία, der Ausweg • ηὑρηκυῖα, Partizip Perfekt zu εὑρίσκω, finden, K. 109, 6 • ἐδεῖτο, Imperfekt zu δέομαί τινος, jemanden bitten • ὡς τάχιστα, möglichst schnell • ᾗπερ, wie • διατάξαι, Infinitiv Aorist zu διατάττω, einrichten • τί δ᾽, εἰ μή, wie sonst als dass …

9.2 ἡ δύναμις, das Wesen • ἐπιδεῖξαι, Infinitiv Aorist zu ἐπιδείκνυμι, zeigen, K. 104 • ποικίλματα, Krimskrams • κεκόσμηται, Perfekt Passiv zu κοσμέω, schmücken ↔ ὁ κόσμος • ᾠκοδόμηται, Perfekt Passiv zu οἰκοδομέω, bauen • ἐσκεμμένα, Perfekt Passiv zu σκοπέω, blicken, ausgerichtet auf, K. 111, 17 • τὰ ἀγγεῖα, die Zimmer • ὡς συμφορώτατα, möglichst passend ↔ συμφέρειν, nützlich sein • ὥστε αὐτὰ ἐκάλει, daher verlangten sie schon von sich aus • τὰ πρέποντα, das Passende • ὁ θάλαμος, die Kammer • ὁ ὀχυρός, der gesicherte Bereich • τά ξηρά, die trockenen Räume • τὸ στεγνόν, das Haus, τὰ ψυχεινά, die kühlen Räume • τὰ φανά, die hellen Räume • ὅσα φάους δεόμενα ἔργα καὶ σκεύη ἐστίν, luden die Arbeiten und Geräte ein, die Licht brauchen.

9.3 παρεκάλει, Imperfekt zu παρακαλέω, herbeirufen, einladen.

9.4 τὸ διαιτήριον, der Wohnraum • ἐπεδείκνυον, Imperfekt zu ἐπιδεικνύω ↔ ἐπιδείκνυμι, K. 104, zeigen • κεκαλλωπισμένα, Partizip Perfekt Passiv zu καλλωπίζω, schmücken • τοῦ θέρους, im Sommer, τοῦ χειμῶνος, im Winter, Genitivus temporis, K. 144 • ψυχεινός, kalt • ἀλεεινός, warm • πρὸς μεσημβρίαν, nach Süden hin • ἀναπέπταται, Perfekt Passiv zu ἀναπετάννυμι, öffnen • εὔδηλος, klar • εὐήλιος, sehr sonnig ↔ ὁ ἥλιος • εὔσκιος, sehr schattig ↔ ἡ σκιά.

ἄνευ τῆς ἡμετέρας γνώμης. οἱ μὲν γὰρ χρηστοὶ παιδοποιησάμενοι εὐνούστεροι ὡς ἐπὶ τὸ πολύ, οἱ δὲ πονηροὶ συζυγέντες εὐπορώτεροι πρὸς τὸ κακουργεῖν γίγνονται.

6 ἐπεὶ δὲ ταῦτα διήλθομεν, ἔφη, οὕτω δὴ ἤδη κατὰ φυλὰς διεκρίνομεν τὰ ἔπιπλα. ἠρχόμεθα δὲ πρῶτον, ἔφη, ἀθροίζοντες, οἷς ἀμφὶ θυσίας χρώμεθα. μετὰ ταῦτα κόσμον γυναικὸς τὸν εἰς ἑορτὰς διῃροῦμεν, ἐσθῆτα ἀνδρὸς τὴν εἰς ἑορτὰς καὶ πόλεμον, καὶ στρώματα ἐν γυναικωνίτιδι, στρώματα ἐν ἀνδρωνίτιδι, ὑποδήματα γυναικεῖα, ὑποδήματα ἀνδρεῖα. 7 ὅπλων ἄλλη φυλή, ἄλλη ταλασιουργικῶν ὀργάνων, ἄλλη σιτοποιικῶν, ἄλλη ὀψοποιικῶν, ἄλλη τῶν ἀμφὶ λουτρόν, ἄλλη ἀμφὶ μάκτρας, ἄλλη ἀμφὶ τραπέζας. καὶ ταῦτα πάντα διεχωρίσαμεν, οἷς τε ἀεὶ δεῖ χρῆσθαι καὶ τὰ θοινητικά. 8 χωρὶς δὲ καὶ τὰ κατὰ μῆνα δαπανώμενα ἀφείλομεν, δίχα δὲ καὶ τὰ εἰς ἐνιαυτὸν ἀπολελογισμένα κατέθεμεν. οὕτω γὰρ ἧττον λανθάνει ὅπως πρὸς τὸ τέλος ἐκβήσεται. ἐπεὶ δὲ ἐχωρίσαμεν πάντα κατὰ φυλὰς τὰ ἔπιπλα, εἰς τὰς χώρας τὰς προσηκούσας ἕκαστα διηνέγκαμεν.

9 μετὰ δὲ τοῦτο ὅσοις μὲν τῶν σκευῶν καθ᾽ ἡμέραν χρῶνται οἱ οἰκέται, οἷον σιτοποιικοῖς, ὀψοποιικοῖς, ταλασιουργικοῖς, καὶ εἴ τι ἄλλο τοιοῦτον, ταῦτα μὲν αὐτοῖς τοῖς χρωμένοις δείξαντες ὅπου δεῖ τιθέναι, παρεδώκαμεν καὶ ἐπετάξαμεν σῶα παρέχειν·

9.5 ἡ γυναικωνῖτις, der für die Frauen bestimmte Bereich • ἡ θύρα βαλανωτή, die abschließbare Tür • ὡρισμένην, Partizip Perfekt Passiv zu ὁρίζω, trennen ↔ ὁ ὅρος, die Grenze ≠ τὸ ὄρος, der Berg • ἡ ἀνδρωνῖτις, der Männerbereich • τεκνοποιῶνται, Konjunktiv zu τεκνοποιέομαι, Kinder zeugen ↔ τὸ τέκνον, das Kind • ὁ οἰκέτης, der Hausangestellte, ἡ γνώμη, die Meinung, die Zustimmung ↔ γιγνώσκω • χρηστός, tüchtig, brauchbar • παιδοποιησάμενοι, Partizip Aorist Medium zu παιδοποιέομαι, Kinder zeugen • εὐνούστεροι, Komparativ zu εὔνους, gewogen, freundlich ↔ ὁ νοῦς, Sinn, Verstand, Gedanke • ὡς ἐπὶ τὸ πολύ, ansonsten meistens • πονηρός, untüchtig • συζυγέντες, Partizip Aorist Passiv, neben συζευχθέντες zu συζεύγνυμι, verbinden, K. 105, 7 ↔ τὸ ζυγόν, τὸ ζεῦγμα, das Joch, die Verbindung • εὐπορώτερος, Komparativ zu εὔπορος, leicht, bereitwillig.

9.6 κατὰ φυλάς, nach ihren Zwecken • διακρίνομεν, zu διακρίνω, unterscheiden, ordnen • τὰ ἔπιπλα, die Geräte • ἠρχόμεθα, Imperfekt zu ἄρχομαι, beginnen • ἀθροίζοντες, Partizip zu ἀθροίζω, sammeln • ἡ θυσία, das Opfer • διῃροῦμεν, zu διαιρέω, trennen, heraussuchen, K. 111, 1 • ἡ ἑορτή, das Fest • ἡ ἐσθής, τῆς ἐσθῆτος, das Gewand.

9.7 ἡ φυλή, der Platz • ταλασιουργικὰ ὄργανα, die Geräte für das Spinnen • σιτοποιικά, Geräte für die Brotherstellung • ὀψοποιικά, Geräte für das Kochen • ἀμφὶ λούτραν, für das Bad • ἀμφὶ μάκτρας, für das Backen • ἀμφὶ τραπέζας, für die Tische • διεχωρίσαμεν, Aorist zu διαχωρίζω, voneinander trennen ↔ ἡ χώρα, ὁ χῶρος, der Raum, das Land • τὰ θοινητικά, was für festliche Gelage bestimmt ist.

9.8 κατὰ μῆνα, für einen, in einem Monat • δαπανώμενα, Partizip Perfekt Passiv zu δαπανάω, verbrauchen • ἀφείλομεν, Aorist zu ἀφαιρέω, fortnehmen, K. 111, 1 • δίχα, getrennt voneinander • ἀπολελογισμένα, Partizip Perfekt Passiv zu ἀπολογίζω, berechnen • κατέθεμεν, Aorist zu κατατίθημι, verwahren, K. 97 • λανθάνει, es bleibt verborgen, zu λανθάνω, K. 108, 12 • τὸ τέλος, das Ende, K. 44 • ἐκβήσεται, Futur zu ἐκβαίνω, ausgehen, K. 101, 2 • ἐχωρίσαμεν, Aorist zu χωρίζω, trennen, κατὰ φυλάς, nach Sorten, τὰ ἔπιπλα, die bewegliche Habe, αἱ χῶραι, αἱ προσήκουσαι, die zugeordneten Plätze • διηνέγκαμεν, Perfekt zu διαφέρω verteilen, K. 198, 1.

9.9 τὰ σιτοποιικά, die Geräte für die Brotherstellung • τὰ ὀψοποιικά, die Geräte für das Essenkochen • τὰ ταλασιουργικά, die Geräte für das Spinnen, ἐπετάξαμεν, Aorist zu ἐπιτάττω, anordnen, K. 96, 14 • σῶα zu σῶος, unversehrt.

10 ὅσοις δ᾽ εἰς ἑορτὰς ἢ ξενοδοκίας χρώμεθα ἢ εἰς τὰς διὰ χρόνου πράξεις, ταῦτα δὲ τῇ ταμίᾳ παρεδώκαμεν, καὶ δείξαντες τὰς χώρας αὐτῶν καὶ ἀπαριθμήσαντες καὶ γραψάμενοι ἕκαστα εἴπομεν αὐτῇ διδόναι τούτων ὅτῳ δέοι ἕκαστον, καὶ μεμνῆσθαι ὅ τι ἄν τῳ διδῷ, καὶ ἀπολαμβάνουσαν κατατιθέναι πάλιν ὅθενπερ ἂν ἕκαστα λαμβάνῃ.

11 Τὴν δὲ ταμίαν ἐποιησάμεθα ἐπισκεψάμενοι ἥτις ἡμῖν ἐδόκει εἶναι ἐγκρατεστάτη καὶ γαστρὸς καὶ οἴνου καὶ ὕπνου καὶ ἀνδρῶν συνουσίας, πρὸς τούτοις δὲ ἣ τὸ μνημονικὸν μάλιστα ἐδόκει ἔχειν καὶ τὸ προνοεῖν μή τι κακὸν λάβῃ παρ᾽ ἡμῶν ἀμελοῦσα, καὶ σκοπεῖν ὅπως χαριζομένη τι ἡμῖν ὑφ᾽ ἡμῶν ἀντιτιμήσεται. 12 ἐδιδάσκομεν δὲ αὐτὴν καὶ εὐνοϊκῶς ἔχειν πρὸς ἡμᾶς, ὅτ᾽ εὐφραινοίμεθα, τῶν εὐφροσυνῶν μεταδιδόντες, καὶ εἴ τι λυπηρὸν εἴη, εἰς ταῦτα παρακαλοῦντες. καὶ τὸ προθυμεῖσθαι δὲ συναύξειν τὸν οἶκον ἐπαιδεύομεν αὐτήν, ἐπιγιγνώσκειν αὐτὴν ποιοῦντες καὶ τῆς εὐπραγίας αὐτῇ μεταδιδόντες. 13 καὶ δικαιοσύνην δ᾽ αὐτῇ ἐνεποιοῦμεν τιμιωτέρους τιθέντες τοὺς δικαίους τῶν ἀδίκων καὶ ἐπιδεικνύοντες πλουσιώτερον καὶ ἐλευθεριώτερον βιοτεύοντας τῶν ἀδίκων· καὶ αὐτὴν δὲ ἐν ταύτῃ τῇ χώρᾳ κατετάττομεν.

14 ἐπὶ δὲ τούτοις πᾶσιν εἶπον, ἔφη, ὦ Σώκρατες, ἐγὼ τῇ γυναικὶ ὅτι πάντων τούτων οὐδὲν ὄφελος, εἰ μὴ αὐτὴ ἐπιμελήσεται ὅπως διαμένῃ ἑκάστῳ ἡ τάξις. ἐδίδασκον δὲ αὐτὴν ὅτι καὶ ἐν ταῖς εὐνομουμέναις πόλεσιν οὐκ ἀρκεῖν δοκεῖ τοῖς πολίταις, ἂν νόμους καλοὺς γράψωνται, ἀλλὰ καὶ νομοφύλακας προσαιροῦνται,

---

9.10 ἡ ἑορτή, das Fest • ξενοδοκία, die Bewirtung ↔ ὁ ξένος, der Gast, der Fremde • δέχομαι, aufnehmen, αἱ διὰ χρόνου πράξεις, die gelegentlichen Vorgänge • ἡ ταμία, die Haushälterin • παρεδώκαμεν, Aorist zu παραδίδωμι, überlassen, K. 97 • ἀπαριθμήσαντες, zu ἀπαριθμέω, durchzählen • γραψάμενοι, Partizip Aorist Medium zu γράφομαι, sich aufschreiben, K. 96, 18 • μεμνῆσθαι, Infinitiv zu μέμνημαι, sich merken • τῳ = τινί, K. 67.

Kompetenzen und Pflichten einer guten Haushälterin (11–13).

9.11 ἡ ταμία, die Haushälterin • ἐπισκεψάμενοι, Partizip Aorist zu ἐπισκέπτομαι, ἐπισκοπέω prüfen, untersuchen • ἐγκρατεστάτη, Superlativ zu ἐγκρατής τινος, beherrscht gegenüber • γαστρός, dem Magen, οἴνου, dem Wein ὕπνου, dem Schlaf etc., Genitivus obiectivus, K. 141, 3 • ἡ συνουσία, das Zusammensein • πρὸς τούτοις, außerdem • τὸ μνημονικόν, das Gedächtnis ↔ ἡ μνήμη, μέμνημαι • τὸ προνοεῖν, zu προνοέω, auf etwas achten, sich vorsehen vor etwas • ἀμελοῦσα, Partizip Präsens zu ἀμελέω, nachlässig sein ↔ ἡ ἀμέλεια • χαριζομένη, Partizip zu χαρίζομαι, einen Gefallen tun • ἀντιτιμήσεται, Futur Medium zu ἀντιτιμάομαι, eine Belohnung erhalten, K. 174, 2.

9.12 εὐνοικῶς ἔχειν, sich freundlich verhalten • εὐφραινοίμεθα, Optativ zu εὐφραίνομαι, sich freuen • ἡ εὐφροσύνη, die Freude • μεταδιδόντες, Partizip Präsens zu μεταδίδωμί τινος, an etwas teilhaben lassen • ἡ εὐπραγία, der Wohlstand • παρακαλοῦντες, Partizip zu παρακαλέω, hinzuziehen, hinzurufen • προθυμεῖσθαι, zu προθυμέομαι, bereit und bemüht sein • συναύξειν, Infinitiv Präsens zu συναύξω, συναυξάνω, vergrößern, vermehren • ἡ εὐπραγία der Wohlstand.

9.13 ἐνεποιοῦμεν, Imperfekt zu ἐμποιέω, einpflanzen • τιμιωτέρους, Komparativ zu τίμιος, Ehre verdienend • πλουσιώτερον, Komparativ des Adverbs zu πλούσιος, K. 59, 3 ↔ ὁ πλοῦτος • τῶν ἀδίκων, Genitivus comparationis, K. 146 • κατετάττομεν, Imperfekt zu κατατάττω, einsetzen.

Die Hausherrin selbst beaufsichtigt alle Vorgänge im Haus und sorgt als „Gesetzeshüterin" für die Einhaltung der Ordnung im Haus (14–17).

οἵτινες ἐπισκοποῦντες τὸν μὲν ποιοῦντα τὰ νόμιμα ἐπαινοῦσιν, ἂν δέ τις παρὰ τοὺς νόμους ποιῇ, ζημιοῦσι. 15 νομίσαι οὖν ἐκέλευον, ἔφη, τὴν γυναῖκα καὶ αὐτὴν νομοφύλακα τῶν ἐν τῇ οἰκίᾳ εἶναι, καὶ ἐξετάζειν δέ, ὅταν δόξῃ αὐτῇ, τὰ σκεύη, ὥσπερ ὁ φρούραρχος τὰς φυλακὰς ἐξετάζει, καὶ δοκιμάζειν εἰ καλῶς ἕκαστον ἔχει, ὥσπερ ἡ βουλὴ ἵππους καὶ ἱππέας δοκιμάζει, καὶ ἐπαινεῖν δὲ καὶ τιμᾶν ὥσπερ βασίλισσαν τὸν ἄξιον ἀπὸ τῆς παρούσας δυνάμεως, καὶ λοιδορεῖν καὶ κολάζειν τὸν τούτων δεόμενον.

16 πρὸς δὲ τούτοις ἐδίδασκον αὐτήν, ἔφη, ὡς οὐκ ἂν ἄχθοιτο δικαίως, εἰ πλείω αὐτῇ πράγματα προστάττω ἢ τοῖς οἰκέταις περὶ τὰ κτήματα, ἐπιδεικνύων ὅτι τοῖς μὲν οἰκέταις μέτεστι τῶν δεσποσύνων χρημάτων τοσοῦτον ὅσον φέρειν ἢ θεραπεύειν ἢ φυλάττειν, χρῆσθαι δὲ οὐδενὶ αὐτῶν ἔξεστιν, ὅτῳ ἂν μὴ δῷ ὁ κύριος· δεσπότου δὲ ἅπαντά ἐστιν †ᾧ ἂν βούληται ἑκαστα† χρῆσθαι. 17 ὅτῳ οὖν καὶ σῳζομένων μεγίστη ὄνησις καὶ φθειρομένων μεγίστη βλάβη, τούτῳ καὶ τὴν ἐπιμέλειαν μάλιστα προσήκουσαν ἀπέφαινον.

18 Τί οὖν; ἔφην ἐγώ, ὦ Ἰσχόμαχε, ταῦτα ἀκούσασα ἡ γυνή πώς σοι ὑπήκουε; Τί δέ, ἔφη, εἰ μὴ εἶπέ γέ μοι, ὦ Σώκρατες, ὅτι οὐκ ὀρθῶς γιγνώσκοιμι, εἰ οἰοίμην χαλεπὰ ἐπιτάττειν διδάσκων ὅτι ἐπιμελεῖσθαι δεῖ τῶν ὄντων. χαλεπώτερον γὰρ ἄν, ἔφη φάναι, εἰ αὐτῇ ἐπέταττον ἀμελεῖν τῶν ἑαυτῆς ἢ εἰ ἐπιμελεῖσθαι δεήσει τῶν οἰκείων ἀγαθῶν. 19 πεφυκέναι γὰρ δοκεῖ, ἔφη, ὥσπερ καὶ τέκνων τὸ ἐπιμελεῖσθαι τῇ σώφρονι τῶν ἑαυτῆς ἢ ἀμελεῖν, οὕτω καὶ τῶν κτημάτων ὅσα ἴδια ὄντα εὐφραίνει ἥδιον τὸ ἐπιμελεῖσθαι νομίζειν ἔφη εἶναι τῇ σώφρονι τῶν ἑαυτῆς ἢ ἀμελεῖν.

9.14 ἐπὶ τούτοις πᾶσιν, außer all diesem • τὸ ὄφελος, der Nutzen, K. 44 • διαμένῃ, Konjunktiv Präsens zu διαμένω, Bestand haben • εὐνομουμέναις, Partizip Präsens zu εὐνομέομαι, gute Gesetze haben • πόλεσιν, Dativ Plural zu ἡ πόλις, K. 46 • ἀρκεῖν, genügen • νομοφύλακας, Akkusativ Plural zu ὁ νομοφύλαξ, der Gesetzeshüter, der Gesetzeswächter • προσαιροῦνται zu προσαιρέομαι, hinzuwählen • οἱ ἐπισκοποῦντες zu ἐπισκοπέω, aufpassen • παρὰ τοὺς νόμους, gegen die Gesetze • ζημιοῦσιν zu ζημιόω, bestrafen.

9.15 ἐξετάζω, prüfen • ὁ φρούραρχος, der Wachhabende • δοκιμάζω, abschätzen, mustern • ἡ βασίλισσα, die Königin ↔ ὁ βασιλεύς, K. 48 • ἀπὸ τῆς παρούσης δυνάμεως ↔ ἡ δύναμις, K. 46, aus der gegenwärtigen Machtstellung heraus • λοιδορέω, tadeln • κολάζν, bestrafen • ὁ τούτων δεόμενος, wer es daran fehlen lässt, seine Pflicht zu erfüllen.

9.16 πρὸς δὲ τούτοις, außerdem • οὐκ ἂν ἄχθοιτο, Optativ, Potentialis der Gegenwart, K. 171, 2, zu ἄχθομαι, sich ärgern • δικαίως, mit Recht • πράγματα, Aufgaben • ἐπιδεικνύων, Partizip Präsens zu ἐπιδείκνυμι, zeigen, K. 104 • μέτεστί τινί τινος, jemand hat Anteil an etwas • δεσποσύνων χρημάτων zu δεσπόσυνα χρήματα, das Vermögen des Herrn ↔ ὁ δεσπότης • τοσοῦτον ὅσον, soweit wie, K. 68 • ἔξεστιν, es ist erlaubt • ὅτῳ ἂν μὴ δῷ, wenn er es einem nicht gebe.

9.17 ὅτῳ, wem auch immer, irgendeinem • ἡ ὄνησις, der Nutzen • φθειρομένων, Partizip Präsens Passiv zu φθείρω, vernichten • ἡ βλάβη, der Schaden ↔ βλάπτω • ἡ ἐπιμέλεια, die Verantwortung.

Ischomachos erzählt, wie seine Frau auf seine Belehrungen reagierte (18–19).

9.18 οἰοίμην, Optativ Präsens zu οἴομαι, glauben • χαλεπώτερον ἄν, εἰ αὐτῇ ἐπέταττον, es wäre schwieriger, wenn ich ihr auftragen würde, zu vernachlässigen, Irrealis der Gegenwart, K. 182.

9.19 πεφυκέναι, natürlich sein, Infinitiv Perfekt zu φύομαι, entstehen, K. 101, 2 • τὰ τέκνα ἑαυτῆς, die eigenen Kinder, K. 63, Reflexivpronomen.

10. Kapitel: Eine Frau mit dem Verstand eines Mannes

1 Καὶ ἐγὼ ἀκούσας, ἔφη ὁ Σωκράτης, ἀποκρίνασθαι τὴν γυναῖκα αὐτῷ ταῦτα, εἶπον· Νὴ τὴν Ἥραν, ἔφην, ὦ Ἰσχόμαχε, ἀνδρικήν γε ἐπιδεικνύεις τὴν διάνοιαν τῆς γυναικός.

Καὶ ἄλλα τοίνυν, ἔφη ὁ Ἰσχόμαχος, θέλω σοι πάνυ μεγαλόφρονα αὐτῆς διηγήσασθαι, ἅ μου ἅπαξ ἀκούσασα ταχὺ ἐπείθετο. Τὰ ποῖα; ἔφην ἐγώ· λέγε· ὡς ἐμοὶ πολὺ ἥδιον ζώσης ἀρετὴν γυναικὸς καταμανθάνειν ἢ εἰ Ζεῦξίς μοι καλὴν εἰκάσας γραφῇ γυναῖκα ἐπεδείκνυεν. 2 ἐντεῦθεν δὴ λέγει ὁ Ἰσχόμαχος· Ἐγὼ τοίνυν, ἔφη, ἰδών ποτε αὐτήν, ὦ Σώκρατες, ἐντετριμμένην πολλῷ μὲν ψιμυθίῳ, ὅπως λευκοτέρα ἔτι δοκοίη εἶναι ἢ ἦν, πολλῇ δ᾽ ἐγχούσῃ, ὅπως ἐρυθροτέρα φαίνοιτο τῆς ἀληθείας, ὑποδήματα δ᾽ ἔχουσαν ὑψηλά, ὅπως μείζων δοκοίη εἶναι ἢ ἐπεφύκει, 3 Εἰπέ μοι, ἔφην, ὦ γύναι, ποτέρως ἄν με κρίναις ἀξιοφίλητον μᾶλλον εἶναι χρημάτων κοινωνόν, εἴ σοι αὐτὰ τὰ ὄντα ἀποδεικνύοιμι, καὶ μήτε κομπάζοιμι ὡς πλείω τῶν ὄντων ἔστι μοι, μήτε ἀποκρυπτοίμην τι τῶν ὄντων μηδέν, ἢ εἰ πειρῴμην σε ἐξαπατᾶν λέγων τε ὡς πλείω ἔστι μοι τῶν ὄντων, ἐπιδεικνύς τε ἀργύριον κίβδηλον [δηλοίην σε] καὶ ὅρμους ὑποξύλους καὶ πορφυρίδας ἐξιτήλους φαίην ἀληθινὰς εἶναι; 4 καὶ ὑπολαβοῦσα εὐθύς, Εὐφήμει, ἔφη· μὴ γένοιο σὺ τοιοῦτος· οὐ γὰρ ἂν ἔγωγέ σε δυναίμην, εἰ τοιοῦτος εἴης, ἀσπάσασθαι ἐκ τῆς ψυχῆς. Οὐκοῦν, ἔφην ἐγώ, συνεληλύθαμεν, ὦ γύναι, ὡς καὶ τῶν σωμάτων κοινωνήσοντες ἀλλήλοις; φασὶ γοῦν, ἔφη, οἱ ἄνθρωποι. 5 Ποτέρως ἂν οὖν, ἔφην ἐγώ, τοῦ σώματος αὖ δοκοίην εἶναι ἀξιοφίλητος μᾶλ-

---

Sokrates bewundert Ischomachos' Frau für ihre Einstellung und ihr Pflichtbewusstsein (1).

10.1 ἀποκρίνασθαι, Infinitiv Aorist Medium zu ἀποκρίνομαι, antworten, K. 94, 1 • ἡ ἀνδρικὴ διάνοια, der männliche Verstand • μεγαλόφρονα, Neutrum Plural, zu μεγαλόφρων, großartig • διηγήσασθαι, Infinitiv Aorist zu διηγέομαι, schildern • ἅπαξ, einmal • ἐπείθετο, Imperfekt zu πείθομαι, befolgen • τὰ ποῖα; was heißt das? • εἰκάσας γραφῇ, zu εἰκάζω, abbilden in einem Gemälde.

Ischomachos spricht über das Schminken als Mittel zur Vertuschung von Wahrheit. Das Schminken räumt dem Schein den Vorrang vor dem Sein ein. Wirkliche Schönheit ist nur durch Anstrengung und Bewegung zu gewinnen (2–12).

10.2 ἐντετριμένην, Partizip Perfekt Passiv zu ἐντρίβω, einreiben, schminken, K. 107, 3 ↔ διατρίβω, zerreiben, verweilen, seine Zeit verbringen • ἡ διατριβή, der Aufenthalt, die ernsthafte Beschäftigung • τὸ ψιμύθιον, das Bleiweiß, die Schminke • δοκοίη, Optativ zu δοκεῖ • ἐγχούσῃ, Dativ zu ἡ ἔγχουσα, die Ochsenzunge, eine Pflanze, deren Saft in der Kosmetik zum Röten der Haust diente • τὰ ὑποδήματα, die Schuhe • ἐπεφύκει, Plusquamperfekt zu φύομαι, von Natur aus sein, K. 101, 2 • ἐρυθροτέρα, Komparativ zu ἐρυθρός, rot • ὑψηλός, hoch.

10.3 ποτέρως ἂν κρίναις, wie würdest du urteilen?, zu κρίνω, K. 91, 6 • ἀξιοφίλητος, liebenswert • ὁ κοινωνός, der Miteigentümer • κομπάζοιμι, Optativ zu κομπάζω, prahlen • ἀποκρυπτοίμην, Optativ Präsens zu ἀποκρύπτομαι, verbergen • πειρῴμην, Optativ Präsens zu πειράομαι, versuchen • ἐξαπατᾶν, zu ἐξαπατάω, betrügen • τῶν ὄντων, Genitivus comparationis, K. 146 • κίβδηλος, unecht • ὅρμος, die Halskette • ὑπόξυλος, mit hölzernem Untergrund, unecht • ἡ πορφυρίς, τῆς πορφυρίδος, das Purpurkleid • ἐξίτηλος, leicht seine Farbe verlierend • ἀληθινός echt.

10.4 ὑπολαβοῦσα, Partizip Aorist zu ὑπολαμβάνω, erwidern, K. 108, 11 ↔ λαμβάνω • εὐφήμει, Imperativ zu εὐφημέω, Worte von guter Vorbedeutung sprechen, keine bösen Worte sagen, um Gottes willen, nein • μὴ γένοιο, Optativ Aorist als erfüllbar gedachter Wunsch zu γίγνομαι,

λον κοινωνός, εἴ σοι τὸ σῶμα πειρῴμην παρέχειν τὸ ἐμαυτοῦ ἐπιμελόμενος ὅπως ὑγιαῖνόν τε καὶ ἐρρωμένον ἔσται, καὶ διὰ ταῦτα τῷ ὄντι εὔχρως σοι ἔσομαι, ἢ εἴ σοι μίλτῳ ἀλειφόμενος καὶ τοὺς ὀφθαλμοὺς ὑπαλειφόμενος ἀνδρεικέλῳ ἐπιδεικνύοιμί τε ἐμαυτὸν καὶ συνείην ἐξαπατῶν σε καὶ παρέχων ὁρᾶν καὶ ἅπτεσθαι μίλτου ἀντὶ τοῦ ἐμαυτοῦ χρωτός; 6 Ἐγὼ μέν, ἔφη ἐκείνη, οὔτ᾽ ἂν μίλτου ἁπτοίμην ἥδιον ἢ σοῦ οὔτ᾽ ἂν ἀνδρεικέλου χρῶμα ὁρῴην ἥδιον ἢ τὸ σὸν οὔτ᾽ ἂν τοὺς ὀφθαλμοὺς ὑπαληλιμμένους ἥδιον ὁρῴην τοὺς σοὺς ἢ ὑγιαίνοντας. 7 Καὶ ἐμὲ τοίνυν νόμιζε, εἰπεῖν ἔφη ὁ Ἰσχόμαχος, ὦ γύναι, μήτε ψιμυθίου μήτε ἐγχούσης χρώματι ἥδεσθαι μᾶλλον ἢ τῷ σῷ, ἀλλ᾽ ὥσπερ οἱ θεοὶ ἐποίησαν ἵπποις μὲν ἵππους, βουσὶ δὲ βοῦς ἥδιστον, προβάτοις δὲ πρόβατα, οὕτω καὶ οἱ ἄνθρωποι ἀνθρώπου σῶμα καθαρὸν οἴονται ἥδιστον εἶναι· 8 αἱ δ᾽ ἀπάται αὗται τοὺς μὲν ἔξω πως δύναιντ᾽ ἂν ἀνεξελέγκτως ἐξαπατᾶν, συνόντας δὲ ἀεὶ ἀνάγκη ἁλίσκεσθαι, ἂν ἐπιχειρῶσιν ἐξαπατᾶν ἀλλήλους. ἢ γὰρ ἐξ εὐνῆς ἁλίσκονται ἐξανιστάμενοι πρὶν παρασκευάσασθαι ἢ ὑπὸ ἱδρῶτος ἐλέγχονται ἢ ὑπὸ δακρύων βασανίζονται ἢ ὑπὸ λουτροῦ ἀληθινῶς κατωπτεύθησαν. 9 Τί οὖν πρὸς θεῶν, ἔφην ἐγώ, πρὸς ταῦτα ἀπεκρίνατο; Τί δέ, ἔφη, εἰ μὴ τοῦ ⟨γε⟩ λοιποῦ τοιοῦτον μὲν οὐδὲν πώποτε ἔτι ἐπραγματεύσατο, καθαρὰν δὲ καὶ πρεπόντως ἔχουσαν ἐπειρᾶτο ἑαυτὴν ἐπιδεικνύναι.

καὶ ἐμὲ μέντοι ἠρώτα εἴ τι ἔχοιμι συμβουλεῦσαι ὡς ἂν τῷ ὄντι καλὴ φαίνοιτο, ἀλλὰ μὴ μόνον δοκοίη. 10 καὶ ἐγὼ μέντοι, ὦ Σώκρατες, ἔφη, συνεβούλευον αὐτῇ μὴ δουλικῶς ἀεὶ καθῆσθαι, ἀλλὰ σὺν τοῖς θεοῖς πειρᾶσθαι δεσποτικῶς πρὸς μὲν

K. 171 • οὐ γὰρ ἂν ἔγωγε δυναίμην ἀσπάσασθαι, εἰ τοιοῦτος εἴης, Potentialis der Gegenwart, K. 171, 2 • ἀσπάσασθαι, Infinitiv Aorist zu ἀσπάζομαι, lieben • οὐκοῦν, denn nicht? ≠ οὔκουν, gewiss nicht, keineswegs • συνεληλύθαμεν, Perfekt zu συνέρχομαι, zusammenkommen, K. 111, 2 • κοινωνήσοντες, Partizip Futur zu κοινωνέω, κοινωνέω τῶν σωμάτων ἀλλήλοις, die Körper miteinander gemeinsam haben.

10.5 ποτέρως, wie • ὁ τοῦ σώματος κοινωνός, der körperlich Verbundene • εὔχρως, ein Mensch mit gesunder Hautfarbe • ἐρρωμένος, Partizip Perfekt Passiv zu ῥώννυμι, stärken, K. 105, 5 ↔ ἡ ῥώμη, die Stärke • ἡ μίλτος, Mennige • ἀλείφομαι, sich bestreichen • ὑπαλειφόμενος, Partizip zu ὑπαλείφομαι, unterhalb der Augen Schminke auftragen • ὁ χρώς, τοῦ χρωτός die Haut.

10.6 ἁπτοίμην, Optativ zu ἅπτομαί τινος, etwas berühren • ἀνδρείκελος, menschenähnlich • ὑγιαίνοντας, Partizip zu ὑγιαίνω, gesund sein.

10.7 καθαρός, rein, ungeschminkt.

10.8 αἱ ἀπάται, die Betrügereien • οἱ μὲν ἔξω, die Menschen außerhalb • ἀνεξελέγκτως, unentdeckt ↔ ἐξελέγχω • ἁλίσκεσθαι zu ἁλίσκομαι, ertappt, erwischt werden, K. 109, 4 • ἡ εὐνή, das Bett • ἐξανιστάμενοι, Partizip zu ἐξανίσταμαι, aufstehen, K. 97–99 • πρὶν παρασκευάσασθαι, ehe sie sich zurechtgemacht haben • Infinitiv Aorist zu παρασκευάζομαι, sich vorbereiten, zurechtmachen • ὁ ἱδρώς, τοῦ ἱδρῶτος, der Schweiß • ἐλέγχω, überführen • τὰ δάκρυα, die Tränen • βασανίζονται, zu βασανίζω, entlarven • τὸ λουτρόν, das Bad • ἀληθινῶς, mit Sicherheit, unweigerlich ↔ ἡ ἀλήθεια, ἀληθής • κατωπτεύθησαν, Aorist Passiv zu κατοπτεύω, entdecken.

10.9 ἀπεκρίνατο, Aorist zu ἀποκρίνομαι, antworten, K. 94, 1 • τοῦ γε λοιποῦ (χρόνου), für die restliche Zeit wenigstens, in Zukunft jedenfalls • ἐπραγματεύσατο, Aorist zu πραγματεύομαι, unternehmen ↔ τὸ πρᾶγμα, ἡ πρᾶξις, πράττω • πρεπόντως ἔχειν, sich angemessen, passend verhalten • συμβουλεῦσαι, Infinitiv Aorist zu συμβουλεύω, raten • τῷ ὄντι wirklich, ὡς ἂν φαίνοιτο, wie sie aussehen könnte • φαίνομαι, aussehen, erscheinen, K. 96, 29 ≠ δοκοίη, Optativ zu δοκέω, scheinen•

τὸν ἱστὸν προσστᾶσαν ὅ τι μὲν βέλτιον ἄλλου ἐπίσταιτο ἐπιδιδάξαι, ὅ τι δὲ χεῖρον ἐπιμαθεῖν, ἐπισκέψασθαι δὲ καὶ σιτοποιόν, παραστῆναι δὲ καὶ ἀπομετρούσῃ τῇ ταμίᾳ, περιελθεῖν δ᾽ ἐπισκοπουμένην καὶ εἰ κατὰ χώραν ἔχει ᾗ δεῖ ἕκαστα. ταῦτα γὰρ ἐδόκει μοι ἅμα ἐπιμέλεια εἶναι καὶ περίπατος. 11 ἀγαθὸν δὲ ἔφην εἶναι γυμνάσιον καὶ τὸ δεῦσαι καὶ μάξαι καὶ ἱμάτια καὶ στρώματα ἀνασεῖσαι καὶ συνθεῖναι. γυμναζομένην δὲ ἔφην οὕτως ἂν καὶ ἐσθίειν ἥδιον καὶ ὑγιαίνειν μᾶλλον καὶ εὐχροωτέραν φαίνεσθαι τῇ ἀληθείᾳ.

12 καὶ ὄψις δέ, ὁπόταν ἀνταγωνίζηται διακόνῳ καθαρωτέρα οὖσα πρεπόντως τε μᾶλλον ἠμφιεσμένη, κινητικὸν γίγνεται ἄλλως τε καὶ ὁπόταν τὸ ἑκοῦσαν χαρίζεσθαι προσῇ ἀντὶ τοῦ ἀναγκαζομένην ὑπηρετεῖν. 13 αἱ δ᾽ ἀεὶ καθήμεναι σεμνῶς πρὸς τὰς κεκοσμημένας καὶ ἐξαπατώσας κρίνεσθαι παρέχουσιν ἑαυτάς. καὶ νῦν, ἔφη, ὦ Σώκρατες, οὕτως εὖ ἴσθι ἡ γυνή μου κατεσκευασμένη βιοτεύει ὥσπερ ἐγὼ ἐδίδασκον αὐτὴν καὶ ὥσπερ νῦν σοι λέγω.

10.10 δουλικῶς, wie eine Sklavin • καθῆσθαι, zu κάθημαι, sitzen, K. 103, 5; 111, 14 • δεσποτικῶς, wie eine Herrin • ὁ ἱστός, der Webstuhl • προστᾶσαν, Partizip Aorist zu προΐσταμαι, sich vor etwas hinstellen, K. 97–99; 101, 1 • βέλτιον, Komparativ des Adverbs zu ἀγαθός • ἐπίσταιτο, Optativ zu ἐπίσταμαι, verstehen, K. 100, 6 • χεῖρον, Komparativ des Adverbs zu κακός, K. 58 • ἐπισκέψασθαι, Infinitiv Aorist zu ἐπισκέπτομαι, beaufsichtigen • ὁ σιτοποιός, der Bäcker • παραστῆναι, Infinitiv Aorist zu παρίσταμαι, sich neben jemand stellen • ἀπομετρούσῃ, Partizip Aorist zu ἀπομετρέω, abwiegen • ἡ ταμία, die Haushälterin(diejenige, die die Arbeit verteilt) • ἐπισκοπουμένην, Partizip zu ἐπισκοπέομαι, beaufsichtigen, aufpassen • ἡ ἐπιμέλεια, die Kontrolle • ὁ περίπατος, der Rundgang.

10.11 τὸ γυμνάσιον, die körperliche Übung • τὸ δεῦσαι καὶ μάξαι, das Anrühren und Kneten des Brotteigs • ἱμάτια καὶ στρώματα, Kleider und Decken • ἀνασεῖσαι καὶ συνθεῖναι, aufschütteln und zusammenlegen • γυμναζομένην, Partizip zu γυμνάζομαι, sich körperlich anstrengen • εὐχρωτέραν, Komparativ zu εὐχροής, von gesunder Farbe.

10.12 ἡ ὄψις, das Aussehen • ἀνταγωνίζηται, Konjunktiv zu ἀνταγωνίζομαι, sich unterscheiden • ἡ διάκονος, die Dienerin • πρεπόντως, passend • ἠμφιεσμένη, Partizip Perfekt Medium/Passiv zu ἀμφιέννυμι, anziehen, K. 112 • κινητικός, anregend • ἄλλως τε καὶ ὁπόταν, besonders wenn noch • ἑκοῦσαν, zu ἑκών, ἑκοῦσα, ἑκόν, freiwillig • χαριζομένην, zu χαρίζομαι, sich freundlich zeigen • ὁπόταν προσῇ, wenn noch hinzukommt, 3. Sg. Konjunktiv zu εἰμί, K. 103, 3.

10.13 καθήμεναι, Partizip zu κάθημαι, sitzen • σεμνῶς, feierlich • παρέχουσιν ἑαυτάς, sie bieten sich an • πρὸς τὰς κεκοσμένας καὶ ἐξαπατώσας κρίνεσθαι, zu den besonders aufgetakelten Betrügerinnen gerechnet zu werden • κοσμέω schmücken, ἐξαπατάω betrügen • ἴσθι, Imperativ zu οἶδα.

11. Kapitel: Die tägliche Arbeit des Hausherrn

1 Ἐντεῦθεν δ᾽ ἐγὼ εἶπον· Ὦ Ἰσχόμαχε, τὰ μὲν δὴ περὶ τῶν τῆς γυναικὸς ἔργων ἱκανῶς μοι δοκῶ ἀκηκοέναι τὴν πρώτην, καὶ ἄξιά γε πάνυ ἐπαίνου ἀμφοτέρων ὑμῶν. τὰ δ᾽ αὖ σὰ ἔργα, ἔφην ἐγώ, ἤδη μοι λέγε, ἵνα σύ τε ἐφ᾽ οἷς εὐδοκιμεῖς διηγησάμενος ἡσθῇς κἀγὼ τὰ τοῦ καλοῦ κἀγαθοῦ ἀνδρὸς ἔργα τελέως διακούσας καὶ καταμαθών, ἂν δύνωμαι, πολλήν σοι χάριν εἰδῶ. 2 Ἀλλὰ νὴ Δί᾽, ἔφη ὁ Ἰσχόμαχος, καὶ πάνυ ἡδέως σοι, ὦ Σώκρατες, διηγήσομαι ἃ ἐγὼ ποιῶν διατελῶ, ἵνα καὶ μεταρρυθμίσῃς με, ἐάν τί σοι δοκῶ μὴ καλῶς ποιεῖν. 3 Ἀλλ᾽ ἐγὼ μὲν δή, ἔφην, πῶς ἂν δικαίως μεταρρυθμίσαιμι ἄνδρα ἀπειργασμένον καλόν τε κἀγαθόν, καὶ ταῦτα ὢν ἀνὴρ ὃς ἀδολεσχεῖν τε δοκῶ καὶ ἀερομετρέω καί, τὸ πάντων δὴ ἀνοητότατον δοκοῦν εἶναι ἔγκλημα, πένης καλοῦμαι;

4 καὶ πάνυ μεντἄν, ὦ Ἰσχόμαχε, ἦν ἐν πολλῇ ἀθυμίᾳ τῷ ἐπικλήματι τούτῳ, εἰ μὴ πρῴην ἀπαντήσας τῷ Νικίου τοῦ †ἐπηλύτου ἵππῳ εἶδον πολλοὺς ἀκολουθοῦντας αὐτῷ θεατάς, πολὺν δὲ λόγον ἐχόντων τινῶν περὶ αὐτοῦ ἤκουον· καὶ δῆτα ἠρόμην προσελθὼν τὸν ἱπποκόμον εἰ πολλὰ εἴη χρήματα τῷ ἵππῳ. 5 ὁ δὲ προσβλέψας με ὡς οὐδὲ ὑγιαίνοντα τῷ ἐρωτήματι εἶπε· Πῶς δ᾽ ἂν ἵππῳ χρήματα γένοιτο; οὕτω δὴ ἐγὼ ἀνέκυψα ἀκούσας ὅτι ἐστὶν ἄρα θεμιτὸν καὶ πένητι ἵππῳ ἀγαθῷ γενέσθαι, εἰ τὴν ψυχὴν φύσει ἀγαθὴν ἔχοι. 6 ὡς οὖν θεμιτὸν καὶ ἐμοὶ ἀγαθῷ ἀνδρὶ γενέσθαι διηγοῦ τελέως τὰ σὰ ἔργα, ἵνα, ὅ τι ἂν δύνωμαι ἀκούων καταμαθεῖν, πειρῶμαι καὶ

Ischomachos berichtet von seinem Tagesablauf und seiner Lebenseinstellung. Denn Sokrates will etwas über die Tätigkeit eines wirklich tüchtigen Menschen hören. Ischomachos ist gern dazu bereit, er bittet aber Sokrates, ihn zu korrigieren, falls er etwas falsch mache und ihm mitzuteilen, was er falsch mache oder verbessern könne (1–10).

11.1 ἀκηκοέναι, Infinitiv Perfekt zu ἀκούω, hören, K. 93, 1; 96, 41 • τὴν πρώτην, erst einmal, adverbialer Akkusativ, K. 138 • ἄξια, sie sind es wert, ἄξια ἐπαίνου ἀμφοτέρων ὑμῶν, beide verdient ihr dafür in jeder Hinsicht ein großes Lob • ἵνα ἡσθῇς, damit du deine Freude daran hast, zu ἥδομαι mit prädikativem Partizip, K. 198 • τελέως, vollständig • χάριν εἰδῶ, Konjunktiv zu οἶδα, χάριν εἰδέναι dankbar sein.

11.2 ποιῶν διατελέω, ich tue fortwährend, mit prädikativem Partizip • μεταρρυθμίσῃς, Konjunktiv Aorist, zu μεταρρυθμίζω, korrigieren.

11.3 ἀπειργασμένον, Partizip Perfekt zu ἀπεργάζομαι, vollenden • ἀδολεσχέω, herumschwatzen • ἀερομετρέω, die Luft vermessen • ἀνοητότατον, Superlativ zu ἀνόητος, unvernünftig ↔ ὁ νοῦς, νοεῖν • τὸ ἔγκλημα, der Vorwurf ↔ ἐγκαλέω • πένης, πένητος, arm.

11.4 ἡ ἀθυμία, die Mutlosigkeit ↔ ὁ θυμός, der Mut • πρῴην, neulich • ἀπαντήσας, Partizip Aorist zu ἀπαντάω, begegnen • τοῦ ἐπηλύτου, Genitiv zu ὁ ἐπηλύτης, der Zugewanderte • ἀκολουθοῦντας, Partizip Präsens zu ἀκολουθέω, begleiten • δῆτα, daraufhin • ἠρόμην, Aorist zu ἔρομαι, fragen ↔ ἐρωτάω, K. 110, 6, τὸ ἐρώτημα, die Frage • ὁ ἱπποκόμος, der Pferdepfleger.

11.5 ὑγιαίνοντα, Partizip zu ὑγιαίνω, gesund sein • ἀνέκυψα, zu ἀνακύπτω, aufatmen • θεμιστός, recht und billig, möglich ↔ ἡ θέμις, das Gesetzte, die Satzung, die Sitte • ἡ ψυχή, der Charakter.

ἐγώ σε ἀπὸ τῆς αὔριον ἡμέρας ἀρξάμενος μιμεῖσθαι. καὶ γὰρ ἀγαθή ἐστιν, ἔφην ἐγώ, ἡμέρα ὡς ἀρετῆς ἄρχεσθαι.

7 Σὺ μὲν παίζεις, ἔφη ὁ Ἰσχόμαχος, ὦ Σώκρατες, ἐγὼ δὲ ὅμως σοι διηγήσομαι ἃ ἐγὼ ὅσον δύναμαι πειρῶμαι ἐπιτηδεύων διαπερᾶν τὸν βίον. 8 ἐπεὶ γὰρ καταμεμαθηκέναι δοκῶ ὅτι οἱ θεοὶ τοῖς ἀνθρώποις ἄνευ μὲν τοῦ γιγνώσκειν τε ἃ δεῖ ποιεῖν καὶ ἐπιμελεῖσθαι ὅπως ταῦτα περαίνηται οὐ θεμιτὸν ἐποίησαν εὖ πράττειν, φρονίμοις δ᾽ οὖσι καὶ ἐπιμελέσι τοῖς μὲν διδόασιν εὐδαιμονεῖν, τοῖς δ᾽ οὔ, οὕτω δὴ ἐγὼ ἄρχομαι μὲν τοὺς θεοὺς θεραπεύων, πειρῶμαι δὲ ποιεῖν ὡς ἂν θέμις ᾖ μοι εὐχομένῳ καὶ ὑγιείας τυγχάνω καὶ ῥώμης σώματος καὶ τιμῆς ἐν πόλει καὶ εὐνοίας ἐν φίλοις καὶ ἐν πολέμῳ καλῆς σωτηρίας καὶ πλούτου καλῶς αὐξομένου.

9 καὶ ἐγὼ ἀκούσας ταῦτα· Μέλει γὰρ δή σοι, ὦ Ἰσχόμαχε, ὅπως πλουτῇς καὶ πολλὰ χρήματα ἔχων πολλὰ ἔχῃς πράγματα τούτων ἐπιμελόμενος; Καὶ πάνυ γ᾽, ἔφη ὁ Ἰσχόμαχος, μέλει μοι τούτων ὧν ἐρωτᾷς· ἡδὺ γάρ μοι δοκεῖ, ὦ Σώκρατες, καὶ θεοὺς μεγαλείως τιμᾶν καὶ φίλους, ἄν τινος δέωνται, ἐπωφελέω καὶ τὴν πόλιν μηδὲν ⟨τὸ⟩ κατ᾽ ἐμὲ χρήμασιν ἀκόσμητον εἶναι. 10 Καὶ γὰρ καλά, ἔφην ἐγώ, ὦ Ἰσχόμαχε, ἐστὶν ἃ σὺ λέγεις, καὶ δυνατοῦ γε ἰσχυρῶς ἀνδρός· πῶς γὰρ οὔ; ὅτε πολλοὶ μὲν εἰσὶν ἄνθρωποι οἳ οὐ δύνανται ζῆν ἄνευ τοῦ ἄλλων δεῖσθαι, πολλοὶ δὲ ἀγαπῶσιν, ἂν δύνωνται τὰ ἑαυτοῖς ἀρκοῦντα πορίζεσθαι. οἱ δὲ δὴ δυνάμενοι μὴ μόνον τὸν ἑαυτῶν οἶκον διοικεῖν, ἀλλὰ καὶ περιποιεῖν ὥστε καὶ τὴν πόλιν κοσμεῖν καὶ τοὺς φίλους ἐπικουφίζειν, πῶς τούτους οὐχὶ βαθεῖς τε καὶ ἐρρωμένους ἄνδρας χρὴ νομίσαι; 11 ἀλλὰ γὰρ ἐπαινεῖν μέν, ἔφην ἐγώ, τοὺς τοιούτους πολλοὶ δυνάμεθα·

11.6 διηγοῦ, Imperativ zu διηγέομαι, darstellen • τελέως, umfassend ↔ τὸ τέλος • ἡ αὔριον ἡμέρα, der morgige Tag • ἀρξάμενος, Partizip Aorist zu ἄρχομαι, anfangen ↔ ἡ ἀρχή • μιμεῖσθαι, Infinitiv zu μιμέομαι, nachahmen, nacheifern.

11.7 παίζεις, zu παίζω, scherzen • ὅμως, trotzdem • ἐπιτηδεύων, Partizip zu ἐπιτηδεύω, mit Fleiß betreiben • διαπερᾶν, Infinitiv zu διαπεράω, verbringen.

11.8 καταμεμαθηκέναι, Infinitiv Perfekt zu καταμανθάνω, verstehen • περαίνηται, Konjunktiv Präsens Passiv zu περαίνω, vollenden • ἐπιμελέσι, Dativ Plural zu ἐπιμελής, verantwortungsbewusst ↔ ἡ ἐπιμέλεια, ἐπιμελέομαι • διδόασιν zu δίδωμι geben, K. 97; 99 • ἡ ὑγίεια, die Gesundheit • τυγχάνω τινός, etwas bekommen, K. 108, 15 • ἡ ῥώμη, die Kraft • ἡ τιμή, die Anerkennung • ἡ εὔνοια, die Freundlichkeit, das Wohlwollen.

11.9 μέλει σοι, ὅπως ..., es liegt dir daran, dass ..., K. 110, 12 • πράγματα ἔχω, Schwierigkeiten haben • ὧν ἐρωτᾷς, Attraktion des Relativpronomens, K. 126, 2 • ἡδύ zu ἡδύς, angenehm, K. 47 • μεγαλείως, auf prächtige Weise ↔ μέγας, K. 55 • δέωνται, Konjunktiv zu δέομαί τινος, etwas benötigen • ἐπωφελέω, unterstützen • τὸ κατ᾽ ἐμέ, soweit es an mir liegt • ἀκόσμητος, ungeschmückt.

11.10 δυνατοῦ ἀνδρός ἐστιν, es ist die Aufgabe eines mächtigen Mannes, Genitivus possessoris, K. 140 • ἰσχυρῶς, sehr, Adverb zu ἰσχυρός • δεῖσθαί τινος, jemand bitten • ἀγαπῶσιν zu ἀγαπάω, zufrieden sein • τὰ ἑαυτοῖς ἀρκοῦντα, was ihnen genügt • διοικεῖν, verwalten • περιποιεῖν, Gewinn erzielen • ἐπικουφίζειν, das Leben leichter machen, helfent • βαθεῖς zu βαθύς, tief, tiefsinnig, klug • ἐρρωμένους, Partizip Perfekt Passiv zu ῥώννυμι, stärken, K. 105, 5.

Sokrates fragt Ischomachos, wie er seine körperliche Fitness erhalte (11–13).

σὺ δέ μοι λέξον, ὦ Ἰσχόμαχε, ἀφ᾽ ὧνπερ ἤρξω, πῶς ὑγιείας ἐπιμελῇ; πῶς τῆς τοῦ σώματος ῥώμης; πῶς θέμις εἶναί σοι καὶ ἐκ πολέμου καλῶς σῴζεσθαι; τῆς δὲ χρηματίσεως πέρι καὶ μετὰ ταῦτα, ἔφην ἐγώ, ἀρκέσει ἀκούειν. 12 Ἀλλ᾽ ἔστι μέν, ἔφη ὁ Ἰσχόμαχος, ὥς γε ἐμοὶ δοκεῖ, ὦ Σώκρατες, ἀκόλουθα ταῦτα πάντα ἀλλήλων. ἐπεὶ γὰρ ἐσθίειν τις τὰ ἱκανὰ ἔχει, ἐκπονοῦντι μὲν ὀρθῶς μᾶλλον δοκεῖ μοι ἡ ὑγίεια παραμένειν, ἐκπονοῦντι δὲ μᾶλλον ἡ ῥώμη προσγίγνεσθαι, ἀσκοῦντι δὲ τὰ τοῦ πολέμου κάλλιον σῴζεσθαι, ὀρθῶς δὲ ἐπιμελομένῳ καὶ μὴ καταμαλακιζομένῳ μᾶλλον εἰκὸς τὸν οἶκον αὔξεσθαι. 13 Ἀλλὰ μέχρι μὲν τούτου ἕπομαι, ἔφην ἐγώ, ὦ Ἰσχόμαχε, ὅτι ἐκπονοῦντα φῂς καὶ ἐπιμελόμενον καὶ ἀσκοῦντα ἄνθρωπον μᾶλλον τυγχάνειν τῶν ἀγαθῶν, ὁποίῳ δὲ πόνῳ χρῇ πρὸς τὴν εὐεξίαν καὶ ῥώμην καὶ ὅπως ἀσκεῖς τὰ τοῦ πολέμου καὶ ὅπως ἐπιμελεῖ τοῦ περιουσίαν ποιεῖν ὡς καὶ φίλους ἐπωφελεῖν καὶ πόλιν ἐπισχύειν, ταῦτα ἂν ἡδέως, ἔφην ἐγώ, πυθοίμην.

14 Ἐγὼ τοίνυν, ἔφη, ὦ Σώκρατες, ὁ Ἰσχόμαχος, ἀνίστασθαι μὲν ἐξ εὐνῆς εἴθισμαι ἡνίκ᾽ ⟨ἂν⟩ ἔτι ἔνδον καταλαμβάνοιμι, εἴ τινα δεόμενος ἰδεῖν τυγχάνοιμι. κἂν μέν τι κατὰ πόλιν δέῃ πράττειν, ταῦτα πραγματευόμενος περιπάτῳ τούτῳ χρῶμαι· 15 ἂν δὲ μηδὲν ἀναγκαῖον ᾖ κατὰ πόλιν, τὸν μὲν ἵππον ὁ παῖς προάγει εἰς ἀγρόν, ἐγὼ δὲ περιπάτῳ χρῶμαι τῇ εἰς ἀγρὸν ὁδῷ ἴσως ἄμεινον, ὦ Σώκρατες, ἢ εἰ ἐν τῷ ξυστῷ περιπατοίην. 16 ἐπειδὰν δὲ ἔλθω εἰς ἀγρόν, ἄν τέ μοι φυτεύοντες τυγχάνωσιν ἄν τε νειοποιοῦντες ἄν τε σπείροντες ἄν τε καρπὸν προσκομίζοντες, ταῦτα ἐπισκεψάμενος ὅπως ἕκαστα γίγνεται, μεταρρυθμίζω, ἐὰν ἔχω τι βέλτιον τοῦ παρόντος.

17 μετὰ δὲ ταῦτα ὡς τὰ πολλὰ ἀναβὰς ἐπὶ τὸν ἵππον ἱππασάμην ἱππασίαν ὡς ἂν ἐγὼ δύνωμαι ὁμοιοτάτην ταῖς ἐν τῷ πολέμῳ ἀναγκαίαις ἱππασίαις, οὔτε πλαγίου οὔτε κατάντους οὔτε τάφρου οὔτε ὀχετοῦ ἀπεχόμενος, ὡς μέντοι δυνατὸν

11.11 λέξον, Imperativ Aorist Aktiv zu λέγω, K. 111, 12 • πῶς θέμις εἶναί σοι, wie gelingt es dir im Einklang mit Recht und Sitte? • χρηματίσεως, Genitiv zu ἡ χρημάτισις, der Gelderwerb.

11.12 ἀκόλουθα, zum Adjektiv ἀκόλουθος, begleitend, zusammenhängend, folgerichtig ↔ ἡ ἀκολουθία, die Folgerichtigkeit, die Begleiterscheinung • προσγίγνομαι zunehmen • καταμαλακιζομένῳ, Partizip zu καταμαλακίζομαι, sich auf die faule Haut legen • μᾶλλον εἰκός, es ist wahrscheinlicher • αὔξεσθαι, Infinitiv Präsens Medium zu αὔξω vermehren.

11.13 μέχρι τούτου, bis hierhin • ἕπομαι, folgen K. 111, 4 • χρῇ, zu χράομαι, gebrauchen, aufwenden • ἡ εὐεξία, die Gesundheit • ἐπιμελεῖ, 2. P. Singular zu ἐπιμελέομαί τινος, sich kümmern um etwas • ἡ περιουσία, der Gewinn, der Überschuss • ἐπισχύω, unterstützen.

Ischomachos beschreibt seinen bewegungsreichen Tagesablauf von morgens bis abends (14–20).

11.14 ἀνίστασθαι, aufstehen • εἴθισμαι, Perfekt Medium zu ἐθίζω, gewöhnen, K. 88, 1 • ἡνίκ᾽ ἂν καταλαμβάνοιμι, damit ich antreffe • εἴ τινα δεόμενος τυγχάνοιμι, falls ich einmal jemand dringend treffen muss • περιπάτῳ τούτῳ χρῶμαι, nutze ich dies zu einem Fußmarsch.

11.15 ἐν τῷ ξυστῷ zu ὁ ξυστός, der ebene, glatte Weg • περιπατοίην, Optativ zu περιατέω spazieren.

11.16 φυτεύω, pflanzen • νειοποιέω, eggen • σπείρω, säen • ὁ καρπός, die Ernte • προσκομίζω, einbringen • μεταρρυθμίζω, eingreifen, um sie wieder in den richtigen Takt zu bringen" • βέλτιον, Komparativ des Adverbs zu ἀγαθός • τοῦ παρόντος, Genitivus comparationis, als das Vorhandene, das Gegenwärtige.

ταῦτα ποιοῦντα ἐπιμέλομαι μὴ ἀποχωλεῦσαι τὸν ἵππον. 18 ἐπειδὰν δὲ ταῦτα γένηται, ὁ παῖς ἐξαλίσας τὸν ἵππον οἴκαδε ἀπάγει, ἅμα φέρων ἀπὸ τοῦ χώρου ἄν τι δεώμεθα εἰς ἄστυ.

ἐγὼ δὲ τὰ μὲν βάδην τὰ δὲ ἀποδραμὼν οἴκαδε ἀπεστλεγγισάμην. εἶτα δὲ ἀριστῶ, ὦ Σώκρατες, ὅσα μήτε κενὸς μήτε ἄγαν πλήρης διημερεύειν. 19 Νὴ τὴν Ἥραν, ἔφην ἐγώ, ὦ Ἰσχόμαχε, ἀρεσκόντως γέ μοι ταῦτα ποιεῖς. τὸ γὰρ ἐν τῷ αὐτῷ χρόνῳ συνεσκευασμένοις χρῆσθαι τοῖς τε πρὸς τὴν ὑγίειαν καὶ τοῖς πρὸς τὴν ῥώμην παρασκευάσμασι καὶ τοῖς εἰς τὸν πόλεμον ἀσκήμασι καὶ ταῖς τοῦ πλούτου ἐπιμελείαις, ταῦτα πάντα ἀγαστά μοι δοκεῖ εἶναι. 20 καὶ γὰρ ὅτι ὀρθῶς ἑκάστου τούτων ἐπιμελῇ ἱκανὰ τεκμήρια παρέχῃ· ὑγιαίνοντά τε γὰρ καὶ ἐρρωμένον ὡς ἐπὶ τὸ πολὺ σὺν τοῖς θεοῖς σε ὁρῶμεν καὶ ἐν τοῖς ἱππικωτάτοις τε καὶ πλουσιωτάτοις λεγόμενόν σε ἐπιστάμεθα.

21 Ταῦτα τοίνυν ἐγὼ ποιῶν, ἔφη, ὦ Σώκρατες, ὑπὸ πολλῶν πάνυ συκοφαντοῦμαι, σὺ δ᾽ ἴσως ᾤου με ἐρεῖν ὡς ὑπὸ πολλῶν καλὸς κἀγαθὸς κέκλημαι.

22 Ἀλλὰ καὶ ἔμελλον δὲ ἐγώ, ἔφην, ὦ Ἰσχόμαχε, τοῦτο ἐρήσεσθαι, εἴ τινα καὶ τούτου ἐπιμέλειαν ποιῇ, ὅπως δύνῃ λόγον διδόναι καὶ λαμβάνειν, ἄν τινί ποτε δέῃ. Οὐ γὰρ δοκῶ σοι, ἔφη, ὦ Σώκρατες, αὐτὰ ταῦτα διατελεῖν μελετῶν, ἀπολογεῖσθαι μὲν ὅτι οὐδένα ἀδικῶ, εὖ δὲ ποιῶ πολλοὺς ὅσον ἂν δύνωμαι, κατηγορεῖν δὲ οὐ δοκῶ σοι μελετᾶν ἀνθρώπων, ἀδικοῦντας μὲν καὶ ἰδίᾳ πολλοὺς καὶ τὴν

11.17 ὡς τὰ πολλά, meistens • ἀναβάς, Partizip Aorist zu ἀναβαίνω, besteigen, K. 101 • ἱππασάμην, Aorist zu ἱππάζομαι, reiten • ἱππασίαν zu ἡ ἱππασία, der Ritt • ὡς ἂν δύνωμαι, soweit ich kann • ὁμοιωτάτην, Superlativ zu ὁμοῖος, ähnlich • τὸ πλάγιον, der Abhang • ὁ τάφρος, der Graben • ὁ ὀχετός, die Rinne • ἀπεχόμενος zu ἀπέχομαί τινος, sich fernhalten von • ἀποχωλεῦσαι, Infinitiv Aorist zu ἀποχωλεύω, lahm werden.

11.18 ἐξαλίσας, Partizip Aorist zu ἐξαλίνδω, sich wälzen lassen • τὰ μὲν βάδην, ein Stück weit zu Fuß • τὰ δέ, ein Stück weit • ἀποδραμών, Partizip Aorist zu ἀποτρέχω, schnell laufen, K. 111, 10 • ἀπεστλεγγισάμην, Aorist zu ἀποστλεγγίζομαι, sich abreiben • ἀριστῶ zu ἀριστάω, frühstücken ↔ τὸ ἄριστον, das Frühstück • ὅσα nur so viel, dass ich weder leer noch allzu voll bin • διημερεύειν zu διημερεύω, den Tag verbringen ↔ ἡ ἡμέρα, der Tag.

11.19 ἀρεσκόντως μοι, ἀρεσκόντως, Adverb, wie es mir gefällt ↔ ἀρέσκω • συνεσκευασμένοις, Partizip Perfekt Passiv zu συσκευάζω, zusammenpacken, zusammen erledigen • παρασκευάσμασιν, Dativ Plural zu τὸ παρασκεύασμα, die Beschäftigung • τὸ ἄσκημα, die Übung • ἐπιμελείαις, Dativ Plural zu ἡ ἐπιμέλεια, die Sorge • ἀγαστά, zu ἀγαστός, bewundernswert ↔ ἄγαμαι.

11.20 ἐπιμελῇ, 2. P. Singular zu ἐπιμελέομαί τινος, sich kümmern um etwas • τὸ τεκμήριον, der Beweis • παρέχῃ, 2. P. Singular zu παρέχομαι, vorweisen, bieten • ὡς ἐπὶ τὸ πολύ, meistens • ἐν τοῖς ἱππικωτάτοις, Superlativ zu ἵππικος, im Reiten geübt.

Ischomachos wird aufgrund seines Wohlstands und seines Wohlergehens beneidet, angegriffen und auch in Rechtsstreitigkeiten verwickelt und sogar verurteilt (21).

11.21 συκοφαντοῦμαι, zu συκοφαντέω, verleumden • ᾤου, 2. Sing. Imperfekt zu οἴομαι, glauben, K. 110, 14 • ἐρεῖν, Infinitiv Futur zu λέγω, ἀγορεύω, reden, K. 111, 12 • κέκλημαι, Perfekt Passiv zu καλέω, nennen.

Sokrates will wissen, wie Ischomachos sich in einer solchen Situation rechtfertige. Ischomachos antwortet mit dem typisch sokratischen Argument, er tue den ganzen Tag nichts anderes, als sich damit zu rechtfertigen, dass er niemandem Unrecht tue (22–25).

πόλιν καταμανθάνων τινάς, εὖ δὲ ποιοῦντας οὐδένα; 23 ᾿Αλλ᾿ εἰ καὶ ἑρμηνεύειν τοιαῦτα μελετᾷς, τοῦτό μοι, ἔφην ἐγώ, ἔτι, ὦ Ἰσχόμαχε, δήλωσον. Οὐδὲν μὲν οὖν, ὦ Σώκρατες, παύομαι, ἔφη, λέγειν μελετῶν. ἢ γὰρ κατηγοροῦντός τινος τῶν οἰκετῶν ἢ ἀπολογουμένου ἀκούσας ἐλέγχειν πειρῶμαι, ἢ μέμφομαί τινα πρὸς τοὺς φίλους ἢ ἐπαινῶ, ἢ διαλλάττω τινὰς τῶν ἐπιτηδείων πειρώμενος διδάσκειν ὡς συμφέρει αὐτοῖς φίλους εἶναι μᾶλλον ἢ πολεμίους, 24 ⟨ἢ⟩ ἐπιτιμῶμέν τινι στρατηγῷ συμπαρόντες, ἢ ἀπολογούμεθα ὑπέρ του, εἴ τις ἀδίκως αἰτίαν ἔχει, ἢ κατηγοροῦμεν πρὸς ἀλλήλους, εἴ τις ἀδίκως τιμᾶται. πολλάκις δὲ καὶ βουλευόμενοι ἃ μὲν ἂν ἐπιθυμῶμεν πράττειν, ταῦτα ἐπαινοῦμεν, ἃ δ᾿ ἂν μὴ βουλώμεθα πράττειν, ταῦτα μεμφόμεθα.

25 ἤδη δ᾿, ἔφη, ὦ Σώκρατες, καὶ διειλημμένως πολλάκις ἐκρίθην ὅ τι χρὴ παθεῖν ἢ ἀποτεῖσαι. Ὑπὸ τοῦ, ἔφην ἐγώ, ὦ Ἰσχόμαχε; ἐμὲ γὰρ δὴ τοῦτο ἐλάνθανεν. Ὑπὸ τῆς γυναικός, ἔφη. Καὶ πῶς δή, ἔφην ἐγώ, ἀγωνίζει; Ὅταν μὲν ἀληθῆ λέγειν συμφέρῃ, πάνυ ἐπιεικῶς· ὅταν δὲ ψευδῆ, τὸν ἥττω λόγον, ὦ Σώκρατες, οὐ μὰ τὸν Δία οὐ δύναμαι κρείττω ποιεῖν. καὶ ἐγὼ εἶπον· Ἴσως γάρ, ὦ Ἰσχόμαχε, τὸ ψεῦδος οὐ δύνασαι ἀληθὲς ποιεῖν.

11.22 ἔμελλον, Imperfekt zu μέλλω, wollen • ἐρήσεσθαι, Infinitiv Futur zu ἔρομαι, fragen ↔ ἐρωτάω • ἐπιμέλειαν τούτου ποιῇ, 2. P. Singular zu ἐπιμέλειαν τούτου ποιέομαι, sich darum kümmern • λόγον διδόναι, Rechenschaft ablegen ↔ ἀπολογεῖσθαι • λόγον λαμβάνειν, anklagen, entspricht κατηγορεῖν • ἄν τινί ποτε δέῃ, wenn es einmal für etwas nötig ist • διατελεῖν zu διατελέω mit prädikativem Partizip, etwas fortwährend tun, K. 198 • μελετῶν zu μελετάω, üben • ἀπολογεῖσθαι, zu ἀπολογέομαι, sich verteidigen • κατηγορεῖν zu κατηγορέω τινός, jemanden anklagen.

11.23 ἑρμηνεύειν zu ἑρμηνεύω, auf den Grund gehen • μελετᾷς zu μελετάω, sich bemühen • δήλωσον, Imperativ Aorist zu δηλόω, erklären • ἐλέγχειν zu ἐλέγχω, eine Sachlage klären • μέμφομαι, tadeln • διαλλάττω, versöhnen • ὁ ἐπιτήδειος, der Verwandte, der Angehörige • συμφέρει zu συμφέρω nützen.

11.24 ἐπιτίμωμέν τινι, zu ἐπιτιμάω, jemanden tadeln • συμπαρόντες, Partizip zu συμπάρειμι, mit dabei sein, K. 103, 3.

11.25 διειλημμένως, sorgfältig, genau, in allen Einzelheiten, Adverb zum Partizip Perfekt Passiv, zu διαλαμβάνω, auseinandernehmen, K. 108, 11 • ἐκρίθην, 1. Sing. Aorist Passiv zu κρίνω, entscheiden, man hat über mich entschieden • ἐλάνθανεν, Imperfekt zu λανθάνω, verborgen sein, K. 108, 12 • ἀγωνίζει, 2. Person Sg. Indikativ Präsens zu ἀγωνίζομαι, streiten • πάνυ εἰκῶς, ganz geschickt • ψευδής, falsch, unwahr • τὸν ἥττω λόγον, Akkusativ, das schwächere Argument • κρείττω ποιεῖν, stärker machen.

12. Kapitel: Der Vorarbeiter, seine Qualifikation und seine Gewissenhaftigkeit

1 Ἀλλὰ γάρ, ἔφην ἐγώ, μή σε κατακωλύω, ὦ Ἰσχόμαχε, ἀπιέναι ἤδη βουλόμενον. Μὰ Δί', ἔφη, ὦ Σώκρατες· ἐπεὶ οὐκ ἂν ἀπέλθοιμι πρὶν ⟨ἂν⟩ παντάπασιν ἡ ἀγορὰ λυθῇ. 2 Νὴ Δί', ἔφην ἐγώ, φυλάττῃ γὰρ ἰσχυρῶς μὴ ἀποβάλῃς τὴν ἐπωνυμίαν, τὸ ἀνὴρ καλὸς κἀγαθὸς κεκλῆσθαι. νῦν γὰρ πολλῶν σοι ἴσως ὄντων ἐπιμελείας δεομένων, ἐπεὶ συνέθου τοῖς ξένοις, ἀναμένεις αὐτούς, ἵνα μὴ ψεύσῃ. Ἀλλά τοι, ὦ Σώκρατες, ἔφη ὁ Ἰσχόμαχος, οὐδ' ἐκεῖνά μοι ἀμελεῖται ἃ σὺ λέγεις· ἔχω γὰρ ἐπιτρόπους ἐν τοῖς ἀγροῖς.

3 Πότερα δέ, ἐγὼ ἔφην, ὦ Ἰσχόμαχε, ὅταν δεηθῇς ἐπιτρόπου, καταμαθὼν ἄν που ᾖ ἐπιτροπευτικὸς ἀνήρ, τοῦτον πειρᾷ ὠνεῖσθαι, ὥσπερ, ὅταν τέκτονος δεηθῇς, καταμαθὼν εὖ οἶδ' ὅτι ἄν που ἴδῃς τεκτονικόν, τοῦτον πειρᾷ κτᾶσθαι, ἢ αὐτὸς παιδεύεις τοὺς ἐπιτρόπους; 4 Αὐτὸς νὴ Δί', ἔφη, ὦ Σώκρατες, πειρῶμαι παιδεύειν. καὶ γὰρ ὅστις μέλλει ἀρκέσειν, ὅταν ἐγὼ ἀπῶ, ἀντ' ἐμοῦ ἐπιμελόμενος, τί αὐτὸν καὶ δεῖ ἄλλο ἐπίστασθαι ἢ ἅπερ ἐγώ; εἴπερ γὰρ ἱκανός εἰμι τῶν ἔργων προστατεύειν, κἂν ἄλλον δήπου δυναίμην διδάξαι ἅπερ αὐτὸς ἐπίσταμαι.

5 Οὐκοῦν εὔνοιαν πρῶτον, ἔφην ἐγώ, δεήσει αὐτὸν ἔχειν σοὶ καὶ τοῖς σοῖς, εἰ μέλλει ἀρκέσειν ἀντὶ σοῦ παρών. ἄνευ γὰρ εὐνοίας τί ὄφελος καὶ ὁποίας τινὸς οὖν ἐπιτρόπου ἐπιστήμης γίγνεται; Οὐδὲν μὰ Δί', ἔφη ὁ Ἰσχόμαχος, ἀλλά τοι τὸ εὐ-

---

Ischomachos beschreibt die Anforderungen an einen guten Verwalter, der in der Lage ist, die Arbeiter zum Gehorsam zu erziehen und dafür ein angemessenes Belohnungssystem zu benutzen, damit die Tüchtigen mehr Lohn bekommen als die Untüchtigen und so ihre Motivation erhalten bleibt (1–4).

12.1 κατακωλύω, hindern • ἀπιέναι, fortgehen, K. 103, 2 • πρὶν ἄν, bevor, ehe nicht • ἡ ἀγορά, der Markt • λυθῇ, Konjunktiv Aorist Passiv zu λύω lösen, auflösen.

12.2 φυλάττῃ, 2. P. Singular zu φυλάττομαι, sich hüten • ἀποβάλῃς, Konjunktiv Aorist zu ἀποβάλλω, verlieren, wegwerfen, K. 83, 3 • ἡ ἐπωνυμία, der Ruf • κεκλῆσθαι, Infinitiv Perfekt Passiv zu καλέω, nennen • ἡ ἐπιμέλεια, die Zuwendung • δεομένων, Partizip zu δέομαί τινος, etwas benötigen • συνέθου, 2. Sing. Aorist zu συντίθεμαί τινι, sich mit jemandem verabreden, K. 97, 3 • ἀναμένεις τινά, auf jemand warten, ἵνα μὴ ψεύσῃ, 2. Sing. Konjunktiv Aorist zu ψεύδομαι, sein Wort brechen, lügen • ἀμελεῖται, 3. Sing. Präsens Passiv zu ἀμελέω, vernachlässigen • ὁ ἐπίτροπος, der Vorarbeiter.

12.3 ὅταν δεηθῇς, 2. Sg. Konjunktiv Aorist zu δέομαί τινος, jemanden benötigen, K. 110, 11 • καταμαθών, Partizip Aorist zu καταμανθάνω, erfahren, K. 108, 13 • ἐπιτροπευτικὸς ἀνήρ, ein Mann mit Erfahrung als Vorarbeiter • πειρᾷ, 2. Sg. zu πειράομαι, versuchen • ὠνεῖσθαι zu ὠνέομαι, kaufen.

12.4 μέλλει zu μέλλω, imstande sein • ἀρκέσειν, Infinitiv Futur zu ἀρκέω, genügen, seinen Aufgaben gewachsen sein, K. 90, 4 • ἀντ' ἐμοῦ, an meiner Stelle • ἐπιμελόμενος zu ἐπιμέλομαι, sich um etwas kümmern • τῶν ἔργων προστατεύειν, die Arbeiten organisieren.

Um seinen Aufgaben gerecht werden zu können, muss der Vorarbeiter Zuneigung zum Hausherrn und seinen Mitarbeitern empfinden. Das wird erleichtert, wenn der Hausherr den Vorarbeiter und die übrigen Arbeiter am Gewinn des Unternehmens teilhaben lässt. Die gegenseitige Sympathie stärkt die Leistungsfähigkeit und die Gewissenhaftigkeit bei der Erfüllung der Aufgaben, die noch dazu belohnt werden muss (5–14).

νοεῖν ἐμοὶ καὶ τοῖς ἐμοῖς ἐγὼ πρῶτον πειρῶμαι παιδεύειν. 6 Καὶ πῶς, ἐγὼ ἔφην, πρὸς τῶν θεῶν εὔνοιαν ἔχειν σοὶ καὶ τοῖς σοῖς διδάσκεις ὅντινα ἂν βούλῃ; Εὐεργετῶν νὴ Δί', ἔφη ὁ Ἰσχόμαχος, ὅταν τινὸς ἀγαθοῦ οἱ θεοὶ ἀφθονίαν διδῶσιν ἡμῖν. 7 Τοῦτο οὖν λέγεις, ἔφην ἐγώ, ὅτι οἱ ἀπολαύοντες τῶν σῶν ἀγαθῶν εὖνοί σοι γίγνονται καὶ ἀγαθόν τί σε βούλονται πράττειν; Τοῦτο γὰρ ὄργανον, ὦ Σώκρατες, εὐνοίας ἄριστον ὁρῶ ὄν.

8 Ἂν δὲ δὴ εὔνους σοι γένηται, ἔφην, ὦ Ἰσχόμαχε, ἦ τούτου ἕνεκα ἱκανὸς ἔσται ἐπιτροπεύειν; οὐχ ὁρᾷς ὅτι καὶ ἑαυτοῖς εὖνοι πάντες ὄντες ὡς εἰπεῖν ἄνθρωποι, πολλοὶ αὐτῶν εἰσὶν οἳ οὐκ ἐθέλουσιν ἐπιμελεῖσθαι ὅπως αὐτοῖς ἔσται ταῦτα ἃ βούλονται εἶναί σφισι τὰ ἀγαθά; 9 Ἀλλὰ ναὶ μὰ Δί', ἔφη ὁ Ἰσχόμαχος, τοιούτους ὅταν ἐπιτρόπους βούλωμαι καθιστάναι, καὶ ἐπιμελεῖσθαι διδάσκω. 10 Πῶς, ἔφην ἐγώ, πρὸς τῶν θεῶν; τοῦτο γὰρ δὴ ἐγὼ παντάπασιν οὐ διδακτὸν ᾤμην εἶναι, τὸ ἐπιμελῆ ποιῆσαι.

οὐδὲ γάρ ἐστιν, ἔφη, ὦ Σώκρατες, ἐφεξῆς γε οὕτως οἷόν τε πάντας διδάξαι ἐπιμελεῖς εἶναι. 11 Ποίους μὲν δή, ἐγὼ ἔφην, οἷόν τε; πάντως μοι σαφῶς τούτους διασήμηνον. Πρῶτον μέν, ἔφη, ὦ Σώκρατες, τοὺς οἴνου ἀκρατεῖς οὐκ ἂν δύναιο ἐπιμελεῖς ποιῆσαι· τὸ γὰρ μεθύειν λήθην ἐμποιεῖ πάντων τῶν πράττειν δεομένων. 12 Οἱ οὖν τούτου ἀκρατεῖς μόνοι, ἐγὼ ἔφην, ἀδύνατοί εἰσιν ἐπιμελεῖσθαι ἢ καὶ ἄλλοι τινές; Ναὶ μὰ Δί', ἔφη ὁ Ἰσχόμαχος, καὶ οἵ γε τοῦ ὕπνου· οὔτε γὰρ ἂν αὐτὸς δύναιτο καθεύδων τὰ δέοντα ποιεῖν οὔτε ἄλλους παρέχεσθαι. 13 Τί οὖν; ἐγὼ ἔφην, οὗτοι αὖ μόνοι ἀδύνατοι ἡμῖν ἔσονται ταύτην τὴν ἐπιμέλειαν διδαχθῆναι ἢ καὶ ἄλλοι τινὲς πρὸς τούτοις; Ἔμοιγέ τοι δοκοῦσιν, ἔφη ὁ Ἰσχόμαχος, καὶ οἱ τῶν ἀφροδισίων δυσέρωτες ἀδύνατοι εἶναι διδαχθῆναι ἄλλου τινὸς μᾶλλον ἐπιμελεῖσθαι ἢ τούτου· 14 οὔτε γὰρ ἐλπίδα οὔτ' ἐπιμέλειαν ἡδίονα ῥᾴδιον εὑρεῖν τῆς τῶν

12.5 ἡ εὔνοια, die Zuneigung, die Zuwendung • ἐπίτροπος ὁποίας τινὸς ἐπιστήμης, ein Vorarbeiter mit welchem Wissen auch immer, ein noch so kluger Vorarbeiter, Genitivus materiae, K. 140.

12.6 εὐεργετῶν, Partizip Präsens zu εὐεργετέω, Gutes tun • ἡ ἀφθονία, die Fülle.

12.7 ἀπολαύοντες, Partizip Präsens zu ἀπολαύω τινός, einen Vorteil haben von etwas • εὖνοι, zu εὔνοος (εὔνους), freundlich ↔ εὐνοέω, ἡ εὔνοια.

12.8 τούτου ἕνεκα, deswegen • ἐπιτροπεύω, Vorarbeiter sein • ὡς εἰπεῖν, sozusagen, absoluter Infinitiv, K. 195, 5 • σφισί, gleich ἑαυτοῖς, K. 61.

12.9 ἐπιμελεῖσθαι zu ἐπιμελέομαι, gewissenhaft sein.

12.10 παντάπασιν, ganz und gar • ἐπιμελῆ zu ἐπιμελής, gewissenhaft, verantwortungsbewusst • ἐφεξῆς, der Reihe nach, ausnahmslos•.

12.11 διασήμηνον, 2. Sg. Imperativ Aorist zu διασημαίνω, zeigen • ἀκρατεῖς zu ἀκρατής, unbeherrscht gegenüber, mit Genitiv • μεθύω, betrunken sein • ἡ λήθη, die Vergessenheit, Vergesslichkeit ↔ λανθάνω, ἐπιλανθάνομαι, vergessen • δεομένων zu δέω, ich muss, τὰ δεόμενα, was man muss.

12.12 καὶ οἵ γε τοῦ ὕπνου ἀκρατεῖς, diejenigen, die ihr Schlafbedürfnis nicht beherrschen, zu ὁ ὕπνος, der Schlaf • καθεύδων, Partizip zu καθεύδω, schlafen • παρέχομαι, dazu anhalten.

12.13 ταύτην τὴν ἐπιμέλειαν, Akkusativ der Beziehung, K. 136, ἡ ἐπιμέλεια, die Gewissenhaftigkeit • διδαχθῆναι, Infinitiv Aorist Passiv zu διδάσκω, lehren, belehren • πρὸς τούτοις, außer diesen • τῶν ἀφροδισίων zu τὰ ἀφροδίσια, die Liebesangelegenheiten • οἱ δυσέρωτες, die unglücklich Verliebten.

παιδικῶν ἐπιμελείας, οὐδὲ μήν, ὅταν παρῇ τὸ πρακτέον, τιμωρίαν χαλεπωτέραν εὐπετές ἐστι τοῦ ἀπὸ τῶν ἐρωμένων κωλύεσθαι. ὑφίεμαι οὖν καὶ οὓς ἂν τοιούτους γνῶ ὄντας μηδ᾽ ἐπιχειρεῖν ἐπιμελητὰς τούτων τινὰς καθιστάναι.

15 Τί δέ, ἔφην ἐγώ, οἵτινες αὖ ἐρωτικῶς ἔχουσι τοῦ κερδαίνειν, ἦ καὶ οὗτοι ἀδύνατοί εἰσιν εἰς ἐπιμέλειαν τῶν κατ᾽ ἀγρὸν ἔργων παιδεύεσθαι; Οὐ μὰ Δί᾽, ἔφη ὁ Ἰσχόμαχος, οὐδαμῶς γε, ἀλλὰ καὶ πάνυ εὐάγωγοί εἰσιν εἰς τὴν τούτων ἐπιμέλειαν· οὐδὲν γὰρ ἄλλο δεῖ ἢ δεῖξαι μόνον αὐτοῖς ὅτι κερδαλέον ἐστὶν ἡ ἐπιμέλεια. 16 Τοὺς δὲ ἄλλους, ἔφην ἐγώ, εἰ ἐγκρατεῖς τέ εἰσιν ὧν σὺ κελεύεις καὶ πρὸς τὸ φιλοκερδεῖς εἶναι μετρίως ἔχουσι, πῶς ἐκδιδάσκεις ὧν σὺ βούλει ἐπιμελεῖς γίγνεσθαι; ἁπλῶς, ἔφη, πάνυ, ὦ Σώκρατες. ὅταν μὲν γὰρ ἐπιμελομένους ἴδω, καὶ ἐπαινῶ καὶ τιμᾶν πειρῶμαι αὐτούς, ὅταν δὲ ἀμελοῦντας, λέγειν τε πειρῶμαι καὶ ποιεῖν ὁποῖα δήξεται αὐτούς.

17 Ἴθι, ἐγὼ ἔφην, ὦ Ἰσχόμαχε, καὶ τόδε μοι παρατραπόμενος τοῦ λόγου περὶ τῶν παιδευομένων εἰς τὴν ἐπιμέλειαν δήλωσον περὶ τοῦ παιδεύεσθαι, εἰ οἷόν τέ ἐστιν ἀμελῆ αὐτὸν ὄντα ἄλλους ποιεῖν ἐπιμελεῖς. 18 Οὐ μὰ Δί᾽, ἔφη ὁ Ἰσχόμαχος, οὐδέν γε μᾶλλον ἢ ἄμουσον ὄντα αὐτὸν ἄλλους μουσικοὺς ποιεῖν. χαλεπὸν γὰρ τοῦ διδασκάλου πονηρῶς τι ὑποδεικνύοντος καλῶς τοῦτο ποιεῖν μαθεῖν, καὶ ἀμελεῖν γε ὑποδεικνύοντος τοῦ δεσπότου χαλεπὸν ἐπιμελῆ θεράποντα γενέσθαι.

19 ὡς δὲ συντόμως εἰπεῖν, πονηροῦ μὲν δεσπότου οἰκέτας οὐ δοκῶ χρηστοὺς καταμεμαθηκέναι· χρηστοῦ μέντοι πονηροὺς ἤδη εἶδον, οὐ μέντοι ἀζημίους γε. τὸν δὲ ἐπιμελητικοὺς βουλόμενον ποιήσασθαί τινας καὶ ἐφορατικὸν δεῖ εἶναι τῶν

12.14 ἡ ἐλπίς, ἐλπίδος, die Hoffnung • ἡ ἐπιμέλεια, die Fürsorge • ἡδίονα, Komparativ zu ἡδύς, K. 47; 57, 2 • τῶν παιδικῶν ἐπιμέλεια, die Fürsorge für das geliebte Wesen • ὅταν παρῇ τὸ πρακτέον, wenn etwas, das getan werden muss, ansteht • ἡ τιμωρία, die Strafe • εὐπετής, εὐπετές, leicht • ἀπὸ τῶν ἐρωμένων, von den geliebten Menschen • κωλύομαι ferngehalten werden • ὑφίεμαι, fest entschlossen sein, K. 97–99 • γνῶ, Konjunktiv Aorist zu γιγνώσκω, K. 101, 2; 109, 11 • ὁ ἐπιμελητής, der Aufseher ↔ ἐπιμέλομαι, ἐπιμελέομαι, ἡ ἐπιμέλεια • καθιστάναι, zu καθίστημι, einsetzen.

Unter vielen anderen Eigenschaften ist auch ein ausgeprägtes Gewinnstreben der Tätigkeit des Vorarbeiters zuträglich. Das Gewinnstreben ist gewöhnlich mit Gewissenhaftigkeit verbunden, und in dieser Kombination ist es für das ganze gewinnorientierte Wirtschaftsunternehmen nützlich (15–17).

12.15 ἐρωτικῶς ἔχειν τινός, ein erotisches Verhältnis haben zu jemandem oder zu etwas • τὸ κερδαίνειν, die Einkommenssteigerung • εὐάγωγος, gut anzuleiten • κερδαλέος, gewinnbringend.

12.16 ἐγκρατής, zurückhaltend • ὧν für τούτων, ἅ ..., Attraktion des Relativpronomens, K. 126, 2 • φιλοκερδής, gewinnstrebend • μετρίως ἔχειν, sich maßvoll verhalten • ἐκδιδάσκεις, zu ἐκδιδάσκω, anleiten • ἁπλῶς, ganz einfach • ὅταν ἴδω, Konjunktiv Aorist zu ὁράω, sehen, K. 111, 6 • τιμᾶν, belohnen, ehren • δήξεται, Futur zu δάκνω, beißen, schmerzen, K. 112.

12.17 ἴθι, Imperativ zu εἶμι, ich werde gehen, K. 103, 2 • παρατραπόμενος, Partizip Aorist Medium zu παρατρέπω, abwenden, K. 86, 3; 96, 23 • ἀμελής, gewissenlos, verantwortungslos ↔ ἐπιμελής gewissenhaft, verantwortungsbewusst.

12.18 ἄμουσος, unmusikalisch.

Wenn der Hausherr ein gutes Vorbild bietet und die Arbeit im Auge behält, tun auch die Diener ihre Pflicht (19–20).

ἔργων καὶ ἐξεταστικὸν καὶ χάριν θέλοντα τῶν καλῶς τελουμένων ἀποδιδόναι τῷ αἰτίῳ, καὶ δίκην μὴ ὀκνοῦντα τὴν ἀξίαν ἐπιθεῖναι τῷ ἀμελοῦντι.

20 καλῶς δέ μοι δοκεῖ ἔχειν, ἔφη ὁ Ἰσχόμαχος, καὶ ἡ τοῦ βαρβάρου λεγομένη ἀπόκρισις, ὅτε βασιλεὺς ἄρα ἵππου ἐπιτυχὼν ἀγαθοῦ παχῦναι αὐτὸν ὡς τάχιστα βουλόμενος ἤρετο τῶν δεινῶν τινα ἀμφ' ἵππους δοκούντων εἶναι τί τάχιστα παχύνει ἵππον· τὸν δ' εἰπεῖν λέγεται ὅτι δεσπότου ὀφθαλμός. οὕτω δ', ἔφη, ὦ Σώκρατες, καὶ τἆλλα μοι δοκεῖ δεσπότου ὀφθαλμὸς τὰ καλά τε κἀγαθὰ μάλιστα ἐργάζεσθαι.

12.19 ὡς δὲ συντόμως εἰπεῖν, um es kurz zu sagen • καταμεμαθηκέναι, Infinitiv Perfektzu καταμανθάνω, erfahren, K. 108, 13 • ἀζήμιος, straflos ↔ ἡ ζημία • ἐπιμελητικός, verantwortungsbewusst • ἐφορατικός, fähig zur Aufsicht, beaufsichtigungsfähig • ἐξεταστικός, fähig zur Überprüfung ↔ ἐξετάζειν • τελουμένων, Partizip Präsens Passiv zu τελέω, vollenden • χάριν ἀποδιδόναι, Dank abstatten • ὁ αἴτιος, der Verantwortliche • ἡ δίκη, die Strafe • ὀκνοῦντα, Partizip zu ὀκνέω, zögern • ἄξιος, verdient • ἐπιθεῖναι, Infinitiv Aorist zu ἐπιτίθημι, auferlegen, K. 97 • τῷ ἀμελοῦντι, Partizipzu ἀμελέω, nachlässig sein.

12.20 καλῶς ἔχειν, passend sein • ἡ ἀπόκρισις, die Antwort ↔ ἀποκρίνομαι, K. 94, 1 • ἐπιτυχών, Partizip Aorist zu ἐπιτυγχάνω τινός, etwas bekommen • παχῦναι, Infinitiv Aorist Aktiv zu παχύνω, zureiten • ὡς τάχιστα, möglichst schnell • τῶν δεινῶν ἀμφ' ἵππους, zu ὁ δεινὸς ἀμφ' ἵππους, der Pferdesachverständige • ὁ δεσπότου ὀφθαλμός, das Auge seines Herrn • τἆλλα, Akkusativ der Beziehung, K. 136.

13. Kapitel: Fachkenntnisse und Führungsaufgaben des Vorarbeiters

1 Ὅταν ⟨δὲ⟩ παραστήσῃς τινί, ἔφην ἐγώ, τοῦτο καὶ πάνυ ἰσχυρῶς, ὅτι δεῖ ἐπιμελεῖσθαι ὧν ἂν σὺ βούλῃ, ἦ ἱκανὸς ἤδη ἔσται ὁ τοιοῦτος ἐπιτροπεύειν, ἤ τι καὶ ἄλλο προσμαθητέον αὐτῷ ἔσται, εἰ μέλλει ἐπίτροπος ἱκανὸς ἔσεσθαι; 2 Ναὶ μὰ Δί', ἔφη ὁ Ἰσχόμαχος, ἔτι μέντοι λοιπὸν αὐτῷ ἐστι γνῶναι ὅ τι τε ποιητέον καὶ ὁπότε καὶ ὅπως, εἰ δὲ μή, τί μᾶλλον ἐπιτρόπου ἄνευ τούτων ὄφελος ἢ ἰατροῦ ὃς ἐπιμελοῖτο μὲν κάμνοντός τινος πρῴ τε ἰὼν καὶ ὀψέ, ὅ τι δὲ συμφέρον τῷ κάμνοντι ποιεῖν εἴη, τοῦτο μὴ εἰδείη;

3 Ἐάν γε μὴν καὶ τὰ ἔργα μάθῃ ὡς ἔστιν ἐργαστέα, ἔτι τινός, ἔφην ἐγώ, προσδεήσεται, ἢ ἀποτετελεσμένος ἤδη οὗτός σοι ἔσται ἐπίτροπος; Ἄρχειν γε, ἔφη, οἶμαι δεῖν αὐτὸν μαθεῖν τῶν ἐργαζομένων. 4 Ἦ οὖν, ἔφην ἐγώ, καὶ σὺ ἄρχειν ἱκανοὺς εἶναι παιδεύεις τοὺς ἐπιτρόπους; Πειρῶμαί γε δή, ἔφη ὁ Ἰσχόμαχος. Καὶ πῶς δή, ἔφην ἐγώ, πρὸς τῶν θεῶν τὸ ἀρχικοὺς εἶναι ἀνθρώπων παιδεύεις; Φαύλως, ἔφη, πάνυ, ὦ Σώκρατες, ὥστε ἴσως ἂν καὶ καταγελάσαις ἀκούων.

5 Οὐ μὲν δὴ ἄξιόν γ', ἔφην ἐγώ, τὸ πρᾶγμα καταγέλωτος, ὦ Ἰσχόμαχε. ὅστις γάρ τοι ἀρχικοὺς ἀνθρώπων δύναται ποιεῖν, δῆλον ὅτι οὗτος καὶ δεσποτικοὺς ἀνθρώπων δύναται διδάσκειν, ὅστις δὲ δεσποτικοὺς δύναται ποιεῖν, καὶ βασιλικούς. ὥστε οὐ καταγέλωτός μοι δοκεῖ ἄξιος εἶναι ἀλλ' ἐπαίνου μεγάλου ὁ τοῦτο δυνάμενος ποιεῖν.

Was hat der Vorarbeiter zu tun? Er hält die übrigen Arbeiter zu sorgfältigem Arbeiten an und bringt ihnen bei zu gehorchen (1–12).

13.1 παραστήσῃς, Konjunktiv Aorist Aktiv zu παρίστημι, jemandem etwas vor Augen stellen, K. 97 • ὧν ἂν σὺ βούλῃ, Attraktion des Relativpronomen, τούτων, ἃ ..., K. 126, 2 • ἦ, Fragepartikel • προσμαθητέον αὐτῷ, er muss noch etwas hinzulernen, Verbaladjektiv zu προσμανθάνω, K. 78, 9.

13.2 λοιπός, übrig • γνῶναι, Infinitiv Aorist zu γιγνώσκω, K. 101 • ποιητέον, Verbaladjektiv zu ποιέω, es ist zu tun • τὸ ὄφελος, der Nutzen, K. 44 • πρῴ τε καὶ ὀψέ, morgens und abends • ἰών, Partizip zu εἶμι • συμφέρον, Partizip Präsens Neutrum zu συμφέρω, nützlich sein • εἰδείη, Optativ zu οἶδα, K. 102.

13.3 ἔργα ἐργαστέα, Arbeiten, die zu verrichten sind • προσδεήσεται, Futur zu προσδέομαι, sonst noch benötigen • ἀποτετελεσμένος, Partizip Perfekt Passiv zu ἀποτελέω, vollenden • ἄρχειν τινος, jemanden anleiten.

13.4 ἀρχικός, jemand, der zum Herrschen, zum Erteilen von Anweisungen fähig ist • φαύλως πάνυ, das geht ganz leicht • καταγελάσαις ἄν, Optativ Aorist zu καταγελάω, auslachen.

13.5 οὐκ ἄξιον τὸ πρᾶγμα τοῦ γέλωτος, die Sache ist nicht zum Lachen, ὁ γέλως, τοῦ γέλωτος, das Lachen • ἀρχικοί, δεσποτικοί, βασιλικοί fähig zu führen, zu herrschen, als König zu regieren.

6 Οὐκοῦν, ἔφη, ὦ Σώκρατες, τὰ μὲν ἄλλα ζῷα ἐκ δυοῖν τούτοιν τὸ πείθεσθαι μανθάνουσιν, ἔκ τε τοῦ ὅταν ἀπειθεῖν ἐπιχειρῶσι κολάζεσθαι καὶ ἐκ τοῦ ὅταν προθύμως ὑπηρετῶσιν εὖ πάσχειν. 7 οἵ τε γοῦν πῶλοι μανθάνουσιν ὑπακούειν τοῖς πωλοδάμναις τῷ ὅταν μὲν πείθωνται τῶν ἡδέων τι αὐτοῖς γίγνεσθαι, ὅταν δὲ ἀπειθῶσι πράγματα ἔχειν, ἔστ᾽ ἂν ὑπηρετήσωσι κατὰ γνώμην τῷ πωλοδάμνῃ· 8 καὶ τὰ κυνίδια δὲ πολὺ τῶν ἀνθρώπων καὶ τῇ γνώμῃ καὶ τῇ γλώττῃ ὑποδεέστερα ὄντα ὅμως καὶ περιτρέχειν καὶ κυβιστᾶν καὶ ἄλλα πολλὰ μανθάνει τῷ αὐτῷ τούτῳ τρόπῳ. ὅταν μὲν γὰρ πείθηται, λαμβάνει τι ὧν δεῖται, ὅταν δὲ ἀμελῇ, κολάζεται.

9 ἀνθρώπους δ᾽ ἔστι πιθανωτέρους ποιεῖν καὶ λόγῳ, ἐπιδεικνύοντα ὡς συμφέρει αὐτοῖς πείθεσθαι, τοῖς δὲ δούλοις καὶ ἡ δοκοῦσα θηριώδης παιδεία εἶναι πάνυ ἐστὶν ἐπαγωγὸς πρὸς τὸ πείθεσθαι διδάσκειν· τῇ γὰρ γαστρὶ αὐτῶν ἐπὶ ταῖς ἐπιθυμίαις προσχαριζόμενος ἂν πολλὰ ἀνύτοις παρ᾽ αὐτῶν. αἱ δὲ φιλότιμοι τῶν φύσεων καὶ τῷ ἐπαίνῳ παροξύνονται. πεινῶσι γὰρ τοῦ ἐπαίνου οὐχ ἧττον ἔνιαι τῶν φύσεων ἢ ἄλλαι τῶν σίτων τε καὶ ποτῶν.

10 ταῦτά τε οὖν, ὅσαπερ αὐτὸς ποιῶν οἶμαι πιθανωτέροις ἀνθρώποις χρῆσθαι, διδάσκω οὓς ἂν ἐπιτρόπους βούλωμαι καταστῆσαι καὶ τάδε συλλαμβάνω αὐτοῖς· ἱμάτιά τε γὰρ ἃ δεῖ παρέχειν ἐμὲ τοῖς ἐργαστῆρσι καὶ ὑποδήματα οὐχ ὅμοια πάντα ποιῶ, ἀλλὰ τὰ μὲν χείρω, τὰ δὲ βελτίω, ἵνα ᾖ τὸν κρείττω τοῖς βελτίοσι τιμᾶν, τῷ δὲ χείρονι τὰ ἥττω διδόναι. 11 πάνυ γάρ μοι δοκεῖ, ἔφη, ὦ Σώκρατες, ἀθυμία ἐγγί-

---

13.6 ἐκ δυοῖν τούτοιν, aus diesen beiden Gründen, Dual, K. 95 • τὸ πείθεσθαι, das Gehorchen • ἀπειθεῖν, nicht gehorsam sein • κολάζεσθαι, zu κολάζω, bestrafen • ὑπηρετῶσιν, Konjunktiv zu ὑπηρετέω, gehorchen • εὖ πάσχειν zu εὖ πάσχω, mir geht es gut.

13.7 οἱ πῶλοι, die Fohlen • ὁ πωλοδάμνης, der Fohlenausbilder • γοῦν, doch auch • τῶν ἡδέων τι, etwas Angenehmes, Genitivus partitivus, K. 142 • ἐστ᾽ ἂν ὑπερετήσωσιν, bis sie gehorchen • κατὰ γνώμην, nach seinem Willen.

13.8 τὰ κυνίδια, die jungen Hunde ↔ ὁ κύων, τοῦ κυνός • ὑποδεέστερα, Komparativ zu ὑποδεής, unterlegen • περιτρέχειν, im Kreis laufen • κυβιστᾶν, Rad schlagen • τῷ αὐτῷ τρόπῳ, auf dieselbe Weise.

13.9 πιθανωτέρους, Komparativ zu πιθανός, gefügig • ἡ δοκοῦσα θηριώδης παιδεία, die scheinbar nur für Tiere geeignete Erziehung • ἐπαγωγός, hinführend geeignet ↔ ἐπάγω • τῇ γαστρί, Dativ zu ἡ γαστὴρ, τῆς γαστρός, der Bauch, mit Hilfe des Bauches • προσχαριζόμενος, Partizip zu προσχαρίζομαι, eingehen auf, Rücksicht nehmen auf • αἱ ἐπιθυμίαι, die leiblichen Bedürfnisse • φιλότιμοι zu φιλότιμος, ehrgeizig, K. 54 (Adjektive mit nur einer Form für alle drei Genera) • παροξύνονται zu παροξύνω, anspornen • πεινῶσι zu πεινάω τινός, hungern nach etwas • τῶν σίτων zu ὁ σῖτος, das Brot • τῶν ποτῶν zu τὸ ποτόν, das Getränk.

13.10 συλλαμβάνω, mit anfassen, helfen • τὰ ἱμάτια, die Kleidung • ὁ ἐργαστήρ, τοῦ ἐργαστῆρος, der Arbeiter • τὰ ὑποδήματα, die Schuhe • τὰ χείρω, wie χείρονα, Komparativ zu κακός • τὰ βελτίω, wie βελτίονα, Komparativ zu ἀγαθός • τὸν κρείττω, wie κρείττονα, Komparativ zu ἀγαθός • τὰ ἥττω, wie τὰ ἥττονα, das Geringere, K. 58, unregelmäßige Komparation.

γνεσθαι τοῖς ἀγαθοῖς, ὅταν ὁρῶσι τὰ μὲν ἔργα δι᾽ αὐτῶν καταπραττόμενα, τῶν δὲ ὁμοίων τυγχάνοντας ἑαυτοῖς τοὺς μήτε πονεῖν μήτε κινδυνεύειν ἐθέλοντας, ὅταν δέῃ. 12 αὐτός τε οὖν οὐδ᾽ ὁπωστιοῦν τῶν ἴσων ἀξιῶ τοὺς ἀμείνους τοῖς κακίοσι τυγχάνειν, τούς τε ἐπιτρόπους, ὅταν μὲν εἰδῶ διαδεδωκότας τοῖς πλείστου ἀξίοις τὰ κράτιστα, ἐπαινῶ, ἂν δὲ ἴδω ἢ κολακεύμασί τινα προτιμώμενον ἢ καὶ ἄλλῃ τινὶ ἀνωφελεῖ χάριτι, οὐκ ἀμελῶ, ἀλλ᾽ ἐπιπλήττω καὶ πειρῶμαι διδάσκειν, ὦ Σώκρατες, ὅτι οὐδ᾽ αὐτῷ σύμφορα ταῦτα ποιεῖ.

13.11 πάνυ γάρ μοι δοκεῖ, ich bin nämlich fest davon überzeugt • ἡ ἀθυμία, die Lustlosigkeit • ὅταν ὁρῶσι, wenn sie einerseits sehen • τὰ μὲν ἔργα τὰ δι᾽ αὐτῶν καταπραττόμενα, einerseits die eigenen, die durch sie selbst erbrachten Leistungen, sehen • ὅταν ὁρῶσι [...] μήτε πονεῖν μήτε κινδυνεύειν ἐθέλοντας, und wenn sie andererseits sehen, wie diejenigen, die sich nicht anstrengen und in Gefahr begeben wollen, das Gleiche bekommen wie sie selbst.

13.12 οὐδ᾽ ὁπωστιοῦν, auf keinen Fall • ἀξιῶ zu ἀξιόω, für richtig halten • τῶν ἴσων τυγχάνειν, K. 108, 15, das Gleiche bekommen wie (Dativ) • ὅταν εἰδῶ, Konjunktiv zu οἶδα, K. 102, 4 • διαδεδωκότας, Partizip Perfekt zu διαδίδωμι, verteilen • οἱ πλείστου ἄξιοι, diejenigen, die es am meisten verdienen • κολακεύμασι, aufgrund von Schmeicheleien • προτιμᾶται, Präsens Passiv zu προτιμάω, vorziehen • ἡ ἀνωφελὴς χάρις, die nutzlose Gefälligkeit • ἀμελῶ, über etwas hinwegsehen ↔ ἐπιμέλομαι, ἡ ἐπιμέλεια • ἐπιπλήττω, zurechtweisen K. 107, 2 • σύμφορος, vorteilhaft.

14. Kapitel: Erziehung zu Gerechtigkeit und Gesetzestreue

1 ὅταν δέ, ὦ Ἰσχόμαχε, ἔφην ἐγώ, καὶ ἄρχειν ἤδη ἱκανός σοι γένηται ὥστε πειθομένους παρέχεσθαι, ἦ ἀποτετελεσμένον τοῦτον ἡγῇ ἐπίτροπον, ἢ ἔτι τινὸς προσδεῖται ὁ ταῦτα ἔχων ἃ σὺ εἴρηκας; 2 ναὶ μὰ Δί', ἔφη ὁ Ἰσχόμαχος, τοῦ γε ἀπέχεσθαι τῶν δεσποσύνων καὶ μὴ κλέπτειν. εἰ γὰρ ὁ τοὺς καρποὺς μεταχειριζόμενος τολμῴη ἀφανίζειν ὥστε μὴ λείπειν λυσιτελοῦντας τοῖς ἔργοις, τί ἂν ὄφελος εἴη τὸ διὰ τῆς τούτου ἐπιμελείας γεωργεῖν;

3 ἦ καὶ ταύτην οὖν, ἔφην ἐγώ, τὴν δικαιοσύνην σὺ ὑποδύει διδάσκειν; καὶ πάνυ, ἔφη ὁ Ἰσχόμαχος· οὐ μέντοι γε πάντας ἐξ ἑτοίμου εὑρίσκω ὑπακούοντας τῆς διδασκαλίας. 4 καίτοι τὰ μὲν καὶ ἐκ τῶν Δράκοντος νόμων, τὰ δὲ καὶ ἐκ τῶν Σόλωνος πειρῶμαι, ἔφη, λαμβάνων ἐμβιβάζειν εἰς τὴν δικαιοσύνην τοὺς οἰκέτας. δοκοῦσι γάρ μοι, ἔφη, καὶ οὗτοι οἱ ἄνδρες θεῖναι πολλοὺς τῶν νόμων ἐπὶ δικαιοσύνης τῆς τοιαύτης διδασκαλίᾳ.

5 γέγραπται γὰρ ζημιοῦσθαι ἐπὶ τοῖς κλέμμασι καὶ δεδέσθαι ἄν τις ἁλῷ ποιῶν καὶ θανατοῦσθαι τοὺς ἐγχειροῦντας. δῆλον οὖν, ἔφη, ὅτι ἔγραφον αὐτὰ βουλόμενοι ἀλυσιτελῆ ποιῆσαι τοῖς ἀδίκοις τὴν αἰσχροκέρδειαν. 6 ἐγὼ οὖν καὶ τούτων, ἔφη, προσφέρων ἔνια καὶ ἄλλα τῶν βασιλικῶν νόμων προφερόμενος πειρῶμαι

Der Vorarbeiter darf den Besitz des Herrn nicht antasten. Der Herr lehrt ihn, die geltenden Gesetze zu achten, die nicht nur die Gesetzlosen bestrafen, sondern auch die Gesetzestreuen belohnen, sodass die Habsüchtigen sehen, dass die Gerechten reicher werden als die Ungerechten. Das hat zur Folge, dass auch die Habsüchtigen sich des schändlichen Gewinns enthalten (1–10).

14.1 σοι, Dativ des Personalpronomens der 2. Person, K. 61, Dativ des Interesses, K. 153 • γένηται, Konjunktiv Aorist zu γίγνομαι werden, entstehen, K. 110, 7 • ἦ, Fragepartikel • ἀποτετελεσμένον, Partizip Perfekt Passiv zu ἀποτελέω, vollenden • προσδεῖται zu προσδέομαί τινος, noch etwas brauchen.

14.2 ἀπέχεσθαι zu ἀπέχομαί τινος, sich fernhalten von etwas • ἡ δεσποσύνη, das Eigentum des Herrn ↔ ὁ δεσπότης, der Herr • μεταχειρίζομαί τι, mit etwas beschäftigt sein • τολμῴη, 3. Sg. Optativ Präsens zu τολμάω, wagen • ἀφανίζειν, verschwinden lassen • ὥστε μὴ λείπειν, sodass er die Leute mit ihrer Arbeit nicht nützlich sein lässt.

14.3 ὑποδύει zu ὑποδύομαι, auf sich nehmen • μέντοι allerdings • ἐξ ἑτοίμου, bereitwillig • ὑπακούω, hören • ἡ διδασκαλία, die Belehrung ↔ διδάσκω, ὁ διδάκαλος.

14.4 καίτοι, trotzdem • τὰ μὲν ... τὰ δέ, das eine ... das andere • ἐμβιβάζειν, auf den Weg bringen • θεῖναι Infinitiv Aorist zu τίθημι, stellen, setzen, legen, K. 97.

14.5 γέγραπται, Perfekt Passiv zu γράφω, K. 96, 18 • ζημιοῦσθαι, Infinitiv Präsens Passiv zu ζημιόω, bestrafen • ἐπὶ κλέμμασιν, für Diebstahl, τὰ κλέμματα, Diebstahl ↔ κλέπτω • δεδέσθαι, Infinitiv Perfektzu δέω, binden, fesseln, ins Gefängnis bringen ≠ δέομαι benötigen, verlangen • ἁλῷ, Konjunktiv Aoristzu ἁλίσκομαι, ertappt werden, K. 101, 6 • ποιῶν, prädikatives Partizip zu ἁλῷ • θανατοῦσθαι zu θανατόω mit dem Tod bestrafen ↔ ὁ θάνατος • τοὺς ἐγχειροῦντας zu ἐγχειρέω, versuchen • ἀλυσιτελής, nutzlos • ἡ αἰσχροκέρδεια, die schändliche Gewinnsucht ↔ τὸ κέρδος der Gewinn.

δικαίους περὶ τὰ διαχειριζόμενα ἀπεργάζεσθαι τοὺς οἰκέτας. 7 ἐκεῖνοι μὲν γὰρ οἱ νόμοι ζημίαι μόνον εἰσὶ τοῖς ἁμαρτάνουσιν, οἱ δὲ βασιλικοὶ νόμοι οὐ μόνον ζημιοῦσι τοὺς ἀδικοῦντας, ἀλλὰ καὶ ὠφελοῦσι τοὺς δικαίους· ὥστε ὁρῶντες πλουσιωτέρους γιγνομένους τοὺς δικαίους τῶν ἀδίκων πολλοὶ καὶ φιλοκερδεῖς ὄντες εὖ μάλα ἐπιμένουσι τῷ μὴ ἀδικεῖν.

8 οὓς δ᾽ ἂν αἰσθάνωμαι, ἔφη, ὅμως καὶ εὖ πάσχοντας ἔτι ἀδικεῖν πειρωμένους, τούτους ὡς ἀνηκέστους πλεονέκτας ὄντας ἤδη καὶ τῆς χρήσεως ἀποπαύω.

9 οὓς δ᾽ ἂν αὖ καταμάθω μὴ τῷ πλέον ἔχειν μόνον διὰ τὴν δικαιοσύνην ἐπαιρομένους δικαίους εἶναι, ἀλλὰ καὶ τοῦ ἐπαινεῖσθαι ἐπιθυμοῦντας ὑπ᾽ ἐμοῦ, τούτοις ὥσπερ ἐλευθέροις ἤδη χρῶμαι, οὐ μόνον πλουτίζων ἀλλὰ καὶ τιμῶν ὡς καλούς τε κἀγαθούς. 10 τούτῳ γάρ μοι δοκεῖ, ἔφη, ὦ Σώκρατες, διαφέρειν ἀνὴρ φιλότιμος ἀνδρὸς φιλοκερδοῦς, τῷ ἐθέλειν ἐπαίνου καὶ τιμῆς ἕνεκα καὶ πονεῖν ὅπου δεῖ καὶ κινδυνεύειν καὶ αἰσχρῶν κερδῶν ἀπέχεσθαι.

14.6 προσφέρων, Partizip zu προσφέρω, übernehmen • προσφερόμενος, Partizip zu προσφέρομαι, hinzuziehen • περὶ τὰ διαχειριζόμενα, in Bezug auf das, was durch ihre Hände geht ↔ ἡ χείρ, τῆς χειρός • ἀπεργάζεσθαι, Infinitiv zu ἀπεργάζομαι, jemanden zu etwas machen.

14.7 ζημίαι zu ἡ ζημία, die Strafe • ἁμαρτάνουσιν, Dativ Plural des Partizips Präsens Aktiv zu ἁμαρτάνω, einen Fehler machen ↔ ἡ ἁμαρτία, der Fehler • ὠφελοῦσι zu ὠφελέω, nützen, fördern • φιλοκερδεῖς zu φιλοκερδής, gewinnsüchtig • ἐπιμένουσιν zu ἐπιμένω τινί, bei etwas bleiben.

14.8 οὓς δὲ ἂν αἰσθάνωμαι, welche ich aber wahrnehme, bei welchen ich aber wahrnehme • ἀνηκέστους zu ἀνήκεστος, unheilbar • πλεονέκτας zu ὁ πλεονέκτης, der Habsüchtige • τῆς χρήσεως ἀποπαύω, den Umgang beenden ↔ παύομαι aufhören.

14.9 καταμάθω, Konjunktiv Aorist zu καταμανθάνω, erfahren, wenn ich aber erfahre, dass welche • πλέον ἔχειν, Vorteile haben • ἐπαιρομένους, Partizip Präsens Medium/Passiv zu ἐπαίρω, emporheben, sodass es auffällt • χρῶμαι, jemand behandeln als • πλουτίζων, zu πλουτίζω, reich machen.

14.10 φιλότιμος, ehrgeizig • φιλοκερδής, gewinnsüchtig.

15. Kapitel: Von der Theorie zur Alltagspraxis

1 Ἀλλὰ μέντοι ἐπειδάν γε ἐμποιήσῃς τινὶ τὸ βούλεσθαί σοι εἶναι τἀγαθά, ἐμποιήσῃς δὲ τῷ αὐτῷ τούτῳ ⟨τὸ⟩ ἐπιμελεῖσθαι ὅπως ταῦτά σοι ἐπιτελῆται, ἔτι δὲ πρὸς τούτοις ἐπιστήμην κτήσῃ αὐτῷ ὡς ἂν ποιούμενα ἕκαστα τῶν ἔργων ὠφελιμώτερα γίγνοιτο, πρὸς δὲ τούτοις ἄρχειν ἱκανὸν αὐτὸν ποιήσῃς, ἐπὶ δὲ τούτοις πᾶσιν ἥδηταί σοι τὰ ἐκ τῆς γῆς ὡραῖα ἀποδεικνύων ὅτι πλεῖστα ὥσπερ σὺ σαυτῷ,

οὐκέτι ἐρήσομαι περὶ τούτου εἰ ἔτι τινὸς ὁ τοιοῦτος προσδεῖται· πάνυ γάρ μοι δοκεῖ ἤδη πολλοῦ ἂν ἄξιος εἶναι ἐπίτροπος ὢν τοιοῦτος. ἐκεῖνο μέντοι, ἔφην ἐγώ, ὦ Ἰσχόμαχε, μὴ ἀπολίπῃς, ὃ ἡμῖν ἀργότατα ἐπιδεδράμηται τοῦ λόγου. 2 Τὸ ποῖον; ἔφη ὁ Ἰσχόμαχος. Ἔλεξας δήπου, ἔφην ἐγώ, ὅτι μέγιστον εἴη μαθεῖν ὅπως δεῖ ἐξεργάζεσθαι ἕκαστα· εἰ δὲ μή, οὐδὲ τῆς ἐπιμελείας ἔφησθα ὄφελος οὐδὲν γίγνεσθαι, εἰ μή τις ἐπίσταιτο ἃ δεῖ καὶ ὡς δεῖ ποιεῖν. 3 ἐνταῦθα δὴ εἶπεν ὁ Ἰσχόμαχος· Τὴν τέχνην με ἤδη, ὦ Σώκρατες, κελεύεις αὐτὴν διδάσκειν τῆς γεωργίας; Αὕτη γὰρ ἴσως, ἔφην ἐγώ, ἤδη ἐστὶν ἡ ποιοῦσα τοὺς μὲν ἐπισταμένους αὐτὴν πλουσίους, τοὺς δὲ μὴ ἐπισταμένους πολλὰ πονοῦντας ἀπόρως βιοτεύειν.

4 Νῦν τοίνυν, ἔφη, ὦ Σώκρατες, καὶ τὴν φιλανθρωπίαν ταύτης τῆς τέχνης ἀκούσῃ. τὸ γὰρ ὠφελιμωτάτην οὖσαν καὶ ἡδίστην ἐργάζεσθαι καὶ καλλίστην καὶ προσφιλεστάτην θεοῖς τε καὶ ἀνθρώποις, ἔτι πρὸς τούτοις καὶ ῥᾴστην εἶναι μαθεῖν πῶς οὐχὶ γενναῖόν ἐστι; γενναῖα δὲ δήπου καλοῦμεν καὶ τῶν ζῴων ὁπόσα καλὰ καὶ μεγάλα καὶ ὠφέλιμα ὄντα πραέα ἐστὶ πρὸς τοὺς ἀνθρώπους. 5 Ἀλλὰ ταῦτα μὲν ἐγώ, ἔφην, ὦ Ἰσχόμαχε, ἱκανῶς δοκῶ καταμεμαθηκέναι ᾗ εἶπας, καθ᾽ ἃ δεῖ διδάσ-

---

Ischomachos beschreibt zusammenfassend die Kunst der Oikonomia und der Landwirtschaft (1–13).

15.1 ἐπειδάν γε ἐμποιήσῃς, Konjunktiv Aoristzu ἐμποιέω τινί τι, jemandem etwas beibringen • ἐπιτελῆται, Konjunktiv Präsens Passiv zu ἐπιτελέω, vollenden ↔ τὸ τέλος • ἐπιστήμην κτήσῃ, Konjunktiv Aorist zu κτάομαί τινί τι, jemandem etwas verschaffen • τὰ ἐκ τῆς γῆς ὡραῖα, die Erträge des Bodens • μὴ ἀπολίπῃς, Konjunktiv Aorist als Prohibitivus zu ἀπολείπω, unterlassen, übergehen, K. 170, 3 • ἡμῖν, Dativus auctoris, K. 154, 1, ἀργότατα, besonders schnell ↔ ἀργός, schnell wie der Blitz ≠ ἀργός, müßig, untätig • ἐπιδεδράμηται, es wurde hinweggegangen, Perfekt Passiv zu ἐπιτρέχω, hinweggehen über etwas, K. 111, 10.

15.2 τὸ ποῖον; was ist denn das? • μαθεῖν ὅπως δεῖ ἐξεργάζεσθαι ἕκαστα, lernen, wie man einzelne Tätigkeiten verrichten muss • ἡ ἐπιμέλεια, die Sorgfalt • τὸ ὄφελος, der Nutzen • ἃ δεῖ καὶ ὡς δεῖ ποιεῖν, was und wie man etwas durchführen muss.

15.3 ἐπισταμένους, Partizip zu ἐπίσταμαι, verstehen, K. 100, 6 • ἀπόρως, mittellos • βιοτεύειν zu βιοτεύω, leben ↔ ὁ βίος.

15.4 ἡ φιλανθρωπία, die Menschenfreundlichkeit • τὸ γάρ οὖσαν ..., wenn es nämlich zutrifft, dass sie ..., ὠφελιμωτάτην, ἡδίστην, καλλίστην, προσφιλεστάτην, ῥᾴστην μαθεῖν, die nützlichste, angenehmste, schönste, beliebteste, am leichtesten zu lernende Kunst ist • γενναῖος, edel • δήπου, doch wohl • τῶν ζῴων, unter den Tieren, Genitivus partitivus, K. 142 • ὁπόσα, alle, die • πραέα, Nominativ Plural Neutrum zu πραΰς, πραεῖα, πραΰ, freundlich, zahm, wie ἡδύς, ἡδεῖα, ἡδύ, K. 47.

κειν τὸν ἐπίτροπον· καὶ γὰρ ᾗ ἔφησθα εὔνουν σοι ποιεῖν αὐτὸν μαθεῖν δοκῶ, καὶ ᾗ ἐπιμελῆ καὶ ἀρχικὸν καὶ δίκαιον.

6 ὃ δὲ εἶπας ὡς δεῖ μαθεῖν τὸν μέλλοντα ὀρθῶς γεωργίας ἐπιμελεῖσθαι καὶ ἃ δεῖ ποιεῖν καὶ ὡς δεῖ καὶ ὁπότε ἕκαστα, ταῦτά μοι δοκοῦμεν, ἔφην ἐγώ, ἀργότερόν πως ἐπιδεδραμηκέναι τῷ λόγῳ· 7 ὥσπερ εἰ εἴποις ὅτι δεῖ γράμματα ἐπίστασθαι τὸν μέλλοντα δυνήσεσθαι τὰ ὑπαγορευόμενα γράφειν καὶ τὰ γεγραμμένα ἀναγιγνώσκειν. ταῦτα γὰρ ἐγὼ ἀκούσας, ὅτι μὲν δεῖ γράμματα ἐπίστασθαι ἠκηκόη ἄν, τοῦτο δὲ εἰδὼς οὐδέν τι οἶμαι μᾶλλον ἂν ἐπισταίμην γράμματα.

8 οὕτω δὲ καὶ νῦν ὅτι μὲν δεῖ ἐπίστασθαι γεωργίαν τὸν μέλλοντα ὀρθῶς ἐπιμελεῖσθαι αὐτῆς ῥᾳδίως πέπεισμαι, τοῦτο μέντοι εἰδὼς οὐδέν τι μᾶλλον ἐπίσταμαι ὅπως δεῖ γεωργεῖν. 9 ἀλλ᾽ εἴ μοι αὐτίκα μάλα δόξειε γεωργεῖν, ὅμοιος ἄν μοι δοκῶ εἶναι τῷ περιιόντι ἰατρῷ καὶ ἐπισκοποῦντι τοὺς κάμνοντας, εἰδότι δὲ οὐδὲν ὅ τι συμφέρει τοῖς κάμνουσιν. ἵν᾽ οὖν μὴ τοιοῦτος ὦ, ἔφην ἐγώ, δίδασκέ με αὐτὰ τὰ ἔργα τῆς γεωργίας.

10 ᾽Αλλὰ μήν, ἔφη, ὦ Σώκρατες, οὐχ ὥσπερ γε τὰς ἄλλας τέχνας κατατριβῆναι δεῖ μανθάνοντας πρὶν ἄξια τῆς τροφῆς ἐργάζεσθαι τὸν διδασκόμενον, οὐχ οὕτω καὶ ἡ γεωργία δύσκολός ἐστι μαθεῖν, ἀλλὰ τὰ μὲν ἰδὼν ἂν ἐργαζομένους, τὰ δὲ ἀκούσας εὐθὺς ἂν ἐπίσταιο, ὥστε καὶ ἄλλον, εἰ βούλοιο, διδάσκειν. οἴομαι δ᾽, ἔφη, πάνυ καὶ λεληθέναι πολλά σε αὐτὸν ἐπιστάμενον αὐτῆς.

11 καὶ γὰρ δὴ οἱ μὲν ἄλλοι τεχνῖται ἀποκρύπτονταί πως τὰ ἐπικαιριώτατα ἧς ἕκαστος ἔχει τέχνης, τῶν δὲ γεωργῶν ὁ κάλλιστα μὲν φυτεύων μάλιστ᾽ ἂν ἥδοιτο, εἴ τις αὐτὸν θεῷτο, ὁ κάλλιστα δὲ σπείρων ὡσαύτως· ὅ τι δὲ ἔροιο τῶν καλῶς

15.5 καταμεμαθηκέναι, Infinitiv Perfekt zu μανθάνω, lernen, K. 108, 13, gründlich begriffen haben, καθ᾽ ἅ ..., nach welchen Prinzipien • εὔνουν, Akkusativ Singular zu εὔνους, freundlich zugetan ↔ ἡ εὔνοια • ἐπιμελής, ἀρχικός, δίκαιος, verantwortungsbewusst, führungsstark, gerecht.

15.6 μέλλοντα, Partizip zu μέλλω, vorhaben • ὀρθῶς γεωργίας ἐπιμελεῖσθαι, sich richtig mit der Landwirtschaft beschäftigen.

15.7 ἀργότερόν πως ἐπιδεδραμηκέναι, ziemlich oberflächlich durchlaufen haben, Infinitiv Perfekt Aktiv zu ἐπιτρέχω, K. 111, 10 • τῷ λόγῳ, in unserem Gespräch • τὰ γράμματα, die Buchstaben • δυνήσεσθαι, Infinitiv Futur zu δύναμαι, K. 100, 5 • τὰ ὑπαγορευόμενα, Partizip Präsens Passiv zu ὑπαγορεύω, vorsprechen • τά γε γεραμμένα, das Geschriebene, Partizip Perfekt Passiv zu γράφω, schreiben, K. 96, 18 • ἀναγιγνώσκειν, lesen, K. 109, 11 • ἠκηκόη, wie ἠκηκόειν, 1. Sg. Plusquamperfekt zu ἀκούω, hören, K. 96, 41 • ἠκηκόη ἄν, ich hätte gehört • εἰδώς, Partizip.

15.8 πέπεισμαι, Perfekt Medium/Passiv zu πείθω, überzeugen.

15.9 αὐτίκα μάλα, umgehend • ὅμοιος ἄν μοι δοκῶ εἶναι, ich würde glauben, ähnlich zu sein • περιιόντι, Partizip zu περίειμι, herumgehen, K. 103, 2 • ἐπισκοποῦντι, Partizip zu ἐπισκοπέω, betrachten • τοὺς κάμνοντας, Partizip zu κάμνω, krank sein, K. 108, 3 • εἰδότι, Partizip zu οἶδα, wissen • συμφέρει, es ist nützlich.

15.10 κατατριβῆναι, Infinitiv Aorist Passiv zu κατατρίβω, aufreiben, übermäßig anstrengen • πρίν, bis • ἄξιος, würdig • ἡ τροφή, der Aufwand • ἐργάζεσθαι, leisten ↔ τὸ ἔργον • δύσκολος, schwierig • ἐπίσταιο, 2. Person Sg. Optativ Präsens zu ἐπίσταμαι, verstehen, K. 100 ↔ ἡ ἐπιστήμη • λεληθέναι, Infinitiv Perfekt zu λανθάνω τινά, verborgen sein vor jemandem, K. 108, 12.

πεποιημένων, οὐδὲν ὅ τι ἄν σε ἀποκρύψαιτο ὅπως ἐποίησεν. 12 οὕτω καὶ τὰ ἤθη, ὦ Σώκρατες, ἔφη, γενναιοτάτους τοὺς αὐτῇ συνόντας ἡ γεωργία ἔοικε παρέχεσθαι.
13 Ἀλλὰ τὸ μὲν προοίμιον, ἔφην ἐγώ, καλὸν καὶ οὐχ οἷον ἀκούσαντα ἀποτρέπεσθαι τοῦ ἐρωτήματος· σὺ δέ, ὅτι εὐπετές ἐστι μαθεῖν, διὰ τοῦτο πολύ μοι μᾶλλον διέξιθι αὐτήν. οὐ γὰρ σοὶ αἰσχρὸν τὰ ῥᾴδια διδάσκειν ἐστίν, ἀλλ᾽ ἐμοὶ πολὺ αἴσχιον μὴ ἐπίστασθαι ἄλλως τε καὶ εἰ χρήσιμα ὄντα τυγχάνει.

15.11 τὰ ἐπικαιριώτατα, die wichtigsten Inhalte • ἧς ἕκαστος ἔχει τέχνης, Attraktion des Relativpronomens, K. 126, 2 • τῶν γεωργῶν, Genitivus partitivus, K. 142 • κάλλιστα, Superlativ des Adverbs, am schönsten, K. 59 • φυτεύειν, pflanzen • μάλιστ᾽ ἂν ἥδοιτο, εἴ τις θεῷτο, Potentialis der Gegenwart, K. 171, 2; 181 • σπείρων, zu σπείρω, säen, K. 96, 33 • ὡσαύτως, ebenso • ὅτι was auch immer, unbestimmtes Relativpronomen, K. 67 • ἔροιο, 2. Person Sg. Optativ Präsens zu ἔρομαι, fragen • τῶν καλῶς πεποιημένων, Genitivus partitivus, K. 142 • ἀποκρύψαιτο, Optativ Aorist zu ἀποκρύπτομαι, verschweigen.

15.12 τὰ ἤθη, Akkusativ Plural, Akkusativ der Beziehung, K. 136 zu τὸ ἦθος, der Charakter, ≠ τὸ ἔθος, die Gewohnheit • ἔοικε, er, sie, es scheint.

15.13 τὸ προοίμιον, das Vorwort • ἀποτρέπεσθαί τινά τινος, jemand von etwas abbringen • τὸ ἐρώτημα, die Frage • εὐπετής, εὐπετές, leicht • διέξιθι, 2. Person, Sg. Imperativ zu διέξειμι, διεξέρχομαι, durchgehen, K. 103, 2 • αἴσχιον, Neutrum des Komparativs zu αἰσχρός, K. 57, 2.

16. Kapitel: Die Qualität des Bodens

1 Πρῶτον μὲν τοίνυν, ἔφη, ὦ Σώκρατες, τοῦτο ἐπιδεῖξαι βούλομαί σοι ὡς οὐ χαλεπόν ἐστιν ὃ λέγουσι ποικιλώτατον τῆς γεωργίας εἶναι οἱ λόγῳ μὲν ἀκριβέστατα αὐτὴν διεξιόντες, ἥκιστα δὲ ἐργαζόμενοι. 2 φασὶ γὰρ τὸν μέλλοντα ὀρθῶς γεωργήσειν τὴν φύσιν χρῆναι πρῶτον τῆς γῆς εἰδέναι. Ὀρθῶς γε, ἔφην ἐγώ, ταῦτα λέγοντες. ὁ γὰρ μὴ εἰδὼς ὅ τι δύναται ἡ γῆ φέρειν, οὐδ' ὅ τι σπείρειν οἶμαι οὐδ' ὅ τι φυτεύειν δεῖ εἰδείη ἄν. 3 Οὐκοῦν, ἔφη ὁ Ἰσχόμαχος, καὶ ἀλλοτρίας γῆς τοῦτο ἔστι γνῶναι, ὅ τι τε δύναται φέρειν καὶ ὅ τι μὴ δύναται, ὁρῶντα τοὺς καρποὺς καὶ τὰ δένδρα. ἐπειδὰν μέντοι γνῷ τις, οὐκέτι συμφέρει θεομαχεῖν. οὐ γὰρ ἄν, ὅτου δέοιτο αὐτός, τοῦτο σπείρων καὶ φυτεύων μᾶλλον ἂν ἔχοι τὰ ἐπιτήδεια ἢ ὅ τι ἡ γῆ ἥδοιτο φύουσα καὶ τρέφουσα. 4 ἂν δ' ἄρα δι' ἀργίαν τῶν ἐχόντων αὐτὴν μὴ ἔχῃ τὴν ἑαυτῆς δύναμιν ἐπιδεικνύναι, ἔστι καὶ παρὰ γείτονος τόπου πολλάκις ἀληθέστερα περὶ αὐτῆς γνῶναι ἢ παρὰ γείτονος ἀνθρώπου πυθέσθαι. 5 καὶ χερσεύουσα δὲ ὅμως ἐπιδείκνυσι τὴν αὑτῆς φύσιν· ἡ γὰρ τὰ ἄγρια καλὰ φύουσα δύναται θεραπευομένη καὶ τὰ ἥμερα καλὰ ἐκφέρειν. φύσιν μὲν δὴ γῆς οὕτως καὶ οἱ μὴ πάνυ ἔμπειροι γεωργίας ὅμως δύνανται διαγιγνώσκειν.

6 Ἀλλὰ τοῦτο μέν, ἔφην ἐγώ, ὦ Ἰσχόμαχε, ἱκανῶς ἤδη μοι δοκῶ ἀποτεθαρρηκέναι, ὡς οὐ δεῖ φοβούμενον μὴ οὐ γνῶ τῆς γῆς φύσιν ἀπέχεσθαι γεωργίας. 7 καὶ γὰρ δή, ἔφην, ἀνεμνήσθην τὸ τῶν ἁλιέων, ὅτι θαλαττουργοὶ ὄντες καὶ οὔτε καταστήσαντες ἐπὶ θέαν οὔθ' ἥσυχοι βαδίζοντες, ἀλλὰ παρατρέχοντες ἅμα τοὺς ἀγρούς, ὅταν ὁρῶσι τοὺς καρποὺς ἐν τῇ γῇ, ὅμως οὐκ ὀκνοῦσιν ἀποφαίνεσθαι περὶ τῆς γῆς ὁποία τε ἀγαθή ἐστι καὶ ὁποία κακή, ἀλλὰ τὴν μὲν ψέγουσι, τὴν δ'

Der hohe Wert der praktischen Erfahrung durch landwirtschaftliche Arbeit führt dazu, dem Boden den höchsten Ertrag abzugewinnen (1–15).

16.1 ποικιλώτατον, Superlativ zu ποικίλος, vielfältig, schwierig • ἀκριβέστατα, Superlativ des Adverbs zu ἀκριβής, genau • διεξιόντες, Partizip zu διέξειμι, διεξέρχομαι, durchgehen, K. 103, 2 • ἥκιστα, am wenigsten • ἐργαζόμενοι, Partizip Präsens zu ἐργάζομαι, praktisch arbeiten.

16.2 χρῆναι, Infinitiv zu χρή, es ist notwendig • εἰδώς, Partizip zu οἶδα • εἰδείη ἄν, Optativ als Potentialis zu οἶδα.

16.3 ἀλλοτρίας γῆς, im Bereich eines fremden Bodens, γνῶναι, Infinitiv Aorist zu γιγνώσκω, K. 101, 2 • γνῷ, 3. Sg. Konjunktiv Aorist zu γιγνώσκω • οὐκέτι συμφέρει, es nützt nicht mehr • θεομαχεῖν, mit den Göttern streiten • ὅτου (=οὗτινος) δέοιτο, worauf er gerade Lust haben dürfte • τὰ ἐπιτήδεια, die Lebensmittel.

16.4 ἡ ἀργία, die Trägheit • ἔστι, es ist möglich • ὁ γείτων, τοῦ γείτονος der Nachbar.

16.5 χερσεύουσα zu χερσεύω, unbebaut sein, brach liegen • ὅμως, dennoch • ἄγρια καλά, schöne wilde Pflanzen • θεραπευομένη, Partizip Präsens Passiv zu θεραπεύω, pflegen • ἥμερα καλά, schöne Nutzpflanzen • ἐκφέρειν, hervorbringen • οἱ μὴ πάνυ ἔμπειροι, die nicht sehr Erfahrenen • ὅμως, dennoch • θεραπευομένη, Partizip Präsens Passiv zu θεραπεύω, pflegen • ἥμερος, zahm, kultiviert.

16.6 ἀποτεθαρρηκέναι, Infinitiv Perfekt Aktiv zu ἀποθαρρέω, Mut fassen • φοβούμενος μὴ οὐ γνῷ τῆς γῆς φύσιν, aus Furcht davor, dass ich nicht die Qualität des Bodens erkenne.

ἐπαινοῦσι. καὶ πάνυ τοίνυν τοῖς ἐμπείροις γεωργίας ὁρῶ αὐτοὺς τὰ πλεῖστα κατὰ ταὐτὰ ἀποφαινομένους περὶ τῆς ἀγαθῆς γῆς.

8 Πόθεν οὖν βούλῃ, ἔφη, ὦ Σώκρατες, ἄρξωμαί σε τῆς γεωργίας ὑπομιμνῄσκειν; οἶδα γὰρ ὅτι ἐπισταμένῳ σοι πάνυ πολλὰ φράσω ὡς δεῖ γεωργεῖν. 9 Ἐκεῖνό μοι δοκῶ, ἔφην ἐγώ, ὦ Ἰσχόμαχε, πρῶτον ἂν ἡδέως μανθάνειν (φιλοσόφου γὰρ μάλιστά ἐστιν ἀνδρός) ὅπως ἂν ἐγώ, εἰ βουλοίμην, γῆν ἐργαζόμενος πλείστας κριθὰς καὶ πλείστους πυροὺς λαμβάνοιμι.

10 Οὐκοῦν τοῦτο μὲν οἶσθα, ὅτι τῷ σπόρῳ νεὸν δεῖ ὑπεργάζεσθαι; 11 Οἶδα γάρ, ἔφην ἐγώ. Εἰ οὖν ἀρχοίμεθα, ἔφη, ἀροῦν τὴν γῆν χειμῶνος; Ἀλλὰ πηλὸς ἂν εἴη, ἐγὼ ἔφην. Ἀλλὰ τοῦ θέρους σοι δοκεῖ; Σκληρά, ἔφην ἐγώ, ἡ γῆ ἔσται κινεῖν τῷ ζεύγει. 12 Κινδυνεύει ἔαρος, ἔφη, εἶναι τούτου τοῦ ἔργου ἀρκτέον. Εἰκὸς γάρ, ἔφην ἐγώ, ἐστι μάλιστα χεῖσθαι τὴν γῆν τηνικαῦτα κινουμένην. Καὶ τὴν πόαν γε ἀναστρεφομένην, ἔφη, ὦ Σώκρατες, τηνικαῦτα κόπρον μὲν τῇ γῇ ἤδη παρέχειν, καρπὸν δ᾽ οὔπω καταβαλεῖν ὥστε φύεσθαι.

13 οἶμαι γὰρ δὴ καὶ τοῦτό σ᾽ ἔτι γιγνώσκειν, ὅτι εἰ μέλλει ἀγαθὴ ἡ νεὸς ἔσεσθαι, ὕλης τε καθαρὰν αὐτὴν εἶναι δεῖ καὶ ὀπτὴν ὅτι μάλιστα πρὸς τὸν ἥλιον. Πάνυ γε,

---

16.7 ἀνεμνήσθην, 1. Sg. Ind. Aorist Passiv zu ἀναμιμνήσκω, erinnern (Aktiv), erinnert werden, sich erinnern (Passiv), K. 109, 10 • ὁ ἁλιεύς, der Fischer, τὸ τῶν ἁλιέων, das Verhalten der Fischer, θαλαττουργοί, die auf dem Meer arbeiten • καταστήσαντες, Partizip Aorist Aktiv zu καθίστημι, das Schiff vor Anker legen • εἰς θέαν, um sich die Gegend anzuschauen • ἥσυχος ruhig ↔ ἡ ἡσυχία, die Ruhe • βαδίζοντες, zu βαδίζω, langsam fahren • παρατρέχοντες, zu παρατρέχω vorbeifahren ↔ τρέχω laufen, K. 111, 10 • ἅμα, zugleich, gleichzeitig • ὅμως, dennoch • ὀκνοῦσιν, zu ὀκνέω, zögern • ἀποφαίνομαι, verkünden • οἱ ἔμπειροι τῆς γεωργίας, diejenigen, die etwas von der Landwirtschaft verstehen • ταὐτά mit Dativ, dasselbe wie.

16.8 πόθεν, von wo • ἄρξωμαι, 1. Sg. Konjunktiv Aorist Medium zu ἄρχομαι, anfangen, dubitativer Konjunktiv, K. 170, 2 • ὑπομιμνήσκω, mit Genitiv, an etwas erinnern • φράσω, 1. Sg. Futur zu φράζω, zeigen, sagen.

16.9 ἡδέως, Adverb, gern • φιλοσόφου, Genitivus possessoris, K. 140 • ἡ κριθή, die Gerste • ὁ πυρός, der Weizen.

16.10 ὁ σπόρος, die Aussaat ↔ σπείρω, ausstreuen, säen, K. 96, 33 • ἡ νεός (γῆ), die Brache, das unberührte Land • ὑπεργάζομαι, bearbeiten.

16.11 ἀρχοίμεθα, 1. Pl. Optativ Präsens zu ἄρχομαι beginnen • ἀρόω, pflügen • χειμῶνος, Genitivus temporis zu ὁ χειμών, der Winter: im Winter • ὁ πηλός, der Matsch • θέρους, Genitivus temporis zu τὸ θέρος, der Sommer: im Sommer • σκληρός, hart • κινεῖν, bewegen, pflügen • τῷ ζεύγει, Dativ zu τὸ ζεῦγος, das Ochsengespann ↔ ζεύγνυμι, verbinden, K. 105, 7.

16.12 ἔαρος, Genitivus temporis zu τὸ ἔαρ, im Frühling • κιδυνεύει, es scheint, es steht zu befürchten ↔ ὁ κίνδυνος, die Gefahr • ἀρκτέον, man muss beginnen, Verbaladjektiv zu ἄρχομαι, K. 78, 9 • εἰκός ἐστιν, es ist wahrscheinlich • χεῖσθαι, Infinitiv Präsens Passiv zu χέω, gießen, verteilen, K. 107, 9 • τηνικαῦτα, zu diesem Zeitpunkt • κινουμένην, Partizip Präsens Passiv zu κινέω, bewegen, pflügen • ἡ ποά, das Gras • ἀνατρεφομένην, Partizip Präsens Passiv zu ἀναστρέφω, umdrehen, unterpflügen, K. 96, 25 • ὁ κόπρος, der Dünger • ὁ καρπός, die Frucht, der Grassamen • οὔπω, noch nicht • καταβαλεῖν, Infinitiv Aorist zu καταβάλλω, abwerfen, K. 96, 51 • φύεσθαι, Infinitiv zu φύομαι, wachsen, treiben, K. 101, 9.

ἔφην ἐγώ, καὶ ταῦτα οὕτως ἡγοῦμαι χρῆναι ἔχειν. 14 Ταῦτ᾽ οὖν, ἔφη, σὺ ἄλλως πως νομίζεις μᾶλλον ἂν γίγνεσθαι ἢ εἰ ἐν τῷ θέρει ὅτι πλειστάκις μεταβάλοι τις τὴν γῆν; Οἶδα μὲν οὖν, ἔφην, ἀκριβῶς ὅτι οὐδαμῶς ἂν μᾶλλον ἡ μὲν ὕλη ἐπιπολάζοι καὶ αὐαίνοιτο ὑπὸ τοῦ καύματος, ἡ δὲ γῆ ὀπτῷτο ὑπὸ τοῦ ἡλίου, ἢ εἴ τις αὐτὴν ἐν μέσῳ τῷ θέρει καὶ ἐν μέσῃ τῇ ἡμέρᾳ κινοίη τῷ ζεύγει. 15 Εἰ δὲ ἄνθρωποι σκάπτοντες τὴν νεὸν ποιοῖεν, ἔφη, οὐκ εὔδηλον ὅτι καὶ τούτους δίχα δεῖ ποιεῖν τὴν γῆν καὶ τὴν ὕλην; Καὶ τὴν μέν γε ὕλην, ἔφην ἐγώ, καταβάλλειν, ὡς αὐαίνηται, ἐπιπολῆς, τὴν δὲ γῆν στρέφειν, ὡς ἡ ὠμὴ αὐτῆς ὀπτᾶται.

16.13 ἡ ὕλη, das Unkraut, Gestrüpp • καθαρός, mit Genitiv, rein gereinigt von etwas • ὀπτήν zu ὀπτός, durchwärmt • πρὸς τὸν ἥλιον • zur Sonne hin.

16.14 ὅτι πλειστάκις, möglichst oft • μεταβάλοι, Optativ Aorist zu μεταβάλλω, umwerfen, umpflügen • ἀκριβῶς, genau • οὐδαμῶς, zu keiner Zeit • ἐπιπολάζοι, Optativ Präsens zu ἐπιπολάζω, Überhand nehmen • αὐαίνοιτο, Optativ Präsens Medium zu αὐαίνομαι, verdorren • τὸ καῦμα, τοῦ καύματος, die Hitze ↔ καίω, brennen, K. 96, 44 • ὀπτῷτο, Optativ Präsens Passiv zu ὀπτάω, braten, rösten, ausdörren • ἐν μέσῳ τῷ θέρει, mitten im Sommer, im Hochsommer • ἐν μέσῃ ἡμέρᾳ, am Mittag • τὸ ζεῦγος, das Gespann.

16.15 σκάπτοντες, Partizip Präsens zu σκάπτω, umgraben • δίχα ποιεῖν, trennen • ἐπιπολῆς, Adverb, oberflächlich • ὠμός, feucht.

17. Kapitel: Über die Anpassung der Bearbeitung an die Bodenbeschaffenheit

1 Περὶ μὲν τῆς νεοῦ ὁρᾷς, ἔφη, ὦ Σώκρατες, ὡς ἀμφοτέροις ἡμῖν ταὐτὰ δοκεῖ. Δοκεῖ γὰρ οὖν, ἔφην ἐγώ. Περί γε μέντοι τοῦ σπόρου ὥρας ἄλλο τι, ἔφη, ὦ Σώκρατες, γιγνώσκεις ἢ τὴν ὥραν σπείρειν ἧς πάντες μὲν οἱ πρόσθεν ἄνθρωποι πεῖραν λαβόντες, πάντες δὲ οἱ νῦν λαμβάνοντες, ἐγνώκασι κρατίστην εἶναι; 2 ἐπειδὰν γὰρ ὁ μετοπωρινὸς χρόνος ἔλθῃ, πάντες που οἱ ἄνθρωποι πρὸς τὸν θεὸν ἀποβλέπουσιν, ὁπότε βρέξας τὴν γῆν ἀφήσει αὐτοὺς σπείρειν. Ἐγνώκασι δή γ', ἔφην ἐγώ, ὦ Ἰσχόμαχε, καὶ τὸ μὴ ἐν ξηρᾷ σπείρειν ἑκόντες εἶναι πάντες ἄνθρωποι, δῆλον ὅτι πολλαῖς ζημίαις παλαίσαντες οἱ πρὶν κελευσθῆναι ὑπὸ τοῦ θεοῦ σπείροντες. 3 Οὐκοῦν ταῦτα μέν, ἔφη ὁ Ἰσχόμαχος, ὁμογνωμονοῦμεν πάντες οἱ ἄνθρωποι. Ἃ γὰρ ὁ θεὸς διδάσκει, ἔφην ἐγώ, οὕτω γίγνεται ὁμονοεῖν· οἷον ἅμα πᾶσι δοκεῖ βέλτιον εἶναι ἐν τῷ χειμῶνι παχέα ἱμάτια φορεῖν, ἂν δύνωνται, καὶ πῦρ κάειν ἅμα πᾶσι δοκεῖ, ἂν ξύλα ἔχωσιν. 4 Ἀλλ' ἐν τῷδε, ἔφη ὁ Ἰσχόμαχος, πολλοὶ ἤδη διαφέρονται, ὦ Σώκρατες, περὶ τοῦ σπόρου, πότερον ὁ πρώιμος κράτιστος ἢ ὁ μέσος ἢ ὁ ὀψιμώτατος. Καὶ ὁ θεός, ἔφην ἐγώ, οὐ τεταγμένως τὸ ἔτος ἄγει, ἀλλὰ τὸ μὲν τῷ πρωίμῳ κάλλιστα, τὸ δὲ τῷ μέσῳ, τὸ δὲ τῷ ὀψιμωτάτῳ.

5 Σὺ οὖν, ἔφη, ὦ Σώκρατες, πότερον ἡγῇ κρεῖττον εἶναι ἑνὶ τούτων τῶν σπόρων χρῆσθαι ἐκλεξάμενον, ἐάν τε πολὺ ἐάν τε ὀλίγον σπέρμα σπείρῃ τις, ἢ ἀρξάμενον ἀπὸ τοῦ πρωιμωτάτου μέχρι τοῦ ὀψιμωτάτου σπείρειν; καὶ ἐγὼ εἶπον· 6 Ἐμοὶ μέν, ὦ Ἰσχόμαχε, δοκεῖ κράτιστον εἶναι παντὸς μετέχειν τοῦ σπόρου. πολὺ γὰρ νομίζω κρεῖττον εἶναι ἀεὶ ἀρκοῦντα σῖτον λαμβάνειν ἢ ποτὲ μὲν πάνυ πολὺν ποτὲ δὲ μηδ'

Ischomachos und Sokrates besprechen, wie wichtig es ist, den richtigen Zeitpunkt für die Aussaat zu beachten (1–15).

17.1 ἡ νεὸς γῆ, das Brachland, ≠ νέος, neu • ὁ σπόρος, die Aussaat • ἡ ὥρα, der Zeitpunkt • ἡ πεῖρα, der Versuch, die Probe • ἐγνώκασιν, Perfekt zu γιγνώσκω, K. 109, 11.

17.2 ὁ μετοπωρινὸς χρόνος, die Herbstzeit • βρέξας, Partizip Aorist zu βρέχω, es regnen lassen • ἀφήσει, Futur zu ἀφίημι, losschicken, K. 97–99 • ἑκών, freiwillig ↔ ἄκων, unfreiwillig • ἡ ζημία, die Schwierigkeit • παλαίσαντες, Partizip Aorist zu παλαίω, kämpfen ↔ ἡ παλαίστρα, die Turnhalle • πρίν, mit Infinitiv, bevor • κελευσθῆναι, Infinitiv Aorist Passiv zu κελεύω, befehlen.

17.3 ὁμογνωμονοῦμεν zu ὁμογνωμονέω, einer Meinung sein ↔ ἡ γνώμη, die Meinung • ὁμονοεῖν zu ὁμονοέω, übereinstimmen ↔ ὁ νοῦς • ἅμα, zugleich • βέλτιον, Komparativ zu ἀγαθός, K. 58 • παχέα zu παχύς, dick, K. 47 • τὰ ἱμάτια, die Mäntel • φορεῖν zu φορέω, wie φέρω, tragen, K. 111, 11 • τὸ πῦρ, τοῦ πυρός, das Feuer, K. 50, 8 • κάειν zu κάω, wie καίω, brennen, verbrennen, K. 96, 44 • ξύλα zu τὸ ξύλον, das Holz.

17.4 διαφέρονται zu διαφέρομαι, sich unterscheiden • ὁ σπόρος, die Aussaat • πρώιμος, früh • ὀψιμώτατος, sehr spät • τεταγμένως, gleichmäßig • τὸ ἔτος, das Jahr, ≠ τὸ ἔθος, die Gewohnheit, die Sitte, τὸ ἦθος, der Charakter, die Denkweise • τὸ ἔτος ἄγειν, das Jahr verlaufen lassen.

17.5 ἐκλεξάμενον, Partizip Aorist zu ἐκλέγομαι auswählen.

ἱκανόν. καὶ τοῦτο τοίνυν σύγε, ἔφη, ὦ Σώκρατες, ὁμογνωμονεῖς ἐμοὶ ὁ μανθάνων τῷ διδάσκοντι, καὶ ταῦτα πρόσθεν ἐμοῦ τὴν γνώμην ἀποφαινόμενος.

7 Τί γάρ, ἔφην ἐγώ, ἐν τῷ ῥίπτειν τὸ σπέρμα ποικίλη τέχνη ἔνεστι; Πάντως, ἔφη, ὦ Σώκρατες, ἐπισκεψώμεθα καὶ τοῦτο. ὅτι μὲν γὰρ ἐκ τῆς χειρὸς δεῖ ῥίπτεσθαι τὸ σπέρμα καὶ σύ που οἶσθα, ἔφη. Καὶ γὰρ ἑώρακα, ἔφην ἐγώ. Ῥίπτειν δέ γε, ἔφη, οἱ μὲν ὁμαλῶς δύνανται, οἱ δ' οὔ. Οὐκοῦν τοῦτο μέν, ἔφην ἐγώ, ἤδη μελέτης δεῖται ὥσπερ τοῖς κιθαρισταῖς ἡ χείρ, ὅπως δύνηται ὑπηρετεῖν τῇ γνώμῃ. 8 Πάνυ μὲν οὖν, ἔφη· ἂν δέ γε ᾖ, ἔφη, ἡ γῆ ἡ μὲν λεπτοτέρα, ἡ δὲ παχυτέρα; Τί τοῦτο, ἐγὼ ἔφην, λέγεις; ἆρά γε τὴν μὲν λεπτοτέραν ὅπερ ἀσθενεστέραν, τὴν δὲ παχυτέραν ὅπερ ἰσχυροτέραν; Τοῦτ', ἔφη, λέγω, καὶ ἐρωτῶ γέ σε πότερον ἴσον ἂν ἑκατέρᾳ τῇ γῇ σπέρμα διδοίης ἢ ποτέρᾳ ἂν πλέον. 9 Τῷ μὲν οἴνῳ, ἔφην, ἔγωγε νομίζω τῷ ἰσχυροτέρῳ πλέον ἐπιχεῖν ὕδωρ, καὶ ἀνθρώπῳ τῷ ἰσχυροτέρῳ πλέον βάρος, ἐὰν δέῃ τι φέρειν, ἐπιτιθέναι, κἂν δέῃ τρέφεσθαί τινας, τοῖς δυνατωτέροις τρέφειν ἂν τοὺς πλείους προστάξαιμι.

εἰ δὲ ἡ ἀσθενὴς γῆ ἰσχυροτέρα, ἔφην ἐγώ, γίγνεται, ἄν τις πλείονα καρπὸν αὐτῇ ἐμβάλῃ, ὥσπερ τὰ ὑποζύγια, τοῦτο σύ με δίδασκε. 10 Καὶ ὁ Ἰσχόμαχος γελάσας εἶπεν· Ἀλλὰ παίζεις μὲν σύγε, ἔφη, ὦ Σώκρατες. εὖ γε μέντοι, ἔφη, ἴσθι, ἂν μὲν ἐμβαλὼν τὸ σπέρμα τῇ γῇἔπειτα ἐν ᾧ πολλὴν ἔχει τροφὴν ἡ γῆ ἀπὸ τοῦ οὐρανοῦ χλόης γενομένης ἀπὸ τοῦ σπέρματος καταστρέψῃς αὐτὸ πάλιν, τοῦτο γίγνεται σῖτος τῇ γῇ, καὶ ὥσπερ ὑπὸ κόπρου ἰσχὺς αὐτῇ ἐγγίγνεται· ἂν μέντοι ἐκτρέφειν ἐᾷς τὴν γῆν διὰ τέλους τὸ σπέρμα εἰς καρπόν, χαλεπὸν τῇ ἀσθενεῖ γῇ ἐς τέλος πολὺν καρπὸν ἐκφέρειν. καὶ συὶ δὲ ἀσθενεῖ χαλεπὸν πολλοὺς ἁδροὺς χοίρους ἐκτρέφειν. 11 Λέγεις σύ, ἔφην ἐγώ, ὦ Ἰσχόμαχε, τῇ ἀσθενεστέρᾳ γῇ μεῖον δεῖν τὸ σπέρμα ἐμβαλεῖν; Ναὶ μὰ Δί', ἔφη, ὦ Σώκρατες, καὶ σύ γε συνομολογεῖς, λέγων ὅτι νομίζεις τοῖς ἀσθενεστέροις πᾶσι μείω προστάττειν πράγματα. 12 Τοὺς δὲ δὴ σκαλέας, ἔφην ἐγώ, ὦ Ἰσχόμαχε, τίνος ἕνεκα ἐμβάλλετε τῷ σίτῳ; Οἶσθα δήπου, ἔφη, ὅτι ἐν

17.6 μετέχω τινός, an etwas festhalten • ἀρκοῦντα, Partizip zu ἀρκέω, genügen • ἱκανός, ausreichend • ὁμογνωμονέω τινί, einer Meinung sein mit jemand • ἀποφαινόμενος, Partizip zu ἀποφαίνομαι, erkennen lassen.

17.7 ῥίπτειν zu ῥίπτω, werfen, K. 96, 22 • ποικίλη τέχνη, eine besondere Kunst • ἐπισκεψώμεθα, adhortativer Konjunktiv zu ἐπισκέπτομαι, untersuchen ↔ ἐπισκοπέω, K. 170 • ὁμαλῶς, gleichmäßig • ἡ μελέτη, die Übung • ὁ κιθαριστής, der Kitharaspieler • ἡ χείρ, τῆς χειρός, die Hand • ὑπηρετέω, dienen • ἡ γνώμη, der Wille • ὅπως ὥσπερ τοῖς καθαρισταῖς ἡ χεὶρ δύνηται ὑπηρετεῖν τῇ γνώμῃ, damit wie den Kitharaspielern die Hand dem Willen dienen kann.

17.8 λεπτός, mager • παχύς, fett • ἀσθενής, schwach • ἰσχυρός, stark • πότερον ... ἤ, ob ... oder, abhängiger Fragesatz, K. 175 • πότερος, welcher von beiden.

17.9 ἐπιχεῖν, zu ἐπιχέω, zugießen, K. 107, 9 • τὸ ὕδωρ, τοῦ ὕδατος, das Wasser, K. 39, 3 • τὸ βάρος, die Last • δυνατός, leistungsfähig ↔ δύναμαι • τοὺς πλείους, die größere Zahl • προστάξαιμι, Optativ Aorist zu προστάττω, befehlen • εἰ δέ, ob aber, abhängiger Fragesatz • πλείονα καρπόν, mehr Saatgut • τὰ ὑποζύγια, die Zugtiere.

17.10 γελάσας, Partizip Aorist zu γελάω, lachen • ἡ χλόη, das Gras • ἐᾷς, Konjunktiv Präsens zu ἐάω, zulassen, K. 88, 1 • διὰ τέλους, vollständig • εἰς καρπόν, bis zur Frucht • συί, Dativ zu ἡ σῦς, τῆς συός, das Schwein • ἁδρός, kräftig • ὁ χοῖρος, das Ferkel.

17.11 μεῖον, weniger.

τῷ χειμῶνι πολλὰ ὕδατα γίγνεται. Τί γὰρ οὔ; ἔφην ἐγώ. Οὐκοῦν θῶμεν τοῦ σίτου καὶ κατακρυφθῆναί τινα ὑπ᾽ αὐτῶν ἰλύος ἐπιχυθείσης καὶ ψιλωθῆναί τινας ῥίζας ὑπὸ ῥεύματος. καὶ ὕλη δὲ πολλάκις ὑπὸ τῶν ὑδάτων δήπου συνεξορμᾷ τῷ σίτῳ καὶ παρέχει πνιγμὸν αὐτῷ. Πάντα, ἔφην ἐγώ, εἰκὸς ταῦτα γίγνεσθαι. 13 Οὐκοῦν δοκεῖ σοι, ἔφη, ἐνταῦθα ἤδη ἐπικουρίας τινὸς δεῖσθαι ὁ σῖτος; Πάνυ μὲν οὖν, ἔφην ἐγώ. Τῷ οὖν κατιλυθέντι τί ἂν ποιοῦντες δοκοῦσιν ἄν σοι ἐπικουρῆσαι; ᾽Επικουφίσαντες, ἔφην ἐγώ, τὴν γῆν. Τί δέ, ἔφη, τῷ ἐψιλωμένῳ τὰς ῥίζας; ᾽Αντιπροσαμησάμενοι τὴν γῆν ἄν, ἔφην ἐγώ.

14 Τί γάρ, ἔφη, ἂν ὕλη πνίγῃ συνεξορμῶσα τῷ σίτῳ καὶ διαρπάζουσα τοῦ σίτου τὴν τροφὴν ὥσπερ οἱ κηφῆνες διαρπάζουσιν ἄχρηστοι ὄντες τῶν μελιττῶν ἃ ἂν ἐκεῖναι ἐργασάμεναι τροφὴν καταθῶνται; ᾽Εκκόπτειν ἂν νὴ Δία [τὴν τροφὴν] δέοι τὴν ὕλην, ἔφην ἐγώ, ὥσπερ τοὺς κηφῆνας ἐκ τῶν σμηνῶν ἀφαιρεῖν. 15 Οὐκοῦν, ἔφη, εἰκότως σοι δοκοῦμεν ἐμβαλεῖν τοὺς σκαλέας; Πάνυ γε. ἀτὰρ ἐνθυμοῦμαι, ἔφην ἐγώ, ὦ Ἰσχόμαχε, οἷόν ἐστι τὸ εὖ τὰς εἰκόνας ἐπάγεσθαι. Πάνυ γὰρ σύ με ἐξώργισας πρὸς τὴν ὕλην τοὺς κηφῆνας εἰπών, πολὺ μᾶλλον ἢ ὅτε περὶ αὐτῆς τῆς ὕλης ἔλεγες.

17.12 σκαλέας, Akkusativ Plural zu ὁ σκαλεύς, der Hacker • θῶμεν, adhortativer Konjunktiv Aorist Aktiv zu τίθημι, hinstellen, annehmen • κατακρυφθῆναι, Infinitiv Aorist Passiv zu κατακρύπτω, verbergen • ἡ ἰλύς, τῆς ἰλῦος, der Schlamm • ἐπιχυθείσης, Partizip Aorist Passiv zu ἐπιχέω, zugießen, K. 107, 9 • ψιλωθῆναι, Infinitiv Aorist Passiv zu ψιλόω, entblößen, freilegen • ῥίζας, zu ἡ ῥίζα, die Wurzel • συνεξορμᾷ, zu συνεξορμάω, zusammen herauskommen • ὁ πνιγμός, die Erstickung.

17.13 ἡ ἐπικουρία, die Hilfe • κατιλυθέντι, Partizip Aorist Passiv zu κατιλύω, mit Schlamm bedecken • ἐπικουρῆσαι, Infinitiv Aorist zu ἐπικουρέω, helfen • ἐπικουφίσαντες, Partizip Aorist zu ἐπικουφίζω, auflockern, leicht machen ↔ κοῦφος, leicht • ἐψιλωμένῳ, Partizip Perfekt Passiv zu ψιλόω, freilegen • τὰς ῥίζας, Akkusativ der Beziehung, K. 136 • ἀντιπροσαμησάμενοι, Partizip Aorist zu ἀντιπροσαμάομαι, neu aufhäufen, aufschütten.

17.14 πνίγῃ, Konjunktiv Präsens zu πνίγω, ersticken • διαρπάζουσα, Partizip Präsens zu διαρπάζω, fortnehmen • κηφῆνες zu ὁ κηφήν, τοῦ κηφῆνος, die Drohne • τῶν μελιττῶν, Genitiv Plural zu ἡ μέλιττα, die Biene • καταθῶνται, Konjunktiv Aorist Medium zu κατατίθημι, hinlegen, aufbewahren, K. 97 • ἐκκόπτειν, ausreißen, K. 96, 19 • τῶν σμηνῶν, Genitiv Plural zu τὸ σμῆνος, der Bienenstock • ἀφαιρεῖ zu ἀφαιρέω, entfernen, fortnehmen, K. 111, 1.

17.15 εἰκότως, mit Recht • ἐνθυμοῦμαι, ἐνθυμόομαι, überlegen • οἷόν ἐστι τὸ εὖ τὰς εἰκόνας ἐπάγεσθαι, was es bedeutet, die Vergleiche richtig durchzuführen • ἐξώργισας, Aorist zu ἐξοργίζω, zornig machen ↔ ὀργίζομαι zornig werden.

18. Kapitel: Erntezeit

1 ᾿Ατὰρ οὖν, ἔφην ἐγώ, ἐκ τούτου ἄρα θερίζειν εἰκός. δίδασκε οὖν εἴ τι ἔχεις με καὶ εἰς τοῦτο. Ἂν μή γε φανῇς, ἔφη, καὶ εἰς τοῦτο ταὐτὰ ἐμοὶ ἐπιστάμενος. ὅτι μὲν οὖν τέμνειν τὸν σῖτον δεῖ οἶσθα. Τί δ᾿ οὐ μέλλω; ἔφην ἐγώ. Πότερ᾿ ⟨ἂν⟩ οὖν τέμνοις, ἔφη, στὰς ἔνθα πνεῖ ἄνεμος ἢ ἀντίος; Οὐκ ἀντίος, ἔφην, ἔγωγε· χαλεπὸν γὰρ οἶμαι καὶ τοῖς ὄμμασι καὶ ταῖς χερσὶ γίγνεται ἀντίον ἀχύρων καὶ ἀθέρων θερίζειν. 2 Καὶ ἀκροτομοίης δ᾿ ἄν, ἔφη, ἢ παρὰ γῆν τέμνοις; Ἂν μὲν βραχὺς ᾖ ὁ κάλαμος τοῦ σίτου, ἔγωγ᾿, ἔφην, κάτωθεν ἂν τέμνοιμι, ἵνα ἱκανὰ τὰ ἄχυρα μᾶλλον γίγνηται· ἐὰν δὲ ὑψηλὸς ᾖ, νομίζω ὀρθῶς ἂν ποιεῖν μεσοτομῶν, ἵνα μήτε οἱ ἀλοῶντες μοχθῶσι περιττὸν πόνον μήτε οἱ λικμῶντες ὧν οὐδὲν προσδέονται. τὸ δὲ ἐν τῇ γῇ λειφθὲν ἡγοῦμαι καὶ κατακαυθὲν συνωφελεῖν ἂν τὴν γῆν καὶ εἰς κόπρον ἐμβληθὲν τὴν κόπρον συμπληθύνειν. 3 ῾Ορᾷς, ἔφη, ὦ Σώκρατες, ὡς ἁλίσκει ἐπ᾿ αὐτοφώρῳ καὶ περὶ θερισμοῦ εἰδὼς ἅπερ ἐγώ; κινδυνεύω, ἔφην ἐγώ,

καὶ βούλομαί γε σκέψασθαι εἰ καὶ ἀλοᾶν ἐπίσταμαι. οὐκοῦν, ἔφη, τοῦτο μὲν οἶσθα, ὅτι ὑποζυγίῳ ἀλοῶσι τὸν σῖτον. 4 Τί δ᾿ οὐκ, ἔφην ἐγώ, οἶδα; καὶ ὑποζύγιά γε καλούμενα πάντα ὁμοίως, βοῦς, ἡμιόνους, ἵππους. Οὐκοῦν, ἔφη, ταῦτα μὲν ἡγῇ τοσοῦτον μόνον εἰδέναι, πατεῖν τὸν σῖτον ἐλαυνόμενα; Τί γὰρ ἂν ἄλλο, ἔφην ἐγώ, ὑποζύγια εἰδείη; 5 ῞Οπως δὲ τὸ δεόμενον κόψουσι καὶ ὁμαλιεῖται ὁ ἀλοατός, τίνι τοῦτο, ὦ Σώκρατες; ἔφη. Δῆλον ὅτι, ἔφην ἐγώ, τοῖς ἐπαλωσταῖς. στρέφοντες γὰρ καὶ ὑπὸ τοὺς πόδας ὑποβάλλοντες τὰ ἄτριπτα ἀεὶ δῆλον ὅτι μάλιστα

Sokrates und Ischomachos finden gemeinsam heraus, was der Philosoph ohnehin bereits über das Ernten und Einbringen des Getreides weiß. Unklar bleibt, woher Sokrates sein Wissen über den Getreideanbau hat (1–10).

18.1 ἀτὰρ οὖν, doch dann • θερίζειν, ernten • φανῇς, Konjunktiv Aorist zu φαίνομαι, scheinen, sich erweisen als, K. 96, 29 • ταὐτὰ ἐμοί, dasselbe wie ich • τέμνειν, zu τέμνω, abschneiden, K. 108, 4 • στάς, Partizip Aorist zu ἵσταμαι, sich hinstellen, K. 97; 101 • ἔνθα, wo • πνεῖ zu πνέω, wehen • ἀντίος, gegen den Wind • ὄμμασιν, Dativ zu τὰ ὄμματα, die Augen • ἀντίος τινός, gegen etwas • τὸ ἄχυρον, das Stroh • ὁ ἀθήρ, τοῦ ἀθέρος, die Spreu • ἀκροτομοίης, Optativ Präsens zu ἀκροτομέω, oben, an der Spitze abschneiden ↔ ἄκρος, spitz • παρὰ γῆν, am Boden entlang.

18.2 βραχύς, kurz • ὁ κάλαμος, der Halm • κάτωθεν, von unten • ὑψηλός, hoch • μεσοτομῶν, Partizip Präsens zu μεσοτομέω, in der Mitte schneiden • οἱ ἀλοῶντες, die Leute, die dreschen, Partizip Präsens zu ἀλοάω, dreschen • μοχθῶσιν, Konjunktiv Präsens zu μοχθέω, Mühe haben, μοχθεῖν πόνον, Akkusativ des inneren Objekts, Mühe haben mit der Mühe, K. 134 • περιττός, überflüssig • οἱ λικμῶντες, die Worfler (Arbeiter, die das gedroschene Getreide gegen den Wind werfen) • λειφθέν, Partizip Aorist Passiv zu λείπω, lassen, K. 107, 4 • κατακαυθέν, Partizip Aorist Passiv zu κατακαίω, verbrennen, K. 96, 44 • ἐμβληθέν, Partizip Aorist Passiv zu ἐμβάλλω, werfen auf, K. 96, 51 • συμπληθύνειν zu συμπληθύνω, vermehren.

18.3 ἁλίσκει, 2. Sg. Präsens zu ἁλίσκομαι, ertappt werden, K. 101, 6; 109, 4 • ἐπ᾿ αὐτοφώρῳ, auf frischer Tat • ὁ θερισμός, die Ernte • κινδυνεύω, ich scheine, so scheint es • ἀλοᾶν, dreschen • ὑποζυγίῳ, Dativ Singular zu τὸ ὑποζύγιον, das Gespann.

18.4 καὶ ὑποζύγιά γε καλούμενα πάντα, und Gespanne heißen sie doch alle • ὁμοίως, Adverb, gleichermaßen • ἡγῇ, 2. Sg. zu ἡγέομαι, meinen • τοσοῦτον μόνον εἰδέναι, dass sie nur soviel wissen • πατεῖν, zu πατέω τι, über etwas gehen • ἐλαυνόμενα, Partizip Präsens Passiv zu ἐλαύνω, treiben, K. 108, 5 • τί γὰρ ἂν ἄλλο εἰδείη; was könnten Zugtiere denn sonst noch wissen?

ὁμαλίζοιεν ἂν τὸν δῖνον καὶ τάχιστα ἀνύτοιεν. Ταῦτα μὲν τοίνυν, ἔφη, οὐδὲν ἐμοῦ λείπει γιγνώσκων.

6 Οὐκοῦν, ἔφην ἐγώ, ὦ Ἰσχόμαχε, ἐκ τούτου δὴ καθαροῦμεν τὸν σῖτον λικμῶντες. Καὶ λέξον γέ μοι, ὦ Σώκρατες, ἔφη ὁ Ἰσχόμαχος, ἦ οἶσθα ὅτι ἂν ἐκ τοῦ προσηνέμου μέρους τῆς ἅλω ἄρχῃ, δι᾽ ὅλης τῆς ἅλω οἴσεταί σοι τὰ ἄχυρα; Ἀνάγκη γάρ, ἔφην ἐγώ. 7 Οὐκοῦν εἰκὸς καὶ ἐπιπίπτειν, ἔφη, αὐτὰ ἐπὶ τὸν σῖτον. Πολὺ γάρ ἐστιν, ἔφην ἐγώ, τὸ ὑπερενεχθῆναι τὰ ἄχυρα ὑπὲρ τὸν σῖτον εἰς τὸ κενὸν τῆς ἅλω. Ἂν δέ τις, ἔφη, λικμᾷ ἐκ τοῦ ὑπηνέμου ἀρχόμενος; Δῆλον, ἔφην ἐγώ, ὅτι εὐθὺς ἐν τῇ ἀχυροδόκῃ ἔσται τὰ ἄχυρα. 8 Ἐπειδὰν δὲ καθάρῃς, ἔφη, τὸν σῖτον μέχρι τοῦ ἡμίσεος τῆς ἅλω, πότερον εὐθὺς οὕτω κεχυμένου τοῦ σίτου λικμήσεις τὰ ἄχυρα τὰ λοιπὰ ἢ συνώσας τὸν καθαρὸν πρὸς τὸν πόλον ὡς εἰς στενότατον; Συνώσας νὴ Δί᾽, ἔφην ἐγώ, τὸν καθαρὸν σῖτον, ἵν᾽ ὑπερφέρηταί μοι τὰ ἄχυρα εἰς τὸ κενὸν τῆς ἅλω, καὶ μὴ δὶς ταὐτὰ ἄχυρα δέῃ λικμᾶν. 9 Σὺ μὲν δὴ ἄρα, ἔφη, ὦ Σώκρατες, σῖτόν γε ὡς ἂν τάχιστα καθαρὸς γένοιτο κἂν ἄλλον δύναιο διδάσκειν. Ταῦτα τοίνυν, ἔφην ἐγώ, ἐλελήθη ἐμαυτὸν ἐπιστάμενος.

καὶ πάλαι ἐννοῶ ἄρα εἰ λέληθα καὶ χρυσοχοεῖν καὶ αὐλεῖν καὶ ζωγραφεῖν ἐπιστάμενος. ἐδίδαξε γὰρ οὔτε ταῦτά με οὐδεὶς οὔτε γεωργεῖν· ὁρῶ δ᾽ ὥσπερ γεωργοῦντας καὶ τὰς ἄλλας τέχνας ἐργαζομένους ἀνθρώπους. 10 Οὐκοῦν, ἔφη ὁ Ἰσχόμαχος, ἔλεγον ἐγώ σοι πάλαι ὅτι καὶ ταύτῃ εἴη γενναιοτάτη ἡ γεωργικὴ τέχνη, ὅτι καὶ ῥᾴστη ἐστὶ μαθεῖν. Ἄγε δή, ἔφην ἐγώ, οἶδα, ὦ Ἰσχόμαχε· τὰ μὲν δὴ ἀμφὶ σπόρον ἐπιστάμενος ἄρα ἐλελήθειν ἐμαυτὸν ἐπιστάμενος.

18.5 τὸ δεόμενον, das was notwendig ist • κόψουσιν, Futur zu κόπτω, schlagen, dreschen, ὁμαλιεῖται, 3. Person Futur Medium zu ὁμαλίζω, gleichmäßig verteilen • ὁ ἀλοατός, die Zeit zum Dreschen • τίνι τοῦτο; wem fällt diese Aufgabe zu? • ὁ ἐπαλωστής, der Vorarbeiter beim Dreschen • τὰ ἄτριτα, das Ungedroschene • ὁ δῖνος die Kreisbewegung auf der Tenne • ὁμαλίζοιεν, Optativ zu ὁμαλίζω, Gleichmäßigkeit erhalten • τάχιστα, Adverb, am schnellsten • ἀνύτοιεν, Optativ Präsens zu ἀνύτω, fertig werden.

18.6 καθαροῦμεν, Futur zu καθαίρω, reinigen, K. 96, 27 • λικμῶντες, zu λικμάω, worfeln, die Getreidekörner mit der Schaufel von der Spreu trennen • προσήνεμος, windig, zugig • τὸ μέρος, der Teil • τῆς ἅλω, Genitiv zu ἡ ἅλων, die Tenne • ἄρχῃ, 2. Sg. Konjunktiv Präsens zu ἄρχομαι, anfangen • τὰ ἄχυρα, die Spreu • οἴσεται, Futur zu φέρομαι, eilen, stürzen, wehen, K. 111, 11.

18.7 πολύ, eine weite Strecke • τὸ ὑπερενεχθῆναι, Infinitiv Aorist Passiv zu ὑπερφέρω τι, über etwas tragen, transportieren • τὸ κενόν, der leere Platz, K. 107, 9 • ὑπήνεμος, windstill • ἡ ἀχυροδόκη, der Spreubehälter.

18.8 τοῦ ἡμίσεως, Genitiv zu τὸ ἥμισυ, die Mitte • κεχυμένου, Partizip Perfekt Passiv zu χέω, ausgießen, ausbreiten, K. 107, 9 • συνώσας, Partizip Aorist zu συνωθέω, zusammenstoßen, zusammendrängen, K. 110, 3 • ὁ πόλος, der Mittelpunkt • ὡς εἰς στενότατον, möglichst dicht ↔ στενός eng • δίς, ein zweites Mal.

18.9 ἐλελήθειν ἐμαυτὸν ἐπιστάμενος, 1. Sg. Plusquamperfekt zu λανθάνω, es ist mir verborgen: es war mir entfallen, dass ich es wusste (ἐπιστάμενος, prädikatives Partizip), K. 108, 12.

18.10 γενναιοτάτη, Superlativ (Femininum)zu γενναῖος • ἡ γεωργικὴ τέχνη, die Landwirtschaft ist die Kunst, die ihrem Wesen in höchstem Maße treu bleibt ↔ τὸ γενναῖον ↔ τὸ γένος, das Spezifische, das seiner Natur treu bleibt und seinen Charakter bewahrt.

19. Kapitel: Über das Pflanzen von Bäumen und Sokrates' Nichtwissen

1 Ἔστι δ᾽ οὖν, ἔφην ἐγώ, τῆς γεωργικῆς τέχνης καὶ ἡ τῶν δένδρων φυτεία; Ἔστι γὰρ οὖν, ἔφη ὁ Ἰσχόμαχος. Πῶς ἂν οὖν, ἔφην ἐγώ, τὰ μὲν ἀμφὶ τὸν σπόρον ἐπισταίμην, τὰ δ᾽ ἀμφὶ τὴν φυτείαν οὐκ ἐπίσταμαι; 2 Οὐ γὰρ σύ, ἔφη ὁ Ἰσχόμαχος, ἐπίστασαι· Πῶς; ἐγὼ ἔφην, ὅστις μήτ᾽ ἐν ὁποίᾳ τῇ γῇ δεῖ φυτεύειν οἶδα μήτε ὁπόσον βάθος ὀρύττειν †τὸ φυτὸν† μήτε ὁπόσον πλάτος μήτε ὁπόσον μῆκος τὸ φυτὸν ἐμβάλλειν μήτε ὅπως ἂν ἐν τῇ γῇ κείμενον τὸ φυτὸν μάλιστ᾽ ἂν βλαστάνοι. 3 Ἴθι δή, ἔφη ὁ Ἰσχόμαχος, μάνθανε ὅ τι μὴ ἐπίστασαι.

βοθύνους μὲν γὰρ οἵους ὀρύττουσι τοῖς φυτοῖς οἶδ᾽ ὅτι ἑώρακας, ἔφη. Καὶ πολλάκις ἔγωγ᾽, ἔφην. Ἤδη τινὰ οὖν αὐτῶν εἶδες βαθύτερον τριπόδου; Οὐδὲ μὰ Δί᾽ ἔγωγ᾽, ἔφην, πενθημιποδίου. Τί δέ, τὸ πλάτος ἤδη τινὰ τριπόδου πλέον εἶδες; Οὐδὲ μὰ Δί᾽, ἔφην ἐγώ, διπόδου. 4 Ἴθι δή, ἔφη, καὶ τόδε ἀπόκριναί μοι· ἤδη τινὰ εἶδες τὸ βάθος ἐλάττονα ποδιαίου; οὐδὲ μὰ Δί᾽, ἔφην, ἔγωγε τριημιποδίου. καὶ γὰρ ἐξορύττοιτο ἂν σκαπτόμενα, ἔφην ἐγώ, τὰ φυτά, εἰ λίαν γε οὕτως ἐπιπολῆς πεφυτευμένα εἴη. 5 Οὐκοῦν τοῦτο μέν, ἔφη, ὦ Σώκρατες, ἱκανῶς οἶσθα, ὅτι οὔτε βαθύτερον πενθημιποδίου ὀρύττουσιν οὔτε βραχύτερον τριημιποδίου. Ἀνάγκη γάρ, ἔφην ἐγώ, τοῦτο ὁρᾶσθαί γε οὕτω καταφανὲς ὄν.

6 Τί δέ, ἔφη, ξηροτέραν καὶ ὑγροτέραν γῆν γιγνώσκεις ὁρῶν; Ξηρὰ μὲν γοῦν μοι δοκεῖ, ἔφην ἐγώ, εἶναι ἡ περὶ τὸν Λυκαβηττὸν καὶ ἡ ταύτῃ ὁμοία, ὑγρὰ δὲ ἡ ἐν τῷ Φαληρικῷ ἕλει καὶ ἡ ταύτῃ ὁμοία. 7 Πότερα οὖν, ἔφη, ἐν τῇ ξηρᾷ ἂν βαθὺν ὀρύττοις βόθρον τῷ φυτῷ ἢ ἐν τῇ ὑγρᾷ; Ἐν τῇ ξηρᾷ νὴ Δί᾽, ἔφην ἐγώ· ἐπεὶ ἔν γε τῇ

Ischomachos und Sokrates sprechen über das Pflanzen und Pflegen von Bäumen und Weinstöcken (1–19). Hier hat Sokrates sein Wissen deutlich aus der Beobachtung landwirtschaftlicher Tätigkeiten wie Pflanzen und Graben. Ferner wird erwogen, ob das Fragen selbst den, dem sein Wissen nicht bewusst ist, dazu bringt, sein Wissen zu erkennen. Ischomachos fragt Sokrates, ob er schon ein Pflanzloch gesehen habe, das tiefer als drei und breiter als drei Fuß oder das weniger als ein Fuß tief war.

19.1 ἡ φυτεία, das Pflanzen • ὁ σπόρος, die Aussaat ↔ σπείρω, säen.

19.2 τὸ βάθος, die Tiefe • ὀρύττειν, zu ὀρύττω, graben • τὸ πλάτος, die Breite • τὸ μῆκος, die Länge • βλαστάνοι, Optativ zu βλαστάνω, gedeihen.

19.3 ὁ βόθυνος, das Loch • βαθύτερον, Komparativ zu βαθύς, tief • τριπόδης, τριπόδου, tiefer als drei Fuß, Genitivus comparationis, K. 146 • πενθημιποδίου, tiefer als fünf Halbfuß • ποδιαίου, flacher als ein Fuß.

19.4 ἀπόκριναι, 2. Sg. Imperativ Aorist zu ἀποκρίνομαι, antworten, K. 94, 1 • ἐξορύττοιτο, Optativ Präsens Passiv zu ἐξορύττω, ausgraben • σκαπτόμενα, Partizip Präsens Passiv zu σκάπτω, behacken • λίαν ἐπιπολῆς, Adverb, zu dicht unter der Oberfläche.

19.5 βαθύτερον, tiefer • βραχύτερπον, kürzer, flacher.

19.6 ξηροτέρα καὶ ὑγροτέρα γῆ, zu trockener und zu feuchter Boden • περὶ Λυκαβηττόν, um den Berg Lykabettos herum • ἐν τῷ Φαληρικῷ ἕλει, in der Ebene am Phaleron, dem alten Hafen von Athen.

ὑγρᾷ ὀρύττων βαθύν, ὕδωρ ἂν εὑρίσκοις καὶ οὐκ ἂν δύναιο ἔτι ἐν ὕδατι φυτεύειν. Καλῶς μοι δοκεῖς, ἔφη, λέγειν. οὐκοῦν ἐπειδὰν ὀρωρυγμένοι ὦσιν οἱ βόθροι, ὁπηνίκα δεῖ τιθέναι ἑκάτερα τὰ φυτὰ ἤδη εἶδες; 8 Μάλιστα, ἔφην ἐγώ. Σὺ οὖν βουλόμενος ὡς τάχιστα φῦναι αὐτὰ πότερον ὑποβαλὼν ἂν τῆς γῆς τῆς εἰργασμένης οἴει τὸν βλαστὸν τοῦ κλήματος θᾶττον χωρεῖν διὰ τῆς μαλακῆς ἢ διὰ τῆς ἀργοῦ εἰς τὸ σκληρόν; Δῆλον, ἔφην ἐγώ, ὅτι διὰ τῆς εἰργασμένης θᾶττον ἂν ἢ διὰ τῆς ἀργοῦ βλαστάνοι. 9 Οὐκοῦν ὑποβλητέα ἂν εἴη τῷ φυτῷ γῆ. τί δ᾽ οὐ μέλλει; ἔφην ἐγώ.

Πότερα δὲ ὅλον τὸ κλῆμα ὀρθὸν τιθεὶς πρὸς τὸν οὐρανὸν βλέπον ἡγῇ μᾶλλον ἂν ῥιζοῦσθαι αὐτὸ ἢ καὶ πλάγιόν τι ὑπὸ τῇ ὑποβεβλημένῃ γῇ θείης ἄν, ὥστε κεῖσθαι ὥσπερ γάμμα ὕπτιον; 10 Οὕτω νὴ Δία· πλείους γὰρ ἂν οἱ ὀφθαλμοὶ κατὰ τῆς γῆς εἶεν· ἐκ δὲ τῶν ὀφθαλμῶν καὶ ἄνω ὁρῶ βλαστάνοντα τὰ φυτά. καὶ τοὺς κατὰ τῆς γῆς οὖν ὀφθαλμοὺς ἡγοῦμαι τὸ αὐτὸ τοῦτο ποιεῖν. πολλῶν δὲ φυομένων βλαστῶν ⟨κατὰ⟩ τῆς γῆς ταχὺ ἂν καὶ ἰσχυρὸν τὸ φυτὸν ἡγοῦμαι βλαστάνειν. 11 Κατὰ ταὐτὰ τοίνυν, ἔφη, καὶ περὶ τούτων γιγνώσκων ἐμοὶ τυγχάνεις.

ἐπαμήσαιο δ᾽ ἂν μόνον, ἔφη, τὴν γῆν, ἢ καὶ σάξαις ἂν εὖ μάλα περὶ τὸ φυτόν; Σάττοιμ᾽ ἄν, ἔφην, νὴ Δί᾽ ἐγώ. εἰ μὲν γὰρ μὴ σεσαγμένον εἴη, ὑπὸ μὲν τοῦ ὕδατος εὖ οἶδ᾽ ὅτι πηλὸς ἂν γίγνοιτο ἡ ἄσακτος γῆ, ὑπὸ δὲ τοῦ ἡλίου ξηρὰ μέχρι βυθοῦ, ὥστε τὰ φυτὰ κίνδυνος [ὑπὸ μὲν τοῦ ὕδατος] σήπεσθαι μὲν δι᾽ ὑγρότητα, αὐαίνεσθαι δὲ διὰ ξηρότητα, [ἤγουν χαυνότητα τῆς γῆς,] θερμαινομένων τῶν ῥιζῶν.

12 Καὶ περὶ ἀμπέλων ἄρα σύγε, ἔφη, φυτείας, ὦ Σώκρατες, τὰ αὐτὰ ἐμοὶ πάντα γιγνώσκων τυγχάνεις. Ἦ καὶ συκῆν, ἔφην ἐγώ, οὕτω δεῖ φυτεύειν; Οἶμαι δ᾽, ἔφη ὁ Ἰσχόμαχος, καὶ τἆλλα ἀκρόδρυα πάντα. τῶν γὰρ ἐν τῇ τῆς ἀμπέλου φυτείᾳ καλῶς ἐχόντων τί ἂν ἀποδοκιμάσαις εἰς τὰς ἄλλας φυτείας;

19.7 ὁ βόθρος, die Grube • ὀρωρυγμένοι ὦσιν, 3. Pl. Konjunktiv Perfekt Passiv zu ὀρύττω, graben.

19.8 ὡς τάχιστα, möglichst schnell • φῦναι, Infinitiv Aorist zu φύομαι, wachsen, K. 100, 9 • γῆ εἰργασμένη, durchgearbeitete Erde • ὁ βλαστός, der Trieb • τὸ κλῆμα, der Setzling • μαλακός, weich • ἀργός, unbearbeitet • τὸ σκληρόν, das Harte • βλαστάνω, wachsen, treiben.

19.9 ὑποβλητέα, Verbaladjektiv zu ὑποβάλλω, darunter werfen, K. 78, 9 • ῥιζοῦσθαι, wurzeln • πλάγιος, schräg • ῥιζοῦσθαι, wurzeln • ἡ ὑποβλημένη γῆ, die darunter geworfene Erde • γάμμα ὕπτιος, ein umgedrehtes Gamma.

19.10 κατὰ τῆς γῆς, unter der Erde • ἄνω, oben.

19.11 ταὐτὰ … ἐμοί, dasselbe wie ich • ἐπαμήσαιο, Optativ Aorist zu ἐπαμάομαι τὴν γῆν, die Erde anhäufeln • σάξαις, Optativ Aorist zu σάττω, festtreten • σεσγμένον, Partizip Perfekt Passiv zu σάττω • ὁ πηλός, der Schlamm • ἡ ἄσακτος γῆ, die nicht festgetretene Erde • ξηρός, hart • μέχρι βυτοῦ, bis in die Tiefe • σήπεσθαι zu σήπομαι, faulen ↔ ἡ σῆψις, die Fäulnis • ἡ ὑγρότης, die Feuchtigkeit • αὐαίνεσθαι, zu αὐαίνομαι, verdorren • ἡ ξηρότης, die Trockenheit • ἡ χαυνότης, die Lockerheit • θερμαινομένων, zu θερμαίνομαι, heiß werden • τῶν ῥιζῶν zu ἡ ῥίζα die Wurzel.

19.12 ἡ ἄμπελος, der Weinstock • ἡ συκῆ, der Feigenbaum • τὰ ἀκρόδρυα, die fruchttragenden Bäume • ἀποδοκιμάσαις, Optativ Aorist zu ἀποδοκιμάζω, ablehnen • εἰς τὰς ἄλλας φυτείας, für die anderen Anpflanzungen.

13 Ἐλαίαν δὲ πῶς, ἔφην ἐγώ, φυτεύσομεν, ὦ Ἰσχόμαχε; Ἀποπειρᾷ μου καὶ τοῦτο, ἔφη, μάλιστα πάντων ἐπιστάμενος. ὁρᾷς μὲν γὰρ δὴ ὅτι βαθύτερος ὀρύττεται τῇ ἐλαίᾳ βόθρος· καὶ γὰρ παρὰ τὰς ὁδοὺς μάλιστα ὀρύττεται· ὁρᾷς δ' ὅτι πρέμνα πᾶσι τοῖς φυτευτηρίοις πρόσεστιν· ὁρᾷς δ', ἔφη, τῶν φυτῶν πηλὸν ταῖς κεφαλαῖς πάσαις ἐπικείμενον καὶ πάντων τῶν φυτῶν ἐστεγασμένον τὸ ἄνω. 14 Ὁρῶ, ἔφην ἐγώ, ταῦτα πάντα. Καὶ ὁρῶν δή, ἔφη, τί αὐτῶν οὐ γιγνώσκεις; ἢ τὸ ὄστρακον ἀγνοεῖς, ἔφη, ὦ Σώκρατες, πῶς ἂν ἐπὶ τοῦ πηλοῦ ἄνω καταθείης; Μὰ τὸν Δί', ἔφην ἐγώ, οὐδὲν ὧν εἶπας, ὦ Ἰσχόμαχε, ἀγνοῶ, ἀλλὰ πάλιν ἐννοῶ τί ποτε, ὅτε πάλαι ἤρου με συλλήβδην εἰ ἐπίσταμαι φυτεύειν, οὐκ ἔφην. οὐ γὰρ ἐδόκουν ἔχειν ἂν εἰπεῖν οὐδὲν ᾗ δεῖ φυτεύειν· ἐπεὶ δέ με καθ' ἓν ἕκαστον ἐπεχείρησας ἐρωτᾶν, ἀποκρίνομαί σοι, ὡς σὺ φῄς, ἅπερ σὺ γιγνώσκεις ὁ δεινὸς λεγόμενος γεωργός.

15 Ἆρα, ἔφην, ὦ Ἰσχόμαχε, ἡ ἐρώτησις διδασκαλία ἐστίν; ἄρτι γὰρ δή, ἔφην ἐγώ, καταμανθάνω ᾗ με ἐπηρώτησας ἕκαστα· ἄγων γάρ με δι' ὧν ἐγὼ ἐπίσταμαι, ὅμοια τούτοις ἐπιδεικνὺς ἃ οὐκ ἐνόμιζον ἐπίστασθαι ἀναπείθεις, οἶμαι, ὡς καὶ ταῦτα ἐπίσταμαι.

16 Ἆρ' οὖν, ἔφη ὁ Ἰσχόμαχος, καὶ περὶ ἀργυρίου ἐρωτῶν ἄν σε, πότερον καλὸν ἢ οὔ, δυναίμην ἄν σε πεῖσαι ὡς ἐπίστασαι διαδοκιμάζειν τὰ καλὰ καὶ τὰ κίβδηλα ἀργύρια; καὶ περὶ αὐλητῶν ἂν δυναίμην ἀναπεῖσαι ὡς ἐπίστασαι αὐλεῖν, καὶ περὶ ζωγράφων καὶ περὶ τῶν ἄλλων τῶν τοιούτων; Ἴσως ἄν, ἔφην ἐγώ, ἐπειδὴ καὶ γεωργεῖν ἀνέπεισάς με ὡς ἐπιστήμων εἴην, καίπερ εἰδότα ὅτι οὐδεὶς πώποτε ἐδίδαξέ με ταύτην τὴν τέχνην.

17 Οὐκ ἔστι ταῦτ', ἔφη, ὦ Σώκρατες· ἀλλ' ἐγὼ καὶ πάλαι σοι ἔλεγον ὅτι ἡ γεωργία οὕτω φιλάνθρωπός ἐστι καὶ πραεῖα τέχνη ὥστε καὶ ὁρῶντας καὶ ἀκούοντας ἐπιστήμονας εὐθὺς ἑαυτῆς ποιεῖν. 18 πολλὰ δ', ἔφη, καὶ αὐτὴ διδάσκει ὡς ἂν κάλλιστά τις αὐτῇ χρῷτο. αὐτίκα ἄμπελος ἀναβαίνουσα μὲν ἐπὶ τὰ δένδρα, ὅταν ἔχῃ τι πλησίον δένδρον, διδάσκει ἱστάναι αὐτήν· περιπεταννύουσα δὲ τὰ οἴναρα, ὅταν ἔτι αὐτῇ ἁπαλοὶ οἱ βότρυες ὦσι, διδάσκει σκιάζειν τὰ ἡλιούμενα ταύτην τὴν

19.13 ἡ ἐλαία, der Ölbaum • φυτεύσομεν, Futur zu φυτεύω, anpflanzen • ἀποπειρᾷ, zu ἀποπειράομαί τινος, jemanden auf die Probe stellen • παρὰ τὰς ὁδούς, entlang an den Wegen • πρέμνα zu τό πρέμνον, ein Stück Stamm • τοῖς φυτευτηρίοις, zu τὸ φυτευτήριον, der Ableger • πρόσεστιν, zu πρόσειμι, daran sein • τὸ φυτόν, die Pflanze • ὁ πηλός, der Schlamm • ταῖς κεφαλαῖς, zu ἡ κεφαλή, der Kopf • ἐστεγασμένον, Partizip Perfekt Passiv zu στεγάζω, bedecken • τὸ ἄνω, der obere Teil.

19.14 τὸ ὄστρακον, die Tonscherbe • ἀγνοεῖς, zu ἀγνοέω, nicht erkennen • καταθείης, Optativ Aorist zu κατατίθημι, legen auf, K. 97; 175, Optativus obliquus im abhängigen Fragesatz.

19.15 ἡ ἐρώτησις, die Frage ↔ ἐρωτάω, ἔρομαι • ἡ διδασκαλία, die Belehrung ↔ διδάσκω.

19.16 διαδοκιμάζειν, zu διαδοκιμάζω, unterscheiden • τὰ κίβδηλα ἀργύρια, das falsche Geld • αὐλητῶν, Genitiv Plural zu ὁ αὐλητής, der Flötenspieler • περὶ ζωγράφων, was die Kunst des Malens (lebender Körper) betrifft • ὁ ζωγράφος, der Maler • ἀνέπεισας, Aorist zu ἀναπείθω, überzeugen • ἐπιστήμων, fachkundig.

19.17 πάλαι, schon vorher • φιλάνθρωπος, menschenfreundlich • πραεῖα zu πραΰς, friedlich.

ὥραν· 19 ὅταν δὲ καιρὸς ᾖ ὑπὸ τοῦ ἡλίου ἤδη γλυκαίνεσθαι τὰς σταφυλάς, φυλλορροοῦσα διδάσκει ἑαυτὴν ψιλοῦν καὶ πεπαίνειν τὴν ὀπώραν, διὰ πολυφορίαν δὲ τοὺς μὲν πέπονας δεικνύουσα βότρυς, τοὺς δὲ ἔτι ὠμοτέρους φέρουσα, διδάσκει τρυγᾶν ἑαυτήν, ὥσπερ τὰ σῦκα συκάζουσι, τὸ ὀργῶν ἀεί.

19.18 πολλά, vielfach • ὡς ἂν αὐτῇ χρῷτο, wie man sie praktiziert, K. 175, Optativus obliquus im abhängigen Fragesatz • αὐτίκα, gleich • πλησίον, in der Nähe • ἱστάναι, Infinitiv Präsens zu ἵστημι, (dorthin) stellen • περιπεταννύουσα, Partizip zu περιπετάννυμι, K. 105, 3, ringsum ausbreiten • τὰ οἴναρα, das Weinlaub • ἁπαλός, empfindlich • οἱ βότρυες, die Trauben • σκιάζειν, zu σκιάζω, beschatten ↔ ἡ σκιά • ἡλιούμενα, Partizip Präsens Passiv zu ἡλιόω, der Sonne aussetzen ↔ ὁ ἥλιος • ταύτην τὴν ὥραν, in dieser Jahreszeit, K. 137, Akkusativ der zeitlichen Ausdehnung.

19.19 γλυκαίνεσθαι, zu γλυκαίνομαι, süß werden ↔ γλυκύς • τὰς σταφυλάς, zu ἡ σταφυλή, die Traube • φυλλορροοῦσα, Partizip zu φυλλορροέω, die Blätter abwerfen ↔ τὸ φύλλον, das Blatt • ψιλόω, entlauben • πεπαίνειν, reifen lassen • τὴν ὀπώραν, zu ἡ ὀπώρα, der Herbst • ἡ πολυφορία, die Fruchtbarkeit • πέπων, πέπονος, reif • ὠμοτέρους, Komparativ zu ὠμός, unreif, roh • τρυγᾶν, zu τρυγάω, abernten • τὰ σῦκα, die Feigen • συκάζουσιν, zu συκάζω (Feigen) ernten • τὸ ὀργῶν ἀεί, zu ὀργάω, reif sein, und zwar je nach dem, wie reif sie sind absolutes Partizip, K. 199.

20. Kapitel: Landwirtschaft zwischen Überfluss und Mangel, Trägheit und Tatkraft

1 Ἐνταῦθα δὴ ἐγὼ εἶπον· Πῶς οὖν, ὦ Ἰσχόμαχε, εἰ οὕτω γε καὶ ῥᾴδιά ἐστι μαθεῖν τὰ περὶ τὴν γεωργίαν καὶ πάντες ὁμοίως ἴσασιν ἃ δεῖ ποιεῖν, οὐχὶ καὶ πάντες πράττουσιν ὁμοίως, ἀλλ᾽ οἱ μὲν αὐτῶν ἀφθόνως τε ζῶσι καὶ περιττὰ ἔχουσιν, οἱ δ᾽ οὐδὲ τὰ ἀναγκαῖα δύνανται πορίζεσθαι, ἀλλὰ καὶ προσοφείλουσιν; 2 Ἐγὼ δή σοι λέξω, ὦ Σώκρατες, ἔφη ὁ Ἰσχόμαχος. οὐ γὰρ ἡ ἐπιστήμη οὐδ᾽ ἡ ἀνεπιστημοσύνη τῶν γεωργῶν ἐστιν ἡ ποιοῦσα τοὺς μὲν εὐπορεῖν, τοὺς δὲ ἀπόρους εἶναι· 3 οὐδ᾽ ἂν ἀκούσαις, ἔφη, λόγου οὕτω διαθέοντος ὅτι διέφθαρται ὁ οἶκος, διότι οὐχ ὁμαλῶς ὁ σπορεὺς ἔσπειρεν, οὐδ᾽ ὅτι οὐκ ὀρθῶς τοὺς ὄρχους ἐφύτευσεν, οὐδ᾽ ὅτι ἀγνοήσας τις τὴν [γῆν] φέρουσαν ἀμπέλους ἐν ἀφόρῳ ἐφύτευσεν, οὐδ᾽ ὅτι ἠγνόησέ τις ὅτι ἀγαθόν ἐστι τῷ σπόρῳ νεὸν προεργάζεσθαι, οὐδ᾽ ὅτι ἠγνόησέ τις ὡς ἀγαθόν ἐστι τῇ γῇ κόπρον μιγνύναι· 4 ἀλλὰ πολὺ μᾶλλον ἔστιν ἀκοῦσαι, ἁνὴρ οὐ λαμβάνει σῖτον ἐκ τοῦ ἀγροῦ· οὐ γὰρ ἐπιμελεῖται ὡς αὐτῷ σπείρηται ἢ ὡς κόπρος γίγνηται. οὐδ᾽ οἶνον ἔχει ἁνήρ· οὐ γὰρ ἐπιμελεῖται ὡς φυτεύσῃ ἀμπέλους οὐδὲ αἱ οὖσαι ὅπως φέρωσιν αὐτῷ. οὐδὲ ἔλαιον οὐδὲ σῦκα ἔχει ἁνήρ· οὐ γὰρ ἐπιμελεῖται οὐδὲ ποιεῖ ὅπως ταῦτα ἔχῃ.

5 τοιαῦτ᾽, ἔφη, ἐστίν, ὦ Σώκρατες, ἃ διαφέροντες ἀλλήλων οἱ γεωργοὶ διαφερόντως καὶ πράττουσι πολὺ μᾶλλον ἢ [οἱ] δοκοῦντες σοφόν τι ηὑρηκέναι εἰς τὰ ἔργα. 6 καὶ οἱ στρατηγοὶ ἔστιν ἐν οἷς τῶν στρατηγικῶν ἔργων οὐ γνώμῃ διαφέροντες ἀλλήλων οἱ μὲν βελτίονες οἱ δὲ χείρονές εἰσιν, ἀλλὰ σαφῶς ἐπιμελείᾳ. ἃ γὰρ καὶ οἱ στρατηγοὶ γιγνώσκουσι πάντες καὶ τῶν ἰδιωτῶν οἱ πλεῖστοι, ταῦτα οἱ μὲν ποιοῦσι τῶν ἀρχόντων οἱ δ᾽ οὔ. 7 οἷον καὶ τόδε γιγνώσκουσιν ἅπαντες ὅτι διὰ πολεμίας

Wichtige Voraussetzungen für den Erfolg der Arbeit sind nicht nur fachliches Können und Erfahrung, sondern auch Einsatzfreude und Sorgfalt (20–29).

20.1 ἀφθόνως, im Überfluss • περιττά, mehr als genug • πορίζεσθαι zu πορίζομαι, sich beschaffen • προσοφείλουσιν zu προσοφείλω, dazu noch Schulden machen.

20.2 ἀνεπιστημοσύνη, die Unkenntnis, das Unverständnis • εὐπόρους zu εὔπορος, reich • ἀπόρους zu ἄπορος, mittellos ↔ ἡ ἀπορία.

20.3 διαθέοντος, Partizip Präsens zu διαθέω, in Umlauf sein • διέφθαρται, Perfekt Passiv zu διαφθείρω, zugrunde richten, K. 86, 3 • διότι, weil • ὁμαλῶς, gleichmäßig • ὁ σπορεύς, der Sämann, ἔσπειρεν, zu σπείρω, säen, K. 96, 33 • τοὺς ὄρχους zu ὁ ὄρχος, die Baumreihe • ἐφύτευσεν, Aorist zu φυτεύω • ἀγνοήσας, Partizip Aorist zu ἀγνοέω, ignorieren • τὴν γῆν zu ἡ γῆ, die Qualität des Bodens • ἐν ἀφόρῳ, in einem Boden, der nichts bringt • τῷ σπόρῳ zu ὁ σπόρος, die Aussaat • ὁ νεός, der unberührte Boden • προεργάζεσθαι, vorbereiten • ὁ κόπρος, der Mist • μιγνύναι zu μίγνυμι, μείγνυμι, untermischen, K. 112.

20.4 ἐπιμελεῖται zu ἐπιμελέομαι, sich kümmern, K. 94, 2 • αἱ οὖσαι, die vorhandenen, Partizip Präsens zu εἰμί, K. 103, 3.

20.5 διαφέροντες zu διαφέρω, sich unterscheiden • ἀλλήλων, voneinander • διαφερόντως, ganz besonders.

20.6 ἡ γνώμη, die Einsicht ↔ γιγνώσκω • ἡ ἐπιμέλεια, die Einsatzbereitschaft.

πορευομένους βέλτιόν ἐστι τεταγμένους πορεύεσθαι οὕτως ὡς ἂν ἄριστα μάχοιντο, εἰ δέοι. τοῦτο τοίνυν γιγνώσκοντες οἱ μὲν ποιοῦσιν οὕτως οἱ δ᾽ οὐ ποιοῦσι.

8 φυλακὰς ἅπαντες ἴσασιν ὅτι βέλτιόν ἐστι καθιστάναι καὶ ἡμερινὰς καὶ νυκτερινὰς πρὸ τοῦ στρατοπέδου. ἀλλὰ καὶ τούτου οἱ μὲν ἐπιμελοῦνται ὡς ἔχῃ οὕτως, οἱ δ᾽ οὐκ ἐπιμελοῦνται. 9 ὅταν τε αὖ διὰ στενοπόρων ἴωσιν, οὐ πάνυ χαλεπὸν εὑρεῖν ὅστις οὐ γιγνώσκει ὅτι προκαταλαμβάνειν τὰ ἐπίκαιρα κρεῖττον ἢ μή; ἀλλὰ καὶ τούτου οἱ μὲν ἐπιμελοῦνται οὕτω ποιεῖν, οἱ δ᾽οὔ.

10 ἀλλὰ καὶ κόπρον λέγουσι μὲν πάντες ὅτι ἄριστον εἰς γεωργίαν ἐστὶ καὶ ὁρῶσι δὲ αὐτομάτην γιγνομένην· ὅμως δὲ καὶ ἀκριβοῦντες ὡς γίγνεται, καὶ ῥᾴδιον ὂν πολλὴν ποιεῖν, οἱ μὲν καὶ τούτου ἐπιμελοῦνται ὅπως ἁθροίζηται, οἱ δὲ παραμελοῦσι.

11 καίτοι ὕδωρ μὲν ὁ ἄνω θεὸς παρέχει, τὰ δὲ κοῖλα πάντα τέλματα γίγνεται, ἡ γῆ δὲ ὕλην παντοίαν παρέχει, καθαίρειν δὲ δεῖ τὴν γῆν τὸν μέλλοντα σπείρειν· ἃ δ᾽ ἐκποδὼν ἀναιρεῖται, ταῦτα εἴ τις ἐμβάλλοι εἰς τὸ ὕδωρ, ὁ χρόνος ἤδη αὐτὸς ἂν ποιοίη οἷς ἡ γῆ ἥδεται. ποία μὲν γὰρ ὕλη, ποία δὲ γῆ ἐν ὕδατι στασίμῳ οὐ κόπρος γίγνεται;

12 καὶ ὁπόσα δὲ θεραπείας δεῖται ἡ γῆ, ὑγροτέρα γε οὖσα πρὸς τὸν σπόρον ἢ ἁλμωδεστέρα πρὸς φυτείαν, καὶ ταῦτα γιγνώσκουσι μὲν πάντες καὶ ὡς τὸ ὕδωρ ἐξάγεται τάφροις καὶ ὡς ἡ ἅλμη κολάζεται μιγνυμένη πᾶσι τοῖς ἀνάλμοις, καὶ ὑγροῖς [τε] καὶ ξηροῖς· ἀλλὰ καὶ τούτων ἐπιμελοῦνται οἱ μὲν οἱ δ᾽οὔ.

13 εἰ δέ τις παντάπασιν ἀγνὼς εἴη τί δύναται φέρειν ἡ γῆ, καὶ μήτε ἰδεῖν ἔχοι καρπὸν μηδὲ φυτὸν αὐτῆς, μήτε ὅτου ἀκοῦσαι τὴν ἀλήθειαν περὶ αὐτῆς ἔχοι, οὐ πολὺ μὲν ῥᾷον γῆς πεῖραν λαμβάνειν παντὶ ἀνθρώπῳ ἢ ἵππου, πολὺ δὲ ῥᾷον ἢ ἀνθρώπου; οὐ γὰρ ἔστιν ὅ τι ἐπὶ ἀπάτῃ δείκνυσιν, ἀλλ᾽ ἁπλῶς ἅ τε δύναται καὶ ἃ μὴ σαφηνίζει τε καὶ ἀληθεύει.

20.7 ἡ πολεμία γῆ, das feindliche Gebiet • πορευομένους, Partizip Präsens zu πορεύομαι, marschieren • τεταγμένους, Partizip Perfekt Passiv zu τάττω, ordnen, K. 96, 14.

20.8 καθιστάναι zu καθίστημι, aufstellen, ἡμερινὰς καὶ νυκτερινὰς (φυλακάς), Wachen bei Tag und bei Nacht ↔ ἡ ἡμέρα καὶ ἡ νύξ, τῆς νυκτός • πρὸ τοῦ στρατοπέδου, vor dem Feldlager.

20.9 διὰ στενοπόρων, durch enge Wege, Engpässe • ἴωσιν, Konjunktiv zu εἶμι • προκαταλαμβάνειν, vorher besetzen, K. 108, 11 • τὰ ἐπίκαιρα, das günstige Gelände, die Höhen.

20.10 ὁ, ἡ κόπρος, der Mist • αὐτομάτην, zu αὐτόματος, selbsttätig, von selbst • ἀκριβοῦντες, Partizip zu ἀκριβόω, genau wissen • ἁθροίζηται, Konjunktiv Präsens Passiv zu ἁθροίζω, sammeln • παραμελοῦσιν, zu παραμελέω, vernachlässigen, versäumen.

20.11 ὁ ἄνω θεός, der Gott oben • τὰ κοῖλα, die Vertiefungen • τὰ τέλματα, die Sümpfe • ἡ ὕλη παντοία, vielfältiges Unkraut • καθαίρειν, reinigen • ἐκποδών, von den Füßen weg • ἀναιρεῖται zu ἀναιρέω entfernen • οἷς ἡ γῆ ἥδεται, Attraktion des Relativum, K. 126, 2 • τὸ ὕδωρ στάσιμον, das stehende Gewässer.

20.12 ὁπόσα θεραπείας, wieviel Pflege • ὑγροτέρα, zu feucht • ἁλμωδεστέρα, zu salzig ↔ ὁ, ἡ ἅλς, ἁλός, das Salz • ἐξάγεται zu ἐξάγω, ableiten, K. 96, 16 • ὁ, ἡ τάφρος, der Graben • ἡ ἅλμη das Salzwasser • κολάζεται, zu κολάζω, einschränken, verringern • μιγνυμένη, Perfekt Passiv zu μίγνυμι, mischen • ἄναλμος, salzlos • ὑγρός, feucht • ξηρός, trocken.

20.13 παντάπασιν ἄγνως, ganz und gar unwissend • πεῖραν λαμβάνειν τινός, einen Versuch unternehmen mit etwas • ἐπὶ ἀπάτῃ, zur Täuschung, um zu täuschen • ἁπλῶς, einfach • σαφηνίζει, zu σαφηνίζω, offenlegen ↔ σαφής, σαφές, klar, deutlich • ἀληθεύει, zu ἀληθεύω, die Wahrheit sagen ↔ ἀληθής, ἀληθές, ἡ ἀλήθεια.

14 δοκεῖ δέ μοι ἡ γῆ καὶ τοὺς κακούς τε καὶ ἀργοὺς τῷ εὔγνωστα καὶ εὐμαθῆ πάντα παρέχειν ἄριστα ἐξετάζειν. οὐ γὰρ ὥσπερ τὰς ἄλλας τέχνας τοῖς μὴ ἐργαζομένοις ἔστι προφασίζεσθαι ὅτι οὐκ ἐπίστανται, γῆν δὲ πάντες οἴδασιν ὅτι εὖ πάσχουσα εὖ ποιεῖ· 15 ἀλλ᾽ ἡ ἐν γῇ ἀργία ἐστὶ σαφὴς ψυχῆς κατήγορος κακῆς. ὡς μὲν γὰρ ἂν δύναιτο ἄνθρωπος ζῆν ἄνευ τῶν ἐπιτηδείων, οὐδεὶς τοῦτο αὐτὸς αὑτὸν πείθει· ὁ δὲ μήτε ἄλλην τέχνην χρηματοποιὸν ἐπιστάμενος μήτε γεωργεῖν ἐθέλων φανερὸν ὅτι κλέπτων ἢ ἁρπάζων ἢ προσαιτῶν διανοεῖται βιοτεύειν, ἢ παντάπασιν ἀλόγιστός ἐστι.

16 μέγα δὲ ἔφη διαφέρειν εἰς τὸ λυσιτελεῖν γεωργίαν καὶ μὴ λυσιτελεῖν, ὅταν ὄντων ἐργαστήρων καὶ πλεόνων ὁ μὲν ἔχῃ τινὰ ἐπιμέλειαν ὡς τὴν ὥραν αὐτῷ ἐν τῷ ἔργῳ οἱ ἐργάται ὦσιν, ὁ δὲ μὴ ἐπιμελῆται τούτου. ῥᾳδίως γὰρ ἀνὴρ εἷς παρὰ τοὺς δέκα διαφέρει τῷ ἐν ὥρᾳ ἐργάζεσθαι, καὶ ἄλλος γε ἀνὴρ διαφέρει τῷ πρὸ τῆς ὥρας ἀπιέναι. 17 τὸ δὲ δὴ ἐᾶν ῥᾳδιουργεῖν δι᾽ ὅλης τῆς ἡμέρας τοὺς ἀνθρώπους ῥᾳδίως τὸ ἥμισυ διαφέρει τοῦ ἔργου παντός. 18 ὥσπερ καὶ ἐν ταῖς ὁδοιπορίαις παρὰ στάδια διακόσια ἔστιν ὅτε τοῖς ἑκατὸν σταδίοις διήνεγκαν ἀλλήλων ἄνθρωποι τῷ τάχει, ἀμφότεροι καὶ νέοι ὄντες καὶ ὑγιαίνοντες, ὅταν ὁ μὲν πράττῃ ἐφ᾽ ᾧπερ ὥρμηται, βαδίζων, ὁ δὲ ῥᾳστωνεύῃ τῇ ψυχῇ καὶ παρὰ κρήναις καὶ ὑπὸ σκιαῖς ἀναπαυόμενός τε καὶ θεώμενος καὶ αὔρας θηρεύων μαλακάς.

19 οὕτω δὲ καὶ ἐν τοῖς ἔργοις πολὺ διαφέρουσιν εἰς τὸ ἀνύτειν οἱ πράττοντες ἐφ᾽ ᾧπερ τεταγμένοι εἰσί, καὶ οἱ μὴ πράττοντες ἀλλ᾽ εὑρίσκοντες προφάσεις τοῦ μὴ ἐργάζεσθαι καὶ ἐώμενοι ῥᾳδιουργεῖν.

20 τὸ δὲ δὴ †καὶ τὸ καλῶς ἐργάζεσθαι ἢ κακῶς† ἐπιμελεῖσθαι, τοῦτο δὴ τοσοῦτον διαφέρει ὅσον ἢ ὅλως ἐργάζεσθαι ἢ ὅλως ἀργὸν εἶναι.

20.14 εὔγνωστα, leicht erkennbar ↔ γιγνώσκω • εὐμαθῆ, leicht lernbar ↔ μανθάνω • ἐξετάζειν, erproben • οἴδασιν, wie ἴσασιν, zu οἶδα, K. 102, 4.

20.15 ἡ ἀργία, die Untätigkeit ↔ ἀργός, träge • ὁ κατήγορος, der Ankläger • ψυχὴ κακή, ein schlechter Charakter • τὰ ἐπιτήδεια, die Lebensmittel • χρηματοποιός, gewinnbringend • κλέπτων, Partizip zu κλέπτω, stehlen, K. 112 • ἁρπάζων, Partizip zu ἁρπάζω, rauben • προσαιτῶν, Partizip zu προσαιτέω, betteln • διανοεῖται, zu διανοέομαι, beabsichtigen • βιοτεύειν, sein Leben verbringen • παντάπασιν, vollkommen • ἀλόγιστος, verrückt.

20.16 μέγα δ᾽ ἐστὶν διαφέρειν εἰς, es ist aber von großer Bedeutung für • λυσιτελεῖν, nützlich sein • ἐργαστήρων, Genitiv Plural zu ὁ ἐργαστήρ, τοῦ ἐργαστῆρος, der Arbeiter ↔ ἐργάζομαι, τὸ ἔργον • ὄντων καὶ πλεόνων, vor allem, wenn es mehrere sind, die Mehrheit ist • ἡ ἐπιμέλεια, die Verantwortung • τὴν ὥραν, Akkusativ der zeitlichen Ausdehnung, K. 137, zur rechten Zeit • αὐτῷ, für ihn, Dativ des Interesses, K. 153 • ἀνὴρ εἷς, ein einziger Mann • παρὰ τοὺς δέκα, bei zehn Männern, K. 160, 12 • διαφέρει, es macht einen Unterschied • ἐν ὥρᾳ, in der Zeit, pünktlich • πρὸ ὥρας, vor der Zeit • ἀπιέναι, K. 103, 2, fortgehen.

20.17 ἐᾶν, zu ἐάω, zulassen, K. 88, 1 • ῥᾳδιουργεῖν, faulenzen • τὸ ἥμισυ διαφέρειν τοῦ ἔργου παντός, sich um die Hälfte von der ganzen Arbeitsleistung unterscheiden.

20.18 ἡ ὁδοιπορία, der Marsch ↔ ἡ ὁδός, πορεύομαι • παρὰ στάδια διακόσια, über zweihundert Stadien • ἐφ᾽ ᾧπερ ὥρμηται, wozu er aufgebrochen ist, Perfekt zu ὁρμάομαι • ῥᾳστωνεύῃ, Konjunktiv zu ῥᾳστωνεύω, sorglos sein • ἡ αὔρα, die Luft • θηρεύω, jagen • μαλακός, mild.

20.19 εἰς, in Bezug auf • ἀνύτω, vollenden • ἐφ᾽ ᾧπερ, wofür • ἡ πρόφασις, der Vorwand • τοσοῦτον … ὅσον, K. 68, so … wie • ὅλως, ganz, vollständig.

ὅταν σκαπτόντων, ἵνα ὕλης καθαραὶ αἱ ἄμπελοι γένωνται, οὕτω σκάπτωσιν ὥστε πλείω καὶ καλλίω τὴν ὕλην γίγνεσθαι, πῶς τοῦτο οὐκ ἀργὸν ἂν φήσαις εἶναι; 21 τὰ οὖν συντρίβοντα τοὺς οἴκους πολὺ μᾶλλον ταῦτά ἐστιν ἢ αἱ λίαν ἀνεπιστημοσύναι. τὸ γὰρ τὰς μὲν δαπάνας χωρεῖν ἐντελεῖς ἐκ τῶν οἴκων, τὰ δὲ ἔργα μὴ τελεῖσθαι λυσιτελούντως πρὸς τὴν δαπάνην, ταῦτα οὐκέτι δεῖ θαυμάζειν ἐὰν ἀντὶ τῆς περιουσίας ἔνδειαν παρέχηται.

22 τοῖς γε μέντοι ἐπιμελεῖσθαι δυναμένοις καὶ συντεταμένως γεωργοῦσιν ἀνυτικωτάτην χρημάτισιν ἀπὸ γεωργίας καὶ αὐτὸς ἐπετήδευσε καὶ ἐμὲ ἐδίδαξεν ὁ πατήρ. οὐδέποτε γὰρ εἴα χῶρον ἐξειργασμένον ὠνεῖσθαι, ἀλλ᾽ ὅστις ἢ δι᾽ ἀμέλειαν ἢ δι᾽ ἀδυναμίαν τῶν κεκτημένων καὶ ἀργὸς καὶ ἀφύτευτος εἴη, τοῦτον ὠνεῖσθαι παρῄνει. 23 τοὺς μὲν γὰρ ἐξειργασμένους ἔφη καὶ πολλοῦ ἀργυρίου γίγνεσθαι καὶ ἐπίδοσιν οὐκ ἔχειν· τοὺς δὲ μὴ ἔχοντας ἐπίδοσιν οὐδὲ ἡδονὰς ὁμοίας ἐνόμιζε παρέχειν, ἀλλὰ πᾶν κτῆμα καὶ θρέμμα τὸ ἐπὶ τὸ βέλτιον ἰόν, τοῦτο καὶ εὐφραίνειν μάλιστα ᾤετο. οὐδὲν οὖν ἔχει πλείονα ἐπίδοσιν ἢ χῶρος ἐξ ἀργοῦ πάμφορος γιγνόμενος.

24 εὖ γὰρ ἴσθι, ἔφη, ὦ Σώκρατες, ὅτι τῆς ἀρχαίας τιμῆς πολλοὺς πολλαπλασίου χώρους ἀξίους ἡμεῖς ἤδη ἐποιήσαμεν. καὶ τοῦτο, ὦ Σώκρατες, ἔφη, οὕτω μὲν πολλοῦ ἄξιον τὸ ἐνθύμημα, οὕτω δὲ καὶ μαθεῖν ῥᾴδιον, ὥστε νυνὶ ἀκούσας σὺ τοῦτο ἐμοὶ ὁμοίως ἐπιστάμενος ἄπει, καὶ ἄλλον διδάξεις, ἐὰν βούλῃ. 25 καὶ ὁ ἐμὸς δὲ πατὴρ οὔτε ἔμαθε παρ᾽ ἄλλου τοῦτο οὔτε μεριμνῶν ηὗρεν, ἀλλὰ διὰ τὴν φιλογεωργίαν καὶ φιλοπονίαν ἐπιθυμῆσαι ἔφη τοιούτου χώρου ὅπως ἔχοι ὅ τι ποιοίη

20.20 ἀργός, untätig • σκαπτόντων, Genitiv Plural des Partizips Präsens zu σκάπτω, umgraben • πῶς οὐκ ἂν φήσαις, wie könnte man das nicht als faul bezeichnen? Optativ Aorist, Potentialis zu φημί, K. 103, 1.

20.21 τὰ συντρίβοντα, zu συντρίβω, aufreiben, das ist es, was aufreibt, zugrunde richtet • ἡ λίαν ἀνεπιστοσύνη, die höchste Inkompetenz • αἱ δαπάναι, die Ausgaben • χωρεῖν, abgehen, abfließen • ἐντελεῖς zu ἐντελής, vollständig • τελεῖσθαι, Infinitiv Präsens Passiv zu τελέω, vollenden • λυσιτελούντως, gewinnbringend • πρὸς τὴν δαπάνην, im Verhältnis zum Aufwand • οὐκέτι nicht mehr • θαυμάζειν, sich wundern • ἀντὶ τῆς περιουσίας, anstelle des Gewinns • ἡ ἔνδεια, Verlust, Mangel.

20.22 ἐπιμελέομαι, verantwortungsbewusst handeln • συντεταμένως, angestrengt, angespannt ↔ συντείνω, K. 91, 7 • ἀνυτικωτάτην, Superlativ zu ἀνυτικός, wirksam, nachhaltig • ἡ χρημάτισις, die Einnahmequelle • ἐπετήδευσε, Aorist zu ἐπιτηδεύω, ausüben, betreiben • εἴα, Imperfekt zu ἐάω, lassen • χῶρος ἐξειργασμένος, ein bearbeitetes Feld • ὠνεῖσθαι, kaufen • ἡ ἀμέλεια, die Vernachlässigung • ἡ ἀδυναμία, die Unfähigkeit • τῶν κεκτημένων, Genitiv Plural zu ὁ κεκτημένος, der Besitzende • ἀργός, unbearbeitet • ἀφύτευτος, unbepflanzt • παρῄνει, Imperfekt zu παραινέω, raten.

20.23 οἱ ἐξειργασμένοι χῶροι, die unbearbeiteten Felder • πολλοῦ ἀργυρίου γίγνεσθαι, Genitivus pretii, K. 149, viel Geld kosten • ἡ ἐπίδοσις, die Gewinnsteigerung • τὸ θρέμμα, das Vieh ↔ τρέφω, aufziehen, ernähren, K. 96, 24 • τὸ ἐπὶ τὸ βέλτιον ἰόν, das zum Besseren hin Gehende, sich Entwickelnde.

20.24 ἡ ἀρχαία τιμή, der ursprüngliche Wert • πολυπλασίου, Genitiv zu τὸ πολυπλάσιον, der vielfach höhere im Vergleich zum ursprünglichen Wert • χῶροι πολλυπλασίου ἄξιοι, vielfach wertvollere Flächen • πολλοῦ ἄξιος, sehr wertvoll • τὸ ἐνθύμημα, der Gedanke.

ἅμα καὶ ὠφελούμενος ἥδοιτο. 26 ἦν γάρ τοι, ἔφη, ὦ Σώκρατες, φύσει, ὡς ἐμοὶ δοκεῖ, φιλογεωργότατος Ἀθηναίων ὁ ἐμὸς πατήρ.

Καὶ ἐγὼ μέντοι ἀκούσας τοῦτο ἠρόμην αὐτόν· Πότερα δέ, ὦ Ἰσχόμαχε, ὁπόσους ἐξειργάσατο χώρους ὁ πατὴρ πάντας ἐκέκτητο ἢ καὶ ἀπεδίδοτο, εἰ πολὺ ἀργύριον εὑρίσκοι; Καὶ ἀπεδίδοτο νὴ Δί', ἔφη ὁ Ἰσχόμαχος· ἀλλὰ ἄλλον τοι εὐθὺς ἀντεωνεῖτο, ἀργὸν δέ, διὰ τὴν φιλεργίαν. 27 Λέγεις, ἔφην ἐγώ, ὦ Ἰσχόμαχε, τῷ ὄντι φύσει τὸν πατέρα φιλογέωργον εἶναι

οὐδὲν ἧττον ἢ οἱ ἔμποροι φιλόσιτοί εἰσι. καὶ γὰρ οἱ ἔμποροι διὰ τὸ σφόδρα φιλεῖν τὸν σῖτον, ὅπου ἂν ἀκούσωσι πλεῖστον εἶναι, ἐκεῖσε πλέουσιν ἐπ' αὐτὸν καὶ Αἰγαῖον καὶ Εὔξεινον καὶ Σικελικὸν πόντον περῶντες· 28 ἔπειτα δὲ λαβόντες ὁπόσον δύνανται πλεῖστον ἄγουσιν αὐτὸν διὰ τῆς θαλάττης, καὶ ταῦτα εἰς τὸ πλοῖον ἐνθέμενοι ἐν ᾧπερ αὐτοὶ πλέουσι. καὶ ὅταν δεηθῶσιν ἀργυρίου, οὐκ εἰκῇ αὐτὸν ὅπου ἂν τύχωσιν ἀπέβαλον, ἀλλ' ὅπου ἂν ἀκούσωσι τιμᾶσθαί τε μάλιστα τὸν σῖτον καὶ περὶ πλείστου αὐτὸν ποιῶνται οἱ ἄνθρωποι, τούτοις αὐτὸν ἄγοντες παραδιδόασι. καὶ ὁ σὸς δὲ πατὴρ οὕτω πως ἔοικε φιλογέωργος εἶναι. 29 Πρὸς ταῦτα δὲ εἶπεν ὁ Ἰσχόμαχος· Σὺ μὲν παίζεις, ἔφη, ὦ Σώκρατες· ἐγὼ δὲ καὶ φιλοικοδόμους νομίζω οὐδὲν ἧττον οἵτινες ἂν ἀποδιδῶνται ἐξοικοδομοῦντες τὰς οἰκίας, εἶτ' ἄλλας οἰκοδομῶσι. Νὴ Δία, ἐγὼ δέ γέ σοι, ἔφην, ὦ Ἰσχόμαχε, ἐπομόσας λέγω ἦ μὴν πιστεύειν σοι φύσει [νομίζειν] φιλεῖν ταῦτα πάντας ἀφ' ὧν ἂν ὠφελεῖσθαι νομίζωσιν.

20.25 μεριμνῶν, Partizip zu μεριμνάω, gründlich nachdenken • ηὗρεν, Aorist zu εὑρίσκω, K. 109, 6 • ἡ φιλογεωργία, die Liebe zur Landwirtschaft • ἡ φιλοπονία, die Freude an der Arbeit • ἐπιθυμῆσαι, Infnitiv Aorist zu ἐπιθυμέω τινός, etwas verlangen ↔ ἡ ἐπιθυμία • ὅτι ποιοίη, Optativ Präsens zu ποιέω ἅμα καὶ ἥδοιτο, womit er sich beschäftigen und woran er zugleich auch seine Freude haben konnte, weil er Nutzen daraus zog, ὠφελούμενος.

20.26 φύσει, von Natur aus • φιλογέωργος, Adjektiv, gern auf dem Land lebend • ἐκέκτητο, Plusquamperfekt zu κτάομαι, erwerben, Präsens, im Besitz behalten, Plusquamperfekt • ἀπεδίδοτο, 3. Sg. Imperfekt Medium zu ἀποδίδωμι, weggeben, verkaufen, K. 97, 3 • εὐθύς, sofort • ἀντεωνεῖτο, Imperfekt zu ἀντωνέομαι, für etwas Verkauftes etwas anderes kaufen • ἀργός, unbearbeitet, brach liegend • ἡ φιλεργία, die Liebe zur Arbeit.

20.27 τῷ ὄντι, wirklich • ὁ ἔμπορος, der Kaufmann • φιλόσιτος, das Getreide liebend • πλέουσιν zu πλέω, fahren, K. 107, 7 • περῶντες, Partizip zu περάω, (das Meer) überqueren.

20.28 τὸ πλοῖον, das Schiff • ἐνθέμενοι, Partizip Aorist Medium zu ἐντίθημι, hineinlegen, einladen, K. 97 • ὅταν δεηθῶσιν, Konjunktiv Aorist zu δεομαί τινος, etwas brauchen, K. 110, 11 • οὐκ εἰκῇ, nicht unüberlegt • ὅπου ἂν τύχωσιν, Konjunktiv Aorist zu τυγχάνω, wo sie sich gerade befinden, K. 108, 15 • ὅπου ἂν ἀκούσωσιν, Konjunktiv Aorist zu ἀκούω, hören, K. 96, 41 • τιμᾶσθαι μάλιστα, für besonders wertvoll gehalten werden • περὶ πλείστου ποεῖσθαι, am höchsten schätzen • παραδιδόασιν, 3. Pl. Ind. Präsens zu παραδίδωμι, verkaufen, K. 97.

20.29 παίζω, scherzen • ὁ φιλοικόδομος, der Freund des Häuserbauens • οἰκοδομέω, Häuser bauen • ἐπομόσας, Partizip Aorist zu ἐπόμνυμι, schwören, K. 105, 12.

21. Kapitel: Die Notwendigkeit vernunftgeleiteter Führung in allen Lebensbereichen

1 Ἀτὰρ ἐννοῶ γε, ἔφην, ὦ Ἰσχόμαχε, ὡς εὖ τῇ ὑποθέσει ὅλον τὸν λόγον βοηθοῦντα παρέσχησαι· ὑπέθου γὰρ τὴν γεωργικὴν τέχνην πασῶν εἶναι εὐμαθεστάτην, καὶ νῦν ἐγὼ ἐκ πάντων ὧν εἴρηκας τοῦθ᾽ οὕτως ἔχειν παντάπασιν ὑπὸ σοῦ ἀναπέπεισμαι.

2 Νὴ Δί᾽, ἔφη ὁ Ἰσχόμαχος, ἀλλὰ τόδε τοι, ὦ Σώκρατες, τὸ πάσαις κοινὸν ταῖς πράξεσι καὶ γεωργικῇ καὶ πολιτικῇ καὶ οἰκονομικῇ καὶ πολεμικῇ τὸ ἀρχικὸν εἶναι, τοῦτο δὴ συνομολογῶ σοὶ ἐγὼ πολὺ διαφέρειν γνώμῃ τοὺς ἑτέρους τῶν ἑτέρων· 3 οἷον καὶ ἐν τριήρει, ἔφη, ὅταν πελαγίζωσι, καὶ δέῃ περᾶν ἡμερινοὺς πλοῦς ἐλαύνοντας, οἱ μὲν τῶν κελευστῶν δύνανται τοιαῦτα λέγειν καὶ ποιεῖν ὥστε ἀκονᾶν τὰς ψυχὰς τῶν ἀνθρώπων ἐπὶ τὸ ἐθελοντὰς πονεῖν, οἱ δὲ οὕτως ἀγνώμονές εἰσιν ὥστε πλέον ἢ ἐν διπλασίῳ χρόνῳ τὸν αὐτὸν ἀνύτουσι πλοῦν. καὶ οἱ μὲν ἱδροῦντες καὶ ἐπαινοῦντες ἀλλήλους, ὅ τε κελεύων καὶ οἱ πειθόμενοι, ἐκβαίνουσιν, οἱ δὲ ἀνιδρωτὶ ἥκουσι, μισοῦντες τὸν ἐπιστάτην καὶ μισούμενοι.

4 καὶ τῶν στρατηγῶν ταύτῃ διαφέρουσιν, ἔφη, οἱ ἕτεροι τῶν ἑτέρων· οἱ μὲν γὰρ οὔτε πονεῖν ἐθέλοντας οὔτε κινδυνεύειν παρέχονται, πείθεσθαί τε οὐκ ἀξιοῦντας οὐδ᾽ ἐθέλοντας ὅσον ἂν μὴ ἀνάγκη ᾖ, ἀλλὰ καὶ μεγαλυνομένους ἐπὶ τῷ ἐναντιοῦσθαι τῷ ἄρχοντι· οἱ δὲ αὐτοὶ οὗτοι οὐδ᾽ αἰσχύνεσθαι ἐπισταμένους παρέχουσιν, ἄν τι τῶν αἰσχρῶν συμβαίνῃ. 5 οἱ δ᾽ αὖ θεῖοι καὶ ἀγαθοὶ καὶ ἐπιστήμονες ἄρχοντες

Sokrates stimmt Ischomachos nach dem vorausliegenden Durchgang durch die landwirtschaftlichen Arbeiten abschließend zu, dass die Bebauung des Landes eine sehr leicht erlernbare Kunst sei (1). Bei allen Tätigkeiten überhaupt hängt der Erfolg insbesondere von einer verantwortungsbewussten Führung ab, der man bereitwillig folgt. Die Fähigkeit, Freiwillige zu führen, ist eine göttliche Gabe (1–12).

21.1 ἐννοέω, merken ↔ ἡ ἔννοια, der Gedanke • ἡ ὑπόθεσις, die Annahme • βοηθοῦντα, Partizip zu βοηθέω, unterstützen, helfen • παρέσχησαι, 2. Sg. Perfekt Medium zu παρέχομαι, machen zu, gestalten • ὑπέθου, 2. Sg. Aorist Medium zu ὑποτίθημι, annehmen • εὐμαθεστάτην, Superlativ zu εὐμαθής, leicht zu lernen • ἀναπέπεισμαι, Perfekt Passiv zu ἀναπείθω überzeugen.

21.2 τὸ ἀρχικόν, die Fähigkeit zu führen, Akkusativ der Beziehung, K. 136 • συνομολογῶ τινι, übereinstimmen mit jemandem • διαφέρειν, sich unterscheiden • ἡ γνώμη, das Urteilsvermögen.

21.3 οἷον, wie zum Beispiel • ὅταν πελαγίζωσιν, wenn sie auf See sind • περᾶν, zu περάω, durchfahren, zum Ziel kommen • ὁ ἡμερινὸς πλοῦς, die eintägige Fahrt ↔ ἡ ἡμέρα • ἡμερινοὺς πλοῦς ἐλαύνειν, eintägige Fahrten unternehmen • τῶν κελευστῶν, Genitiv Plural zu ὁ κελευστής, der Rudermeister • ἀκονᾶν zu ἀκονάω, scharf machen, motivieren • ἐθελόντας πονεῖν, sich freiwillig anstrengen ↔ ἐθέλω, wollen • ἀγνώμονες zu ἀγνώμων, dumm, unfähig • ἐν διπλασίῳ χρόνῳ, in mehr als der doppelten Zeit • ἀνύτουσιν zu ἀνύτω, beenden • ἱδροῦντες, Partizip zu ἱδρόω, schwitzen ↔ ὁ ἱδρώς, ἱδρῶτος, der Schweiß • ἀνιδρωτί, Adverb, ohne Schweiß • μισοῦντες, Partizip Präsens zu μισέω, hassen • ὁ ἐπιστάτης, der Antreiber der Ruderer.

21.4 ταύτῃ διαφέρουσιν, darin unterscheiden sie sich • οἱ ἕτεροι τῶν ἑτέρων, die einen von den anderen • παρέχονται zu παρέχομαι, veranlassen • ἀξιοῦντας, zu ἀξιόω, für wichtig halten • πείθεσθαι, gehorchen • ὅσον ἂν μὴ ἀνάγκη ᾖ, soweit keine Notwendigkeit besteht • μεγαλυνομένους, Partizip zu μεγαλύνομαι ἐπί τινι, stolz sein auf etwas ↔ μέγας, μεγάλη, μέγα, K. 55 • ἐναντιοῦσθαι, zu ἐναντιόομαι, Widerstand leisten • ὁ ἄρχων, der Vorgesetzte • αἰσχύνεσθαι, zu αἰσχύνομαι, sich schämen ↔ τὸ αἶσχος, αἰσχρός • παρέχουσιν, zu παρέχω veranlassen.

τοὺς αὐτοὺς τούτους, πολλάκις δὲ καὶ ἄλλους παραλαμβάνοντες, αἰσχυνομένους τε ἔχουσιν αἰσχρόν τι ποιεῖν καὶ πείθεσθαι οἰομένους βέλτιον εἶναι, καὶ ἀγαλλομένους τῷ πείθεσθαι ἕνα ἕκαστον καὶ σύμπαντας, πονεῖν ὅταν δεήσῃ, οὐκ ἀθύμως πονοῦντας.

6 ἀλλ᾽ ὥσπερ ἰδιώταις ἔστιν οἷς ἐγγίγνεται φιλοπονία τις, οὕτω καὶ ὅλῳ τῷ στρατεύματι ὑπὸ τῶν ἀγαθῶν ἀρχόντων ἐγγίγνεται καὶ τὸ φιλοπονεῖν καὶ τὸ φιλοτιμεῖσθαι ὀφθῆναι καλόν τι ποιοῦντας ὑπὸ τοῦ ἄρχοντος.

7 πρὸς ὅντινα δ᾽ ἂν ἄρχοντα διατεθῶσιν οὕτως οἱ ἑπόμενοι, οὗτοι δὴ ἐρρωμένοι γε ἄρχοντες γίγνονται, οὐ μὰ Δί᾽ οὐχ οἳ ἂν αὐτῶν ἄριστα τὸ σῶμα τῶν στρατιωτῶν ἔχωσι καὶ ἀκοντίζωσι καὶ τοξεύωσιν ἄριστα καὶ ἵππον ἄριστον ἔχοντες ὡς ἱππικώτατα ἢ πελταστικώτατα προκινδυνεύωσιν, ἀλλ᾽ οἳ ἂν δύνωνται ἐμποιῆσαι τοῖς στρατιώταις ἀκολουθητέον εἶναι καὶ διὰ πυρὸς καὶ διὰ παντὸς κινδύνου.
8 τούτους δὴ δικαίως ἄν τις καλοίη μεγαλογνώμονας,

ᾧ ἂν ταῦτα γιγνώσκοντες πολλοὶ ἕπωνται, καὶ μεγάλῃ χειρὶ εἰκότως οὗτος λέγοιτο πορεύεσθαι οὗ ἂν τῇ γνώμῃ πολλαὶ χεῖρες ὑπηρετεῖν ἐθέλωσι, καὶ μέγας τῷ ὄντι οὗτος ἀνὴρ ὃς ἂν μεγάλα δύνηται γνώμῃ διαπράξασθαι μᾶλλον ἢ ῥώμῃ.
9 οὕτω δὲ καὶ ἐν τοῖς ἰδίοις ἔργοις, ἄν τε ἐπίτροπος ᾖ ὁ ἐφεστηκὼς ἄν τε καὶ ἐπιστάτης, ὃς ἂν δύνηται προθύμους καὶ ἐντεταμένους παρέχεσθαι εἰς τὸ ἔργον καὶ συνεχεῖς, οὗτοι δὴ οἱ ἀνύτοντές εἰσιν ἐπὶ τἀγαθὰ καὶ πολλὴν τὴν περιουσίαν ποιοῦντες.

21.5 συμβαίνῃ, Konjunktiv zu συμβαίνει, es passiert • ἀγαλλομένους, Partizip zu ἀγάλλομαι, stolz sein • ἀθύμως, ungern ↔ ὁ θυμός, ἐπιθυμέω • ὅταν δεήσῃ, Konjunktiv Aorist zu δεῖ, es ist notwendig.

21.6 ἰδιώταις, Dativ Plural zu ὁ ἰδιώτης, der normale Mensch, so wie er ist • ἔστιν, es ist der Fall • φιλοτιμέομαι, Ehrgeiz haben • ὀφθῆναι, Infinitiv Aorist Passiv zu ὁράω, sehen, K. 111, 6.

21.7 διατεθῶσιν, Konjunktiv Aorist Passiv zu διατίθημι, einstellen, in eine Stimmung versetzen, K. 97 • ἐρρωμένοι, Partizip Perfekt Passiv zu ῥώννυμι, stärken, K. 105, 5 • οἱ ἄριστα τὸ σῶμα τῶν στρατιωτῶν ἔχωσιν, die ihre Soldaten im besten körperlichen Zustand haben • ἀκοντίζωσιν, Konjunktiv zu ἀκοντίζω, die Lanze schleudern • τοξεύωσιν, Konjunktiv zu τοξεύω, den Bogen beherrschen • ὡς ἱππικώτατα (Adverb), wie die besten Reiter, ὡς πελταστικώτατα, wie die besten Peltasten (Leichtbewaffneten) • προκινδυνεύωσιν zu προκινδυνεύω, an vorderster Front kämpfen ↔ ὁ κίνδυνος • ἐμποιῆσαι, Infinitiv Aorist zu ἐμποιέω, einprägen • ἀκολουθητέον εἶναι, Verbaladjektiv zu ἀκολουθέω, dass man folgen müsse • διὰ πυρὸς καὶ παντὸς κινδύνου, durch Feuer und jede Gefahr hindurch.

21.8 καλοίη, 3. Sg. Optativ Präsens zu καλέω, nennen • μεγαλογνώμονας, Akkusativ Plural zu μεγαλογνώμων, hochgesinnt • ᾧ ἂν πολλοὶ ἕπωνται, wem viele folgen, kondizionaler Relativsatz, K. 188, 4 • μεγάλῃ χειρί, mit großer Macht, ἡ χείρ, τῆς χειρός, die Hand • εἰκότως, selbstverständlich • πορεύεσθαι zu πορεύομαι, vorangehen, marschieren • ἡ γνώμη, die Einsicht, der Verstand ↔ γιγνώκω • ὃς ἂν δύνηται, kausaler Relativsatz, K. 188, 3 • διαπράξασθαι, Infinitiv Aorist zu διαπράττομαι, durchsetzen • ἡ ῥώμη, die Körperkraft.

21.9 τὰ ἴδια ἔργα, die Leistungen im eigenen Umfeld • ὁ ἐπίτροπος, der Vorgesetzte • ἐφεστηκώς, Partizip Perfekt zu ἐφίσταμαι, an die Spitze treten, K. 99 • ὁ ἐφεστηκώς, der Vorarbeiter • ὁ ἐπιστάτης, der Vorsteher • πρόθυμος καὶ ἐντεταμένος, bereitwillig und konzentriert • παρέχεσθαι zu παρέχομαι, motivieren, veranlassen • συνεχής, ausdauernd, nachhaltig • ἡ περιουσία, der Gewinn.

10 τοῦ δὲ δεσπότου ἐπιφανέντος, ὦ Σώκρατες, ἔφη, ἐπὶ τὸ ἔργον, ὅστις δύναται καὶ μέγιστα βλάψαι τὸν κακὸν τῶν ἐργατῶν καὶ μέγιστα τιμῆσαι τὸν πρόθυμον, εἰ μηδὲν ἐπίδηλον ποιήσουσιν οἱ ἐργάται, ἐγὼ μὲν αὐτὸν οὐκ ἂν ἀγαίμην, ἀλλ᾽ ὃν ἂν ἰδόντες κινηθῶσι καὶ μένος ἑκάστῳ ἐμπέσῃ τῶν ἐργατῶν καὶ φιλονικία πρὸς ἀλλήλους καὶ φιλοτιμία κρατιστεῦσαι ἑκάστῳ, τοῦτον ἐγὼ φαίην ἂν ἔχειν τι ἤθους βασιλικοῦ. 11 καὶ ἔστι τοῦτο μέγιστον, ὡς ἐμοὶ δοκεῖ, ἐν παντὶ ἔργῳ ὅπου τι δι᾽ ἀνθρώπων πράττεται, καὶ ἐν γεωργίᾳ δέ. οὐ μέντοι μὰ Δία τοῦτό γε ἔτι ἐγὼ λέγω ἰδόντα μαθεῖν εἶναι, οὐδ᾽ ἅπαξ ἀκούσαντα, ἀλλὰ καὶ παιδείας δεῖν φημι τῷ ταῦτα μέλλοντι δυνήσεσθαι καὶ φύσεως ἀγαθῆς ὑπάρξαι, καὶ τὸ μέγιστον δὴ θεῖον γενέσθαι. 12 οὐ γὰρ πάνυ μοι δοκεῖ ὅλον τουτὶ τὸ ἀγαθὸν ἀνθρώπινον εἶναι ἀλλὰ θεῖον, τὸ ἐθελόντων ἄρχειν· ⟨ὃ⟩ σαφῶς δίδοται τοῖς ἀληθινῶς σωφροσύνῃ τετελεσμένοις·

τὸ δὲ ἀκόντων τυραννεῖν διδόασιν, ὡς ἐμοὶ δοκεῖ, οὓς ἂν ἡγῶνται ἀξίους εἶναι βιοτεύειν ὥσπερ ὁ Τάνταλος ἐν Ἅιδου λέγεται τὸν ἀεὶ χρόνον διατρίβειν φοβούμενος μὴ δὶς ἀποθάνῃ.

21.10 ἐπιφανέντος, Partizip Aorist zu ἐπιφαίνομαι, erscheinen, K. 96, 29, Genitivus absolutus, K. 199 • βλάψαι, Infinitiv Aorist zu βλάπτω, schaden, bestrafen • πρόθυμος, gutwillig • ἐπίδηλος, bemerkenswert • ἀγαίμην, Optativ zu ἄγαμαι, bewundern, K. 100, 4 • κινηθῶσιν, Konjunktiv Aorist Passiv zu κινέω, bewegen • τὸ μένος, die Kraft • ἐμπέσῃ, 3. Sg. Konjunktiv Aorist zu ἐμπίπτω, hineinfallen, entstehen • ἡ φιλονικία πρός τινα, das Streben nach Vorrang vor jemandem • ἡ φιλοτιμία, der Ehrgeiz • κρατιστεῦσαι, Infinitiv Aorist zu κρατιστεύω, der Beste sein • φαίην ἄν, Optativ zu φημί, K. 103, 1, ich könnte sagen • ἔχειν τι ἤθους βασιλικοῦ, etwas von einer königlichen Haltung haben.

21.11 ἅπαξ, einmal • ἡ παιδεία, die Erziehung • ἡ φύσις ἀγαθή, die gute Veranlagung • ὑπάρξαι, Infinitiv Aorist zu ὑπάρχω, vorhanden sein.

21.12 ὅλος, ganz, völlig, ausschließlich • τὸ ἐθελόντων ἄρχειν, die Kompetenz, Freiwillige zu führen • ἡ σωφροσύνη, das gesunde Denken • τετελεσμένος, Partizip Perfekt Passiv zu τελέω, einweihen, vollenden • τὸ ἀκόντων τυραννεῖν, das Herrschen über Unfreiwillige • ἄξιος, würdig • βιοτεύω, ein Leben führen • φοβούμεος μὴ ..., fürchtend, dass ... • δίς, ein zweites Mal.

Symposion

1. Kapitel: Szenerie und Stimmung

1 Ἀλλ᾿ ἐμοὶ δοκεῖ τῶν καλῶν κἀγαθῶν ἀνδρῶν ἔργα οὐ μόνον τὰ μετὰ σπουδῆς πραττόμενα ἀξιομνημόνευτα εἶναι, ἀλλὰ καὶ τὰ ἐν ταῖς παιδιαῖς. πραττόμενα ἀξιομνημόνευτα εἶναι, ἀλλὰ καὶ τὰ ἐν ταῖς παιδιαῖς. οἷς δὲ παραγενόμενος ταῦτα γιγνώσκω δηλῶσαι βούλομαι.

2 ἦν μὲν γὰρ Παναθηναίων τῶν μεγάλων ἱπποδρομία, Καλλίας δὲ ὁ Ἱππονίκου ἐρῶν ἐτύγχανεν Αὐτολύκου παιδὸς ὄντος, καὶ νενικηκότα αὐτὸν παγκράτιον ἧκεν ἄγων ἐπὶ τὴν θέαν. ὡς δὲ ἡ ἱπποδρομία ἔληξεν, ἔχων τόν τε Αὐτόλυκον καὶ τὸν πατέρα αὐτοῦ ἀπῄει εἰς τὴν ἐν Πειραιεῖ οἰκίαν· συνείπετο δὲ αὐτῷ καὶ Νικήρατος. 3 ἰδὼν δὲ ὁμοῦ ὄντας Σωκράτην τε καὶ Κριτόβουλον καὶ Ἑρμογένην καὶ Ἀντισθένην καὶ Χαρμίδην, τοῖς μὲν ἀμφ᾿ Αὐτόλυκον ἡγεῖσθαί τινα ἔταξεν, αὐτὸς δὲ προσῆλθε τοῖς ἀμφὶ Σωκράτην, καὶ εἶπεν· 4 Εἰς καλόν γε ὑμῖν συντετύχηκα· ἑστιᾶν γὰρ μέλλω Αὐτόλυκον καὶ τὸν πατέρα αὐτοῦ. οἶμαι οὖν πολὺ ἂν τὴν κατασκευήν μοι λαμπροτέραν φανῆναι εἰ ἀνδράσιν ἐκκεκαθαρμένοις τὰς ψυχὰς ὥσπερ

Die Handlungen bedeutender Persönlichkeiten sind unabhängig davon, ob sie in ernsten oder in heiteren Situationen erfolgt sind, erwähnenswert. Der Ich-Erzähler will von solchen Begebenheiten, erzählen, die er selbst erlebt habe, wie er sagt (1).

1.1 ἡ σπουδή, der Ernst • πραττόμενα, Partizip Präsens Passiv zu πράττω, tun, ausführen, K. 96, 13 ↔ ἡ πρᾶξις, die Handlung • ἀξιομνημόνευτος, erwähnenswert ↔ ἄξιος, würdig, wert • ἡ μνήμη, die Erinnerung ↔ μνημονεύω, erwähnen • οὐ μόνον ἀλλὰ καί, nicht nur, sondern auch • ἐν παιδιαῖς, zu ἡ παιδιά, der Scherz ↔ παίζειν, scherzen • οἷς παραγενόμενος, was ich aufgrund meiner Anwesenheit weiß • παραγενόμενος, Partizip Aorist zu παραγίγνομαι, anwesend sein, K. 110, 7 • γιγνώσκω, wissen.

Der Athener Kallias möchte für seinen Freund Autolykos, der im Pankration einen Sieg errungen hatte, ein Fest geben. Auf dem Heimweg von einem Pferderennen trifft er zufällig Sokrates und einige seiner Freunde. Er erwähnt das geplante Fest und lädt Sokrates zur Teilnahme ein. Sokrates und die anderen könnten dem Fest mehr Glanz verleihen (2–4).

1.2 τῶν Παναθηναίων μεγάλων, im Rahmen der Großen Panathenäen, Genitivus temporis, K. 144 • ἡ ἱπποδρομία, das Pferderennen ↔ ὁ ἵππος, τρέχω, K. 110, 111 • ἐρῶν, Partizip Präsens zu ἐράω, lieben • ἐρῶν ἐτύγχανεν, er war gerade verliebt, prädikatives Partizip bei τυγχάνω, K. 198 • παιδὸς ὄντος, Genitivus absolutus, K. 199, als er noch ein junger Mann war • νενικηκότα, Partizip Perfekt Aktiv zu νικάω, siegen • τὸ παγκράτιον, der Allkampf • νικᾶν παγκράτιον • im Allkampf siegen, K. 134, Akkusativ des inneren Objekts • ἡ θέα, die Schau, die Festvorstellung ↔ θεάομαι • ἔληξεν, zu λήγω, aufhören • ἀπῄει, Imperfekt zu ἄπειμι, zu εἶμι, K. 103, 2 • ἐν Πειραιεῖ, im Piräus, zu ὁ Πειραιεύς • συνείπετο, Imperfekt zu συνέπομαί τινι, jemanden begleiten.

1.3 ἰδών, Partizip Aorist zu ὁράω, sehen, K. 111, 6 • ἡγεῖσθαι, vorgehen • ἔταξεν, Aorist zu τάττω, auffordern, K. 96, 14 • ὁμοῦ, zusammen • οἱ μὲν ἀμφ᾿ Αὐτόλυκον, die Männer um Autolykos • οἱ ἀμφὶ Σωκράτην, die Leute um Sokrates • προσῆλθε, Aorist zu προσέρχομαι, hingehen zu jemandem, K. 111, 2.

ὑμῖν ὁ ἀνδρὼν κεκοσμημένος εἴη μᾶλλον ἢ εἰ στρατηγοῖς καὶ ἱππάρχοις καὶ σπουδαρχίαις.

5 καὶ ὁ Σωκράτης εἶπεν· Ἀεὶ σὺ ἐπισκώπτεις ἡμᾶς καταφρονῶν, ὅτι σὺ μὲν Πρωταγόρᾳ τε πολὺ ἀργύριον δέδωκας ἐπὶ σοφίᾳ καὶ Γοργίᾳ καὶ Προδίκῳ καὶ ἄλλοις πολλοῖς, ἡμᾶς δ᾽ ὁρᾷς αὐτουργούς τινας τῆς φιλοσοφίας ὄντας. 6 καὶ ὁ Καλλίας, Καὶ πρόσθεν μέν γε, ἔφη, ἀπεκρυπτόμην ὑμᾶς ἔχων πολλὰ καὶ σοφὰ λέγειν, νῦν δέ, ἐὰν παρ᾽ ἐμοὶ ἦτε, ἐπιδείξω ὑμῖν ἐμαυτὸν πάνυ πολλῆς σπουδῆς ἄξιον ὄντα.

7 οἱ οὖν ἀμφὶ τὸν Σωκράτην πρῶτον μέν, ὥσπερ εἰκὸς ἦν, ἐπαινοῦντες τὴν κλῆσιν οὐχ ὑπισχνοῦντο συνδειπνήσειν· ὡς δὲ πάνυ ἀχθόμενος φανερὸς ἦν, εἰ μὴ ἕψοιντο, συνηκολούθησαν. ἔπειτα δὲ αὐτῷ οἱ μὲν γυμνασάμενοι καὶ χρισάμενοι, οἱ δὲ καὶ λουσάμενοι παρῆλθον. 8 Αὐτόλυκος μὲν οὖν παρὰ τὸν πατέρα ἐκαθέζετο, οἱ δ᾽ ἄλλοι, ὥσπερ εἰκός, κατεκλίθησαν. εὐθὺς μὲν οὖν ἐννοήσας

1.4 εἰς καλόν, zum Glück • συντετύχηκα, Perfekt zu συτυγχάνω, zusammentreffen, K. 108, 15 • ἑστιᾶν, Infinitiv zu ἑστιάω festlich bewirten • ἡ κατασκευή, die Veranstaltung ↔ κατασκευάζω • λαμπρός, prächtig ↔ λάμπειν, leuchten • φανῆναι, Infinitiv Aorist Passiv zu φαίνομαι, K. 96, 29 • ἐκκεκαθαρμένοις, Partizip Perfekt Passiv zu ἐκκαθαίρω, blank putzen, ἄνδρες ἐκκεκαθαρμένοι, Männer blank geputzt in Bezug auf ihre Seelen, K. 96, 27, Akkusativ der Beziehung, K. 138 • ὁ ἀνδρών, der Speisesaal • κεκοσμημένος, Partizip Perfekt Passiv zu κοσμέω, schmücken ↔ ὁ κόσμος • ὁ στρατηγός, der Feldherr • ὁ ἵππαρχος, der Reiterführer • αἱ σπουδαρχίαι, die Möchtegernpolitiker.

Sokrates meint, Kallias treibe wieder seinen Spott mit ihm wie mit vielen anderen. Er habe anscheinend dem Sophisten Protagoras viel Geld für seine neue Weisheit gegeben. Kallias behauptet daraufhin, früher habe er es vermieden, viel Kluges zu reden, jetzt aber werde er beweisen, dass man ihn ernstnehmen müsse (5–6).

1.5 ἐπισκώπτεις zu ἐπισκώπτω, verspotten • καταφρονῶν, Partizip zu καταφρονέω, verachten • πολὺ ἀργύριον, viel Geld, K. 55 • δέδωκας, Perfekt zu δίδωμι, K. 97 • ἐπὶ σοφίᾳ, für die Weisheit • ὁ αὐτουργός, der Dilettant.

1.6 πρόσθεν, früher • ἀπεκρυπτόμην, Imperfekt Medium zu ἀποκρύπτομαι, verbergen • ἐπιδείξω, Futur zu ἐπιδείκνυμι, beweisen, K. 104 • πολλῆς σπουδῆς ἄξιον εἶναι, es wert sein, sehr ernstgenommen zu werden, K. 149.

Sokrates und seine Begleiter zögern anfangs, die Einladung anzunehmen, gehen aber nach einiger Zeit in das Haus des Kallias. Autolykos setzt sich neben seinen Vater. Die anderen legen sich gleich zu Tisch. Beim Anblick des Autolykos, so Sokrates, könne man meinen, Schönheit habe etwas Königliches an sich, besonders, wenn sie mit Zurückhaltung und Selbstkontrolle verbunden sei. Schönheit leuchte wie ein Licht in der Finsternis. Normalerweise schienen alle, die von einem Gott beseelt seien, es wert zu sein, angesehen zu werden (7–10).

1.7 οἱ ἀμφὶ τὸν Σωκράτην, die Leute um Sokrates • εἰκός ἐστιν, es liegt nahe • ἐπαινοῦντες, Partizip Präsens zu ἐπαινέω, loben • ἡ κλῆσις, die Einladung ↔ καλέω • ὑπισχνοῦντο, Imperfekt zu ὑπισχνέομαι, versprechen, K. 111, 5 • συνδειπνήσειν, Infinitiv Futur zu συνδειπνέω, mitessen ↔ τὸ δεῖπνον • ἀχθόμενος φανερὸς ἦν, er ärgerte sich offensichtlich, prädikatives Partizip, K. 198 • εἰ μὴ ἕψοιντο, Optativ Futur zu ἕπομαι, folgen, K. 111, 4 • συνηκολούθησαν, 3. Pl. Aorist Aktiv zu συνακολουθέω, zustimmen, folgen • γυμνασάμενοι, Partizip Aorist Medium zu γυμνάζομαι, turnen ↔ τὸ γυμνάσιον • χρισάμενοι, Partizip Aorist Medium zu χρίομαι, sich salben, sich schminken • λουσάμενοι, Partizip Aorist Medium zu λούομαι, baden • παρῆλθον, Aorist zu παρέρχομαι, hingehen, K. 111, 2.

τις τὰ γιγνόμενα ἡγήσατ' ἂν φύσει βασιλικόν τι κάλλος εἶναι, ἄλλως τε καὶ ἂν μετ' αἰδοῦς καὶ σωφροσύνης, καθάπερ Αὐτόλυκος τότε, κεκτῆταί τις αὐτό. 9 πρῶτον μὲν γάρ, ὥσπερ ὅταν φέγγος τι ἐν νυκτὶ φανῇ, πάντων προσάγεται τὰ ὄμματα, οὕτω καὶ τότε τοῦ Αὐτολύκου τὸ κάλλος πάντων εἷλκε τὰς ὄψεις πρὸς αὐτόν· ἔπειτα τῶν ὁρώντων οὐδεὶς οὐκ ἔπασχέ τι τὴν ψυχὴν ὑπ' ἐκείνου. οἱ μέν γε σιωπηρότεροι ἐγίγνοντο, οἱ δὲ καὶ ἐσχηματίζοντό πως. 10 πάντες μὲν οὖν οἱ ἐκ θεῶν του κατεχόμενοι ἀξιοθέατοι δοκοῦσιν εἶναι· ἀλλ' οἱ μὲν ἐξ ἄλλων πρὸς τὸ γοργότεροί τε ὁρᾶσθαι καὶ φοβερώτερον φθέγγεσθαι καὶ σφοδρότεροι εἶναι φέρονται, οἱ δ' ὑπὸ τοῦ σώφρονος ἔρωτος ἔνθεοι τά τε ὄμματα φιλοφρονεστέρως ἔχουσι καὶ τὴν φωνὴν πρᾳοτέραν ποιοῦνται καὶ τὰ σχήματα εἰς τὸ ἐλευθεριώτερον ἄγουσιν. ἃ δὴ καὶ Καλλίας τότε διὰ τὸν ἔρωτα πράττων ἀξιοθέατος ἦν τοῖς τετελεσμένοις τούτῳ τῷ θεῷ.

11 ἐκεῖνοι μὲν οὖν σιωπῇ ἐδείπνουν, ὥσπερ τοῦτο ἐπιτεταγμένον αὐτοῖς ὑπὸ κρείττονός τινος. Φίλιππος δ' ὁ γελωτοποιὸς κρούσας τὴν θύραν εἶπε τῷ ὑπακούσαντι εἰσαγγεῖλαι ὅστις τε εἴη καὶ δι' ὅ τι κατάγεσθαι βούλοιτο, συνεσκευασμένος τε παρεῖναι ἔφη πάντα τὰ ἐπιτήδεια ὥστε δειπνεῖν τἀλλότρια, καὶ τὸν παῖδα δὲ

1.8 παρὰ τὸν πατέρα, neben seinen Vater, K. 160, 12 • ἐκαθέζετο, Aorist zu καθίζομαι, sich setzen, K. 111, 14 • ὥσπερ εἰκός, wie es üblich ist • κατεκλίθησαν, Aorist Passiv zu κατακλίνομαι, sich zu Tisch legen • εὐθύς, sofort • ἐννοήσας, Partizip Aorist zu ἐννοέω, bedenken ↔ ὁ νοῦς • ἡγήσατο, Aorist zu ἡγέομαι, meinen • φύσει βασιλικόν τι, etwas von Natur aus Königliches • ἄλλως τε καὶ, besonders wenn • αἰδοῦς, Genitiv zu ἡ αἰδώς, die Zurückhaltung, K. 44, 3 • ἡ σωφροσύνη, die Selbstbeherrschung.

1.9 φέγγος τι, irgendein Licht, zu τὸ φέγγος ↔ φέγγω, leuchten • ἐν νυκτί, zu ἡ νύξ, τῆς νυκτός, die Nacht • φανῇ, Konjunktiv Aorist zu φαίνομαι, K. 96, 29 • προσάγεται, zu προσάγομαι, auf sich ziehen ↔ ἄγω, K. 96, 16 • τὰ ὄμματα, die Augen • εἷλκε, zu ἕλκω, ziehen, K. 81; 91,1 • ὄψεις, zu ἡ ὄψις, der Blick, K. 46 • τῶν ὁρώντων, Partizip Präsens zu ὁράω, sehen, schauen • ἔπασχέ τι, zu πάσχω, erleiden, empfinden, K. 111, 7 • τὴν ψυχήν, Akkusativ der Beziehung, K. 136 • ὑπ' ἐκείνου, von jenem her, durch jenen • σιωπηρότεροι, Komparativ zu σιωπηρός, schweigsam ↔ σιωπάω, schweigen, ἡ σιωπή, das Schweigen, σιγάω, schweigen • ἐσχηματίζοντό πως, sie veränderten ihre Haltung irgendwie, zu σχηματίζω, gestalten, verändern ↔ τὸ σχῆμα, die Haltung, die Gestalt.

1.10 κατεχόμενοι, Partizip Präsens zu κατέχομαι, ergriffen, beseelt werden • ἀξιοθέατος, sehenswert • γοργότεροι, Komparativ zu γοργός, schrecklich • φοβερώτερον, Komparativ des Adverbs zu φοβερός, furchtbar • φθέγγεσθαι zu φθέγγομαι, ertönen, gehört werden • σφοδρότεροι, Komparativ zu σφοδρός, schrecklich • φέρονται, sie werden dazu gebracht, dass sie ..., zu φέρω, tragen, bringen, K. 111, 11 • ὁ σώφρων ἔρως, die sanfte, vernünftige Liebe • ἔνθεος, beseelt • φιλοφρονεστέρως, Komparativ des Adverbs zu φιλοφρονής, freundlich • ἔχουσιν, sie verhalten sich • ἡ φωνή, die Stimme • πρᾳοτέραν, Komparativ zu πρᾶος, sanft • ἐλευθεριώτερον, Komparativ zu ἐλευθέριος, unverkrampft ≠ ἐλεύθερος • τὰ σχήματα ἄγω, sich gebärden • ἃ δὴ καὶ πράττων, das war es, was er fühlte ↔ εὖ πράττω, sich wohlfühlen • τετελεσμένοις τούτῳ τῷ θεῷ, denen, die in die Geheimnisse dieses Gottes eingeweiht waren, zu τελέω, in ein Geheimnis einweihen ≠ θέλω und ἐθέλω, wollen.

ἔφη πάνυ πιέζεσθαι διά τε τὸ φέρειν μηδὲν καὶ διὰ τὸ ἀνάριστον εἶναι. 12 ὁ οὖν Καλλίας ἀκούσας ταῦτα εἶπεν· Ἀλλὰ μέντοι, ὦ ἄνδρες, αἰσχρὸν στέγης γε φθονῆσαι· εἰσίτω οὖν. καὶ ἅμα ἀπέβλεψεν εἰς τὸν Αὐτόλυκον, δῆλον ὅτι ἐπισκοπῶν τί ἐκείνῳ δόξειε τὸ σκῶμμα εἶναι. 13 ὁ δὲ στὰς ἐπὶ τῷ ἀνδρῶνι ἔνθα τὸ δεῖπνον ἦν εἶπεν· Ὅτι μὲν γελωτοποιός εἰμι ἴστε πάντες· ἥκω δὲ προθύμως νομίσας γελοιότερον εἶναι τὸ ἄκλητον ἢ τὸ κεκλημένον ἐλθεῖν ἐπὶ τὸ δεῖπνον. Κατακλίνου τοίνυν, ἔφη ὁ Καλλίας. καὶ γὰρ οἱ παρόντες σπουδῆς μέν, ὡς ὁρᾷς, μεστοί, γέλωτος δὲ ἴσως ἐνδεέστεροι.

14 δειπνούντων δὲ αὐτῶν ὁ Φίλιππος γελοῖόν τι εὐθὺς ἐπεχείρει λέγειν, ἵνα δὴ ἐπιτελοίη ὧνπερ ἕνεκα ἐκαλεῖτο ἑκάστοτε ἐπὶ τὰ δεῖπνα. ὡς δ᾽ οὐκ ἐκίνησε γέλωτα, τότε μὲν ἀχθεσθεὶς φανερὸς ἐγένετο. αὖθις δ᾽ ὀλίγον ὕστερον ἄλλο τι γελοῖον ἐβούλετο λέγειν. ὡς δὲ οὐδὲ τότε ἐγέλασαν ἐπ᾽ αὐτῷ, ἐν τῷ μεταξὺ παυσάμενος τοῦ δείπνου συγκαλυψάμενος κατέκειτο. 15 καὶ ὁ Καλλίας, Τί τοῦτ᾽, ἔφη,

---

Inzwischen essen alle bereits etwas, ohne zu reden. Da klopft der Komiker Philippos an die Tür, um hineingelassen zu werden. Kallias lässt ihn sofort hereinkommen. Philippos tritt ein und stellt sich als Spaßmacher vor (11–13). Er versucht gleich, etwas Witziges zu sagen, doch ohne Erfolg. Daraufhin ist er beleidigt, legt sich hin und zieht sich seine Serviette über den Kopf (14). Kallias erkundigt sich nach seinem Befinden. Der Spaßmacher fängt daraufhin an zu jammern: Die Leute hätten das Lachen verloren. Das sei auch sein Ende (15). Die Anwesenden versuchen, ihn zu trösten (16).

1.11 ἐδείπνουν, Imperfekt zu δειπνέω, speisen ↔ τὸ δεῖπνον, die Mahlzeit • ὥσπερ τοῦτο ἐπιτεταγμένον, zu ἐπιτάττω, anordnen, befehlen, K. 96, 14, als ob es befohlen worden wäre, absoluter Akkusativ des Partizips, K. 199, 4 • ὑπὸ κρείττονός τινος, von einer höheren Macht, κρείττων, Komparativ zu ἀγαθός, K. 58 • ὁ γελωτοποιός, Spaßmacher ↔ ὁ γέλως, τοῦ γέλωτος, das Lachen • κρούσας, Partizip Aorist zu κρούω, klopfen • τῷ ὑπακούσαντι, zu ὑπακούω, gehorchen ↔ ὁ ὑκακούων, der Diener an der Tür • εἰσαγγεῖλαι, Infinitiv Aorist zu εἰσαγγέλλω, melden, K. 96, 30 ↔ ὁ ἄγγελος, der Bote • ὅστις, wer, K. 66, 2, indirekte Rede, K. 190 • κατάγεσθαι zu κατάγω, einlassen • συνεσκευασμένος, Partizip Perfekt Passiv zu συσκευάζω, zusammenpacken, ausstatten, versorgen • πάντα τὰ ἐπιτήδεια, in Hinsicht auf alles Lebensnotwendige, Akkusativ der Beziehung, K. 136 • ὥστε δειπνεῖν τἀλλότρια, sodass er das Unpassende essen würde • τὸν παῖδα, zu ὁ παῖς, τοῦ παιδός, der Junge, der Diener • πιέζεσθαι, Infinitiv Präsens Passiv zu πιέζω, drücken, bedrängen • ἀνάριστος, nüchtern, ohne Frühstück • διὰ τὸ ἀνάριστον εἶναι, Infinitiv mit Artikel, K. 194.

1.12 ἡ στέγη, das Dach • φθονῆσαι, Infinitiv Aorist zu φθονέω τινί τινος, jemand etwas vorenthalten, missgönnen, verweigern ↔ ὁ φθόνος, der Neid • εἰσίτω, 3. Sg. Imp. zu εἴσειμι, hineinkommen, K. 103, 2 • ἐπισκοπῶν zu ἐπισκοπέω, sehen • τί ἐκείνῳ δόξειε, Optativ Aorist, wie ihm erscheine • τὸ σκῶμμα, der Scherz.

1.13 στάς, Partizip Aorist zu ἵσταμαι, treten, K. 97, 101 • ἐπὶ τῷ ἀνδρῶνι, in den Saal • ἔνθα, wo • ἴστε, ihr wisst, zu οἶδα, K. 102, 4 • γελοιότερον, Komparativ zu γελοῖος, lächerlich ↔ γελάω, ὁ γέλως, τοῦ γέλωτος • ἄκλητος, uneingeladen • κεκλημένος, eingeladen • κατακλίνου, 2. Sg. Imperativ zu κατακλίνομαι, sich zu Tisch legen, Platz nehmen • οἱ παρόντες, die Anwesenden • σπουδῆς μεστός, voller Ernst • ἴσως, vielleicht • ἐνδεέστεροι Komparativ zu ἐνδεής τινος bedürftig, Mangel habend an etwas.

1.14 εὐθύς, sofort • ἐπεχείρει zu ἐπιχειρέω, versuchen • ἐπιτελοίη, Optativ zu ἐπιτελέω, vollenden ↔ τὸ τέλος • ὧνπερ ἕνεκα, weshalb • ἑκάστοτε, jedes Mal, gewöhnlich • ἐκίνησε γέλωτα, zu κινέω, bewegen, hervorrufen • ἀχθεσθείς, Partizip Aorist zu ἄχθομαι, sich ärgern • φανερός mit prädikativem Partizip, offensichtlich, K. 198 • ὀλίγον ὕστερον, ein wenig später • οὐδὲ τότε, auch

ὦ Φίλιππε; ἀλλ᾽ ἤ ὀδύνη σε εἴληφε; καὶ ὃς ἀναστενάξας εἶπε· Ναὶ μὰ Δί᾽, ἔφη, ὦ Καλλία, μεγάλη γε· ἐπεὶ γὰρ γέλως ἐξ ἀνθρώπων ἀπόλωλεν, ἔρρει τὰ ἐμὰ πράγματα. πρόσθεν μὲν γὰρ τούτου ἕνεκα ἐκαλούμην ἐπὶ τὰ δεῖπνα, ἵνα εὐφραίνοιντο οἱ συνόντες δι᾽ ἐμὲ γελῶντες· νῦν δὲ τίνος ἕνεκα καὶ καλεῖ μέ τις; οὔτε γὰρ ἔγωγε σπουδάσαι ἂν δυναίμην μᾶλλον ἤπερ ἀθάνατος γενέσθαι, οὔτε μὴν ὡς ἀντικληθησόμενος καλεῖ μέ τις, ἐπεὶ πάντες ἴσασιν ὅτι ἀρχὴν οὐδὲ νομίζεται εἰς τὴν ἐμὴν οἰκίαν δεῖπνον προσφέρεσθαι. καὶ ἅμα λέγων ταῦτα ἀπεμύττετό τε καὶ τῇ φωνῇ σαφῶς κλαίειν ἐφαίνετο. 16 πάντες μὲν οὖν παρεμυθοῦντό τε αὐτὸν ὡς αὖθις γελασόμενοι καὶ δειπνεῖν ἐκέλευον, Κριτόβουλος δὲ καὶ ἐξεκάγχασεν ἐπὶ τῷ οἰκτισμῷ αὐτοῦ. ὁ δ᾽ ὡς ᾔσθετο τοῦ γέλωτος, ἀνεκαλύψατό τε καὶ τῇ ψυχῇ παρακελευσάμενος θαρρεῖν, ὅτι ἔσονται συμβολαί, πάλιν ἐδείπνει.

---

dann nicht • ἐγέλασαν, Aorist zu γελάω ἐπί τινι, über etwas lachen • ἐν τῷ μεταξύ, mittendrin • τοῦ δείπνου παυσάμενος, Partizip Aorist Medium zu παύομαί τινος, mit etwas aufhören • συγκαλυψάμενος, Partizip Aorist Medium zu συγκαλύπτομαι, sich verhüllen, die Serviette über den Kopf ziehen • κατέκειτο, Plusquamperfekt zu κατατίθεμαι, sich hinlegen, K. 97; 103, 6.

1.15 ἡ ὀδύνη, der Schmerz • εἴληφε, Perfekt zu λαμβάνω, nehmen, packen, K. 108, 11 • ἀναστενάξας, Partizip Aorist zu ἀναστενάζω, aufstöhnen • ἀπόλωλεν, Perfekt zu ἀπόλλυμαι, zugrunde gehen, K. 105, 11 • ἔρρει, zu ἔρρω, abhandenkommen, ἔρρει τὰ ἐμὰ πράγματα, meine Dinge kommen mir abhanden, ich verliere meine Bedeutung • ἵνα εὐφραίνοιντο, damit sie sich freuten, zu εὐφραίνομαι • τίνος ἕνεκα, wozu • σπουδάσαι, Infinitiv Aorist zu σπουδάζω, ernsthaft sein • ἀθάνατος, unsterblich ↔ ὁ θάνατος, ἀποθνήσκω, θνητός • ἀντικληθησόμενος, prädikatives Partizip Futur Passiv zu ἀντικαλέω, eine Gegeneinladung aussprechen, ἀντικαλέομαι, eine Gegeneinladung bekommen • ὡς mit prädikativem Partizip Futur wie ein Finalsatz, K. 199, 3 • τὴν ἀρχήν, von vornherein • νομίζεται, man nimmt an, Passiv zu νομίζω, glauben, annehmen • προσφέρεσθαι gelangen, Infinitiv Präsens Passiv zu προσφέρω, hinbringen, K. 111, 11 • ἀπεμύττετο, Imperfekt zu ἀπομύττομαι, sich die Nase putzen • ἡ φωνή, das Geräusch • σαφῶς, deutlich • κλαίειν, weinen, K. 96, 45 • ἐφαίνετο, Imperfekt zu φαίνομαι, scheinen, K. 96, 29.

1.16 παρεμυθοῦντο, Imperfekt zu παραμυθέομαι, gut zureden • γελασόμενοι, Partizip Futur Medium zu γελάω, lachen, K. 90, 4 • ἐξεκάγχασεν, Aorist zu ἐκκαγχάζω, in lautes Gelächter ausbrechen • ὁ οἰκτισμός, das Gejammer • ᾔσθετο, Aorist zu αἰσθανομαί τινος, etwas wahrnehmen • ἀνεκαλύψατο, Aorist Medium zu ἀνακαλύπτομαι, wieder vom Kopf ziehen • παρακελευσάμενος, Partizip Aorist Medium zu παρακελεύομαι, ermuntern • θαρρεῖν, Mut fassen • αἱ συμβολαί zu ἡ συμβολή, das Zusammentreffen ≠ τὸ σύμβολον, das Kennzeichen für etwas, der Vertrag.

2. Kapitel: Der Mann aus Syrakus und seine Künstler

1 Ὡς δ᾽ ἀφῃρέθησαν αἱ τράπεζαι καὶ ἔσπεισάν τε καὶ ἐπαιάνισαν, ἔρχεται αὐτοῖς ἐπὶ κῶμον Συρακόσιός τις ἄνθρωπος, ἔχων τε αὐλητρίδα ἀγαθὴν καὶ ὀρχηστρίδα τῶν τὰ θαύματα δυναμένων ποιεῖν, καὶ παῖδα πάνυ γε ὡραῖον καὶ πάνυ καλῶς κιθαρίζοντα καὶ ὀρχούμενον. ταῦτα δὲ καὶ ἐπιδεικνὺς ὡς ἐν θαύματι ἀργύριον ἐλάμβανεν. 2 ἐπεὶ δὲ αὐτοῖς ἡ αὐλητρὶς μὲν ηὔλησεν, ὁ δὲ παῖς ἐκιθάρισε, καὶ ἐδόκουν μάλα ἀμφότεροι ἱκανῶς εὐφραίνειν, εἶπεν ὁ Σωκράτης· Νὴ Δί᾽, ὦ Καλλία, τελέως ἡμᾶς ἑστιᾷς. οὐ γὰρ μόνον δεῖπνον ἄμεμπτον παρέθηκας, ἀλλὰ καὶ θεάματα καὶ ἀκροάματα ἥδιστα παρέχεις.

3 καὶ ὃς ἔφη· Τί οὖν εἰ καὶ μύρον τις ἡμῖν ἐνέγκαι, ἵνα καὶ εὐωδίᾳ ἑστιώμεθα; Μηδαμῶς, ἔφη ὁ Σωκράτης. ὥσπερ γάρ τοι ἐσθὴς ἄλλη μὲν γυναικί, ἄλλη δὲ ἀνδρὶ καλή, οὕτω καὶ ὀσμὴ ἄλλη μὲν ἀνδρί, ἄλλη δὲ γυναικὶ πρέπει. καὶ γὰρ ἀνδρὸς μὲν δήπου ἕνεκα ἀνὴρ οὐδεὶς μύρῳ χρίεται. αἱ μέντοι γυναῖκες ἄλλως τε καὶ ἂν νύμφαι τύχωσιν οὖσαι, ὥσπερ ἡ Νικηράτου τοῦδε καὶ ἡ Κριτοβούλου, μύρου μὲν τί καὶ προσδέονται; 4 αὐταὶ γὰρ τούτου ὄζουσιν· ἐλαίου δὲ τοῦ ἐν γυμνασίοις ὀσμὴ καὶ παροῦσα ἡδίων ἢ μύρου γυναιξὶ καὶ ἀποῦσα ποθεινοτέρα. καὶ γὰρ δὴ μύρῳ μὲν ὁ ἀλειψάμενος καὶ δοῦλος καὶ ἐλεύθερος εὐθὺς ἅπας ὅμοιον ὄζει· αἱ δ᾽ ἀπὸ τῶν ἐλευθερίων μόχθων ὀσμαὶ ἐπιτηδευμάτων τε πρῶτον χρηστῶν καὶ χρόνου πολλοῦ δέονται, εἰ μέλλουσιν ἡδεῖαί τε καὶ ἐλευθέριοι ἔσεσθαι. καὶ ὁ Λύκων εἶπεν· Οὐκοῦν νέοις μὲν ἂν εἴη ταῦτα· ἡμᾶς δὲ τοὺς μηκέτι γυμναζομένους τίνος ὄζειν δεήσει; Καλοκἀγαθίας νὴ Δί᾽, ἔφη ὁ Σωκράτης. Καὶ πόθεν ἄν τις τοῦτο τὸ χρῖμα λάβοι; Οὐ μὰ Δί᾽, ἔφη, οὐ παρὰ τῶν μυροπωλῶν. Ἀλλὰ πόθεν δή; Ὁ μὲν Θέογνις ἔφη·

Da kommt ein Mann aus Syrakus in Begleitung einer Flötenspielerin und eines Tänzers herein (1). Die beiden Künstler verbreiten mit ihren Darbietungen wieder eine bessere Stimmung (2). Es beginnt ein Gespräch über Düfte (3). Sokrates meint, junge Frauen brauchten kein Parfüm. Sie hätten ihren eigenen Duft (4).

2.1 ἀφῃρέθησαν, 3. Pl. Ind. Aorist Passiv zu ἀφαιρέω, wegräumen, K. 111, 1 • ἡ τράπεζα, der Tisch • ἔσπεισαν, Aorist zu σπένδω, das Trankopfer darbringen • ἐπαιάνισαν, Aorist zu παιανίζω, den Festgesang anstimmen • ἐπὶ τὸν κῶμον, zum Festgelage • ἡ αὐλητρίς, τῆς αὐλητρίδος, die Fötenspielerin • ἡ ὀρχητρίς, τῆς ὀρχητρίδος, die Tänzerin • τῶν τὰ θαύματα δυναμένων ποιεῖν Genitivus partitivus, K. 142 • τὸ θαῦμα, das Wunder ↔ θαυμάζω • ὁ παῖς πάνυ ὡραῖος, der fast erwachsene Knabe • πάνυ καλῶς, recht gut • κιθαρίζω, Kithara spielen • ὀρχέομαι tanzen.

2.2 ηὔλησεν, Aorist zu αὐλέω, Flöte spielen • ἱκανῶς εὐφραίνειν, recht viel Freude bereiten • τελέως, vollkommen • ἑστιᾷς zu ἑστιάω, bewirten • ἄμεμπτος, tadellos ↔ μέμφομαι • παρέθηκας, Aorist zu παρατίθημι, vorsetzen • θεάματα καὶ ἀκροάματα ἥδιστα, höchste Seh- und Hörgenüsse.

2.3 τὸ μύρον, das Parfüm • ἐνέγκαι, 3. Sg. Optativ Aorist zu φέρω, K. 111, 11 • ἡ εὐωδία, der Wohlgeruch • ἑστιώμεθα, Konjunktiv Präsens Passiv zu ἑστιάω, bewirten • μηδαμῶς, auf keinen Fall • ἡ ἐσθής, das Kleid • πρέπει, es passt • χρίεται zu χρίω, einreiben • ἄλλως τε καὶ ἄν, besonders wenn • ἡ νύμφη, die Braut • τύχωσιν οὖσαι τυγχάνω, mit prädikativem Partizip, K. 198 • προσδέονται zu προσδέομαί τινος, etwas brauchen.

Ἐσθλῶν μὲν γὰρ ἀπ᾽ ἐσθλὰ διδάξεαι· ἢν δὲ κακοῖσι
συμμίσγῃς, ἀπολεῖς καὶ τὸν ἐόντα νόον." (Theognis 35)

5 καὶ ὁ Λύκων εἶπεν· Ἀκούεις ταῦτα, ὦ υἱέ; Ναὶ μὰ Δί', ἔφη ὁ Σωκράτης, καὶ χρῆταί γε. ἐπεὶ γοῦν νικηφόρος ἐβούλετο τοῦ παγκρατίου γενέσθαι, σὺν σοὶ σκεψάμενος αὖ, ὃς ἂν δοκῇ αὐτῷ ἱκανώτατος εἶναι εἰς ⟨τὸ⟩ ταῦτα ἐπιτηδεῦσαι, τούτῳ συνέσται. 6 ἐνταῦθα δὴ πολλοὶ ἐφθέγξαντο· καὶ ὁ μέν τις αὐτῶν εἶπε· Ποῦ οὖν εὑρήσει τούτου διδάσκαλον; ὁ δέ τις ὡς οὐδὲ διδακτὸν τοῦτο εἴη, ἕτερος δέ τις ὡς εἴπερ τι καὶ ἄλλο καὶ τοῦτο μαθητόν.

7 ὁ δὲ Σωκράτης ἔφη· Τοῦτο μὲν ἐπειδὴ ἀμφίλογόν ἐστιν, εἰς αὖθις ἀποθώμεθα· νυνὶ δὲ τὰ προκείμενα ἀποτελῶμεν. ὁρῶ γὰρ ἔγωγε τήν δε τὴν ὀρχηστρίδα ἐφεστηκυῖαν καὶ τροχούς τινα αὐτῇ προσφέροντα. 8 ἐκ τούτου δὴ ηὔλει μὲν αὐτῇ ἡ ἑτέρα, παρεστηκὼς δέ τις τῇ ὀρχηστρίδι ἀνεδίδου τοὺς τροχοὺς μέχρι δώδεκα. ἡ δὲ λαμβάνουσα ἅμα τε ὠρχεῖτο καὶ ἀνερρίπτει δονουμένους συντεκμαιρομένη ὅσον ἔδει ῥιπτεῖν ὕψος ὡς ἐν ῥυθμῷ δέχεσθαι αὐτούς. 9 καὶ ὁ Σωκράτης εἶπεν· Ἐν πολλοῖς μέν, ὦ ἄνδρες, καὶ ἄλλοις δῆλον καὶ ἐν οἷς δ᾽ ἡ παῖς ποιεῖ ὅτι ἡ γυναικεία φύσις

2.4 αὐταὶ τούτου ὄζουσι, sie duften schon von sich aus danach • ἡδίων, Komparativ zu ἡδύς, K. 47; 57 • ποθεινοτέρα, Komparativ zu ποθεινός, Sehnsucht weckend • ἀλειψάμενος, Partizip Aorist Medium zu ἀλείφω, einreiben • ἐλευθέριος, eines Freien würdig • ὁ μόχθος, die Arbeit • ἡ ὀσμή, der Geruch • τὸ ἐπιτήδευμα χρηστόν, die tüchtige Tätigkeit, τίνος ὄζειν δεήσει, wonach werden wir duften müssen? • ἡ καλοκἀγαθία, die vollkommene Männlichkeit (oder die größte Vollkommenheit eines Menschen) • πόθεν, (von) wo • ἄν τις λάβοι, könnte man es bekommen, Optativ mit ἄν als Potentialis • τὸ χρῖμα, das Duftöl • ὁ μυροπώλης, τοῦ μυροπώλου, der Duftölhändler • ἢν συμμίσγῃς zu συμμίσγω τινί, sich abgeben mit jemand • ἀπολεῖς, Futur zu ἀπόλλυμι vernichten, K. 105, 11 • ὦ ὑιέ, mein Sohn (angeredet ist Autolykos, der Sohn des Lykon).

Autolykos hat sich zur Vorbereitung auf das Pankration mit einem geeigneten Trainer zusammengetan (5). Darauf folgt ein kurzer Gedankenaustausch über Lehrbarkeit (6). Inzwischen bereitet sich die Tänzerin auf ihren Auftritt vor (7). Sie zeigt ein anspruchsvolles Kunststück mit Hilfe von Reifen (8). Sokrates schließt eine Bemerkung über das Können des Mädchens an: Die weibliche sei der männlichen Natur nicht unterlegen. Die weibliche Natur verfüge nur über zu wenig Kraft und Einsicht (9).

2.5 χρῆται, er gebraucht es, er richtet sich danach • νικηφόρος τοῦ παγκρατίου, Sieger im Allkampf • σκεψάμενος, Partizip Aorist zu σκέπτομαι, sich umschauen, K. 111, 17 • ταῦτα ἐπιτηδεῦσαι, diese Aufgabe übernehmen, Infinitiv Aorist zu ἐπιτηδεύω, ausführen, betreiben • συνέσται, 3. Sg. Futur zu σύνειμι, zusammensein • ἐφθέγξαντο, 3. Pl. Aorist Medium zu φθέγγομαι, tönen, schreien.

2.6 διδακτός, lehrbar ↔ διδάσκω • μαθητός, lernbar ↔ μανθάνω, ὁ μαθητής, K. 108, 13 • εὑρήσει, Futur zu εὑρίκω, finden, K. 109, 6.

2.7 ἀμφίλογος, strittig • εἰς αὖθις, auf später • ἀποθώμεθα, Konjunktiv Aorist Medium als Adhortativus, K. 170, zu ἀποτίθημι, fortstellen, verschieben, K. 97 • τὰ προκείμενα, das (vor uns) Liegende, Partizip zu κεῖμαι, liegen, K. 99, 1; 103, 6 • ἀποτελῶμεν, Konjunktiv Präsens als Adhortativus, K. 170, zu ἀποτελέω, vollenden ↔ τὸ τέλος • ἡ ὀρχηστρίς, τῆς ὀρχηστρίδος, die Tänzerin • ἐφεστηκυῖαν, Partizip Perfekt zu ἐφίσταμαι, sich hinstellen, K. 99 • ὁ τροχός, der Ring, der Reifen.

2.8 ηὔλει, Imperfekt zu αὐλέω, Flöte spielen • αὐτῇ, Dativ des Interesses, für sie, K. 153 • ἀνερίπτει, Imperfekt zu ἀναριπτέω, in die Höhe werfen • ἀνεδίδου, Imperfekt zu ἀναδίδωμι, geben • εἰς δώδεκα, bis zu zwölf • δονουμένους, Partizip Perfekt Passiv zu δονέω, in eine kreisförmige Be-

οὐδὲν χείρων τῆς τοῦ ἀνδρὸς οὖσα τυγχάνει, γνώμης δὲ καὶ ἰσχύος δεῖται. ὥστε εἴ τις ὑμῶν γυναῖκα ἔχει, θαρρῶν διδασκέτω ὅ τι βούλοιτ᾽ ἂν αὐτῇ ἐπισταμένῃ χρῆσθαι.

10 καὶ ὁ Ἀντισθένης, Πῶς οὖν, ἔφη, ὦ Σώκρατες, οὕτω γιγνώσκων οὐ καὶ σὺ παιδεύεις Ξανθίππην, ἀλλὰ χρῇ γυναικὶ τῶν οὐσῶν, οἶμαι δὲ καὶ τῶν γεγενημένων καὶ τῶν ἐσομένων χαλεπωτάτῃ; Ὅτι, ἔφη, ὁρῶ καὶ τοὺς ἱππικοὺς βουλομένους γενέσθαι οὐ τοὺς εὐπειθεστάτους ἀλλὰ τοὺς θυμοειδεῖς ἵππους κτωμένους. νομίζουσι γάρ, ἂν τοὺς τοιούτους δύνωνται κατέχειν, ῥᾳδίως τοῖς γε ἄλλοις ἵπποις χρήσεσθαι. κἀγὼ δὴ βουλόμενος ἀνθρώποις χρῆσθαι καὶ ὁμιλεῖν ταύτην κέκτημαι, εὖ εἰδὼς ὅτι εἰ ταύτην ὑποίσω, ῥᾳδίως τοῖς γε ἄλλοις ἅπασιν ἀνθρώποις συνέσομαι. καὶ οὗτος μὲν δὴ ὁ λόγος οὐκ ἄπο τοῦ σκοποῦ ἔδοξεν εἰρῆσθαι.

11 μετὰ δὲ τοῦτο κύκλος εἰσηνέχθη περίμεστος ξιφῶν ὀρθῶν. εἰς οὖν ταῦτα ἡ ὀρχηστρὶς ἐκυβίστα τε καὶ ἐξεκυβίστα ὑπὲρ αὐτῶν. ὥστε οἱ μὲν θεώμενοι ἐφοβοῦντο μή τι πάθῃ, ἡ δὲ θαρρούντως τε καὶ ἀσφαλῶς ταῦτα διεπράττετο. 12 καὶ ὁ Σωκράτης καλέσας τὸν Ἀντισθένην εἶπεν· Οὔτοι τούς γε θεωμένους τάδε ἀντιλέξειν ἔτι οἴομαι, ὡς οὐχὶ καὶ ἡ ἀνδρεία διδακτόν, ὁπότε αὕτη καίπερ γυνὴ οὖσα οὕτω τολμηρῶς εἰς τὰ ξίφη ἵεται.

---

wegung versetzen • συντεκμαιρομένη, Partizip Präsens Medium zu συντεκμαίρομαι, berechnen • ὅσον ἔδει ῥίπτειν ὕψος, in welche Höhe sie werfen musste • ὡς (wie ὥστε), Konsekutivsatz, K. 177 • ἐν ῥυθμῷ δέχεσθαι, sodass sie sie im Tanz, in der Bewegung auffangen konnte.

2.9 ἡ γυναικεία φύσις, die weibliche Natur • οὐδὲν χείρων, um nichts geringer • γνώμης καὶ ἰσχύος δεῖται, es fehlt ihr nur an Einsicht und Kraft • ὥστε εἴ τις ὑμῶν γυναῖκα ἔχει, sodass, wenn einer von euch eine Frau hat • θαρρῶν διδασκέτω, soll er sie zuversichlich unterrichten • ὅ τι βούλοιτ᾽ ἂν αὐτῇ ἐπισταμένῃ χρῆσθαι, in allem, wozu er sie als eine Verständige gebrauchen will.

Antisthenes stellt jetzt die Frage, warum Sokrates seine widerspenstige Xanthippe nicht besser erzogen habe (10).

2.10 τῶν οὐσῶν τῶν γεγενημένων τῶν ἐσομένων χαλεπωτάτη, die Schlimmste aller Zeiten • ὁ ἱππικός, der gute Reiter • εὐπειθεστάτους, Superlativ zu εὐπειθής • ὁ ξίφος, das Schwert • gehorsam ↔ πείθομαι • θυμοειδεῖς, Nominativ Plural zu θυμοειδής, wild, ungestüm • κατέχειν, beherrschen • ὁμιλεῖν, umgehen mit • εἰδώς, Partizip zu οἶδα, K. 102, 4 • ὑποίσω, Futur zu ὑποφέρω, ertragen, K. 111, 11 • οὐκ ἀπὸ σκόπου, nicht vom Ziel entfernt • εἰρῆσθαι, Infinitiv Perfekt Passiv zu λέγω, ἀγορεύω, K. 111, 12.

Ein gefährliches Kunststück des Mädchens geht gut aus (11). Das veranlasst Sokrates zu der Bemerkung, daran sehe man, dass auch Tapferkeit lehrbar sei (12).

2.11 μετὰ τοῦτο, danach • ὁ κύκλος, der Kreis, der Reifen • εἰσηνέχθη, Aorist Passiv zu εἰσφέρω, K. 111, 11 • περίμεστός τινος, ringsum voll mit, K. 141, 3 • τὸ ξίφος, das Schwert • ὀρθός, aufrecht stehend • ἡ ὀρχηστρίς, die Tänzerin • ἐκυβίστα, Imperfekt zu κυβιστάω, einen Purzelbaum schlagen, wirbeln • ἐξεκυβίστα, sie sprang wieder heraus • ἐφοβοῦντο μή τι πάθῃ, sie fürchteten, dass ihr etwas passieren würde • θαρρούντως τε καὶ ἀσφαλῶς, mutig und sicher • διεπράττετο, Imperfekt zu διαπράττομαι, vollenden.

2.12 οἱ θεώμενοι, die Zuschauer, Partizip Präsens zu θεάομαι • ἀντιλέξειν, Infinitiv Futur zu ἀντιλέγω, widersprechen • οὔτοι ἔτι, bestimmt nicht mehr • ἡ ἀνδρεία, die Tapferkeit • διδακτός, lehrbar.

Antisthenes fragt, ob man die mutige Tänzerin nicht der ganzen Polis zeigen könne (13). Philippos meint, er würde gern dem feigen Politiker Peisandros dabei zusehen, wie er lerne, den Anblick von Lanzen zu ertragen (14).

13 καὶ ὁ Ἀντισθένης εἶπεν· Ἆρ᾽ οὖν καὶ τῷδε τῷ Συρακοσίῳ κράτιστον ἐπιδείξαντι τῇ πόλει τὴν ὀρχηστρίδα εἰπεῖν, ἐὰν διδῶσιν αὐτῷ Ἀθηναῖοι χρήματα, ποιήσειν πάντας Ἀθηναίους τολμᾶν ὁμόσε ταῖς λόγχαις ἰέναι; 14 καὶ ὁ Φίλιππος, Νὴ Δί᾽, ἔφη, καὶ μὴν ἔγωγε ἡδέως ἂν θεῴμην Πείσανδρον τὸν δημηγόρον μανθάνοντα κυβιστᾶν εἰς τὰς μαχαίρας, ὃς νῦν διὰ τὸ μὴ δύνασθαι λόγχαις ἀντιβλέπειν οὐδὲ συστρατεύεσθαι ἐθέλει.

15 ἐκ τούτου ὁ παῖς ὠρχήσατο. καὶ ὁ Σωκράτης εἶπεν· Εἴδετ᾽, ἔφη, ὡς καλὸς ⟨ὁ⟩ παῖς ὢν ὅμως σὺν τοῖς σχήμασιν ἔτι καλλίων φαίνεται ἢ ὅταν ἡσυχίαν ἔχῃ; καὶ ὁ Χαρμίδης εἶ καὶ γὰρ ἄλλο τι προσενενόησαπεν· Ἐπαινοῦντι ἔοικας τὸν ὀρχηστοδιδάσκαλον. 16 Ναὶ μὰ τὸν Δί᾽, ἔφη ὁ Σωκράτης·, ὅτι οὐδὲν ἀργὸν τοῦ σώματος ἐν τῇ ὀρχήσει ἦν, ἀλλ᾽ ἅμα καὶ τράχηλος καὶ σκέλη καὶ χεῖρες ἐγυμνάζοντο, ὥσπερ χρὴ ὀρχεῖσθαι τὸν μέλλοντα εὐφορώτερον τὸ σῶμα ἕξειν. καὶ ἐγὼ μέν, ἔφη, πάνυ ἂν ἡδέως, ὦ Συρακόσιε, μάθοιμι τὰ σχήματα παρὰ σοῦ. 17 καὶ ὅς, Τί οὖν χρήσῃ αὐτοῖς; ἔφη. Ὀρχήσομαι νὴ Δία. ἐνταῦθα δὴ ἐγέλασαν ἅπαντες.

καὶ ὁ Σωκράτης μάλα ἐσπουδακότι τῷ προσώπῳ, Γελᾶτε, ἔφη, ἐπ᾽ ἐμοί; πότερον ἐπὶ τούτῳ εἰ βούλομαι γυμναζόμενος μᾶλλον ὑγιαίνειν ἢ εἰ ἥδιον ἐσθίειν καὶ καθεύδειν ἢ εἰ τοιούτων γυμνασίων ἐπιθυμῶ, μὴ ὥσπερ οἱ δολιχοδρόμοι τὰ σκέλη μὲν παχύνονται, τοὺς ὤμους δὲ λεπτύνονται, μηδ᾽ ὥσπερ οἱ πύκται τοὺς μὲν ὤμους παχύνονται, τὰ δὲ σκέλη λεπτύνονται, ἀλλὰ παντὶ διαπονῶν τῷ σώματι πᾶν ἰσόρροπον ποιεῖν;

2.13 τολμηρῶς, Adverb zu τολμηρός, wagemutig • καίπερ γυνὴ οὖσα, obwohl sie eine Frau ist • εἰς τὰ ξίφη ἵεται, sie stürzt sich in die Schwerter, zu ἵεμαι, eilen, streben, K. 97–99 • ἆρ᾽ οὖν, Kennzeichen einer direkten Frage, K. 203 • ἐὰν διδῶσιν, wenn sie geben, διδῶσιν, Konjunktiv Präsens zu δίδωμι, K. 97 • ποιήσειν, Infinitiv Futur Aktiv zu ποιέω, veranlassen • τολμᾶν zu τολμάω, wagemutig sein • ὁμόσε ἰέναι τινί, losgehen auf etwas • ἡ λόγχη, die Lanze.

2.14 θεῴμην, Optativ Präsens zu θεάομαι, K. 80 • ἡδέως ἂν θεῴμην, Optativ als Potentialis, mit Freude würde ich sehen • ἀντιβλέπειν, entgegensehen • συστρατεύεσθαι, zu συστρατεύομαι, mit zu Felde ziehen • ἐκ τούτου, darauf • ὠρχήσατο, er begann zu tanzen, Aorist (ingressiv) zu ὀρχέομαι, tanzen, K. 165, 2.

Die Schönheit des Knaben wird in Sokrates' Augen durch seine Tanzbewegungen noch weiter erhöht. Sokrates fragt ihn, ob er ihn tanzen lehren könne, worüber alle Anwesenden lachen. (15–17).

2.15 τὰ σχήματα, die Tanzschritte • καλλίων, Komparativ zu καλός, K. 57 • ἡ ἡσυχία, die Ruhe • ἔοικας, du gleichst • ὁ ὀρχηστοδιδάσκαλος, der Tanzlehrer.

2.16 προσενενόησα, Aorist zu προσεννοέω, zugleich überlegen • ἀργός, untätig ↔ τὸ ἔργον, ἐργάζομαι • ἡ ὄρχησις, der Tanz • ὁ τράχηλος, der Hals • τὰ σκέλη, die Beine • ἡ χείρ, τῆς χειρός, die Hand • ἐγυμνάζοντο, Imperfekt Passiv zu γυμνάζω, üben • εὐφορώτερον, Komparativ zu εὔφορος, geschmeidig, gelenkig.

Sokrates möchte für die Gesundheit tanzen, für ausgewogene Proportionen des Körpers (17), und tut dies bereits (18). Charmides bezeugt es (19).

2.17 μάλα ἐσπουδακότι τῷ προσώπῳ, mit sehr ernstem Gesicht, ἐσπουδακώς, Partizip Perfekt Aktiv zu σπουδάζω, ernsthaft betreiben, sich bemühen • πότερον … ἤ, entweder … oder • γυμναζόμενος, Partizip zu γυμνάζομαι, sich ausbilden lassen • ὑγιαίνειν, gesund sein • ἥδιον, mit größerem Genuss, Komparativ des Adverbs zu ἡδύς • ἐσθίειν, essen • καθεύδειν, schlafen • τό γυμνάσιον, die

18 ἢ ἐπ' ἐκείνῳ γελᾶτε, ὅτι οὐ δεήσει με συγγυμναστὴν ζητεῖν, οὐδ' ἐν ὄχλῳ πρεσβύτην ὄντα ἀποδύεσθαι, ἀλλ' ἀρκέσει μοι οἶκος ἑπτάκλινος, ὥσπερ καὶ νῦν τῷδε τῷ παιδὶ ἤρκεσε τόδε τὸ οἴκημα ἐνιδρῶσαι, καὶ χειμῶνος μὲν ἐν στέγῃ γυμνάσομαι, ὅταν δὲ ἄγαν καῦμα ᾖ, ἐν σκιᾷ; 19 ἢ τόδε γελᾶτε, εἰ μείζω τοῦ καιροῦ τὴν γαστέρα ἔχων μετριωτέραν βούλομαι ποιῆσαι αὐτήν; ἢ οὐκ ἴστε ὅτι ἔναγχος ἕωθεν Χαρμίδης οὑτοσὶ κατέλαβέ με ὀρχούμενον;

Ναὶ μὰ τὸν Δί', ἔφη ὁ Χαρμίδης καὶ τὸ μέν γε πρῶτον ἐξεπλάγην καὶ ἔδεισα μὴ μαίνοιο· ἐπεὶ δέ σου ἤκουσα ὅμοια οἷς νῦν λέγεις, καὶ αὐτὸς ἐλθὼν οἴκαδε ὠρχούμην μὲν οὔ, οὐ γὰρ πώποτε τοῦτ' ἔμαθον, ἐχειρονόμουν δέ· ταῦτα γὰρ ἠπιστάμην. 20 Νὴ Δί', ἔφη ὁ Φίλιππος, καὶ γὰρ οὖν οὕτω τὰ σκέλη τοῖς ὤμοις φαίνει ἰσοφόρα ἔχειν ὥστε δοκεῖς ἐμοί, κἂν εἰ τοῖς ἀγορανόμοις ἀφισταίης ὥσπερ ἄρτους τὰ κάτω πρὸς τὰ ἄνω, ἀζήμιος ἂν γενέσθαι. καὶ ὁ Καλλίας εἶπεν· Ὦ Σώκρατες, ἐμὲ μὲν παρακάλει, ὅταν μέλλῃς μανθάνειν ὀρχεῖσθαι, ἵνα σοι ἀντιστοιχῶ τε καὶ συμμανθάνω. 21 Ἄγε δή, ἔφη ὁ Φίλιππος, καὶ ἐμοὶ αὐλησάτω, ἵνα καὶ ἐγὼ ὀρχήσωμαι. ἐπειδὴ δ' ἀνέστη, διῆλθε μιμούμενος τήν τε τοῦ παιδὸς καὶ τὴν τῆς παιδὸς ὄρχησιν. 22 καὶ πρῶτον μὲν ὅτι ἐπῄνεσαν ὡς ὁ παῖς σὺν τοῖς

Übung • ἐπιθυμῶ zu ἐπιθυμέω τινός, etwas verlangen • οἱ δολιχοδρόμοι, die Langläufer ↔ τρέχω, laufen, K. 111, 10 • τὰ σκέλη, die Schenkel, Akkusativ der Beziehung, K. 136 • παχύνονται, Präsens Passiv zu παχύνω, dick machen ↔ παχύς • ὁ ὦμος, τοῦ ὤμου, die Schulter • λεπτύνονται, zu λεπτύνω, dünn machen ↔ λεπτός, dünn, schmal • ὁ πύκτης, der Faustkämpfer • παντὶ διαπονεῖν τῷ σώματι, sich mit dem ganzen Körper anstrengen • πᾶν ἰσόρροπον ποιεῖν, alles gleichgewichtig machen, ins Gleichgewicht bringen.

2.18 ὁ συγγυμναστής, der Trainingspartner • ἐν ὄχλῳ, in der Öffentlichkeit • πρεβύτης, alt • ἀποδύεσθαι, sich ausziehen, zu ἀποδύομαι, K. 90, 6 • ἀρκέσει, Futur zu ἀρκέω, genügen ↔ ἡ αὐτάρκεια, die Selbstgenügsamkeit • ὁ οἶκος, das Haus, der Saal • ἑπτάκλινος, mit sieben Liegen ↔ κλίνω, lehnen, neigen, beugen, κλίνομαι sich lehnen • ἐνιδρῶσαι, Infinitiv Aorist zu ἐνιδρόω, ins Schwitzen kommen im Haus↔ ὁ ἱδρώς, τοῦ ἱδρῶτος, der Schweiß • χειμῶνος, im Winter, Genitivus temporis zu ὁ χειμών, K. 144 • ἐν στέγῃ, zu ἡ στέγη, das Dach, das Haus • τὸ καῦμα, die Hitze ↔ καίω, brennen, K. 96, 44 • ἐν σκιᾷ, zu ἡ σκιά, der Schatten.

Philippos lobt Sokrates' Proportionen; Kallias bietet sich als Tanzpartner an (20). Philippos imitiert beide Tänzer zum Klang der Flöte (21–22), bis er müde und durstig wird (23).

2.19 μείζω, Komparativ zu μέγας τοῦ καιροῦ, größer als das rechte Maß, Genitivus comparationis, K. 146 • ἡ γαστήρ, τῆς γαστέρος, der Bauch • ἔναγχος, vor kurzem • ἐξεπλάγην, Aorist Passiv zu ἐκπλήττω, erschrecken, K. 111, 15 • ἔδεισα, μή ..., ich fürchtete, dass ..., zu δείδω • μαίνοιο, 2. Sg. Optativ Präsens zu μαίνομαι, verrückt sein ↔ ἡ μανία, der Wahnsinn • ἐχειρονόμουν, Imperfekt zu χειρονομέω, Handübungen machen, besonders beim Tanzen ↔ ἡ χείρ, τῆς χειρός, die Hand • ἠπιστάμην, Imperfekt zu ἐπίσταμαι, können, verstehen, K. 100, 6 ↔ ἡ ἐπιστήμη.

2.20 ἰσοφόρος, gleich kräftig • ὁ ἀγορανόμος, der Marktaufseher, τοῖς ἀγρονόμοις, den Marktaufsehern • ἀφισταίης, 2. Sg. Optativ Präsens Aktiv zu ἀφίστημι, zum Vergleich auf eine Waage legen • τὰ κάτω, τὰ ἄνω, die unteren, die oberen Gliedmaßen • ἀζήμιος, straflos • παρακάλει, 2. Sg. Imperativ Präsens zu παρακαλέω, auffordern • ἀντιστοιχέω, als Tanzpartner ein Gegenüber sein.

2.21 αὐλησάτω, 3. Sg. Imperativ Aorist zu αὐλέω, Flöte spielen • μιμούμενος, Partizip zu μιμέομαι, imitieren • ἡ ὄρχησις der Tanz • ἀνέστη, Wurzel-Aorist zu ἀνίσταμαι, K. 97, 101 • διῆλθε, Aorist zu ἔρχομαι, K. 111, 2.

σχήμασιν ἔτι καλλίων ἐφαίνετο, ἀνταπέδειξεν ὅ τι κινοίη τοῦ σώματος ἅπαν τῆς φύσεως γελοιότερον· ὅτι δ᾽ ἡ παῖς εἰς τοὔπισθεν καμπτομένη τροχοὺς ἐμιμεῖτο, ἐκεῖνος ταὐτὰ εἰς τὸ ἔμπροσθεν ἐπικύπτων μιμεῖσθαι τροχοὺς ἐπειρᾶτο. τέλος δ᾽ ὅτι τὸν παῖδ᾽ ἐπῄνουν ὡς ἐν τῇ ὀρχήσει ἅπαν τὸ σῶμα γυμνάζοι, κελεύσας τὴν αὐλητρίδα θάττονα ῥυθμὸν ἐπάγειν ἵει ἅμα πάντα καὶ σκέλη καὶ χεῖρας καὶ κεφαλήν. 23 ἐπειδὴ δὲ ἀπειρήκει, κατακλινόμενος εἶπε· Τεκμήριον, ὦ ἄνδρες, ὅτι καλῶς γυμνάζει καὶ τὰ ἐμὰ ὀρχήματα. ἐγὼ γοῦν διψῶ· καὶ ὁ παῖς ἐγχεάτω μοι τὴν μεγάλην φιάλην. Νὴ Δί᾽, ἔφη ὁ Καλλίας, καὶ ἡμῖν γε, ἐπεὶ καὶ ἡμεῖς διψῶμεν ἐπὶ σοὶ γελῶντες.

24 ὁ δ᾽ αὖ Σωκράτης εἶπεν· Ἀλλὰ πίνειν μέν, ὦ ἄνδρες, καὶ ἐμοὶ πάνυ δοκεῖ· τῷ γὰρ ὄντι ὁ οἶνος ἄρδων τὰς ψυχὰς τὰς μὲν λύπας, ὥσπερ ὁ μανδραγόρας τοὺς ἀνθρώπους, κοιμίζει, τὰς δὲ φιλοφροσύνας, ὥσπερ ἔλαιον φλόγα, ἐγείρει. 25 δοκεῖ μέντοι μοι καὶ τὰ τῶν ἀνδρῶν σώματα ταὐτὰ πάσχειν ἅπερ καὶ τὰ τῶν ἐν γῇ φυομένων. καὶ γὰρ ἐκεῖνα, ὅταν μὲν ὁ θεὸς αὐτὰ ἄγαν ἁθρόως ποτίζῃ, οὐ δύναται ὀρθοῦσθαι οὐδὲ ταῖς αὔραις διαπνεῖσθαι· ὅταν δ᾽ ὅσῳ ἥδεται τοσοῦτον πίνῃ, καὶ μάλα ὀρθά τε αὔξεται καὶ θάλλοντα ἀφικνεῖται εἰς τὴν καρπογονίαν. 26 οὕτω δὲ καὶ ἡμεῖς ἂν μὲν ἁθρόον τὸ ποτὸν ἐγχεώμεθα, ταχὺ ἡμῖν καὶ τὰ σώματα καὶ αἱ γνῶμαι σφαλοῦνται, καὶ οὐδὲ ἀναπνεῖν, μὴ ὅτι λέγειν τι δυνησόμεθα· ἂν δὲ ἡμῖν οἱ παῖδες μικραῖς κύλιξι πυκνὰ ἐπιψακάζωσιν, ἵνα καὶ ἐγὼ ἐν Γοργιείοις ῥήμασιν εἴπω, οὕτως οὐ βιαζόμενοι μεθύειν ὑπὸ τοῦ οἴνου ἀλλ᾽ ἀναπειθόμενοι πρὸς τὸ παι-

2.22 ἐπῄνεσαν, zu ἐπαινέω, loben, K. 90, 5 • ἀνταπέδειξεν, Aorist zu ἀνταποδείκνυμι, vorführen • κινοίη, 3. Sg. Optativ Präsens zu κινέω, bewegen • γελοιότερον, Komparativ zu γελοῖος, lächerlich • εἰς τοὔπισθεν, nach hinten • καμπτομένη, Partizip zu κάμπτομαι, sich biegen • τρόχους, zu ὁ τρόχος, die Rolle • εἰς τὸ πρόσθεν, nach vorn • ἐπικύπτω, sich nach vorn beugen • θάττονα ῥυθμὸν ἐπάγειν, einen schnelleren Rhythmus vorlegen • ἵει, 3. Sg. Imperfekt zu ἵημι, loslassen, in freie Bewegung versetzen.

2.23 ἀπειρήκει, 3. Sg. Plusquamperfekt zu ἀπαγορεύω, müde werden, versagen • κατακλινόμενος, Partizip zu κατακλίνομαι, sich hinlegen • ὀρχήματα, Tanzfiguren • δίψω, wie διψάω, Durst haben • ἐγχεάτω, 3. Sg. Imperativ Aorist, er soll eingießen, zu ἐγχέω, K. 107, 9 • ἡ φιάλη, die Schale.

Sokrates spricht über den Wein als Beruhigungsmittel für die Seele und als Hilfe einzuschlafen (24), ferner über die Wirkung eines Übermaßes von Flüssigkeit bei Pflanze und Mensch (25). Er mahnt daher, Maß zu halten (26). Philippos stimmt wie die anderen zu, fordert dennoch zu schnellerem Kreisenlassen der Becher auf (27).

2.24 καὶ ἐμοὶ πάνυ δοκεῖ, es ist auch mir ganz recht • ἄρδων, Partizip zu ἄρδω, benetzen • ὁ μανδραγόρας, der Alraun • κοιμίζω, schlafen lassen • αἱ φιλιφροσύναι, die lieben Gedanken • τὸ ἔλαιον, das Öl • φλόγα, zu ἡ φλόξ, τῆς φλογός, die Flamme • ἐγείρω, wecken.

2.25 τὰ τῶν ἐν γῇ φυομένων, die von den Pflanzen, die auf der Erde wachsen • ἄγαν ἁθρόως, zu heftig und reichlich • ποτίζω tränken • ὀρθοῦσθαι, zu ὀρθόομαι, sich aufrecht halten • ἡ αὔρα, der Wind • διαπνεῖσθαι, Infinitiv Präsens Passiv zu διαπνέω, durchwehen • μάλα ὀρθὰ αὔξεται, zu αὔξομαι, schön gerade wachsen • ἡ καρπογονία, die Ernte.

γνιωδέστερον ἀφιξόμεθα. ἐδόκει μὲν δὴ ταῦτα πᾶσι· 27 προσέθηκε δὲ ὁ Φίλιππος ὡς χρὴ τοὺς οἰνοχόους μιμεῖσθαι τοὺς ἀγαθοὺς ἁρματηλάτας, θᾶττον περιελαύνοντας τὰς κύλικας. οἱ μὲν δὴ οἰνοχόοι οὕτως ἐποίουν.

2.26 σφαλοῦνται, Futur Medium zu σφάλλομαι, zu Fall kommen, K. 86, 3 • ἀναπνεῖν, zu ἀναπνέω, Luft holen • μὴ ὅτι, geschweige denn • κύλιξι, zu ἡ κύλιξ, τῆς κύλικος, der Becher • πυκνά, nach und nach • ἐπιψακάζωσιν, zu ἐπιψακάζω, tröpfeln, wenig nachgießen • ἵνα καὶ ἐγὼ ἐν Γοργιείοις ῥήμασιν, damit auch ich in Redensarten des Gorgias spreche • βιαζόμενοι, Partizip Präsens Passiv zu βιάζω, zwingen ↔ ἡ βία, die Gewalt • μεθύειν, betrunken werden • ἀναπειθόμενοι, Partizip Präsens Passiv zu ἀναπείθω, überreden, überzeugen • τὸ παιγνιωδέστερον, die lustigere Stimmung • ἀφιξόμεθα, Futur zu ἀφικνέομαι, (an-)kommen, K. 108, 6.

2.27 προσέθηκε, Aorist zu προστίθημι, hinzufügen • οἱ οἰνοχόοι, die „Weingießer", Mundschenken • ὁ ἁρματηλάτης, der Wagenlenker ↔ τὸ ἅρμα, τοῦ ἅρματος, der zweirädrige Wagen, ἡ ἁρμάμαξα, der vierrädrige Wagen • θᾶττον, schneller, Komparativ des Adverbs zu ταχύς • περιελαύνοντας, Partizip zu περιελαύνω, herumgehen lassen.

3. Kapitel: Worauf die Teilnehmer des Symposions besonders stolz sind

1 Ἐκ δὲ τούτου συνηρμοσμένῃ τῇ λύρᾳ πρὸς τὸν αὐλὸν ἐκιθάρισεν ὁ παῖς καὶ ᾖσεν. ἔνθα δὴ ἐπῄνεσαν μὲν ἅπαντες· ὁ δὲ Χαρμίδης καὶ εἶπεν· Ἀλλ᾽ ἐμοὶ μὲν δοκεῖ, ὦ ἄνδρες, ὥσπερ Σωκράτης ἔφη τὸν οἶνον, οὕτως καὶ αὕτη ἡ κρᾶσις τῶν τε παίδων τῆς ὥρας καὶ τῶν φθόγγων τὰς μὲν λύπας κοιμίζειν, τὴν δ᾽ ἀφροδίτην ἐγείρειν. 2 ἐκ τούτου δὲ πάλιν εἶπεν ὁ Σωκράτης· Οὗτοι μὲν δή, ὦ ἄνδρες, ἱκανοὶ τέρπειν ἡμᾶς φαίνονται· ἡμεῖς δὲ τούτων οἶδ᾽ ὅτι πολὺ βελτίονες οἰόμεθα εἶναι· οὐκ αἰσχρὸν οὖν εἰ μηδ᾽ ἐπιχειρήσομεν συνόντες ὠφελεῖν τι ἢ εὐφραίνειν ἀλλήλους; Ἐντεῦθεν εἶπαν πολλοί· Σὺ τοίνυν ἡμῖν ἐξηγοῦ ποίων λόγων ἁπτόμενοι μάλιστ᾽ ἂν ταῦτα ποιοῖμεν. 3 Ἐγὼ μὲν τοίνυν, ἔφη, ἥδιστ᾽ ἂν ἀπολάβοιμι παρὰ Καλλίου τὴν ὑπόσχεσιν. ἔφη γὰρ δήπου, εἰ συνδειπνοῖμεν, ἐπιδείξειν τὴν αὑτοῦ σοφίαν.

Καὶ ἐπιδείξω γε, ἔφη, ἐὰν καὶ ὑμεῖς ἅπαντες εἰς μέσον φέρητε ὅ τι ἕκαστος ἐπίστασθε ἀγαθόν. Ἀλλ᾽ οὐδείς σοι, ἔφη, ἀντιλέγει τὸ μὴ οὐ λέξειν ὅ τι ἕκαστος ἡγεῖται πλείστου ἄξιον ἐπίστασθαι. 4 Ἐγὼ μὲν τοίνυν, ἔφη, λέγω ὑμῖν ἐφ᾽ ᾧ μέγιστον φρονῶ. ἀνθρώπους γὰρ οἶμαι ἱκανὸς εἶναι βελτίους ποιεῖν. καὶ ὁ Ἀντισθένης εἶπε· Πότερον τέχνην τινὰ βαναυσικὴν ἢ καλοκἀγαθίαν διδάσκων; Εἰ καλοκἀγαθία ἐστὶν ἡ δικαιοσύνη. Νὴ Δί᾽, ἔφη ὁ Ἀντισθένης, ἥ γε ἀναμφιλογωτάτη· ἐπεί τοι ἀνδρεία μὲν καὶ σοφία ἔστιν ὅτε βλαβερὰ καὶ φίλοις καὶ πόλει δοκεῖ εἶναι, ἡ δὲ δικαιοσύνη οὐδὲ καθ᾽ ἓν συμμίγνυται τῇ ἀδικίᾳ. 5 Ἐπειδὰν τοίνυν καὶ ὑμῶν

Die Teilnehmer des Symposion lassen sich von Tanz und Musik ergreifen. Sokrates nimmt Bezug auf die jungen Künstler und regt die Runde an, sie zum Vorbild zu nehmen: Kallias solle jetzt sein Versprechen einlösen und seine Weisheit beweisen. Die anderen aber sollten zeigen, was ihnen wichtig sei und worauf sie besonders stolz seien (1–3).

3.1 συνηρμοσμένη, Partizip Perfekt Passiv zu συναρμόζω πρός τι, nach etwas stimmen • ᾖσεν, Aorist zu ᾄδω, ἀείδω, singen • τὸν οἶνον, Akkusativ der Beziehung • αὕτη ἡ κρᾶσις, diese Mischung • τῶν παίδων ἡ ὥρα, die jugendliche Schönheit der Kinder • ὁ φθόγγος, der Ton • αἱ λῦπαι, die trüben Gedanken • κοιμίζειν, einschlafen lassen • ἡ ἀφροδίτη, die Liebe • ἐγείρειν, wecken.

3.2 εὐφραίνειν ἀλλήλους, sich gegenseitig erfreuen • ἐξήγου, Imperativ zu ἐξηγέομαι, darstellen • ποίων λόγων ἁπτόμενοι, welche Themen berührend.

3.3 ἥδιστ᾽ ἂν ὑπολάβοιμι, am liebsten würde ich aufgreifen, ὑπολαμβάνω, K. 108, 11 • παρά mit Genitiv, von … her • ἡ ὑπόσχεσις, das Versprechen • συνδειπνοῖμεν, Optativ in der indirekten Rede.K. 190•

Kallias behauptet, er könne Menschen beibringen, ihr Vermögen, gerecht zu handeln noch zu steigern. Nikeratos zeigt sich als Homerkenner. Doch die Kunst der Rhapsoden wird mit ihrer Einfalt kontrastiert (4–6).

3.4 ἐφ᾽ ᾧ μέγιστον φρονῶ, worauf ich besonders stolz bin • βελτίους, βελτίονας, Komparativ zu ἀγαθός, K. 58 • πότερον … ἤ, ob … oder • ἡ τέχνη βαναυσική, die handwerkliche Kunst • ἡ καλοκἀγαθία, die allgemeine Tüchtigkeit • ἀναμφιλογωτάτη, Superlativ zu ἀναμφίλογος, unumstritten • ἔστιν ὅτε, manchmal • βλαβερός, schädlich • συμμίγνυμι, verbinden • φθονήσω, Futur zu φθονέω, vorenthalten, missgönnen ↔ ὁ φθόνος, Missgunst, Neid • ἀπεργάζομαι, erreichen ↔ τὸ ἔργον • μέγα φρονεῖς, zu μέγα φρονέω, stolz sein • ἠνάγκασε, Aorist zu ἀναγκάζω, zwingen • πάντα τὰ Ὁμήρου ἔπη, die homerischen Epen vollständig • ἡ Ἰλιάς, τῆς Ἰλιάδος, die Ilias • ἡ Ὀδύσσεια, die Odyssee, ἀπὸ στόματος εἰπεῖν, aufsagen, τὸ στόμα, τοῦ στόματος der Mund.

ἕκαστος εἴπῃ ὅ τι ὠφέλιμον ἔχει, τότε κἀγὼ οὐ φθονήσω εἰπεῖν τὴν τέχνην δι᾽ ἧς τοῦτο ἀπεργάζομαι.

ἀλλὰ σὺ αὖ, ἔφη, λέγε, ὦ Νικήρατε, ἐπὶ ποίᾳ ἐπιστήμῃ μέγα φρονεῖς. καὶ ὃς εἶπεν· Ὁ πατὴρ ὁ ἐπιμελούμενος ὅπως ἀνὴρ ἀγαθὸς γενοίμην ἠνάγκασέ με πάντα τὰ Ὁμήρου ἔπη μαθεῖν· καὶ νῦν δυναίμην ἂν Ἰλιάδα ὅλην καὶ Ὀδύσσειαν ἀπὸ στόματος εἰπεῖν. 6 Ἐκεῖνο δ᾽, ἔφη ὁ Ἀντισθένης, λέληθέ σε, ὅτι καὶ οἱ ῥαψῳδοὶ πάντες ἐπίστανται ταῦτα τὰ ἔπη; Καὶ πῶς ἄν, ἔφη, λελήθοι ἀκροώμενόν γε αὐτῶν ὀλίγου ἀν᾽ ἑκάστην ἡμέραν; Οἶσθά τι οὖν ἔθνος, ἔφη, ἠλιθιώτερον ῥαψῳδῶν; Οὐ μὰ τὸν Δί᾽, ἔφη ὁ Νικήρατος, οὔκουν ἔμοιγε δοκῶ. Δῆλον γάρ, ἔφη ὁ Σωκράτης, ὅτι τὰς ὑπονοίας οὐκ ἐπίστανται. σὺ δὲ Στησιμβρότῳ τε καὶ Ἀναξιμάνδρῳ καὶ ἄλλοις πολλοῖς πολὺ δέδωκας ἀργύριον, ὥστε οὐδέν σε τῶν πολλοῦ ἀξίων λέληθε.

7 τί γὰρ σύ, ἔφη, ὦ Κριτόβουλε, ἐπὶ τίνι μέγιστον φρονεῖς; Ἐπὶ κάλλει, ἔφη. Ἦ οὖν καὶ σύ, ἔφη ὁ Σωκράτης, ἕξεις λέγειν ὅτι τῷ σῷ κάλλει ἱκανὸς εἶ βελτίους ἡμᾶς ποιεῖν; Εἰ δὲ μή, δῆλόν γε ὅτι φαῦλος φανοῦμαι.

8 Τί γὰρ σύ, εἶπεν, ἐπὶ τίνι μέγα φρονεῖς, ὦ Ἀντίσθενες; Ἐπὶ πλούτῳ, ἔφη. ὁ μὲν δὴ Ἑρμογένης ἀνήρετο εἰ πολὺ εἴη αὐτῷ ἀργύριον. ὁ δὲ ἀπώμοσε μηδὲ ὀβολόν. Ἀλλὰ γῆν πολλὴν κέκτησαι; ἴσως ἄν, ἔφη, Αὐτολύκῳ τούτῳ ἱκανὴ γένοιτο ἐγκονίσασθαι.

9 Ἀκουστέον ἂν εἴη καὶ σοῦ. τί γὰρ σύ, ἔφη, ὦ Χαρμίδη, ἐπὶ τίνι μέγα φρονεῖς; Ἐγὼ αὖ, ἔφη, ἐπὶ πενίᾳ μέγα φρονῶ. Νὴ Δί᾽, ἔφη ὁ Σωκράτης, ἐπ᾽ εὐχαρίτῳ

3.5 οὐδὲ καθ᾽ ἕν, niemals, in keinem einzigen Punkt • συμμίγνυται, Medium zu συμμίγνυμι, verbinden • εἰ συνδειποῖμεν, wenn wir gemeinsam mit ihm essen würden, Optativ in der indirekten Rede, K. 190 • dann werde er seine Weisheit zeigen, ἐπιδείξειν, Infinitiv Futur zu ἐπιδείκνυμι, K. 104 • εἰς μέσον φέρω, in die Mitte bringen, vorführen • πλείστου ἄξιον ἐπίστασθαι, es sei besonders wertvoll, es zu können.

3.6 ἔληθε σε, es war dir verborgen, es ist dir entgangen, zu λανθάνω, verborgen sein, K. 108, 12 • ὁ ῥαψῳδός, der Vortragende, der Sänger • ἀκροώμενον, Partizip zu ἀκροάομαί τινος, etwas hören • ὀλίγου, fast • ἀν᾽ ἑκάστην ἡμέραν, den ganzen Tag über • τὸ ἔθνος, das Volk • ἠλιθιώτερον, Komparativ zu ἠλίθιος, einfältig • ῥαψῳδῶν, Genitivus comparationis • οὔκουν ἔμοιγε δοκῶ, mir jedenfalls kommt es nicht so vor • τὰς ὑπονοίας, zu αἱ ὑπόνοιαι, die zugrundeliegenden Gedanken • δέδωκας, Perfekt zu δίδωμι, geben, K. 97–99 • πολὺ ἀργύριον, viel Geld.

Kritobulos ist stolz auf seine Schönheit (7), Antisthenes auf seinen Reichtum (8), Charmides hingegen gerade auf seine Armut (9). Sokrates verweist auf seine besondere Kunst des Verkuppelns (10). Philippos ist stolz auf seine Fähigkeit, andere zum Lachen zu bringen (11). Lykon ist schlicht stolz auf seinen Sohn und Autolykos auf seinen Vater (12–13). Hermogenes ist besonders stolz auf seine Freunde, die Götter, sowie auf deren Tüchtigkeit (14).

3.7 οὐδὲν τῶν πολλοῦ ἀξίων, keines von den besonders wertvollen Dingen • λέληθε, es ist entgangen • μέγιστον φρονῶ ἐπὶ κάλλει • τὸ κάλλος, die Schönheit, wie τὸ γένος, K. 43 und 44 • ἕξεις, Futur zu ἔχω, haben, können • τῷ κάλλει, Dativus instrumentalis, K. 156 • ἱκανός, fähig • φαῦλος, schlecht, unfähig • φανοῦμαι, Futur zu φαίνομαι, erscheinen.

3.8 ἀνήρετο, Aorist zu ἀνέρομαι, ausfragen • ὁ πλοῦτος, der Reichtum • ἀπώμοσε, Aorist zu ἀπόμνυμι, schwören, K. 105, 12 • κέκτησαι zu κέκτημαι, besitzen ↔ τὰ κτήματα • ἐγκονίσασθαι, Infinitiv Aorist zu ἐγκονίζομαι, sich einpudern (vor dem Wettkampf).

γε πράγματι. τοῦτο γὰρ δὴ ἥκιστα μὲν ἐπίφθονον, ἥκιστα δὲ περιμάχητον, καὶ ἀφύλακτον ὂν σῴζεται καὶ ἀμελούμενον ἰσχυρότερον γίγνεται.

10 Σὺ δὲ δή, ἔφη ὁ Καλλίας, ἐπὶ τίνι μέγα φρονεῖς, ὦ Σώκρατες; καὶ ὃς μάλα σεμνῶς ἀνασπάσας τὸ πρόσωπον, 'Επὶ μαστροπείᾳ, εἶπεν. ἐπεὶ δὲ ἐγέλασαν ἐπ' αὐτῷ, Ὑμεῖς μὲν γελᾶτε, ἔφη, ἐγὼ δὲ οἶδ' ὅτι καὶ πάνυ ἂν πολλὰ χρήματα λαμβάνοιμι, εἰ βουλοίμην χρῆσθαι τῇ τέχνῃ.

11 Σύ γε μὴν δῆλον, ἔφη ὁ Λύκων τὸν Φίλιππον ⟨προσειπών, ὅτι⟩ ἐπὶ τῷ γελωτοποιεῖν μέγα φρονεῖς. Δικαιότερόν γ', ἔφη, οἴομαι, ἢ Καλλιππίδης ὁ ὑποκριτής, ὃς ὑπερσεμνύνεται ὅτι δύναται πολλοὺς κλαίοντας καθίζειν.

12 Οὐκοῦν καὶ σύ, ἔφη ὁ Ἀντισθένης, λέξεις, ὦ Λύκων, ἐπὶ τίνι μέγα φρονεῖς; καὶ ὃς ἔφη· Οὐ γὰρ ἅπαντες ἴστε, ἔφη, ⟨ὅτι⟩ ἐπὶ τούτῳ τῷ υἱεῖ; Οὗτός γε μήν, ἔφη τις, δῆλον ὅτι ἐπὶ τῷ νικηφόρος εἶναι. καὶ ὁ Αὐτόλυκος ἀνερυθριάσας εἶπε· Μὰ Δί' οὐκ ἔγωγε. 13 ἐπεὶ δὲ ἅπαντες ἡσθέντες ὅτι ἤκουσαν αὐτοῦ φωνήσαντος προσέβλεψαν, ἤρετό τις αὐτόν· 'Αλλ' ἐπὶ τῷ μήν, ὦ Αὐτόλυκε; ὁ δ' εἶπεν· 'Επὶ τῷ πατρί, καὶ ἅμα ἐνεκλίθη αὐτῷ. καὶ ὁ Καλλίας ἰδών, Ἆρ' οἶσθα, ἔφη, ὦ Λύκων, ὅτι πλουσιώτατος εἶ ἀνθρώπων; Μὰ Δί', ἔφη, τοῦτο μέντοι ἐγὼ οὐκ οἶδα. 'Αλλὰ λανθάνει σε ὅτι οὐκ ἂν δέξαιο τὰ βασιλέως χρήματα ἀντὶ τοῦ υἱοῦ; 'Επ' αὐτοφώρῳ εἴλημμαι, ἔφη, πλουσιώτατος, ὡς ἔοικεν, ἀνθρώπων ὤν.

14 Σὺ δέ, ἔφη ὁ Νικήρατος, ὦ Ἑρμόγενες, ἐπὶ τίνι μάλιστα ἀγάλλῃ; καὶ ὅς, 'Επὶ φίλων, ἔφη, ἀρετῇ καὶ δυνάμει, καὶ ὅτι τοιοῦτοι ὄντες ἐμοῦ ἐπιμέλονται. ἐνταῦθα τοίνυν πάντες προσέβλεψαν αὐτῷ, καὶ πολλοὶ ἅμα ἤροντο εἰ καὶ σφίσι δηλώσοι αὐτούς. ὁ δὲ εἶπεν ὅτι οὐ φθονήσει.

3.9 ἡ πενία, die Armut • εὐχάριτον πρᾶγμα, eine reizvolle Sache • ἥκιστα, am wenigsten • ἐπίφθονος, dem Neid ausgesetzt • περιμάχητος, umkämpft • ἀφύλακτος ↔ unbewacht ↔ φυλάττω • ἀμελούμενος, vernachlässigt • ἰσχυρότερος, stärker.

3.10 μάλα σεμνῶς, sehr feierlich, σεμνῶς (Adverb), feierlich • ἀνασπάω, emporziehen • τὸ πρόσωπον, das Gesicht • ἡ μαστροπεία, die Kuppelei.

3.11 τὸ γελωτοποιεῖν, das Erzeugen von Gelächter • δικαιότερον, mit größerem Recht, Komparativ zu δίκαιος • ὁ ὑποκριτής, der Schauspieler • ὑπερσεμνύνεται, zu ὑπερσεμνύνομαι, sich viel einbilden • κλαίοντας, zu κλαίω, weinen, K. 96, 45 ≠ κλείω, καίω.

3.12 ὁ υἱός, τοῦ υἱοῦ, der Sohn, Dativ τῷ υἱεῖ • τὸ νικηφόρος εἶναι, das Siegersein • ἀνερυθριάσας, Partizip Aorist zu ἀνερυθριάω, anfangen zu erröten.

3.13 ἡσθέντες, Partizip Aorist zu ἥδομαι, sich freuen • φωνήσαντος, zu φωνέω, sprechen • ἀνεκλίθη αὐτῷ, er lehnte sich an ihn, zu ἀνακλίνομαι • πλουσιώτατος, Superlativ zu πλούσιος, reich • βασιλέως, Genitiv zu ὁ βασιλεύς, der König, K. 48 • ἐπ' αὐτοφώρῳ, auf frischer Tat • εἴλημμαι, Perfekt Passiv zu λαμβάνω, K. 108, 11.

3.14 ἐπὶ τίνι μάλιστα ἀγάλλομαι, worauf ich besonders stolz bin • ἡ δύναμις, die Stärke • ἐπιμέλονται, zu ἐπιμέλομαί τινος, sich um jemanden, um etwas kümmern • δηλώσοι, Optativ Futur zu δηλόω, zeigen ↔ δηλός • φθονήσει, Futur zu φθονέω, ablehnen, vorenthalten.

4. Kapitel: Was ist der Wert dessen, worauf man stolz ist?

1 Ἐκ τούτου ἔλεξεν ὁ Σωκράτης· Οὐκοῦν λοιπὸν ἂν εἴη ἡμῖν ἃ ἕκαστος ὑπέσχετο ἀποδεικνύναι ὡς πολλοῦ ἄξιά ἐστιν. Ἀκούοιτ' ἄν, ἔφη ὁ Καλλίας, ἐμοῦ πρῶτον. ἐγὼ γὰρ ἐν τῷ χρόνῳ ᾧ ὑμῶν ἀκούω ἀπορούντων τί τὸ δίκαιον, ἐν τούτῳ δικαιοτέρους τοὺς ἀνθρώπους ποιῶ. καὶ ὁ Σωκράτης, Πῶς, ὦ λῷστε; ἔφη. Διδοὺς νὴ Δί' ἀργύριον. 2 καὶ ὁ Ἀντισθένης ἐπαναστὰς μάλα ἐλεγκτικῶς αὐτὸν ἐπήρετο· Οἱ δὲ ἄνθρωποι, ὦ Καλλία, πότερον ἐν ταῖς ψυχαῖς ἢ ἐν τῷ βαλαντίῳ τὸ δίκαιόν σοι δοκοῦσιν ἔχειν; Ἐν ταῖς ψυχαῖς, ἔφη. Κἄπειτα σὺ εἰς τὸ βαλάντιον διδοὺς ἀργύριον τὰς ψυχὰς δικαιοτέρους ποιεῖς; Μάλιστα. Πῶς; Ὅτι διὰ τὸ εἰδέναι ὡς ἔστιν ὅτου πριάμενοι τὰ ἐπιτήδεια ἕξουσιν οὐκ ἐθέλουσι κακουργοῦντες κινδυνεύειν. 3 Ἦ καί σοι, ἔφη, ἀποδιδόασιν ὅ τι ἂν λάβωσι; Μὰ τὸν Δί', ἔφη, οὐ μὲν δή. Τί δέ, ἀντὶ τοῦ ἀργυρίου χάριτας; Οὐ μὰ τὸν Δί', ἔφη, οὐδὲ τοῦτο, ἀλλ' ἔνιοι καὶ ἐχθιόνως ἔχουσιν ἢ πρὶν λαβεῖν. Θαυμαστά γ', ἔφη ὁ Ἀντισθένης ἅμα εἰσβλέπων ὡς ἐλέγχων αὐτόν, εἰ πρὸς μὲν τοὺς ἄλλους δύνασαι δικαίους [ἂν] ποιεῖν αὐτούς, πρὸς δὲ σαυτὸν οὔ. 4 Καὶ τί τοῦτ', ἔφη ὁ Καλλίας, θαυμαστόν; οὐ καὶ τέκτονάς τε καὶ οἰκοδόμους πολλοὺς ὁρᾷς οἳ ἄλλοις μὲν πολλοῖς ποιοῦσιν οἰκίας, ἑαυτοῖς δὲ οὐ δύνανται ποιῆσαι, ἀλλ' ἐν μισθωταῖς οἰκοῦσι; καὶ ἀνάσχου μέντοι, ὦ σοφιστά, ἐλεγχόμενος.

Sokrates fordert die anderen Symposiasten auf, auch anzugeben, wie viel ihnen ihre Künste wert seien (1). Antisthenes provoziert Kallias und fragt, ob die Gerechtigkeit im Geldbeutel oder in der Seele wohne (2)? Obwohl das Geld die nötigen Lebensmittel liefert, bemerkt Kallias oft das Fehlen jeglicher Dankbarkeit des Beschenkten. Antisthenes behauptet daher, dass Kallias zwar offenbar die Menschen gegenüber anderen gerecht zu machen verstehe, aber nicht gegenüber sich selbst (3). Antisthenes versteht nicht, wie es sein kann, dass Kallias Menschen zwar gegenüber anderen, aber nicht gegenüber sich selbst gerecht werden lassen kann. Das sei wie bei denen, die für andere, aber nicht für sich selbst ein Haus bauen, entgegnet Kallias (4). Sokrates vergleicht Kallias mit den Sehern, die ebenfalls nur anderen, nicht aber sich selbst die Zukunft voraussagen können (5).

4.1 λοιπός, übrig • ὑπέσχετο, Aorist zu ὑπισχνέομαι, versprechen, K. 111, 5 • ὡς πολλοῦ, wieviel • ἄξια, wert • ἀπορούντων, Partizip zu ἀπορέω, diskutieren • ὦ λῷστε, mein Bester • διδοὺς ἀργύριον, Partizip Präsens zu δίδωμι, K. 97.

4.2 ἀναστάς, Partizip Aorist zu ἀνίσταμαι, aufstehen, K. 101 • μάλα ἐλέγκτικῶς, sehr herausfordernd • τὸ βαλάντιον, der Geldbeutel • ὅτου wofür • πριάμενοι, zu πρίαμαι, kaufen • ἕξουσιν, Futur zu ἔχω, können • κακουργοῦντες, zu κακουργέω Unrecht tun.

4.3 ἀποδιδόασιν, zu ἀποδίδωμι, zurückgeben • ὅ τι ἂν λάβωσιν, was sie bekommen haben, Aorist zu λαμβάνω, K. 108, 11 • ἀντὶ τοῦ ἀργυρίου, statt des Geldes • χάριτας, Akkusativ Plural zu ἡ χάρις, τῆς χάριτος, die Dankbarkeit • ἐχθιόνως, feindseliger • πρίν mit Infinitiv, bevor • θαυμαστά, seltsam • ὡς ἐλέγχων, als ob er ihm widersprechen wollte.

4.4 ἐν μισθωταῖς, unter Mietern, ὁ μισθωτής, der Mieter ↔ ὁ μισθός, Lohn, Sold, Miete • ἀνάσχου, Imperativ Aorist zu ἀνέχομαι, ertragen.

5 Νὴ Δί', ἔφη ὁ Σωκράτης, ἀνεχέσθω μέντοι· ἐπεὶ καὶ οἱ μάντεις λέγονται δήπου ἄλλοις μὲν προαγορεύειν τὸ μέλλον, ἑαυτοῖς δὲ μὴ προορᾶν τὸ ἐπιόν.

6 οὗτος μὲν δὴ ὁ λόγος ἐνταῦθα ἔληξεν.

ἐκ τούτου δὲ ὁ Νικήρατος, 'Ακούοιτ' ἄν, ἔφη, καὶ ἐμοῦ ἃ ἔσεσθε βελτίονες, ἂν ἐμοὶ συνῆτε. ἴστε γὰρ δήπου ὅτι Ὅμηρος ὁ σοφώτατος πεποίηκε σχεδὸν περὶ πάντων τῶν ἀνθρωπίνων. ὅστις ἂν οὖν ὑμῶν βούληται ἢ οἰκονομικὸς ἢ δημηγορικὸς ἢ στρατηγικὸς γενέσθαι ἢ ὅμοιος Ἀχιλλεῖ ἢ Αἴαντι ἢ Νέστορι ἢ Ὀδυσσεῖ, ἐμὲ θεραπευέτω. ἐγὼ γὰρ ταῦτα πάντα ἐπίσταμαι. Ἦ καὶ βασιλεύειν, ἔφη ὁ Ἀντισθένης, ἐπίστασαι, ὅτι οἶσθα ἐπαινέσαντα αὐτὸν τὸν Ἀγαμέμνονα ὡς βασιλεύς τε εἴη ἀγαθὸς κρατερός τ' αἰχμητής; Καὶ ναὶ μὰ Δί', ἔφη, ἔγωγε ὅτι ἁρματηλατοῦντα δεῖ ἐγγὺς μὲν τῆς στήλης κάμψαι,

αὐτὸν δὲ κλινθῆναι ἐυξέστου ἐπὶ δίφρου
ἦκ' ἐπ' ἀριστερὰ τοῖιν, ἀτὰρ τὸν δεξιὸν ἵππον
κένσαι ὁμοκλήσαντ' εἶξαί τέ οἱ ἡνία χερσί. (Hom. Il. 23.335–337).

7 καὶ πρὸς τούτοις γε ἄλλο οἶδα εἶπεν, καὶ ὑμῖν αὐτίκα μάλ' ἔξεστι πειρᾶσθαι. εἶπε γάρ που Ὅμηρος· 'Επὶ δὲ κρόμυον ποτῷ ὄψον (Hom. Il. 11, 630). ἐὰν οὖν ἐνέγκῃ τις κρόμμυον, αὐτίκα μάλα τοῦτό γε ὠφελημένοι ἔσεσθε· ἥδιον γὰρ πιεῖσθε.

8 καὶ ὁ Χαρμίδης· Ὦ ἄνδρες, ὁ Νικήρατος κρομμύων ὄζων ἐπιθυμεῖ οἴκαδε ἐλθεῖν, ἵν' ἡ γυνὴ αὐτοῦ πιστεύῃ μηδὲ διανοηθῆναι μηδένα ἂν φιλῆσαι αὐτόν. Νὴ

4.5 ἀνεχέσθω, 3. Sg. Imperativ Präsens Medium zu ἀνέχομαι • οἱ μάντεις, Nominativ Plural zu ὁ μάντις, τοῦ μάντεως, der Seher, Wahrsager, K. 46 • προαγορεύειν, vorhersagen • τὸ μέλλον, die Zukunft, Partizip zu μέλλω, vorhaben, werden, K. 110, 5 • προορᾶν, vorhersehen • τὸ ἐπιόν, Partizip zu ἔπειμι, herankommen, das Herankommende, K. 103, 2.

Nikeratos gibt als besondere Kunst an, dass er über Homers universales Wissen verfüge, und zitiert dann Verse aus der Ilias, um Beispiele zu geben (6–7).

4.6 ἔληξεν, Aorist zu λήγω, aufhören • ἃ ἔσεσθε βελτίονες, in welcher Hinsicht ihr besser sein werdet, Akkusativ der Beziehung, K. 138 • συνῆτε, Konjunktiv Präsens zu σύνειμι, zusammen sein • σχεδόν, fast • ὁ οἰκονομικός, der Hausverwalter, ὁ δημηγορικός, der Volksredner • ὅμοιος, ähnlich • θεραπευέτω, 3. Sg. Imperativ zu θεραπεύω, pflegen, gut behandeln • βαισλεύειν, König sein • ὅτι οἶσθα, weil du weißt • ὁ αἰχμητής, der Lanzenschwinger • ἁρματηλατοῦντα, Partizip zu ἁρματηλατέω, einen Wagen lenken • ἐγγὺς τῆς στήλης, nahe an der Säule • κάμψαι, Infinitiv Aorist zu κάμπτω, umbiegen • κλινθῆναι, Infinitiv Aorist Passiv zu κλίνω, neigen • ἐύξεστος gut geglättet • ὁ δίφρος, der Sessel • ἦκα (Adverb), sanft, ein wenig • ἐπ' ἀριστερά, nach links • τοῖιν, du selbst • κένσαι, Infinitiv Aorist zu κεντέω, anspornen • ὁμοκλήσαντα, Partizip Aorist zu ὁμοκλέω, zugleich laut schreien • εἶξαι, Infinitiv Aorist zu εἴκω, nachgeben • οἱ, ihm, wie αὐτῷ • τὰ ἡνία, die Zügel.

4.7 πρὸς τούτοις, außerdem • αὐτίκα μάλα, sofort • ἔξεστιν, es ist möglich • πειρᾶσθαι, zu πειράομαι, auf die Probe stellen • τὸ κρόμυον, die Zwiebel • ὁ πότος, das Getränk • τὸ ὄψον, die Würze • ἐὰν οὖν ἐνέγκῃ τις, wenn nun jemand bringt, Konjunktiv Aorist zu φέρω, K. 111, 11 • ὠφελημένοι, Partizip Perfekt Passiv zu ὠφελέω, nützen, ὠφελέομαι, Nutzen haben • ἥδιον, mit mehr Genuss, Komparativ des Adverbs zu ἡδύς • πιεῖσθε, Futur zu πίνω, K. 111, 8.

Die Symposiasten diskutieren über die Zwiebel als Mittel der Geschmacksverstärkung und der Erhöhung der Widerstandskraft, ohne jedoch zu vergessen, welche Auswirkungen das Kauen von Zwiebeln auf die Mitmenschen hat (8–9).

Δί', ἔφη ὁ Σωκράτης, ἀλλ' ἄλλην που δόξαν γελοίαν κίνδυνος ἡμῖν προσλαβεῖν. ὄψον μὲν γὰρ δὴ ὄντως ἔοικεν εἶναι, ὡς κρόμμυόν γε οὐ μόνον σῖτον ἀλλὰ καὶ ποτὸν ἡδύνει. εἰ δὲ δὴ τοῦτο καὶ μετὰ δεῖπνον τρωξόμεθα, ὅπως μὴ φήσῃ τις ἡμᾶς πρὸς Καλλίαν ἐλθόντας ἡδυπαθεῖν. 9 Μηδαμῶς, ἔφη, ὦ Σώκρατες. εἰς μὲν γὰρ μάχην ὁρμωμένῳ καλῶς ἔχει κρόμμυον ὑποτρώγειν, ὥσπερ ἔνιοι τοὺς ἀλεκτρυόνας σκόροδα σιτίσαντες συμβάλλουσιν· ἡμεῖς δὲ ἴσως βουλευόμεθα ὅπως φιλήσομέν τινα μᾶλλον ἢ μαχούμεθα. 10 καὶ οὗτος μὲν δὴ ὁ λόγος οὕτω πως ἐπαύσατο.

ὁ δὲ Κριτόβουλος, Οὐκοῦν αὖ ἐγὼ λέξω, ἔφη, ὧν ἐπὶ τῷ κάλλει μέγα φρονῶ. Λέγε, ἔφασαν. Εἰ μὲν τοίνυν μὴ καλός εἰμι, ὡς οἴομαι, ὑμεῖς ἂν δικαίως ἀπάτης δίκην ὑπέχοιτε· οὐδενὸς γὰρ ὁρκίζοντος ἀεὶ ὀμνύοντες καλόν μέ φατε εἶναι. κἀγὼ μέντοι πιστεύω. καλοὺς γὰρ καὶ ἀγαθοὺς ὑμᾶς ἄνδρας νομίζω. 11 εἰ δ' εἰμί τε τῷ ὄντι καλὸς καὶ ὑμεῖς τὰ αὐτὰ πρὸς ἐμὲ πάσχετε οἷάπερ ἐγὼ πρὸς τὸν ἐμοὶ δοκοῦντα καλὸν εἶναι, ὄμνυμι πάντας θεοὺς μὴ ἑλέσθαι ἂν τὴν βασιλέως ἀρχὴν ἀντὶ τοῦ καλὸς εἶναι. 12 νῦν γὰρ ἐγὼ Κλεινίαν ἥδιον μὲν θεῶμαι ἢ τἆλλα πάντα τὰ ἐν ἀνθρώποις καλά· τυφλὸς δὲ τῶν ἄλλων ἁπάντων μᾶλλον δεξαίμην ἂν εἶναι ἢ Κλεινίου ἑνὸς ὄντος· ἄχθομαι δὲ καὶ νυκτὶ καὶ ὕπνῳ ὅτι ἐκεῖνον οὐχ ὁρῶ, ἡμέρᾳ δὲ καὶ ἡλίῳ τὴν μεγίστην χάριν οἶδα ὅτι μοι Κλεινίαν ἀναφαίνουσιν. 13 ἄξιόν γε μὴν ἡμῖν τοῖς καλοῖς καὶ ἐπὶ τοῖσδε μέγα φρονεῖν, ὅτι τὸν μὲν ἰσχυρὸν πονοῦντα

4.8 κρομμύων ὄζων, nach Zwiebeln riechend • διανοηθῆναι, Infinitiv Aorist zu διανοέομαι, beabsichtigen • φιλῆσαι, Infinitiv Aorist zu φιλέω, küssen • ἡ δόξα, der Ruf • γελοῖος, lächerlich • ὄντως, tatsächlich • ἡδύνει, zu ἡδύνω, angenehm, schmackhaft machen • τρωξόμεθα, Futur zu τρώγω, kauen, essen • φήσῃ, Konjunktiv Aorist zu φημί, K. 103, 1 • ἡδυπαθεῖν, sich dem Genuss hingeben.

4.9 μηδαμῶς, auf keinen Fall • ὁρμωμένῳ, Partizip Präsens zu ὁρμάομαι, aufbrechen • ὑποτρώγειν, heimlich kauen • ὁ ἀλεκτρυών, τοῦ ἀλεκτρυόνος, der Hahn • τὸ σκόροδον, der Knoblauch • σιτίσαντες, Partizip Aorist zu σιτίζω, fressen lassen ↔ ὁ σῖτος, das Getreide, das Brot • συμβάλλω, aufeinander losgehen lassen • συμβουλευόμεθα, wir denken darüber nach • ὅπως, wie • μαχούμεθα, Futur zu μάχομαι, kämpfen, bekämpfen.

Kleinias eröffnet ein neues Gesprächsthema: die Schönheit des Kritobulos, die er deutlich anderen Gütern vorzieht. Er ist der Ansicht, dass Schönheit ein höheres Gut sei als Macht, da man sie ohne eigenes Zutun besitze. Sogar den Status eines freien Bürgers gäbe er auf, wenn er dafür Sklave eines schönen Geliebten sein dürfte (10–14).

4.10 οὕτω πως, etwa so • ἐπαύσατο, Aorist zu παύομαι, aufhören • ἐξ ὧν, aus welchem Grund • δικαίως ἀπάτης δίκην ὑπέσχοιτε, mit Recht könntet ihr wegen Betruges bestraft werden • τῆς ἀπάτης, Genitivus causae, K. 148 • δίκην ὑπέσχοιτε, Optativ Aorist als Potentialis zu δίκην ὑπέχω, Strafe erdulden • οὐδενὸς ὁρκίζοντος, obwohl niemand einen Eid verlangt, Genitivus absolutus, K. 199 • ὀμνύοντες, Partizip Präsens zu ὀμνύω, wie ὄμνυμι, schwören.

4.11 πάσχετε zu πάσχω, empfinden • ὄμνυμι πάντας θεούς, ich schwöre bei allen Göttern • ἑλέσθαι, Infinitiv Aorist zu αἱρέομαι, vorziehen, K. 111, 1 • ἡ βασιλέως ἀρχή, die Herrschaft eines Königs • ἀντὶ τοῦ καλὸς εἶναι, gegenüber dem Schönsein.

4.12 ἥδιον, lieber, Komparativ des Adverbs zu ἡδύς • θεῶμαι, wie θεάομαι, ansehen • τυφλός τινος, blind für etwas • τὴν μεγίστην χάριν οἶδα, ich bin äußerst dankbar, χάριν εἰδέναι, Dank wissen • ἀναφαίνουσιν zu ἀναφαίνω, zeigen, K. 96, 28.

δεῖ κτᾶσθαι τἀγαθὰ καὶ τὸν ἀνδρεῖον κινδυνεύοντα, τὸν δέ γε σοφὸν λέγοντα· ὁ δὲ καλὸς καὶ ἡσυχίαν ἔχων πάντ᾽ ἂν διαπράξαιτο.

14 ἐγὼ γοῦν καίπερ εἰδὼς ὅτι χρήματα ἡδὺ κτῆμα ἥδιον μὲν ἂν Κλεινίᾳ τὰ ὄντα διδοίην ἢ ἕτερα παρ᾽ ἄλλου λαμβάνοιμι, ἥδιον δ᾽ ἂν δουλεύοιμι ἢ ἐλεύθερος εἴην, εἴ μου Κλεινίας ἄρχειν ἐθέλοι. καὶ γὰρ πονοίην ἂν ῥᾷον ἐκείνῳ ἢ ἀναπαυοίμην, καὶ κινδυνεύοιμ᾽ ἂν πρὸ ἐκείνου ἥδιον ἢ ἀκίνδυνος ζῴην. 15 ὥστε εἰ σύ, ὦ Καλλία, μέγα φρονεῖς ὅτι δικαιοτέρους δύνασαι ποιεῖν, ἐγὼ πρὸς πᾶσαν ἀρετὴν δικαιότερος σοῦ εἰμι ἄγων ἀνθρώπους. διὰ γὰρ τὸ ἐμπνεῖν τι ἡμᾶς τοὺς καλοὺς τοῖς ἐρωτικοῖς ἐλευθεριωτέρους μὲν αὐτοὺς ποιοῦμεν εἰς χρήματα, φιλοπονωτέρους δὲ καὶ φιλοκαλωτέρους ἐν τοῖς κινδύνοις, καὶ μὴν αἰδημονεστέρους τε καὶ ἐγκρατεστέρους, οἵ γε καὶ ὧν δέονται μάλιστα ταῦτ᾽ αἰσχύνονται. 16 μαίνονται δὲ καὶ οἱ μὴ τοὺς καλοὺς στρατηγοὺς αἱρούμενοι. ἐγὼ γοῦν μετὰ Κλεινίου κἂν διὰ πυρὸς ἰοίην· οἶδα δ᾽ ὅτι καὶ ὑμεῖς μετ᾽ ἐμοῦ. ὥστε μηκέτι ἀπόρει, ὦ Σώκρατες, εἴ τι τοὐμὸν κάλλος ἀνθρώπους ὠφελήσει. 17 ἀλλ᾽ οὐδὲ μέντοι ταύτῃ γε ἀτιμαστeßon τὸ κάλλος ὡς ταχὺ παρακμάζον, ἐπεὶ ὥσπερ γε παῖς γίγνεται καλός, οὕτω καὶ μει-

4.13 ἄξιον, es ist würdig und richtig • πονοῦντα, Partizip zu πονέω, sich anstrengen • κινδυνεύοντα, Partizip zu κινδινεύω, sich in Gefahr begeben • ἡσυχίαν ἔχω, Ruhe halten • διαπράξαιτο, Optativ Aorist zu διαπράττομαι, erreichen.

Kritobulos versteckt hinter seinen Ausführungen eine Liebeserklärung an Kleinias. Ferner erörtert er weitere Wirkungen der Schönheit eines Menschen. Seiner Ansicht nach sollte man die Schönen sogar zu Feldherren wählen, da man doch bemerke, wie der Verliebte dem Schönen sogar ins Feuer folge. Auch den Umstand, dass die Schönheit schnell verblüht, übergeht Kritobulos in seinen Ausführungen nicht. Er behauptet vielmehr, Männer jeden Alters verfügten über Schönheit, wie man an der Wahl der Ehrengreise an den Panathenäen sehen könne (14–17).

4.14 καίπερ εἰδώς, obwohl ich weiß • χρήματα, Geld • ἡδὺ κτῆμα, ein angenehmer Besitz • ἥδιον ἂν διδοίην, Optativ Präsens zu δίδωμι, ich dürfte lieber geben, K. 97 • ἕτερα, ebenso viel, παρ᾽ ἄλλου λαμβάνοιμι, Optativ Präsens zu λαμβάνω, nehmen • δουλεύοιμι, Optativ zu δουλεύω, Sklave sein • εἴ μου ἄρχειν ἐθέλοι, wenn er mein Herr sein wollte • πονοίην ἄν, ich würde mich anstrengen, Optativ Präsens zu πονέω • ἀναπαυοίμην, Optativ zu ἀναπαύομαι, sich ausruhen • κινδυνεύοιμι, Optativ zu κινδυνεύω, sich in Gefahr begeben • ἀκίνδυνος, gefahrlos • ζῴην, Optativ zu ζάω, leben.

4.15 δικαιότερος, Komparativ zu δίκαιος, berechtigt • διὰ τό, dadurch, dass ..., Infinitiv mit Artikel, K. 194 • ἐμπνεῖν τι, jemand etwas einhauchen, zu ἐμπνέω • τοῖς ἐρωτικοῖς, Dativ Plural zu ὁ ἐρωτικός, der von Verlangen nach Liebe Erfüllte • ἐλευθεριώτερος, Komparativ zu ἐλευθέριος, edelmütig • φιλοπονωτέρους, Komparativ zu φιλόπονος, anstrengungsbereit • φιλοκαλωτέρους, Komparativ zu φιλόκαλος, das Schöne suchend • αἰδημονεστέρους, Komparativ zu αἰδήμων, bescheiden, zurückhaltend • ἐγκρατεστέρους, Komparativ zu ἐγκρατής, beherrscht • ὧν δέονται μάλιστα, was sie am meisten verlangen • αἰσχύνονται zu αἰσχύνομαί τι, sich für etwas schämen, K. 94, 4.

4.16 μαίνονται zu μαίνομαι, unvernünftig sein • αἱρούμενοι, Partizip zu αἱρέομαι, wählen • διὰ πυρός, zu τὸ πῦρ, τοῦ πυρός, das Feuer • ἰοίην, wie ἴοιμι, Optativ zu εἶμι, gehen werden • ἀπόρει, 2. Sg. Imperativ zu ἀπορέω, in Frage stellen • εἴ τι, ob irgendwie.

ράκιον καὶ ἀνὴρ καὶ πρεσβύτης. τεκμήριον δὲ Θαλλοφόρους γὰρ τῇ Ἀθηνᾷ τοὺς καλοὺς γέροντας ἐκλέγονται, ὡς συμπαρομαρτοῦντος πάσῃ ἡλικίᾳ τοῦ κάλλους.

18 εἰ δὲ ἡδὺ τὸ παρ' ἑκόντων διαπράττεσθαι ὧν τις δέοιτο, εὖ οἶδ' ὅτι καὶ νυνὶ θᾶττον ἂν ἐγὼ καὶ σιωπῶν πείσαιμι τὸν παῖδα τόνδε καὶ τὴν παῖδα φιλῆσαί με ἢ σύ, ὦ Σώκρατες, εἰ καὶ πάνυ πολλὰ καὶ σοφὰ λέγοις. 19 Τί τοῦτο; ἔφη ὁ Σωκράτης· ὡς γὰρ καὶ ἐμοῦ καλλίων ὢν ταῦτα κομπάζεις. Νὴ Δί', ἔφη ὁ Κριτόβουλος, ἢ πάντων Σειληνῶν τῶν ἐν τοῖς σατυρικοῖς αἴσχιστος ἂν εἴην. [ὁ δὲ Σωκράτης καὶ ἐτύγχανε προσεμφερὴς τούτοις ὤν.] 20 Ἄγε νυν, ἔφη ὁ Σωκράτης, ὅπως μεμνήσῃ διακριθῆναι περὶ τοῦ κάλλους, ἐπειδὰν οἱ προκείμενοι λόγοι περιέλθωσι. κρινάτω δ' ἡμᾶς μὴ Ἀλέξανδρος ὁ Πριάμου, ἀλλ' αὐτοὶ οὗτοι οὕσπερ σὺ οἴει ἐπιθυμεῖν σε φιλῆσαι. 21 Κλεινίᾳ δ', ἔφη, ὦ Σώκρατες, οὐκ ἂν ἐπιτρέψαις; καὶ ὃς εἶπεν· Οὐ γὰρ παύσῃ σὺ Κλεινίου μεμνημένος; Ἂν δὲ μὴ ὀνομάζω, ἧττόν τί με οἴει μεμνῆσθαι αὐτοῦ; οὐκ οἶσθα ὅτι οὕτω σαφὲς ἔχω εἴδωλον αὐτοῦ ἐν τῇ ψυχῇ ὡς εἰ πλαστικὸς ἢ ζωγραφικὸς ἦν, οὐδὲν ἂν ἧττον ἐκ τοῦ εἰδώλου ἢ πρὸς αὐτὸν ὁρῶν ὅμοιον αὐτῷ ἀπειργασάμην;

4.17 ἀτιμαστέον, Verbaladjektiv zu ἀτιμάζω, geringschätzen • παρακμάζον, Partizip Präsens zu παρακμάζω, verblühen ↔ ἡ ἀκμή, die Blüte • πρεσβύτης, ein Greis • τεκμήριον, ein Beweis • θαλλοφόρους, zu ὁ θαλλοφόρος, der Zweigträger • τῇ Ἀθηνᾷ, zu Ehren der Athene • γέροντας, Akkusativ Plural zu ὁ γέρων, τοῦ γέροντος, der Greis • ἐκλέγονται, zu ἐκλέγω, auswählen • συμπαρομαρτοῦντος, Partizip zu συμπαρομαρτέω, Begleiter sein, begleiten • ὡς συμπαρομαρτοῦντος ... τοῦ κάλλους, Genitivus absolutus, K. 199, ὡς mit Partizip zur Kennzeichnung eines subjektiven Grunds, K. 199, 3a • ἡ ἡλικία, das Alter.

Kritobulos beginnt, Sokrates zu provozieren. Er meint, dass die beiden jungen Künstler ganz klar ihn lieber küssen würden, Sokrates ihm also unterlegen sei. Der Philosoph weist ihn darauf hin, dass am Ende nicht er darüber entscheide, wer der oder die Schönste sei, wie Paris, sondern die jungen Männer. Kritobulos meint außerdem, Kleinias gebe keinen guten Schiedsrichter ab (18–21).

4.18 ἑκόντων, Genitiv Plural zu ἑκών, ἑκοῦσα, ἑκόν, freiwillig • διαπράττεσθαι zu διαπράττομαι, bekommen • θᾶττον, Komparativ des Adverbs zu ταχύς, schnell • σιωπῶν, Partizip zu σιωπάω, schweigen • πείσαιμι, Optativ Aorist zu πείθω, überreden.

4.19 κομπάζεις zu κομπάζω, sich aufspielen • πάντων Σειληνῶν τῶν ἐν σατυρικοῖς, von allen Silenen in den Satyrspielen • αἴσχιστος, Superlativ zu αἰσχρός, hässlich • ἐτύγχανεν ὤν, mit prädikativem Partizip, er war zufällig • προσεμφερής, sehr ähnlich.

4.20 ὅπως μεμνήσῃ, dass du nur daran denkst, 2. Sg. Konjunktiv Futur (μεμνήσομαι) zu μέμνημαι, daran denken, sich erinnern • διακριθῆναι, Infinitiv Aorist Passiv zu διακρίνω, ein Urteil fällen • οἱ προκείμενοι λόγοι, die geplanten Reden, ἐπειδὰν περιέλθωσιν, Konjunktiv Aorist zu περιέρχομαι, an das Ende kommen • κρινάτω, 3. Sg. Imperativ Aorist Aktiv zu κρίνω, K. 91, 6 • ἡμᾶς, in unserer Sache, Akkusativ der Beziehung, K. 136.

4.21 ἐπιτρέψαις, Optativ Aorist zu ἐπιτρέπω, die Aufgabe übertragen • παύσῃ, 2. Sg. Futur zu παύομαι, aufhören, mit prädikativem Partizip • μεμνημένος zu μμνημαί τινος, denken an • σαφὲς εἴδωλον, ein deutliches Bild • ὁ πλαστικός, der Bildhauer • ὁ ζώγραφικός, der Maler • οὐδὲν ἧττον ὅμοιον, um nichts weniger ähnlich • ἀπειργασάμην, Aorist zu ἀπεργάζομαι gestalten.

Kritobulos hat stets ein wirklichkeitsgetreues Bild des Kleinias in seiner Seele, sodass er ihn stets bei sich hat. Sokrates erwähnt den guten Einfluss, den er auf Kritobulos hat, seitdem er mit ihm zusammen ist. Er vergisst auch nicht, ihn vor allzu großer Nähe zu einem Schönen zu warnen. Ferner fordert er dazu auf, den Liebeskummer des Kritobulos wahrzunehmen (22–24).

22 καὶ ὁ Σωκράτης ὑπέλαβε· Τί δῆτα οὕτως ὅμοιον εἴδωλον ἔχων πράγματά μοι παρέχεις ἄγεις τε αὐτὸν ὅπου ὄψει; Ὅτι, ὦ Σώκρατες, ἡ μὲν αὐτοῦ ὄψις εὐφραίνειν δύναται, ἡ δὲ τοῦ εἰδώλου τέρψιν μὲν οὐ παρέχει, πόθον δὲ ἐμποιεῖ. 23 καὶ ὁ Ἑρμογένης εἶπεν· Ἀλλ' ἐγώ, ὦ Σώκρατες, οὐδὲ πρὸς σοῦ ποιῶ τὸ περιιδεῖν Κριτόβουλον οὕτως ὑπὸ τοῦ ἔρωτος ἐκπλαγέντα. Δοκεῖς γάρ, ἔφη ὁ Σωκράτης, ἐξ οὗ ἐμοὶ σύνεστιν οὕτω διατεθῆναι αὐτόν; Ἀλλὰ πότε μήν; Οὐχ ὁρᾷς ὅτι τούτῳ μὲν παρὰ τὰ ὦτα ἄρτι ἴουλος καθέρπει, Κλεινίᾳ δὲ πρὸς τὸ ὄπισθεν ἤδη ἀναβαίνει; οὗτος οὖν συμφοιτῶν εἰς ταὐτὸ διδασκαλεῖον ἐκείνῳ τότε ἰσχυρῶς προσεκαύθη. 24 ἃ δὴ αἰσθόμενος ὁ πατὴρ παρέδωκέ μοι αὐτόν, εἴ τι δυναίμην ὠφελῆσαι. καὶ μέντοι πολὺ βέλτιον ἤδη ἔχει. πρόσθεν μὲν γάρ, ὥσπερ οἱ τὰς Γοργόνας θεώμενοι, λιθίνως ἔβλεπε πρὸς αὐτὸν καὶ [λιθίνως] οὐδαμοῦ ἀπῄει ἀπ' αὐτοῦ· νῦν δὲ ἤδη εἶδον αὐτὸν καὶ σκαρδαμύξαντα.

25 καίτοι νὴ τοὺς θεούς, ὦ ἄνδρες, δοκεῖ μοί γ', ἔφη, ὡς ἐν ἡμῖν αὐτοῖς εἰρῆσθαι, οὗτος καὶ πεφιληκέναι τὸν Κλεινίαν· οὗ ἔρωτος οὐδέν ἐστι δεινότερον ὑπέκκαυμα. καὶ γὰρ ἄπληστον καὶ ἐλπίδας τινὰς γλυκείας παρέχει. 26 [ἴσως δὲ καὶ διὰ τὸ μόνον πάντων ἔργων τὸ τοῖς σώμασι συμψαύειν ὁμώνυμον εἶναι τῷ ταῖς ψυχαῖς φιλεῖσθαι ἐντιμότερόν ἐστιν.] οὗ ἕνεκα ἀφεκτέον ἐγώ φημι εἶναι φιλημάτων ⟨τῶν⟩ ὡραίων τῷ σωφρονεῖν δυνησομένῳ. 27 καὶ ὁ Χαρμίδης εἶπεν· Ἀλλὰ τί δή ποτε, ὦ Σώκρατες, ἡμᾶς μὲν οὕτω τοὺς φίλους μορμολύττῃ ἀπὸ τῶν καλῶν,

4.22 ὑπέλαβε, Aorist zu ὑπολαμβάνω, entgegnen • πράγματα παρέχεις, zu πράγματα παρέχω, Schwierigkeiten machen • ὄψει, 2. Sg. Futur Medium zu ὁράω, K. 111, 6 • ἡ αὐτοῦ ὄψις, sein Anblick • ἡ τέρψις, das Vergnügen • ὁ πόθος, die Sehnsucht.

4.23 οὐδὲ πρός σου ποιῶ, ich bin nicht auf deiner Seite, K. 160, 15 • τὸ περιιδεῖν, in Hinsicht darauf, dass ... • ἐκπλαγέντα, Partizip Aorist Passiv zu ἐκπλήττω, erschrecken, schlagen, K. 111, 15 • ἐξ οὗ, seitdem • διατεθῆναι, Infinitiv Aorist Passiv zu διατίθημι, in einen Zustand versetzen • ἀλλά ποτε μήν, ab wann denn sonst • παρὰ τὰ ὦτα, an den Ohren entlang • ὁ ἴουλος, der Flaum • καθέρπω, hinabkriechen • πρὸς τὸ ὄπισθεν, nach hinten • ἀναβαίνω, aufsteigen • συμφοιτῶν, Partizip zu συμφοιτάω, zusammengehen • τὸ διδασκαλεῖον, die Schule • ἰσχυρῶς, heftig • προσεκαύθη, Aorist Passiv zu προσκαίω, entbrennen.

4.24 εἴ τι δυναίμην ὠφελῆσαι, ob ich irgendwie helfen könnte • βέλτιον ἤδη ἔχει, es geht ihm schon besser • πρόσθεν, vorher • λιθίνως, wie versteinert ↔ ὁ λίθος, der Stein • οὐδαμοῦ, nie • ἀπῄει, Imperfekt zu ἄπειμι, weggehen.

Die Symposiasten sprechen über den Kuss und seine das Verlangen steigernde und daher gefährliche Wirkung. Hermogenes rät daher davon ab, einen Schönen zu küssen. Charmides provoziert Sokrates, indem er auf dessen körperliche Nähe zu Kritobulos anspielt. Der Philosoph reagiert ironisch (25–28).

4.25 σκαρδαμύξαντα, Partizip Aorist zu σκαρδαμυκτέω, zwinkern • ἐν ἡμῖν αὐτοῖς εἰρῆσθαι, unter uns gesagt, εἰρῆσθαι, Infinitiv Perfekt passiv zu ἀγορεύω, λέγω, K. 111, 12 • πεφιληκέναι, Infinitiv Perfekt zu φιλέω, küssen • οὗ ἔρωτος οὐδέν εστι δεινότερον ὑπέκκαυμα, es gibt kein mächtigeres Mittel als dies, das erotische Verlangen anzufeuern • ἄπληστος, unersättlich • ἡ ἐλπίς, τῆς ἐλπίδος, die Hoffnung • γλυκύς, γλυκεῖα, γλυκύ, süß wie ἡδύς, ἡδεῖα ἡδύ, K. 47.

4.26 ἐντιμότερον, Komparativ zu ἔντιμος, beliebt • τὸ τοῖς στόμασι συμψαύειν die Berührung der Münder, Infinitiv mit Artikel, K. 194 • ὁμώνυμον, gleichnamig ist mit, τῷ ταῖς ψυχαῖς φιλεῖσθαι, der gegenseitigen seelischen Annäherung • μόνον πάντων ἔργων, als einzige aller Handlungen • οὗ

αὐτὸν δέ σε, ἔφη, ἐγὼ εἶδον ναὶ μὰ τὸν Ἀπόλλω, ὅτε παρὰ τῷ γραμματιστῇ ἐν τῷ αὐτῷ βιβλίῳ ἀμφότεροι ἐμαστεύετέ τι, τὴν κεφαλὴν πρὸς τῇ κεφαλῇ καὶ τὸν ὦμον γυμνὸν πρὸς γυμνῷ τῷ Κριτοβούλου ὤμῳ ἔχοντα. 28 καὶ ὁ Σωκράτης, Φεῦ, ἔφη, ταῦτ' ἄρα [, ἔφη,] ἐγὼ ὥσπερ ὑπὸ θηρίου τινὸς δεδηγμένος τόν τε ὦμον πλεῖν ἢ πέντε ἡμέρας ὤδαξον καὶ ἐν τῇ καρδίᾳ ὥσπερ κνῆσμά τι ἐδόκουν ἔχειν. ἀλλὰ νῦν τοί σοι, ἔφη, ὦ Κριτόβουλε, ἐναντίον τοσούτων μαρτύρων προαγορεύω μὴ ἅπτεσθαί μου πρὶν ἂν τὸ γένειον τῇ κεφαλῇ ὁμοίως κομήσῃς. Καὶ οὗτοι μὲν δὴ οὕτως ἀναμὶξ ἔσκωψάν τε καὶ ἐσπούδασαν.

29 ὁ δὲ Καλλίας, Σὸν μέρος, ἔφη, λέγειν, ὦ Χαρμίδη, δι' ὅ τι ἐπὶ πενίᾳ μέγα φρονεῖς. Οὐκοῦν τόδε μέν, ἔφη, ὁμολογεῖται, κρεῖττον εἶναι θαρρεῖν ἢ φοβεῖσθαι καὶ ἐλεύθερον εἶναι μᾶλλον ἢ δουλεύειν καὶ θεραπεύεσθαι μᾶλλον ἢ θεραπεύειν καὶ πιστεύεσθαι ὑπὸ τῆς πατρίδος μᾶλλον ἢ ἀπιστεῖσθαι. 30 ἐγὼ τοίνυν ἐν τῇδε τῇ πόλει ὅτε μὲν πλούσιος ἦν πρῶτον μὲν ἐφοβούμην μή τίς μου τὴν οἰκίαν διορύξας καὶ τὰ χρήματα λάβοι καὶ αὐτόν τί με κακὸν ἐργάσαιτο· ἔπειτα δὲ καὶ τοὺς συκοφάντας ἐθεράπευον, εἰδὼς ὅτι παθεῖν μᾶλλον κακῶς ἱκανὸς εἴην ἢ ποιῆσαι ἐκείνους. καὶ γὰρ δὴ καὶ προσετάττετο μὲν ἀεί τί μοι δαπανᾶν ὑπὸ τῆς πόλεως, ἀποδημῆσαι δὲ οὐδαμοῦ ἐξῆν.

ἕνεκα, deswegen • ἀφεκτέον, Verbaladjektiv, K. 78, 9, man muss sich fernhalten, zu ἀπέχομαι • τῶν φιλημάτων τῶν ὡραίων, von den Küssen der Jungen und Schönen • τῷ σωφρονεῖν δυνησομένῳ, Dativ beim Verbaladjektiv zur Bezeichnung der Person, die etwas tun muss, K. 201, 2.

4.27 μορμολύττῃ, zu μορμολύττομαι ἀπό τινος, abgeschreckt werden von etwas • ἐμαστεύετέ τι, zu μαστεύω, suchen • ὁ ὦμος, τοῦ ὤμου, die Schulter.

4.28 τὸ θηρίον, das Tier • δεδηγμένος, Partizip Perfekt Passiv zu δάκνω, beißen, K. 112 • πλεῖν ἢ πέντε ἡμέρας, mehr als fünf Tage lang • ὤδαξον zu ὀδάζω, ein Jucken haben • ἐν τῇ καρδίᾳ, zu ἡ καρδία, das Herz • τὸ κνῆσμα, das Zucken • ἐναντίον τοσούτων μαρτύρων, vor so vielen Zeugen • προαγορεύω, befehlen • πρὶν ἄν, bis • τό γένειον, das Kinn • κομήσῃς, 2. Sg. Konjunktiv Aorist zu κομάω, Haare haben • τὸ γένειον κομάω, am Kinn Haare haben • ἀναμίξ, durcheinander ↔ μίγνυμι, μείγνυμι, mischen • ἔσκωψαν, Aorist zu σκώπτω, spotten • ἐσπούδασαν, Aorist zu σπουδάζω, ernst reden.

Charmides erklärt die Vorteile seiner Armut, sie schenke Freiheit von Verpflichtungen und Einschränkungen durch die Polis, sie schenke ferner guten Schlaf, da sie von Befürchtungen und Ängsten befreie. Die Polis gebe ihm, dem Armen, Bürgergeld (29–33).

4.29 τὸ μέρος, der Teil, K. 43 und 44 • ὅ τι verallgemeinerndes Relativpronomen K. 66, 2 • δι' ὅτι, warum • μέγα φρονέω, groß denken, stolz sein auf etwas, ἐπί τινι • ὁμολογεῖται zu ὁμολογέω, zugestehen, Verba contracta auf -έω, K. 80 • κρεῖττον ἤ, besser als, Komparativ von ἀγαθός, K. 58 • μᾶλλον ἤ, mehr als, Komparativ des Adverbs μάλα, sehr, μάλιστα, am meisten • θαρρεῖν zu θαρρέω, mutig sein • φοβεῖσθαι zu φοβέομαι, Angst haben. πιστεύεσθαι ὑπό, Infinitiv Präsens Passiv zu πιστεύομαι, für zuverlässig gehalten werden von … ≠ ἀπιστεῖσθαι • ἡ πατρίς, τῆς πατρίδος, das Vaterland, Stämme auf Dentale, K. 39 • ἡ πόλις, τῆς πόλεως, die Stadt, Stämme auf Iota, K. 46.

4.30 διορύξας, Partizip Aorist Aktiv zu διορύττω, aufbrechen, K. 81 • ἐφοβούμην μή τίς μου τὴν οἰκίαν διορύξας, Partizip Aorist zu διορύττω, einbrechen, Verba muta, K. 81 • λάβοι καὶ ἐργάσαιτο, Optativ Aorist zu ἐργάζομαι, ich hatte Angst, dass mir jemand etwas nähme und (mir etwas) antäte • ἐθεράπευον, Imperfekt zu θεραπεύω, pflegen, gut behandeln • τοὺς συκοφάντας, Akkusativ Plural zu οἱ συκοφάντες, die Denunzianten • εἰδώς, Partizip zu οἶδα, K. 102 • ἱκανός, fä-

31 νῦν δ᾽ ἐπειδὴ τῶν ὑπερορίων στέρομαι καὶ τὰ ἔγγεια οὐ καρποῦμαι καὶ τὰ ἐκ τῆς οἰκίας πέπραται, ἡδέως μὲν καθεύδω ἐκτεταμένος, πιστὸς δὲ τῇ πόλει γεγένημαι, οὐκέτι δὲ ἀπειλοῦμαι, ἀλλ᾽ ἤδη ἀπειλῶ ἄλλοις, ὡς ἐλευθέρῳ τε ἔξεστί μοι καὶ ἀποδημεῖν καὶ ἐπιδημεῖν· ὑπανίστανται δέ μοι ἤδη καὶ θάκων καὶ ὁδῶν ἐξίστανται οἱ πλούσιοι. 32 καὶ εἰμὶ νῦν μὲν τυράννῳ ἐοικώς, τότε δὲ σαφῶς δοῦλος ἦν· καὶ τότε μὲν ἐγὼ φόρον ἀπέφερον τῷ δήμῳ, νῦν δὲ ἡ πόλις τέλος φέρουσα τρέφει με. ἀλλὰ καὶ Σωκράτει, ὅτε μὲν πλούσιος ἦν, ἐλοιδόρουν με ὅτι συνῆν, νῦν δ᾽ ἐπεὶ πένης γεγένημαι, οὐκέτι οὐδὲν μέλει οὐδενί. καὶ μὴν ὅτε μέν γε πολλὰ εἶχον, ἀεί τι ἀπέβαλλον ἢ ὑπὸ τῆς πόλεως ἢ ὑπὸ τῆς τύχης· νῦν δὲ ἀποβάλλω μὲν οὐδέν (οὐδὲ γὰρ ἔχω), ἀεὶ δέ τι λήψεσθαι ἐλπίζω. 33 Οὐκοῦν, ἔφη ὁ Καλλίας, καὶ εὔχῃ μηδέποτε πλουτεῖν, καὶ ἐάν τι ὄναρ ἀγαθὸν ἴδῃς, τοῖς ἀποτροπαίοις θύεις; Μὰ Δία τοῦτο μέντοι, ἔφη, ἐγὼ οὐ ποιῶ, ἀλλὰ μάλα φιλοκινδύνως ὑπομένω, ἄν ποθέν τι ἐλπίζω λήψεσθαι.

34 ἀλλ᾽ ἄγε δή, ἔφη ὁ Σωκράτης, σὺ αὖ λέγε ἡμῖν, ὦ Ἀντίσθενες, πῶς οὕτω βραχέα ἔχων μέγα φρονεῖς ἐπὶ πλούτῳ. ὅτι νομίζω, ὦ ἄνδρες, τοὺς ἀνθρώπους οὐκ ἐν τῷ οἴκῳ τὸν πλοῦτον καὶ τὴν πενίαν ἔχειν ἀλλ᾽ ἐν ταῖς ψυχαῖς. 35 ὁρῶ γὰρ πολ-

---

hig • εἴην, 1. Sg. Optativ zu εἰμί, K. 103 • παθεῖν κακῶς, Infinitiv Aorist Aktiv zu πάσχω, leiden, κακῶς πάσχω, schlimm leiden, etwas Schlimmes erleiden, K. 111, 7 • κακῶς ποιέω τινά, jemand etwas Schlimmes antun • καὶ γὰρ δὴ καί, und so denn auch • προσετάττετο, Imperfekt Passiv zu προστάττω, anordnen, auftragen • δαπανάω, etwas ausgeben • ἀποδημῆσαι, Infinitiv Aorist zu ἀποδημέω, verreisen.

4.31 τὰ ὑπερόρια, die ausländischen Besitzungen • στέρομαί τινος, etwas nicht mehr besitzen • τὰ ἔγγεια, die hiesigen • καρποῦμαι, nutzen ↔ ὁ καρπός, die Frucht • πέπραται, Perfekt Passiv zu πιπράσκω, verkaufen, K. 111, 16 • ἡδέως καθεύδω, ich schlafe gut • ἐκτεταμένος, ausgestreckt, Partizip Perfekt Passiv zu τείνω, spannen, K. 96, 50 • πιστός, vertrauenswürdig • γεγένημαι, Perfekt zu γίγνομαι, werden, K. 110, 7 • οὐκέτι ἀπειλοῦμαι, ich werde nicht mehr bedroht • ἀπειλῶ, ich bedrohe • ἀποδημέω, das Land verlassen • ἐπιδημέω, nach Hause zurückkommen • ὑπανίστανται, zu ὑπανίσταμαί τινος, aufstehen, fortgehen von • ὁ θᾶκος, der Sitz • ἡ ὁδός, der Weg • ἐξίστανται zu ἐξίσταμαι, heraustreten, fortgehen von …

4.32 ἐοικώς, gleichend • ὁ φόρος, die Steuer • τὸ τέλος, die Spende ≠ τὸ τέλος, Ende, Ziel Zweck • τρέφει, zu τρέφω, ernähren, K. 96, 24 • ἐλοιδόρουν, Imperfekt zu λοιδορέω, beschimpfen • πένης, arm • μέλει, es interessiert • ὅτε, als • ἀπέβαλλον, Imperfekt zu ἀποβάλλω, verlieren • ὑπό, von, durch • ἡ τύχη, das Schicksal • λήψεσθαι, Infinitiv Futur zu λαμβάνω, K. 108, 11 • ἐλπίζω, hoffen ↔ ἡ ἐλπίς, τῆς ελπίδος.

4.33 εὔχῃ zu εὔχομαι, beten • πλουτεῖν, reich sein ↔ ὁ πλοῦτος, πλούσιος • τὸ ὄναρ, nur Nom. und Akk. der Traum • τοῖς ἀποτροπαίοις, Dativ zu οἱ ἀποτρόπαιοι, die Unheil abwendenden Götter • θύεις zu θύω, opfern • φιλοκινδύνως, wagemutig • ὑπομένω, abwarten, K. 130.

Antisthenes begründet seinen Stolz auf seine Armut damit, dass Reichtum sich letztlich an der Zufriedenheit des Menschen messe, wie leicht deutlich wird, werden Menschen verglichen, die dieselben Mengen an Gütern besitzen. Die Höhe eines Bedarfes wird in der Seele geübt. Sogar bei besonders reichen Herrschern sei oft der Bedarf nicht gedeckt, was dazu führe, dass ganze Städte versklavt würden. Geldgier sei eine Krankheit, bei der er, Antisthenes, sogar Mitleid verspüre (34–37).

4.34 βραχέα, Akkusativ Plural zu βραχύς, kurz, klein • βραχέα ἔχων, wenig besitzen • μέγα φρονέω ἐπί τινι, stolz sein auf etwas.

λοὺς μὲν ἰδιώτας, οἳ πάνυ πολλὰ ἔχοντες χρήματα οὕτω πένεσθαι ἡγοῦνται ὥστε πάντα μὲν πόνον, πάντα δὲ κίνδυνον ὑποδύονται, ἐφ᾽ ᾧ πλείω κτήσονται, οἶδα δὲ καὶ ἀδελφούς, οἳ τὰ ἴσα λαχόντες ὁ μὲν αὐτῶν τἀρκοῦντα ἔχει καὶ περιττεύοντα τῆς δαπάνης, ὁ δὲ τοῦ παντὸς ἐνδεῖται·

36 αἰσθάνομαι δὲ καὶ τυράννους τινάς, οἳ οὕτω πεινῶσι χρημάτων ὥστε ποιοῦσι πολὺ δεινότερα τῶν ἀπορωτάτων· δι᾽ ἔνδειαν μὲν γὰρ δήπου οἱ μὲν κλέπτουσιν, οἱ δὲ τοιχωρυχοῦσιν, οἱ δὲ ἀνδραποδίζοντα. τύραννοι δ᾽ εἰσί τινες οἳ ὅλους μὲν οἴκους ἀναιροῦσιν, ἁθρόους δ᾽ ἀποκτείνουσι, πολλάκις δὲ καὶ ὅλας πόλεις χρημάτων ἕνεκα ἐξανδραποδίζονται. 37 τούτους μὲν οὖν ἔγωγε καὶ πάνυ οἰκτίρω τῆς ἄγαν χαλεπῆς νόσου. ὅμοια γάρ μοι δοκοῦσι πάσχειν ὥσπερ εἴ τις πολλὰ ἔχοι καὶ πολλὰ ἐσθίων μηδέποτε ἐμπίμπλαιτο. ἐγὼ δὲ οὕτω μὲν πολλὰ ἔχω ὡς μόλις αὐτὰ καὶ [ἐγὼ ἂν] αὐτὸς εὑρίσκω· ὅμως δὲ περίεστί μοι καὶ ἐσθίοντι ἄχρι τοῦ μὴ πεινῆν ἀφικέσθαι καὶ πίνοντι μέχρι τοῦ μὴ διψῆν καὶ ἀμφιέννυσθαι ὥστε ἔξω μὲν μηδὲν μᾶλλον Καλλίου τούτου τοῦ πλουσιωτάτου ῥιγοῦν·

38 ἐπειδάν γε μὴν ἐν τῇ οἰκίᾳ γένωμαι, πάνυ μὲν ἀλεεινοὶ χιτῶνες οἱ τοῖχοί μοι δοκοῦσιν εἶναι, πάνυ δὲ παχεῖαι ἐφεστρίδες οἱ ὄροφοι, στρωμνήν γε μὴν οὕτως ἀρκοῦσαν ἔχω ὥστ᾽ ἔργον μέγ᾽ ἐστὶ καὶ ἀνεγεῖραι. ἂν δέ ποτε καὶ ἀφροδισιάσαι τὸ σῶμά μου δεηθῇ, οὕτω μοι τὸ παρὸν ἀρκεῖ ὥστε αἷς ἂν προσέλθω ὑπερασπάζονταί με διὰ τὸ μηδένα ἄλλον αὐταῖς ἐθέλειν προσιέναι. 39 καὶ πάντα τοίνυν

4.35 ἰδιώτας, Akkusativ Plural zu ὁ ἰδιώτης, der Normalbürger • πένεσθαι zu πένομαι, arm sein • ὑποδύονται zu ὑποδύομαι, auf sich nehmen • ἐφ᾽ ᾧ πλείω κτήσονται, um mehr zu bekommen, Attraktion des Relativum, K. 126, 2; finaler Relativsatz mit Prädikat im Futur, K. 188c • λαχόντες, Partizip Aorist zu λαγχάνω, bekommen, K. 108, 10 • τἀρκοῦντα, das Genügende, Partizip zu ἀρκέω, genügen • τὰ περιττεύοντα τῆς δαπάνης, das den Bedarf Übersteigende • ἐνδεῖται, zu ἐνδέομαί τινος, Mangel haben an etwas.

4.36 πεινῶσιν zu πεινάω, Hunger haben nach ... • πολὺ δεινότερα, viel Schrecklicheres • ἀπορωτάτων, Genitivus comparationis, Superlativ zu ἄπορος, arm • ἡ ἔνδεια, der Mangel • τοιχωρυχοῦσιν zu τοιχωρυχέω, einbrechen ↔ τὸ τοῖχος, die Mauer, ὀρύττω, zerstören • ἀνδραποδίζονται zu ἀνδραποδίζω, Menschen entführen • ἀναιροῦσιν zu ἀναιρέω, vernichten • ἁθρόους, Akkusativ zu ἁθρόοι, alle zusammen • χρημάτων ἕνεκα, wegen des Geldes • ἐξανδραποδίζονται zu ἐξανδραποδίζω, versklaven.

4.37 πάνυ οἰκτίρω, sehr bemitleiden • τῆς ἄγαν χαλεπῆς νόσου, Genitivus causae, wegen ihrer allzu schlimmen Krankheit, K. 148 • ἐμπίμπλαιτο, Optativ Präsens Medium/Passiv zu ἐμπίμπλημι, anfüllen, sättigen, K. 100, 2; 112 • μόλις, mit Mühe • περίεστί μοι, es bleibt mir übrig • ἄχρι τοῦ μὴ πεινῆν ἀφικέσθαι, bis zum Erreichen, bis ich es erreiche, keinen Hunger zu haben, Infinitiv Aorist zu ἀφικνέομαι, mit Artikel, K. 194; πεινῆν zu πεινάω, Hunger haben • διψῆν zu διψάω, Durst haben • ἀμφιέννυσθαι zu ἀμφιέννυμαι, sich anziehen • ῥιγοῦν zu ῥιγόω, frieren.

Antisthenes beschreibt seine geringen Bedürfnisse und wie er sie stillt. Er ist wunschlos glücklich, sexuell anspruchslos und hat keine Angst vor Demütigung (38–41).

4.38 οἱ ἀλεεινοὶ χιτῶνες, die wärmenden Kleider • οἱ τοῖχοι, die Wände • πάνυ παχεῖαι ἐφετρίδες, recht dicke Decken • οἱ ὄροφοι, die Dachschindeln • ἡ στρώμνη, die Matratze • ἀρκοῦσαν, Partizip zu ἀρκέω, genügen, bequem sein • ἀνεγεῖραι, Infinitiv Aorist zu ἀνεγείρω, K. 96, 53 • ἀφροδιάσαι, Infinitiv Aorist zu ἀφροδιάζω, Liebe machen • ἂν δεηθῇ, Konjunktiv Aorist zu δέομαι, verlangen, K. 110, 11 • τὸ παρόν, das Vorhandene • ἀρκεῖ zu ἀρκέω, genügen • αἷς ἂν προσέλθω, diejenigen,

ταῦτα οὕτως ἡδέα μοι δοκεῖ εἶναι ὡς μᾶλλον μὲν ἥδεσθαι ποιῶν ἕκαστα αὐτῶν οὐκ ἂν εὐξαίμην, ἧττον δέ· οὕτω μοι δοκεῖ ἔνια αὐτῶν ἡδίω εἶναι τοῦ συμφέροντος.

40 πλείστου δ' ἄξιον κτῆμα ἐν τῷ ἐμῷ πλούτῳ λογίζομαι εἶναι ἐκεῖνο, ὅτι εἴ μού τις καὶ τὰ νῦν ὄντα παρέλοιτο, οὐδὲν οὕτως ὁρῶ φαῦλον ἔργον ὁποῖον οὐκ ἀρκοῦσαν ἂν τροφὴν ἐμοὶ παρέχοι. 41 καὶ γὰρ ὅταν ἡδυπαθῆσαι βουληθῶ, οὐκ ἐκ τῆς ἀγορᾶς τὰ τίμια ὠνοῦμαι (πολυτελῆ γὰρ γίγνεται) ἀλλ' ἐκ τῆς ψυχῆς ταμιεύομαι. καὶ πολὺ πλέον διαφέρει πρὸς ἡδονήν, ὅταν ἀναμείνας τὸ δεηθῆναι προσφέρωμαι ἢ ὅταν τινὶ τῶν τιμίων χρῶμαι, ὥσπερ καὶ νῦν τῷδε τῷ Θασίῳ οἴνῳ ἐντυχὼν οὐ διψῶν πίνω αὐτόν.

42 ἀλλὰ μὴν καὶ πολὺ δικαιοτέρους γε εἰκὸς εἶναι τοὺς εὐτέλειαν μᾶλλον ἢ πολυχρηματίαν σκοποῦντας. οἷς γὰρ μάλιστα τὰ παρόντα ἀρκεῖ ἥκιστα τῶν ἀλλοτρίων ὀρέγονται. 43 ἄξιον δ' ἐννοῆσαι ὡς καὶ ἐλευθερίους ὁ τοιοῦτος πλοῦτος παρέχεται. Σωκράτης τε γὰρ οὗτος παρ' οὗ ἐγὼ τοῦτον ἐκτησάμην οὔτ' ἀριθμῷ οὔτε σταθμῷ ἐπήρκει μοι, ἀλλ' ὁπόσον ἐδυνάμην φέρεσθαι, τοσοῦτόν μοι παρεδίδου· ἐγώ τε νῦν οὐδενὶ φθονῶ, ἀλλὰ πᾶσι τοῖς φίλοις καὶ ἐπιδεικνύω τὴν ἀφθονίαν καὶ μεταδίδωμι τῷ βουλομένῳ τοῦ ἐν τῇ ἐμῇ ψυχῇ πλούτου. 44 καὶ μὴν καὶ τὸ ἁβρότατόν γε κτῆμα, τὴν σχολὴν ἀεὶ ὁρᾶτέ μοι παροῦσαν, ὥστε καὶ θεᾶσθαι τὰ ἀξιοθέατα καὶ ἀκούειν τὰ ἀξιάκουστα καὶ ὃ πλείστου ἐγὼ τιμῶμαι, Σωκρά-

---

denen ich begegne, Attraktion des Relativum, K. 126, 2 • ὑπερασπάζονται zu ὑπερασπάζομαι, überaus freudig begrüßen • διὰ τὸ μηδένα ἄλλον αὐταῖς προσιέναι, Infinitiv mit Artikel, K. 194, weil kein anderer zu ihnen kommen will.

4.39 ὡς οὐκ ἂν εὐξαίμην, sodass ich nicht wünschen könnte, Optativ Aorist als Potentialis • ἧττον δέ, eher weniger • ἡδίω τοῦ συμφέροντος, angenehmer als das Passende.

4.40 τὸ πλείστου ἄξιον κτῆμα, der wertvollste Besitz • λογίζομαι, denken • παρέλοιτο, Optativ Aorist als Potentialis zu παραιρέομαι, wegnehmen • φαῦλος, gering • ἡ ἀρκοῦσα τροφή, der ausreichende Lebensunterhalt.

4.41 ἡδυπαθῆσαι, Infinitiv Aorist zu ἡδυπαθέω, genießen • βουληθῶ, Konjunktiv Aorist Passiv zu βούλομαι, wollen • τὰ τίμια, die edlen Dinge • ὠνοῦμαι, kaufen, K. 111, 18 • ταμιεύομαι ἐκ, sich richten nach • ἐκ τῆς ψυχῆς, nach meinem Appetit • πολὺ πλέον διαφέρει, es bringt viel mehr • ἀναμείνας, Partizip Aorist zu ἀναμένω, warten, K. 112 • δεηθῆναι, Infinitiv Aorist zu δέομαι, verlangen, K. 110, 11 • ὅταν προσφέρωμαι, Konjunktiv zu προσφέρομαι, verzögern • ὁ Θάσιος οἶνος, der Wein von der Insel Thasos • ἐντυχών, Partizip Aorist zu ἐντυγχάνω τινί, treffen auf etwas, etwas zufällig finden, K. 108, 15.

Antisthenes überlegt, ob Armut die Möglichkeiten unterstützt, gerechter zu sein. Der Arme kann seinen Freunden gegenüber jedenfalls freigiebig mit seinem Besitz umgehen. Schließlich sei der kostbarste Besitz ohnehin die Zeit. Daher überlege er selbst wie Sokrates immer genau, mit wem er gerade zusammen sein wolle. Kallias stimmt zu und erklärt, er beneide Antisthenes um seinen Reichtum (42–45).

4.42 ἀλλὰ μήν, abgesehen davon • εἰκός, es ist wahrscheinlich • ἡ εὐτέλεια, das einfache Leben • ἡ πολυχρηματία, der Reichtum ↔ πολύς, τὰ χρήματα • σκοποῦντας, Partizip zu σκοπέω, achten auf • ἥκιστα, am wenigsten.

4.43 ἐννοῆσαι, Infinitiv Aorist zu ἐννοέω, bedenken • ἐλευθέριος, freigiebig • ὁ ἀριθμός, die Zahl • ὁ σταθμός, die Messlatte • ἐπήρκει μοι, Imperfekt zu ἐπαρκέω, anbieten • παρεδίδου, Imperfekt zu παπαδίδωμι, überlassen • φθονῶ, vorenthalten • ἡ ἀφθονία, der Überfluss • μεταδίδωμί τινί τινος, jemand an etwas teilhaben lassen.

τει σχολάζων συνδιημερεύειν. καὶ οὗτος δὲ οὐ τοὺς πλεῖστον ἀριθμοῦντας χρυσίον θαυμάζει, ἀλλ᾽ οἳ ἂν αὐτῷ ἀρέσκωσι τούτοις συνὼν διατελεῖ. οὗτος μὲν οὖν οὕτως εἶπεν. 45 ὁ δὲ Καλλίας, Νὴ τὴν Ἥραν, ἔφη, τά τε ἄλλα ζηλῶ σε τοῦ πλούτου καὶ ὅτι οὔτε ἡ πόλις σοι ἐπιτάττουσα ὡς δούλῳ χρῆται οὔτε οἱ ἄνθρωποι, ἂν μὴ δανείσῃς, ὀργίζονται.

Ἀλλὰ μὰ Δί᾽, ἔφη ὁ Νικήρατος, μὴ ζήλου· ἐγὼ γὰρ ἥξω παρ᾽ αὐτοῦ δανεισάμενος τὸ μηδενὸς προσδεῖσθαι, οὕτω πεπαιδευμένος ὑπὸ Ὁμήρου ἀριθμεῖν

ἕπτ᾽ ἀπύρους τρίποδας, δέκα δὲ χρυσοῖο τάλαντα,
αἴθωνας δὲ λέβητας ἐείκοσι, δώδεκα δ᾽ ἵππους (Hom. Il. 9, 122)

σταθμῷ καὶ ἀριθμῷ, ὡς πλείστου πλούτου ἐπιθυμῶν οὐ παύομαι· ἐξ ὧν ἴσως καὶ φιλοχρηματώτερός τισι δοκῶ εἶναι. ἔνθα δὴ ἀνεγέλασαν ἅπαντες, νομίζοντες τὰ ὄντα εἰρηκέναι αὐτόν. 46 ἐκ τούτου εἶπέ τις· σὸν ἔργον, ὦ Ἑρμόγενες, λέγειν τε τοὺς φίλους οἵτινές εἰσι καὶ ἐπιδεικνύναι ὡς μέγα τε δύνανται καὶ σοῦ ἐπιμέλονται, ἵνα δοκῇς δικαίως ἐπ᾽ αὐτοῖς μέγα φρονεῖν. 47 οὐκοῦν ὡς μὲν καὶ Ἕλληνες καὶ βάρβαροι τοὺς θεοὺς ἡγοῦνται πάντα εἰδέναι τά τε ὄντα καὶ τὰ μέλλοντα εὔδηλον. πᾶσαι γοῦν αἱ πόλεις καὶ πάντα τὰ ἔθνη διὰ μαντικῆς ἐπερωτῶσι τοὺς θεοὺς τί τε χρὴ καὶ τί οὐ χρὴ ποιεῖν. καὶ μὴν ὅτι νομίζομέν γε δύνασθαι αὐτοὺς καὶ εὖ καὶ κακῶς ποιεῖν καὶ τοῦτο σαφές. πάντες γοῦν αἰτοῦνται τοὺς θεοὺς τὰ μὲν φαῦλα ἀποτρέπειν, τἀγαθὰ δὲ διδόναι.

4.44 ἀβρότατον, Superlativ zu ἄβροτος, unsterblich, heilig, kostbar • ἡ σχολή, die freie Zeit • τὰ ἀξιοθέατα, das Sehenswerte • τά ἀξιάκουστα, das Hörenswerte • πλείστου τιμῶμαι, am höchsten schätzen • σχολάζων, Partizip zu σχολάζω, Ruhe haben • διημερεύω, den Tag verbringen ↔ ἡ ἡμέρα, der Tag • οἱ ἀριθμοῦντες πλεῖστον χρυσίον, diejenigen, die das meiste Geld herzählen • ἀρέσκωσιν, Konjunktiv zu ἀρέσκω, gefallen • διατελεῖ, mit prädikativem Partizip zu διατελέω, unablässig etwas tun oder sein, K. 198.

Nikeratos hält an seiner Vorstellung vom gewöhnlichen Reichtum fest, auch nach Antisthenes' Ausführungen. Hermogenes spricht darauf über die Götter und die Seher. Es genüge, die Götter zu ehren und zu loben, um ihre Freundlichkeit genießen zu können. Der Aufwand sei also gering (46–49).

4.45 τὰ ἄλλα, in Hinsicht auf das andere, grundsätzlich • ζηλῶ zu ζηλόω τινά τινος, jemand wegen etwas beneiden • δανείσῃς, Konjunktiv Aorist zu δανείζω, leihen • ἐπιτάττουσα, Partizip Präsens zu ἐπιτάττω, Vorschriften machen • ὀργίζονται zu ὀργίζομαι, zürnen • μηδενὸς προσδεῖσθαι, nichts darüber hinaus brauchen • ἑπτ᾽ ἀπύρους τρίποδας, sieben ungebrauchte Dreifüße • ἄπυρος, vom Feuer unberührt, ungebraucht ↔ τὸ πῦρ, τοῦ πυρός, das Feuer • αἴθωνας zu αἴθων, αἴθωνος, glänzend • ὁ λέβης, τοῦ λέβητος, das Becken • ἐείκοσιν, zwanzig • σταθμῷ καὶ ἀριθμῷ, an Gewicht und Zahl • ὡς πλεῖστος πλοῦτος, ein möglichst großer Reichtum • ἐπιθυμῶν οὐ παύομαι, ich höre nicht auf zu begehren, παύομαι, mit prädikativem Partizip, K. 198 • ἐξ ὧν, weshalb • φιλοχρηματώτερος, Komparativ zu φιλοχρήματος, geldgierig.

4.46 ἐκ τούτου darauf • εἶπέ • • οἵτινές εἰσι • ἵνα δοκῇς damit du erkennen lässt, dass du … • δικαίως mit Recht.

4.47 τὸ ἔθνος, das Volk • ἡ μαντική, die Vorhersagekunst • ἐπερωτῶσιν, zu ἐπερωτάω, befragen • ἀποτρέπειν, zu ἀποτρέπω, abwenden, K. 96, 23.

48 οὗτοι τοίνυν οἱ πάντα μὲν εἰδότες πάντα δὲ δυνάμενοι θεοὶ οὕτω μοι φίλοι εἰσὶν ὥστε διὰ τὸ ἐπιμελεῖσθαί μου οὔποτε λήθω αὐτοὺς οὔτε νυκτὸς οὔθ᾽ ἡμέρας οὔθ᾽ ὅποι ἂν ὁρμῶμαι οὔθ᾽ ὅ τι ἂν μέλλω πράττειν. διὰ δὲ τὸ προειδέναι καὶ ὅ τι ἐξ ἑκάστου ἀποβήσεται σημαίνουσί μοι πέμποντες ἀγγέλους φήμας καὶ ἐνύπνια καὶ οἰωνοὺς ἅ τε δεῖ καὶ ἃ οὐ χρὴ ποιεῖν, οἷς ἐγὼ ὅταν μὲν πείθωμαι, οὐδέποτέ μοι μεταμέλει· ἤδη δέ ποτε καὶ ἀπιστήσας ἐκολάσθην. 49 καὶ ὁ Σωκράτης εἶπεν· Ἀλλὰ τούτων μὲν οὐδὲν ἄπιστον. ἐκεῖνο μέντοι ἔγωγε ἡδέως ἂν πυθοίμην, πῶς αὐτοὺς θεραπεύων οὕτω φίλους ἔχεις. Ναὶ μὰ τὸν Δί᾽, ἔφη ὁ Ἑρμογένης, καὶ μάλα εὐτελῶς. ἐπαινῶ τε γὰρ αὐτοὺς οὐδὲν δαπανῶν, ὧν τε διδόασιν ἀεὶ αὖ παρέχομαι, εὐφημῶ τε ὅσα ἂν δύνωμαι καὶ ἐφ᾽ οἷς ἂν αὐτοὺς μάρτυρας ποιήσωμαι ἑκὼν οὐδὲν ψεύδομαι. Νὴ Δί᾽, ἔφη, ὁ Σωκράτης εἰ ἄρα τοιοῦτος ὢν φίλους αὐτοὺς ἔχεις, καὶ οἱ θεοί, ὡς ἔοικε, καλοκἀγαθίᾳ ἥδονται. 50 οὗτος μὲν δὴ ὁ λόγος οὕτως ἐσπουδαιολογήθη.

ἐπειδὴ δὲ εἰς τὸν Φίλιππον ἧκον, ἠρώτων αὐτὸν τί ὁρῶν ἐν τῇ γελωτοποιίᾳ μέγα ἐπ᾽ αὐτῇ φρονοίη. Οὐ γὰρ ἄξιον, ἔφη, ὁπότε γε πάντες εἰδότες ὅτι γελωτοποιός εἰμι, ὅταν μέν τι ἀγαθὸν ἔχωσι, παρακαλοῦσί με ἐπὶ ταῦτα προθύμως, ὅταν δέ τι κακὸν λάβωσι, φεύγουσιν ἀμεταστρεπτί, φοβούμενοι μὴ καὶ ἄκοντες γελάσωσι; 51 καὶ ὁ Νικήρατος εἶπε· Νὴ Δία, σὺ τοίνυν δικαίως μέγα φρονεῖς. ἐμοὶ γὰρ αὖ

4.48 ἐπιμελεῖσθαι, zu ἐπιμελέομαί τινος, sich um jemanden kümmern • λήθω, wie λανθάνω τινα, verborgen sein vor jemandem • νυκτός, bei Nacht, zu ἡ νύξ, τῆς νυκτός • ὅπου ἂν ὁρμῶμαι, wohin auch immer ich gehe • ὅ τι ἂν μέλλω πράττειν, was auch immer ich zu tun vorhabe • διὰ τὸ προειδέναι, aufgrund des Vorherwissens • ἀποβήσεται, Futur zu ἀποβαίνω, sich ergeben, sich ereignen, K. 101, 2 • φήμας zu φῆμαι, Stimme, • ἐνύπνια, Träume ↔ ὁ ὕπνος, der Schlaf • οἰωνοί, Vögel • οὐδέποτέ μοι μεταμέλει, es reut mich niemals • ἀπιστέω, ungehorsam sein • ἐκολάσθην, Aorist Passiv zu κολάζω, bestrafen.

4.49 τούτων οὐδέν ἄπιστον, nichts davon ist unglaubwürdig • ἡδέως ἂν πυθοίμην, ich würde gern erfahren, Optativ Aorist zu πυνθάνομαι, K. 108, 14 • θεραπεύων, Partizip zu θεραπεύω, verehren • μάλα εὐτελῶς mit sehr geringem Aufwand ↔ ἡ εὐτέλεια, die Einfachheit • δαπανῶν, Partizip zu δαπανάω, Aufwand treiben • ὧν τε διδόασιν, von dem, was sie mir geben, Attraktion des Relativum, K. 126, 2 • αὖ παρέχομαι, ich gebe wieder etwas zurück • εὐφημέω, wohlmeinende Worte verwenden • ὅσα ἂν δύνωμαι, soweit ich kann • ἐφ οἷς, wofür • μάρτυρας, Akkusativ Plural zu ὁ μάρτυς, τοῦ μάρτυρος, der Zeuge • ποιήσωμαι, Konjunktiv Aorist Medium zu ποιέω • ἑκών, absichtlich • ἡ καλοκἀγαθία, die edle Gesinnung in Wort und Tat • ἐσπουδαιολογήθη, Aorist Passiv zu σπουδαιολογέομαι, sich mit ernsthaften Themen befassen.

Philippos ist stolz auf seine Fähigkeit, die Menschen zum Lachen zu bringen. Auf diese Weise habe er stets mit Menschen zu tun, die Gutes beabsichtigten, denn die anderen vermieden es zu lachen (50–51).

4.50 ἧκον, Imperfekt zu ἥκω, kommen • ἡ γελωτοποιία, die Spaßmacherei • ὁρῶν, Partizip zu ὁράω, sehen, τί ὁρῶν ἐν τῇ γελωτοποιίᾳ, was sehe er in der Spaßmacherei, um stolz auf sie zu sein, worauf sei er im Blick auf die Spaßmacherei stolz • ἄξιος, wertvoll • παρακαλοῦσι zu παρακαλέω, ansprechen • προθύμως, bereitwillig • ὅταν λάβωσιν, wenn sie bekommen haben, Konjunktiv Aorist zu λαμβάνω, nehmen, bekommen, K. 108, 11 • ἀμεταστρεπτί, Adverb, ohne sich umzudrehen ↔ μεταστρέφομαι, sich umdrehen, K. 96, 25 • ἄκοντες, zu ἄκων, unfreiwillig • γελάσωσιν, Konjunktiv Aorist zu γελάω, lachen.

τῶν φίλων οἱ μὲν εὖ πράττοντες ἐκποδὼν ἀπέρχονται, οἳ δ᾽ ἂν κακόν τι λάβωσι, γενεαλογοῦσι τὴν συγγένειαν καὶ οὐδέποτέ μου ἀπολείπονται.

52 Εἶεν· σὺ δὲ δή, ἔφη ὁ Χαρμίδης, ὦ Συρακόσιε, ἐπὶ τῷ μέγα φρονεῖς; ἢ δῆλον ὅτι ἐπὶ τῷ παιδί; Μὰ τὸν Δί᾽, ἔφη, οὐ μὲν δή· ἀλλὰ καὶ δέδοικα περὶ αὐτοῦ ἰσχυρῶς. αἰσθάνομαι γάρ τινας ἐπιβουλεύοντας διαφθεῖραι αὐτόν. 53 καὶ ὁ Σωκράτης ἀκούσας, Ἡράκλεις, ἔφη, τί τοσοῦτον νομίζοντες ἠδικῆσθαι ὑπὸ τοῦ σοῦ παιδὸς ὥστε ἀποκτεῖναι αὐτὸν βούλεσθαι; Ἀλλ᾽ οὔτοι, ἔφη, ἀποκτεῖναι βούλονται, ἀλλὰ πεῖσαι αὐτὸν συγκαθεύδειν αὐτοῖς. Σὺ δ᾽, ὡς ἔοικας, εἰ τοῦτο γένοιτο, νομίζεις ἂν διαφθαρῆναι αὐτόν; Ναὶ μὰ Δί᾽, ἔφη, παντάπασί γε. 54 Οὐδ᾽ αὐτὸς ἄρ᾽, ἔφη, συγκαθεύδεις αὐτῷ; Νὴ Δί᾽ ὅλας γε καὶ πάσας τὰς νύκτας. Νὴ τὴν Ἥραν, ἔφη ὁ Σωκράτης, εὐτύχημά γέ σου μέγα τὸ τὸν χρῶτα τοιοῦτον φῦναι ἔχοντα ὥστε μόνον μὴ διαφθείρειν τοὺς συγκαθεύδοντας. ὥστε σοί γε εἰ μὴ ἐπ᾽ ἄλλῳ ἀλλ᾽ ἐπὶ τῷ χρωτὶ ἄξιον μέγα φρονεῖν. 55 Ἀλλὰ μὰ Δί᾽, ἔφη, οὐκ ἐπὶ τούτῳ μέγα φρονῶ. Ἀλλ᾽ ἐπὶ τῷ μήν; Ἐπὶ νὴ Δία τοῖς ἄφροσιν. οὗτοι γὰρ τὰ ἐμὰ νευρόσπαστα θεώμενοι τρέφουσί με. Ταῦτ᾽ ἄρ᾽, ἔφη ὁ Φίλιππος, καὶ πρῴην ἐγώ σου ἤκουον εὐχομένου πρὸς τοὺς θεοὺς ὅπου ἂν ᾖς διδόναι καρποῦ μὲν ἀφθονίαν, φρενῶν δὲ ἀφορίαν.

56 Εἶεν, ἔφη ὁ Καλλίας· σὺ δὲ δή, ὦ Σώκρατες, τί ἔχεις εἰπεῖν ὡς ἄξιόν σοί ἐστι μέγα φρονεῖν ἐφ᾽ ᾗ εἶπας οὕτως ἀδόξῳ οὔσῃ τέχνῃ; καὶ ὃς εἶπεν· Ὁμολογησώμεθα πρῶτον ποῖά ἐστιν ἔργα τοῦ μαστροποῦ· καὶ ὅσα ἂν ἐρωτῶ, μὴ ὀκνεῖτε ἀποκρίνεσθαι, ἵνα εἰδῶμεν ὅσα ἂν συνομολογῶμεν. καὶ ὑμῖν οὕτω δοκεῖ; ἔφη. Πάνυ

4.51 ἐκποδὼν ἀπέρχονται, sie gehen aus dem Weg • γενεαλογοῦσι zu γενεαλογέω, die Herkunft ermitteln • τὴν συγγένειαν zu ἡ συγγένεια, die Verwandtschaft • ἀπολείπονται zu ἀπολείπομαί τινος, jemand verlassen, von der Seite weichen, K. 107, 4.

Der Mann aus Syrakus spricht hingegen nicht über eine besondere Fähigkeit, sondern über eine Angst: Er möchte vermeiden, dass sein Sohn von schlechten Liebhabern verdorben wird (52–55).

4.52 εἶεν, Optativ zu εἰμί • ἐπὶ τῷ, wie ἐπὶ τίνι, worauf, K. 67 • οὐ μὲν δή, das ist nicht der Fall • δέδοικα, ich fürchte, K. 102, 3 • ἐπιβουλεύοντας, Partizip zu ἐπιβουλεύω, nachstellen • διαφθεῖραι, Infinitiv Aorist zu διαφθείρω, vernichten, K. 96, 33; φθείρω wie σπείρω.

4.53 τί τοσοῦτον, was für ein so großes ... • ἠδικῆσθαι, Infinitiv Perfekt Passiv zu ἀδικέω, Unrecht tun • ἀποκτεῖναι, Infinitiv Aorist zu ἀποκτείνω, töten, K. 96, 34 • πεῖσαι, Infinitiv Aorist zu πείθω, überreden • συγκαθεύδειν zu συγκαθεύδω, miteinander schlafen • ὡς ἔοικας, wie du meinst • διαφθαρῆναι, Infinitiv Aorist Passiv zu διαφθείρω, verderben.

4.54 τὸ εὐτύχημα, das Glück ↔ εὐτυχέω, Glück haben, ἡ τύχη, das Schicksal • τὸν χρῶτα, Akkusativ zu ὁ χρῶς, τοῦ χρωτός, die Haut • φῦναι, Infinitiv Aorist zu φύομαι, wachsen, entstehen, K. 101, 2 • ἄξιον, es ist angebracht.

4.55 ἀλλ᾽ ἐπὶ τῷ μήν, aber worauf denn sonst • τοῖς ἄφροσιν, Dativ Plural zu ἄφρων, blöd, ohne Verstand • νευρόσπαστα, Akkusativ Plural zu τὸ νευρόσπαστον, die Marionette ↔ τὸ νεῦρον, der Faden, σπάω ziehen • πρῴην, schon früher • καρποῦ ἀφθονία, Fülle an Nahrung, reichlich Nahrung • φρενῶν, Genitiv Plural zu ἡ φρήν, τῆς φρενός, der Geist, der Gedanke • ἡ ἀφορία, Unfruchtbarkeit, Naivität.

Sokrates rühmt sich der Kunst, Menschen zusammenzubringen. Er geht mit den Symposiasten im Konsensverfahren durch, was das Verkuppeln überhaupt sei und ob es zum Verkuppeln gehöre, dabei zu helfen, dass man gefällt (56–59).

μὲν οὖν, ἔφασαν. ὡς δ᾽ ἅπαξ εἶπαν Πάνυ μὲν οὖν, τοῦτο πάντες ἐκ τοῦ λοιποῦ ἀπεκρίναντο. 57 Οὐκοῦν ἀγαθοῦ μέν, ἔφη, ὑμῖν δοκεῖ μαστροποῦ ἔργον εἶναι ἣν ἂν ἢ ὃν ἂν μαστροπεύῃ ἀρέσκοντα τοῦτον ἀποδεικνύναι οἷς ἂν συνῇ; Πάνυ μὲν οὖν, ἔφασαν. Οὐκοῦν ἓν μέν τί ἐστιν εἰς τὸ ἀρέσκειν ἐκ τοῦ πρέπουσαν ἔχειν σχέσιν καὶ τριχῶν καὶ ἐσθῆτος; Πάνυ μὲν οὖν, ἔφασαν. 58 Οὐκοῦν καὶ τόδε ἐπιστάμεθα, ὅτι ἔστιν ἀνθρώπῳ τοῖς αὐτοῖς ὄμμασι καὶ φιλικῶς καὶ ἐχθρῶς πρός τινας βλέπειν; Πάνυ μὲν οὖν. Τί δέ, τῇ αὐτῇ φωνῇ ἔστι καὶ αἰδημόνως καὶ θρασέως φθέγγεσθαι; Πάνυ μὲν οὖν. Τί δέ, λόγοι οὐκ εἰσὶ μέν τινες ἀπεχθανόμενοι, εἰσὶ δέ τινες οἳ πρὸς φιλίαν ἄγουσι; Πάνυ μὲν οὖν. 59 Οὐκοῦν τούτων ὁ ἀγαθὸς μαστροπὸς τὰ συμφέροντα εἰς τὸ ἀρέσκειν διδάσκοι ἄν; Πάνυ μὲν οὖν. ᾽Αμείνων δ᾽ ἂν εἴη, ἔφη, ὁ ἑνὶ δυνάμενος ἀρεστοὺς ποιεῖν ἢ ὅστις καὶ πολλοῖς; ἐνταῦθα μέντοι ἐσχίσθησαν, καὶ οἱ μὲν εἶπον Δῆλον ὅτι ὅστις πλείστοις, οἱ δὲ Πάνυ μὲν οὖν.

60 ὁ δ᾽ εἰπὼν ὅτι καὶ τοῦτο ὁμολογεῖται ἔφη· Εἰ δέ τις καὶ ὅλῃ τῇ πόλει ἀρέσκοντας δύναιτο ἀποδεικνύναι, οὐχ οὗτος παντελῶς ἂν ἤδη ἀγαθὸς μαστροπὸς εἴη; Σαφῶς γε νὴ Δία, πάντες εἶπον. Οὐκοῦν εἴ τις τοιούτους δύναιτο ἐξεργάζεσθαι ὧν προστατοίη, δικαίως ἂν μέγα φρονοίη ἐπὶ τῇ τέχνῃ καὶ δικαίως ἂν πολὺν μισθὸν λαμβάνοι; 61 ἐπεὶ δὲ καὶ ταῦτα πάντες συνωμολόγουν, Τοιοῦτος μέντοι, ἔφη, μοι δοκεῖ Ἀντισθένης εἶναι οὗτος. καὶ ὁ Ἀντισθένης, ᾽Εμοί, ἔφη, παραδίδως, ὦ Σώκρατες, τὴν τέχνην; Ναὶ μὰ Δί᾽, ἔφη. ὁρῶ γάρ σε καὶ τὴν ἀκόλουθον ταύτης πάνυ ἐξειργασμένον. Τίνα ταύτην; Τὴν προαγωγείαν, ἔφη. 62 καὶ ὃς μάλα ἀχθεσθεὶς ἐπήρετο· Καὶ τί μοι σύνοισθα, ὦ Σώκρατες, τοιοῦτον εἰργασμένῳ; Οἶδα μέν, ἔφη, σε Καλλίαν τουτονὶ προαγωγεύσαντα τῷ σοφῷ Προδίκῳ, ὅτε ἑώρας τοῦτον μὲν

4.56 ἀξιόν ἐστιν, es ist wichtig • εἶπας, wie εἶπες, 2. Sg. Aorist zu λέγω • ἄδοξος, nicht angesehen • ὁμολογησώμεθα, Konjunktiv Aorist als Adhortativus zu ὁμολογέομαι, sich verständigen • ὁ ματροπός, der Kuppler • ὀκνεῖτε, Imperativ zu ὀκνέω, Angst haben • ὅσα ἄν, worin • συνομολογῶμεν, Konjunktiv zu συνομολογέω, sich einig sein • ἐκ τοῦ λοιποῦ, weiterhin.

4.57 ἣν ἂν ἢ ὃν ἂν μαστροπεύῃ, welchen oder welche er verkuppelt • οὐκοῦν ἓν μέν τί ἐστιν, eine Möglichkeit, εἰς τὸ ἀρέσκειν, zu gefallen, Infinitiv mit Artikel, K. 194 •, ergibt sich daraus, dass man ein passendes Aussehen der Haare und der Kleidung hat, ἐκ τοῦ πρέπουσαν ἔχειν σχέσιν ἐκ τοῦ πρέπουσαν ἔχειν σχέσιν καὶ τριχῶν καὶ ἐσθῆτος; Infinitiv mit Artikel, ἡ θρίξ, τῆς τριχός, das Haar • ἡ ἐσθής, τῆς ἐσθῆτος, die Kleidung.

4.58 ὅτι ἔστιν ἀνθρώπῳ, dass es einem Menschen möglich ist • φιλικῶς, freundlich • ἐχθρῶς, feindlich • ἡ φωνή, die Stimme • αἰδημόνως, bescheiden • θρασέως, frech • φθέγγομαι, sprechen • ἀπεχθανόμενοι, hasserfüllt • πρὸς φιλίαν ἄγειν, zur Freundschaft führen.

4.59 ἀρεστούς, zu ἀρεστός, beliebt • ἐσχίσθησαν, Aorist Passiv zu σχίζω spalten.

Der gute Kuppler kann, so meint Sokrates, einen Menschen dazu bringen, möglichst vielen zu gefallen. Dazu bedürfe er der Kunst der Verführung. Antisthenes sei ein Meister des Verkuppelns, behauptet der Philosoph, und veranschaulicht dies an Beispielen (60–64).

4.60 παντελῶς, vollkommen • ὧν προστατοίη, denen er vorstehen würde, 3. Person Sg. Optativ Präsens zu προστατέω, vorstehen • ὁ μισθός der Lohn.

4.61 παραδίδως, 2. Sg. Ind. Präsens zu παραδίδωμι, überlassen, K. 97 • ἡ ἀκόλουθος ταύτης τέχνη, die mit dieser zusammenhängende Kunst • ἐξειργασμένον, Partizip Perfekt zu ἐξεργάζομαι, vervollkommnen • ἡ προαγωγεία, die Verführung • μάλα, sehr • ἀχθεσθείς, Partizip Aorist zu ἄχθομαι, sich ärgern.

φιλοσοφίας ἐρῶντα, ἐκεῖνον δὲ χρημάτων δεόμενον· οἶδα δέ σε Ἱππίᾳ τῷ Ἠλείῳ, παρ᾽ οὗ οὗτος καὶ τὸ μνημονικὸν ἔμαθεν· ἀφ᾽ οὗ δὴ καὶ ἐρωτικώτερος γεγένηται διὰ τὸ ὅ τι ἂν καλὸν ἴδῃ μηδέποτε ἐπιλανθάνεσθαι. 63 ἔναγχος δὲ δήπου καὶ πρὸς ἐμὲ ἐπαινῶν τὸν Ἡρακλεώτην ξένον ἐπεί με ἐποίησας ἐπιθυμεῖν αὐτοῦ, συνέστησάς μοι αὐτόν. καὶ χάριν μέντοι σοι ἔχω· πάνυ γὰρ καλὸς κἀγαθὸς δοκεῖ μοι εἶναι. Αἰσχύλον δὲ τὸν Φλειάσιον πρὸς ἐμὲ ἐπαινῶν καὶ ἐμὲ πρὸς ἐκεῖνον οὐχ οὕτω διέθηκας ὥστε διὰ τοὺς σοὺς λόγους ἐρῶντες ἐκυνοδρομοῦμεν ἀλλήλους ζητοῦντες; 64 ταῦτα οὖν ὁρῶν δυνάμενόν σε ποιεῖν ἀγαθὸν νομίζω προαγωγὸν εἶναι. ὁ γὰρ οἷός τε ὢν γιγνώσκειν τε τοὺς ὠφελίμους αὑτοῖς καὶ τούτους δυνάμενος ποιεῖν ἐπιθυμεῖν ἀλλήλων, οὗτος ἄν μοι δοκεῖ καὶ πόλεις δύνασθαι φίλας ποιεῖν καὶ γάμους ἐπιτηδείους συνάγειν, καὶ πολλοῦ ἂν ἄξιος εἶναι καὶ †πόλεσι καὶ φίλοις καὶ συμμάχοις† κεκτῆσθαι. σὺ δὲ ὡς κακῶς ἀκούσας ὅτι ἀγαθόν σε ἔφην προαγωγὸν εἶναι, ὠργίσθης. Ἀλλὰ μὰ Δί᾽, ἔφη, οὐ νῦν. ἐὰν γὰρ ταῦτα δύνωμαι, σεσαγμένος δὴ παντάπασι πλούτου τὴν ψυχὴν ἔσομαι. καὶ αὕτη μὲν δὴ ἡ περίοδος τῶν λόγων ἀπετελέσθη.

4.62 τί μοι σύνοισθα τοιοῦτον εἰργασμένῳ, woher weißt du, dass ich so etwas beherrsche prädikatives Partizip, K. 102, 4; 198 • προαγωγεύσαντα, Partizip Aorist zu προαγωγεύω, verkuppeln an, verbinden mit • ἑώρας, 2. Sg. Imperfekt zu ὁράω, K. 111, 6 • ἐρῶντα, Partizip Präsens zu ἐράω τινος, sich interessieren für etwas • τὸ μνημονικόν, die Technik der Gedächtnisschulung ↔ ἡ μνήμη, μνημονεύω, μέμνημαι • ἔμαθεν, Aorist zu μανθάνω, lernen, K. 108, 13 • ἀφ᾽ οὗ, seitdem • ἐρωτικώτερος, ein besserer Liebhaber, Komparativ zu ἐρωτικός • ἴδῃ, Konjunktiv Aorist zu ὁράω, K. 111, 6 • ἐπιλανθάνεσθαι, zu ἐπιλανθάνομαι, vergessen.

4.63 ἔναγχος, vor kurzem • ἐπιθυμεῖν τινος, Lust bekommen auf • συνέστησας, 2. Sg. Indikativ Aorist zu συνίστημι, zusammenstellen, zusammenbringen • χάριν ἔχω, dankbar sein • καλὸς κἀγαθός, ein Gentleman • διέθηκας, 2. Sg. Aorist zu διατίθημι, erreichen, durchsetzen • ἐρῶντες, Partizip Präsens zu ἐράω, lieben • συνοικοδομοῦμεν zu συνοικοδομέω, zusammenleben • ἐκυνοδρομοῦμεν, Imperfekt zu κυνοδρομέω, mit Hunden jagen • ζητοῦντες, Partizip Präsens zu ζητέω suchen.

4.64 οἷός τε εἶναι, fähig sein • γάμους ἐπιτηδείους, Akkusativ zu γάμοι επιτήδειοι, passende Ehen • ὡς κακῶς ἀκούσας, als ob ich dich beleidigt hätte (κακῶς ἀκούειν, sich schlecht erwähnen hören) • ἀλλὰ οὐ νῦν, aber nicht jetzt, wie: „jetzt reicht es aber“ • σεσαγμένος παντάπασιν, vollbepackt, Partizip Perfekt Passiv zu σάττω τινός, bepacken mit • τὴν ψυχήν, Akkusativ der Beziehung • ἡ περίοδος, der Umlauf • ἀπετελέσθη, Aorist Passiv zu ἀποτελέω, beenden.

5. Kapitel: Ein Schönheitswettbewerb

1 Ὁ δὲ Καλλίας ἔφη· Σὺ δὲ δή, ὦ Κριτόβουλε, εἰς τὸν περὶ τοῦ κάλλους ἀγῶνα πρὸς Σωκράτην οὐκ ἀνθίστασαι; Νὴ Δί', ἔφη ὁ Σωκράτης, ἴσως γὰρ εὐδοκιμοῦντα τὸν μαστροπὸν παρὰ τοῖς κριταῖς ὁρᾷ. 2 Ἀλλ' ὅμως, ἔφη ὁ Κριτόβουλος, οὐκ ἀναδύομαι· ἀλλὰ δίδασκε, εἴ τι ἔχεις σοφόν, ὡς καλλίων εἶ ἐμοῦ. μόνον, ἔφη, τὸν λαμπτῆρα ἐγγὺς προσενεγκάτω. Εἰς ἀνάκρισιν τοίνυν σε, ἔφη, πρῶτον τῆς δίκης καλοῦμαι· ἀλλ' ἀποκρίνου. 3 Σὺ δέ γε ἐρώτα. Πότερον οὖν ἐν ἀνθρώπῳ μόνον νομίζεις τὸ καλὸν εἶναι ἢ καὶ ἐν ἄλλῳ τινί; Ἐγὼ μὲν ναὶ μὰ Δί', ἔφη, καὶ ἐν ἵππῳ καὶ βοῒ καὶ ἐν ἀψύχοις πολλοῖς. οἶδα γοῦν οὖσαν καὶ ἀσπίδα καλὴν καὶ ξίφος καὶ δόρυ. 4 Καὶ πῶς, ἔφη, οἷόν τε ταῦτα μηδὲν ὅμοια ὄντα ἀλλήλοις πάντα καλὰ εἶναι; Ἂν νὴ Δί', ἔφη, πρὸς τὰ ἔργα ὧν ἕνεκα ἕκαστα κτώμεθα εὖ εἰργασμένα ᾖ ἢ εὖ πεφυκότα πρὸς ἃ ἂν δεώμεθα, καὶ ταῦτ', ἔφη ὁ Κριτόβουλος, καλά.

5 Οἶσθα οὖν, ἔφη, ὀφθαλμῶν τίνος ἕνεκα δεόμεθα; Δῆλον, ἔφη, ὅτι τοῦ ὁρᾶν. Οὕτω μὲν τοίνυν ἤδη οἱ ἐμοὶ ὀφθαλμοὶ καλλίονες ἂν τῶν σῶν εἴησαν. Πῶς δή; Ὅτι οἱ μὲν σοὶ τὸ κατ' εὐθὺ μόνον ὁρῶσιν, οἱ δὲ ἐμοὶ καὶ τὸ ἐκ πλαγίου διὰ τὸ ἐπιπόλαιοι εἶναι, Λέγεις σύ, ἔφη, καρκίνον εὐοφθαλμότατον εἶναι τῶν ζῴων; Πάντως δήπου, ἔφη· ἐπεὶ καὶ πρὸς ἰσχὺν τοὺς ὀφθαλμοὺς ἄριστα πεφυκότας ἔχει.

6 Εἶεν, ἔφη, τῶν δὲ ῥινῶν ποτέρα καλλίων, ἡ σὴ ἢ ἡ ἐμή; Ἐγὼ μέν, ἔφη, οἶμαι τὴν ἐμήν, εἴπερ γε τοῦ ὀσφραίνεσθαι ἕνεκεν ἐποίησαν ἡμῖν ῥῖνας οἱ θεοί. οἱ μὲν γὰρ

Kallias, Kritobulos und Sokrates fragen sich im Scherz, ob sie sich in einem Schönheitswettbewerb vergleichen sollten. Ist Sokrates schöner als Kritobulos? Gibt es das Schöne nur beim Menschen? Wie kann Schönheit bei verschiedenen Dingen immer dieselbe sein (1–4)?

5.1 ὁ ἀγών, τοῦ ἀγῶνος, der Wettstreit • τὸ κάλλος, τοῦ κάλλους, die Schönheit • ἀνθίστασαι, 2. Sg. Präsens Medium zu ἀνθίσταμαι, gegen jemanden antreten, K. 97, 3 • εὐδοκιμοῦντα, Partizip Präsens zu εὐδοκιμέω, gut ankommen.

5.2 ὅμως, dennoch • ἀναδύομαι, sich zurückziehen, sich verstecken • καλλίων, Komparativ zu καλός, K. 57, 2 • τὸν λαμπτῆρα, Akkusativ zu ὁ λαμπτήρ, τοῦ λαμπτῆρος, der Leuchter ↔ λάμπειν, λαμπρός • προσενεγκάτω, 3. Sg. Imperativ Aorist zu προσφέρω, heranbringen, K. 111, 11 • εἰς ἀνάκρισιν τῆς δίκης καλοῦμαι, ich rufe zur Untersuchung des Rechtsstreites auf • ἀποκρίνου, 2. Sg. Imperativ Präsens zu ἀποκρίνομαι, antworten.

5.3 ἐρώτα, 2. Sg. Imperativ Präsens zu ἐρωτάω, fragen • βοΐ, Dativ Sg. zu ὁ βοῦς, τοῦ βοός, das Rind, K. 48, 4 • ἀσπίδα, Akkusativ Sg. zu ἡ ἀσπίς, τῆς ἀσπίδος, der Schild • ὁ ξίφος, das Schwert • τὸ δόρυ, τοῦ δόρατος, die Lanze.

5.4 πῶς οἱόν τε, wie ist es möglich? • ὧν ἕνεκα, wozu? • κτώμεθα, zu κτάομαι, erwerben • εὖ πεφυκότα, gut geartet, Partizip Perfekt zu φύομαι, K. 92; 101, 2.

Sokrates schlägt als Kriterium für die Feststellung von Schönheit die Funktionsfähigkeit vor. Diese wird für Augen, Nase, Mund und Lippen bei den Teilnehmern am Schönheitswettbewerb verglichen. Für jedes Sinnesorgan kann Sokrates die bessere Funktionsfähigkeit behaupten. Die Abstimmung wird vorbereitet, die Stimmsteine werden ausgeteilt. Kritobulos wird einstimmig als Sieger bestätigt (5–9).

5.5 τίνος ἕνεκα, wozu? • δεόμεθα, zu δέομαί τινος, etwas brauchen • εἴησαν, 3. Pl. Optativ zu εἰμί, ich bin • τὸ κατ' εὐθύ, geradeaus • τὸ ἐκπλαγίου, zur Seite hin • ἐπιπόλαιος, vorstehend • διὰ τὸ ἐπιπόλαιοι εἶναι, weil deine Augen vorstehend sind und nur geradeaus sehen, Infinitiv mit

σοὶ μυκτῆρες εἰς γῆν ὁρῶσιν, οἱ δὲ ἐμοὶ ἀναπέπτανται, ὥστε τὰς πάντοθεν ὀσμὰς προσδέχεσθαι. Τὸ δὲ δὴ σιμὸν τῆς ῥινὸς πῶς τοῦ ὀρθοῦ κάλλιον; Ὅτι, ἔφη, οὐκ ἀντιφράττει, ἀλλ᾽ ἐᾷ εὐθὺς τὰς ὄψεις ὁρᾶν ἃ ἂν βούλωνται· ἡ δὲ ὑψηλὴ ῥὶς, εἰς γῆν ὁρῶσιν, οἱ δὲ ἐμοὶ ἀναπέπτανται, ὥστε τὰς πάντοθεν ὀσμὰς προσδέχεσθαι. Τὸ δὲ δὴ σιμὸν τῆς ῥινὸς πῶς τοῦ ὀρθοῦ κάλλιον; Ὅτι, ἔφη, οὐκ ἀντιφράττει, ἀλλ᾽ ἐᾷ εὐθὺς τὰς ὄψεις ὁρᾶν ἃ ἂν βούλωνται· ἡ δὲ ὑψηλὴ ῥὶς ὥσπερ ἐπηρεάζουσα διατετείχικε τὰ ὄμματα.

7 Τοῦ γε μὴν στόματος, ἔφη ὁ Κριτόβουλος, ὑφίεμαι. εἰ γὰρ τοῦ ἀποδάκνειν ἕνεκα πεποίηται, πολὺ ἂν σὺ μεῖζον ἢ ἐγὼ ἀποδάκοις. διὰ δὲ τὸ παχέα ἔχειν τὰ χείλη οὐκ οἴει καὶ μαλακώτερόν σου ἔχειν τὸ φίλημα; Ἔοικα, ἔφη, ἐγὼ κατὰ τὸν σὸν λόγον καὶ τῶν ὄνων αἴσχιον τὸ στόμα ἔχειν. ἐκεῖνο δὲ οὐδὲν τεκμήριον λογίζῃ, ὡς ἐγὼ σοῦ καλλίων εἰμί, ὅτι καὶ Ναΐδες θεοὶ οὖσαι τοὺς Σειληνοὺς ἐμοὶ ὁμοιοτέρους τίκτουσιν ἢ σοί;

8 καὶ ὁ Κριτόβουλος, Οὐκέτι, ἔφη, ἔχω πρὸς σὲ ἀντιλέγειν, ἀλλὰ διαφερόντων, ἔφη, τὰς ψήφους, ἵνα ὡς τάχιστα εἰδῶ ὅ τι με χρὴ παθεῖν ἢ ἀποτεῖσαι. μόνον, ἔφη, κρυφῇ φερόντων· δέδοικα γὰρ τὸν σὸν καὶ Ἀντισθένους πλοῦτον μή με καταδυναστεύσῃ.

9 ἡ μὲν δὴ παῖς καὶ ὁ παῖς κρύφα ἀνέφερον. ὁ δὲ Σωκράτης ἐν τούτῳ διέπραττε τόν τε λύχνον ἀντιπροσενεγκεῖν τῷ Κριτοβούλῳ, ὡς μὴ ἐξαπατηθείησαν οἱ κριταί,

---

Artikel, K. 194 • ὁ καρκίνος, der Krebs • εὐοφθαλμώτατον, Superlativ zu εὐόφθαλμος, schönäugig • πρὸς ἰσχύν, hinsichtlich der Sehkraft, zu ἡ ἰσχύς, τῆς ἰσχύος, die Kraft • ἄριστα, am besten • πεφυκότας, Partizip Perfekt zu φύομαι, wachsen.

5.6 τῶν ῥινῶν, genitivus partitivus, zu ἡ ῥίς, τῆς ῥινός, die Nase, K. 142 • ποτέρα, welche von beiden? • καλλίων, Komparativ zu καλός • τοῦ ὀσφραίνεσθαι ἕνεκα, Infinitiv mit Artikel zu ὀσφραίνομαι, riechen • οἱ μυκτῆρες, die Nasenlöcher • ἀναπέπτανται, Perfekt Passiv zu ἀναπετάννυμι, weit öffnen, K. 105, 3 • τὰς ὀσμάς, Akkusativ Plural zu ἡ ὀσμή, der Duft • τὸ σιμόν, das nach oben Gebogene • τὸ ὀρθόν, das Gerade • ἀντιφράττει, zu ἀντιφράττω, im Weg stehen, hinderlich sein • ἐᾷ, 3. Sg. Indikativ Präsens zu ἐάω, lassen • τὰς ὄψεις, Akkusativ Plural zu ἡ ὄψις, das Sehen, das Sehvermögen • ὑψηλή zu ὑψηλός, hochragend • ὥσπερ ἐπηρεάζουσα, wie eine Bedrohung, Partizip Präsens zu ἐπηρεάζω, bedrohen • διατετείχικε, Perfekt zu διατειχίζω, durch eine Mauer trennen.

5.7 τοῦ στόματος, für den Mund, Genitivus obiectivus, K. 141 • ὑφίεμαι, einräumen, zugeben • τοῦ ἀποδάκνειν ἕνεκα, um des Abbeißens willen • ἂν ἀποδάκοις, Optativ Aorist, K. 112 • παχύς, dick • τὰ χείλη, die Lippen • μαλακώτερον, Komparativ zu μαλακός, weich • τὸ φίλημα, der Kuss • ἔοικα, ich scheine • αἴσχιον, Komparativ zu αἰσχρός, hässlich • ὁ ὄνος, der Esel • τὸ τεκμήριον, der Beweis • λογίζῃ, 2. Sg. zu λογίζομαι, halten für • ὁμοιοτέρους, Komparativ zu ὁμοῖος, ähnlich • τίκτουσιν, zu τίκτω, gebären, K. 85, 3.

5.8 οὐκέτι ἔχω, ich kann nicht mehr • διαφερόντων, 3. Pl. Imperativ Präsens, verteilen • τὰς ψήφους, Akkusativ Plural zu ἡ ψῆφος, der Stimmstein • ἵνα ὡς τάχιστα εἰδῶ, damit ich möglichst schnell weiß, K. 102, 4 • ἀποτεῖσαι, Infinitiv Aorist zu ἀποτίνω, bezahlen, K. 108, 1 • δέδοικα, ich fürchte, K. 102, 3 • καταδυναστεύσῃ, 3. Sg. Konjunktiv Aorist zu καταδυναστεύω, überwältigen.

καὶ τῷ νικήσαντι μὴ ταινίας ἀλλὰ φιλήματα ἀναδήματα παρὰ τῶν κριτῶν γενέσθαι. 10 ἐπεὶ δὲ ἐξέπεσον αἱ ψῆφοι καὶ ἐγένοντο πᾶσαι σὺν Κριτοβούλῳ, Παπαῖ, ἔφη ὁ Σωκράτης, οὐχ ὅμοιον ἔοικε τὸ σὸν ἀργύριον, ὦ Κριτόβουλε, τῷ Καλλίου εἶναι. τὸ μὲν γὰρ τούτου δικαιοτέρους ποιεῖ, τὸ δὲ σὸν ὥσπερ τὸ πλεῖστον διαφθείρειν ἱκανόν ἐστι καὶ δικαστὰς καὶ κριτάς.

5.9 κρύφα ἀνέφερον, sie führten eine heimliche Abstimmung durch • ἐν τούτῳ, währenddessen • διέπραττε, er ließ • ὁ λύχνος, die Lampe • ἀντιπροσενεγκεῖν, Infinitiv Aorist zu ἀντιπροσφέρω, vor jemand hinstellen • ἐξαπατηθείησαν, 3. Pl. Optativ Aorist Passiv zu ἐξαπατάω, betrügen • οἱ κριταί, die Richter • ταινίας, Akkusativ Plural zu ἡ ταινία, das Stirnband • φιλήματα, Küsse • ἀναδήματα, Stirnbänder.

5.10 ἐξέπεσον, Aorist zu ἐκπίπτω, herausfallen, K. 111, 9 • παπαῖ, wunderbar • διαφθείρειν, bestechen.

6. Kapitel: Gereizte Stimmung

1 Ἐκ δὲ τούτου οἱ μὲν τὰ νικητήρια φιλήματα ἀπολαμβάνειν τὸν Κριτόβουλον ἐκέλευον, οἱ δὲ τὸν κύριον πείθειν, οἱ δὲ καὶ ἄλλα ἔσκωπτον. ὁ δὲ Ἑρμογένης κἀνταῦθα ἐσιώπα. καὶ ὁ Σωκράτης ὀνομάσας αὐτόν, Ἔχοις ἄν, ἔφη, ὦ Ἑρμόγενες, εἰπεῖν ἡμῖν τί ἐστὶ παροινία; καὶ ὃς ἀπεκρίνατο· Εἰ μὲν ὅ τι ἐστὶν ἐρωτᾷς, οὐκ οἶδα· τὸ μέντοι μοι δοκοῦν εἴποιμ᾽ ἄν. 2 Ἀλλ᾽, ὃ δοκεῖ, τοῦτ᾽, ἔφη. Τὸ τοίνυν παρ᾽ οἶνον λυπεῖν τοὺς συνόντας, τοῦτ᾽ ἐγὼ κρίνω παροινίαν. Οἶσθ᾽ οὖν, ἔφη, ὅτι καὶ σὺ νῦν ἡμᾶς λυπεῖς σιωπῶν; Ἦ καὶ ὅταν λέγητ᾽; ἔφη. Οὐκ ἀλλ᾽ ὅταν διαλίπωμεν. Ἦ οὖν λέληθέ σε ὅτι μεταξὺ τοῦ ὑμᾶς λέγειν οὐδ᾽ ἂν τρίχα, μὴ ὅτι λόγον ἄν τις παρείρειε; 3 καὶ ὁ Σωκράτης, Ὦ Καλλία, ἔχοις ἄν τι, ἔφη, ἀνδρὶ ἐλεγχομένῳ βοηθῆσαι; Ἔγωγ᾽, ἔφη. ὅταν γὰρ ὁ αὐλὸς φθέγγηται, παντάπασι σιωπῶμεν. καὶ ὁ Ἑρμογένης, Ἦ οὖν βούλεσθε, ἔφη, ὥσπερ Νικόστρατος ὁ ὑποκριτὴς τετράμετρα πρὸς τὸν αὐλὸν κατέλεγεν, οὕτω καὶ ὑπὸ τοῦ αὐλοῦ ὑμῖν διαλέγωμαι;

4 καὶ ὁ Σωκράτης, Πρὸς τῶν θεῶν, ἔφη, Ἑρμόγενες, οὕτω ποίει. οἶμαι γάρ, ὥσπερ ἡ ᾠδὴ ἡδίων πρὸς τὸν αὐλόν, οὕτω καὶ τοὺς σοὺς λόγους ἡδύνεσθαι ἄν τι ὑπὸ τῶν φθόγγων, ἄλλως τε καὶ εἰ μορφάζοις, ὥσπερ ἡ αὐλητρίς, καὶ σὺ πρὸς τὰ λεγόμενα. 5 καὶ ὁ Καλλίας ἔφη· Ὅταν οὖν ὁ Ἀντισθένης ὅδ᾽ ἐλέγχῃ τινὰ ἐν τῷ συμποσίῳ, τί ἔσται τὸ αὔλημα; καὶ ὁ Ἀντισθένης εἶπε· Τῷ μὲν ἐλεγχομένῳ οἶμαι ἄν, ἔφη, πρέπειν συριγμόν.

6 Τοιούτων δὲ λόγων ὄντων ὡς ἑώρα ὁ Συρακόσιος τῶν μὲν αὑτοῦ ἐπιδειγμάτων ἀμελοῦντας, ἀλλήλοις δὲ ἡδομένους, φθονῶν τῷ Σωκράτει εἶπεν· Ἆρα σύ, ὦ Σώκρατες, ὁ φροντιστὴς ἐπικαλούμενος; Οὐκοῦν κάλλιον, ἔφη, ἢ εἰ ἀφρόντιστος

Die Symposiasten streiten scherzhaft miteinander. Sokrates fragt Hermogenes, was eine Paroinia sei und erhält zur Antwort, eine Kränkung beim Weintrinken. Er schlägt Hermogenes vor – bei der Dichte des Dialogs – unter Flötenbegleitung zu sprechen, um aus Höflichkeit nicht schweigen zu müssen (1–5).

6.1 τὰ νικητήρια φιλήματα, die Siegerküsse • ἔσκωπτον, Imperfekt zu σκώπτω, spotten • κἀνταῦθα, auch da • ἐσιώπα, Imperfekt zu σιωπάω, schweigen • ὀνομάσας αὐτόν, zu ὀνομάζω, mit Namen anreden ↔ τὸ ὄνομα, der Name • παροινία τὸ δοκοῦν, was es zu sein scheint.

6.2 τὸ παρ᾽ οἶνον λυπεῖν τοὺς συνόντας, beim Wein die Anwesenden zu kränken • ὅταν διαλίπωμεν, Konjunktiv Aorist zu διαλείπω, wenn wir ablassen • ἦ λέληθέ σε, ist dir entgangen • μεταξύ τοῦ ὑμᾶς λέγειν, zwischen das, was ihr sagt • τρίχα, Akkusativ Singular zu ἡ θρίξ, τῆς τριχός, das Haar • παρείρειε, Optativ Aorist (παρεῖρα) zu παρείρω, einschieben.

6.3 ἐλεγχομένῳ, Partizip Präsens Passiv zu ἐλέγχω, widerlegen, in die Enge treiben • ὁ αὐλός, die Flöte.

6.4 ἡδύνεσθαι, versüßt werden • ὑπὸ τῶν φθόγγων, unter den Klängen • ἄλλως τε καί, besonders • μορφάζοις, Optativ zu μορφάζω, Bewegungen machen ↔ ἡ μορφή, die Gestalt.

6.5 τὸ αὔλημα, der Flötenklang • πρέπειν, zu πρέπω, passen • συριγμόν, ein Pfeifen.

Der Syrakusaner versucht, Sokrates zu provozieren, indem er die Vermutung ausspricht, der Philosoph kümmere sich nicht um die Götter, sondern beschäftige sich mit Nutzlosem, etwa mit der Vermessung der Sprungweite von Flöhen. Sokrates bemüht sich darum, die Männer davon abzubringen, überhaupt Vergleiche anzustellen (6–10).

ἐκαλούμην. Εἰ μή γε ἐδόκεις τῶν μετεώρων φροντιστὴς εἶναι. 7 Οἶσθα οὖν, ἔφη ὁ Σωκράτης, μετεωρότερόν τι τῶν θεῶν; Ἀλλ' οὐ μὰ Δί', ἔφη, οὐ τούτων σε λέγουσιν ἐπιμελεῖσθαι, ἀλλὰ τῶν ἀνωφελεστάτων. Οὐκοῦν καὶ οὕτως ἄν, ἔφη, θεῶν ἐπιμελοίμην· ἄνωθεν μέν γε ὕοντες ὠφελοῦσιν, ἄνωθεν δὲ φῶς παρέχουσιν. εἰ δὲ ψυχρὰ λέγω, σὺ αἴτιος, ἔφη, πράγματά μοι παρέχων. 8 Ταῦτα μέν, ἔφη, ἔα· ἀλλ' εἰπέ μοι πόσους ψύλλα πόδας ἐμοῦ ἀπέχει. ταῦτα γάρ σέ φασι γεωμετρεῖν. καὶ ὁ Ἀντισθένης εἶπε· Σὺ μέντοι δεινὸς εἶ, ὦ Φίλιππε, εἰκάζειν· οὐ δοκεῖ σοι ὁ ἀνὴρ οὗτος λοιδορεῖσθαι βουλομένῳ ἐοικέναι; Ναὶ μὰ τὸν Δί', ἔφη, καὶ ἄλλοις γε πολλοῖς.

9 Ἀλλ' ὅμως, ἔφη ὁ Σωκράτης, σὺ αὐτὸν μὴ εἴκαζε, ἵνα μὴ καὶ σὺ λοιδορουμένῳ ἐοίκῃς. Ἀλλ' εἴπερ γε τοῖς πᾶσι καλοῖς καὶ τοῖς βελτίστοις εἰκάζω αὐτόν, ἐπαινοῦντι μᾶλλον ἢ λοιδορουμένῳ δικαίως ἂν εἰκάζοι μέ τις. Καὶ νῦν σύγε λοιδορουμένῳ ἔοικας, εἰ †πάντ' αὐτοῦ βελτίων† φῂς εἶναι. 10 Ἀλλὰ βούλει πονηροτέροις εἰκάζω αὐτόν; Μηδὲ πονηροτέροις. Ἀλλὰ μηδενί; Μηδενὶ μηδὲ τούτων εἴκαζε. Ἀλλ' οὐ μέντοι γε σιωπῶν οἶδα ὅπως ἄξια τοῦ δείπνου ἐργάσομαι. Καὶ ῥᾳδίως γ', ἂν ἃ μὴ δεῖ λέγειν, ἔφη, σιωπᾷς. αὕτη μὲν δὴ ἡ παροινία οὕτω κατεσβέσθη.

6.6 ἑώρα, Imperfekt zu ὁράω, sehen, K. 111, 6 • τὰ ἐπιδείγματα, die Vorführungen ↔ δείκνυμι • ἀμελοῦντας, Partizip zu ἀμελέω, vernachlässigen, sich nicht kümmern • ἀλλήλοις ἥδεσθαι, sich gegenseitig erfreuen • φθονῶν, Partizip zu φθονέω, gehässig, ärgerlich sein • ὁ φροντιστής, der Denker ↔ φρονέω, φροντίζω • τῶν μετεώρων zu τὰ μετέωρα, die höheren Dinge.

6.7 μετεωρότερόν τι, etwas Höheres • ἐπιμελεῖσθαι, zu ἐπιμελέομαί τινος, sich kümmern um • ὕοντες zu ὕω, regnen lassen • ψυχρά, kühle, nutzlose Dinge.

6.8 ἡ ψύλλα, der Floh • πόσους πόδας, wieviel Füße • γεωμετρέω, die Erde vermessen • δεινὸς εἰκάζειν, fähig zu vergleichen • λοιδορεῖσθαι, provozieren.

6.9 ὅμως, dennoch • μὴ εἴκαζε, vergleiche nicht • ἵνα μὴ καὶ σὺ λοιδορουμένῳ ἐοίκῃς, damit nicht auch du einem gleichst, der provoziert • ἐπαινοῦντι μᾶλλον ἢ λοιδορουμένῳ δικαίως ἂν εἰκάζοι μέ τις • λοιδορουμένῳ • βελτίων • φῂς.)

6.10 ἄξια τοῦ δείπνου, etwas, das einem Gastmahl angemessen ist • ἐργάσομαι, Futur zu ἐργάζομαι, tun • σιωπᾷς, Konjunktiv zu σιωπάω, verschweigen • ἡ παροινία, das Geplänkel beim Wein • κατεσβέσθη, Aorist Passiv zu κατασβέννυμι, auslöschen, K. 112.

7. Kapitel: Ankündigung einer großen Vorstellung

1 Ἐκ τούτου δὲ τῶν ἄλλων οἱ μὲν ἐκέλευον εἰκάζειν, οἱ δὲ ἐκώλυον. θορύβου δὲ ὄντος ὁ Σωκράτης αὖ πάλιν εἶπεν· Ἆρα ἐπειδὴ πάντες ἐπιθυμοῦμεν λέγειν, νῦν ἂν μάλιστα καὶ ἅμα ᾄσαιμεν; καὶ εὐθὺς τοῦτ᾽ εἰπὼν ἦρχεν ᾠδῆς.

2 ἐπεὶ δ᾽ ᾖσεν, εἰσεφέρετο τῇ ὀρχηστρίδι τροχὸς τῶν κεραμεικῶν, ἐφ᾽ οὗ ἔμελλε θαυματουργήσειν. ἔνθα δὴ εἶπεν ὁ Σωκράτης· Ὦ Συρακόσιε, κινδυνεύω ἐγώ, ὥσπερ σὺ λέγεις, τῷ ὄντι φροντιστὴς εἶναι· νῦν γοῦν σκοπῶ ὅπως ἂν ὁ μὲν παῖς ὅδε ὁ σὸς καὶ ἡ παῖς ἥδε ὡς ῥᾷστα διάγοιεν, ἡμεῖς δ᾽ ἂν μάλιστα εὐφραινοίμεθα θεώμενοι αὐτούς· ὅπερ εὖ οἶδα ὅτι καὶ σὺ βούλει. 3 δοκεῖ οὖν μοι τὸ μὲν εἰς μαχαίρας κυβιστᾶν κινδύνου ἐπίδειγμα εἶναι, ὃ συμποσίῳ οὐδὲν προσήκει. καὶ μὴν τό γε ἐπὶ τοῦ τροχοῦ ἅμα περιδινουμένου γράφειν τε καὶ ἀναγιγνώσκειν θαῦμα μὲν ἴσως τί ἐστιν, ἡδονὴν δὲ οὐδὲ ταῦτα δύναμαι γνῶναι τίν᾽ ἂν παράσχοι. οὐδὲ μὴν τό γε διαστρέφοντας τὰ σώματα καὶ τροχοὺς μιμουμένους ἥδιον ἢ ἡσυχίαν ἔχοντας τοὺς καλοὺς καὶ ὡραίους θεωρεῖν.

4 καὶ γὰρ δὴ οὐδὲ πάνυ τι σπάνιον τό γε θαυμασίοις ἐντυχεῖν, εἴ τις τούτου δεῖται, ἀλλ᾽ ἔξεστιν αὐτίκα μάλα τὰ παρόντα θαυμάζειν, τί ποτε ὁ μὲν λύχνος διὰ τὸ λαμπρὰν φλόγα ἔχειν φῶς παρέχει, τὸ δὲ χαλκεῖον λαμπρὸν ὂν φῶς μὲν οὐ ποιεῖ, ἐν αὑτῷ δὲ ἄλλα ἐμφαινόμενα παρέχεται: καὶ πῶς τὸ μὲν ἔλαιον ὑγρὸν ὂν αὔξει τὴν φλόγα, τὸ δὲ ὕδωρ, ὅτι ὑγρόν ἐστι, κατασβέννυσι τὸ πῦρ. ἀλλὰ γὰρ καὶ ταῦτα μὲν οὐκ εἰς ταὐτὸν τῷ οἴνῳ ἐπισπεύδει:

Sokrates schlägt vor, lieber gemeinsam zu singen, als gleichzeitig durcheinander zu reden. Er kommentiert weitere Maßnahmen, die die Anwesenden möglicherweise erheitern könnten, wobei er auch das Staunen über Alltägliches nicht ausschließt (1–5).

7.1 ἅμα, gleichzeitig, gemeinsam • ᾄσαιμεν, Optativ Aorist zu ᾄδω, singen • εὐθύς, sofort • ἦρχεν, Aorist zu ἄρχω τινός, beginnen mit • ἡ ᾠδή, das Lied.

7.2 ᾖσεν, Indikativ Aorist zu ᾄδω, singen • ἡ ὀρχηστρίς, τῆς ὀρχηστρίδος, die Tänzerin • τροχὸς τῶν κεραμεικῶν, eine Töpferscheibe • ἔμελλε, Imperfekt zu μέλλω, vorhaben • θαυματουργήσειν, Infinitiv Futur zu θαυματουργέω, Kunststücke vorführen • κινδυνεύω, ich scheine.

7.3 τὸ εἰς μαχαίρας κυβιστᾶν, der Schwertertanz • ὁ κίνδυνος, die Gefahr • τὸ ἐπίδειγμα, die Probe • προσήκει zu προσήκω, passen • ἅμα, gleichzeitig • περιδινουμένου, Partizip Präsens zu περιδινέομαι, sich drehen • ἀναγιγνώσκειν, lesen • θαῦμα, eine bewundernswerte Kunst ↔ θαυμάζω, bewundern • γνῶναι, Infinitiv Aorist zu γιγνώσκω, erkennen, K. 101, 2; 109, 11 • παράσχοι, Optativ Aorist zu παρέχω, bieten • διαστρέφοντας, Partizip Präsens zu διαστρέφω, drehen • τροχοὺς μιμέομαι, Räder nachahmen • ἡσυχίαν ἔχω, Ruhe halten, in Ruhe verharren • καλοὶ καὶ ὡραῖοι, schöne junge Menschen.

5 εἰ δὲ ὀρχοῖντο πρὸς τὸν αὐλὸν σχήματα ἐν οἷς Χάριτές τε καὶ Ὧραι καὶ Νύμφαι γράφονται, πολὺ ἂν οἶμαι αὐτούς γε ῥᾷον διάγειν καὶ τὸ συμπόσιον πολὺ ἐπιχαριτώτερον εἶναι. ὁ οὖν Συρακόσιος, ἀλλὰ ναὶ μὰ τὸν Δί', ἔφη, ὦ Σώκρατες, καλῶς τε λέγεις καὶ ἐγὼ εἰσάξω θεάματα ἐφ' οἷς ὑμεῖς εὐφρανεῖσθε.

7.4 οὐδέ πάνυ τι σπάνιον, auch nicht besonders selten • θαυμασίοις ἐντυχεῖν, auf bewundernswerte Vorgänge treffen • αὐτίκα μάλα, ganz unmittelbar • ὁ λύχνος, die Lampe • ἡ λαμπρὰ φλόξ, die helle Flamme • τὸ φῶς, τοῦ φωτός, das Licht • τὸ χαλκεῖον, der Spiegel aus Metall • τὸ ἔλαιον, das Öl • ὑγρός, feucht • αὔξει zu αὔξω, wie αυξάνω, vergrößern • οὐκ εἰς ταὐτόν τῷ οἴνῳ ἐπισπεύδει, es läuft nicht auf dasselbe hinaus wie der Wein, es bewirkt nicht dasselbe wie der Wein.

7.5 εἰ δὲ ὀρχοῖντο, wenn sie aber tanzen würden • τὰ σχήματα, die Figuren • διάγειν, seine Aufgabe erfüllen • ἐπιχαριτώτερον, amüsanter • εὐφρανεῖσθε, Futur zu εὐφραίνομαι ἐπί τινι, seine Freude haben an etwas.

8. Kapitel: Sokrates über den Eros

1 Ὁ μὲν δὴ Συρακόσιος ἐξελθὼν συνεκροτεῖτο· ὁ δὲ Σωκράτης πάλιν αὖ καινοῦ λόγου κατῆρχεν. Ἆρ', ἔφη, ὦ ἄνδρες, εἰκὸς ἡμᾶς παρόντος δαίμονος μεγάλου καὶ τῷ μὲν χρόνῳ ἰσήλικος τοῖς ἀειγενέσι θεοῖς, τῇ δὲ μορφῇ νεωτάτου, καὶ μεγέθει πάντα ἐπέχοντος, ψυχῇ δὲ ἀνθρώπου ἱδρυμένου, Ἔρωτος, μὴ [ἂν] ἀμνημονῆσαι, ἄλλως τε καὶ ἐπειδὴ πάντες ἐσμὲν τοῦ θεοῦ τούτου θιασῶται; 2 ἐγώ τε γὰρ οὐκ ἔχω χρόνον εἰπεῖν ἐν ᾧ οὐκ ἐρῶν τινος διατελῶ, Χαρμίδην δὲ τόνδε οἶδα πολλοὺς μὲν ἐραστὰς κτησάμενον, ἔστι δὲ ὧν καὶ αὐτὸν ἐπιθυμήσαντα· Κριτόβουλός γε μὴν ἔτι καὶ νῦν ἐρώμενος ὢν ἤδη ἄλλων ἐπιθυμεῖ.

3 ἀλλὰ μὴν καὶ ὁ Νικήρατος, ὡς ἐγὼ ἀκούω, ἐρῶν τῆς γυναικὸς ἀντερᾶται. Ἑρμογένη γε μὴν τίς ἡμῶν οὐκ οἶδεν ὡς, ὅ τι ποτ' ἐστὶν ἡ καλοκἀγαθία, τῷ ταύτης ἔρωτι κατατήκεται; οὐχ ὁρᾶτε ὡς σπουδαῖαι μὲν αὐτοῦ αἱ ὀφρύες, ἀτρεμὲς δὲ τὸ ὄμμα, μέτριοι δὲ οἱ λόγοι, πραεῖα δὲ ἡ φωνή, ἱλαρὸν δὲ τὸ ἦθος; τοῖς δὲ σεμνοτάτοις θεοῖς φίλοις χρώμενος οὐδὲν ἡμᾶς τοὺς ἀνθρώπους ὑπερορᾷ;

4 σὺ δὲ μόνος, ὦ Ἀντίσθενες, οὐδενὸς ἐρᾷς; Ναὶ μὰ τοὺς θεούς, εἶπεν ἐκεῖνος, καὶ σφόδρα γε σοῦ. καὶ ὁ Σωκράτης ἐπισκώψας ὡς δὴ θρυπτόμενος εἶπε· Μὴ νῦν μοι ἐν τῷ παρόντι ὄχλον πάρεχε· 5 ὡς γὰρ ὁρᾷς, ἄλλα πράττω. καὶ ὁ Ἀντισθένης ἔλεξεν· Ὡς σαφῶς μέντοι σὺ μαστροπὲ σαυτοῦ ἀεὶ τοιαῦτα ποιεῖς· τοτὲ μὲν τὸ δαιμόνιον προφασιζόμενος οὐ διαλέγῃ μοι, τοτὲ δ' ἄλλου του ἐφιέμενος. 6 καὶ ὁ Σωκράτης ἔφη· Πρὸς τῶν θεῶν, ὦ Ἀντίσθενες, μόνον μὴ συγκόψῃς με· τὴν δ'

Sokrates erinnert an den großen und allgegenwärtigen Gott Eros. Jeder der Anwesenden liebt einen anderen oder etwas anders (1–3).

8.1 συνεκροτεῖτο, Imperfekt Medium zu συγκροτέω, in die Hände klatschen • εἰκός, es ist recht und billig • ἡμᾶς μὴ ἂν ἀμνημονῆσαι, dass wir nicht unerwähnt lassen, ... nicht denken an, τινός • τῷ χρόνῳ, der Zeit nach, ἰσήλικος, gleichaltrig • ἀειγενής, ewig • τῇ μορφῇ, der äußeren Erscheinung nach • νεωτάτου, Superlativ zu νέος, jung • ἱδρυμένου, Partizip Perfekt zu ἱδρύομαι, sich niederlassen • οἱ θιασῶται, die Anhänger.

8.2 οὐκ ἔχω χρόνον εἰπεῖν ich kann nämlich keinen Zeitpunkt nennen, ἐν ᾧ, ἐρῶν διατελῶ, ununterbrochen liebe, prädikatives Partizip, K. 198 • ich weiß nämlich auch, dass Charmides hier viele Liebhaber erworben hat, nach denen er sich manchmal auch selbst sehnte.

8.3 ἀντερᾶται zu ἀντεράω wiederlieben • κατατήκεται zu κατατήκομαι, sich hinreißen lassen • σπουδαῖος, ernst • αἱ ὀφρύες, die Augenbrauen • ἀτρεμής, unerschrocken • τὸ ὄμμα, der Blick ↔ ὁράω, K. 111, 6 • μέτριος, abgewogen ↔ τὸ μέτρον • πραεῖα, zu πραΰς, sanft • ἡ φωνή, die Stimme • ἱλαρός, entspannt • τὸ ἦθος, die Haltung • ὑπερορᾷ zu ὑπεροράω, übersehen.

Antisthenes liebt Sokrates. Dies scheint eine komplizierte Beziehung zu sein. Sokrates spricht über Kallias' stadtbekannte Liebe zu Autolykos und behauptet, der Charakter des Liebhabers könne am Charakter des Geliebten erkannt werden: Was liebt man, wenn man liebt? (4–8).

8.4 ἐπισκώψας, Partizip Aorist zu ἐπισκώπτω, scherzen • θρυπτόμενος, Partizip Präsens Passiv zu θρύπτω, peinlich berühren • ἐν τῷ παρόντι, im Augenblick • ὁ ὄχλος, die Last • πάρεχε, Imperativ zu παρέχω, bereiten, auferlegen.

8.5 σαφῶς, deutlich • σὺ μαστροπὲ σαυτοῦ, du Kuppler deiner selbst • τὸ δαιμόνιον, die göttliche Stimme • προφασιζόμενος, Partizip zu προφασίζομαι, vorschieben • διαλέγῃ, zu διαλέγομαί τινι, mit jemand sprechen • ἐφιέμενος, Partizip zu ἐφίεμαί τινος, etwas vorhaben.

ἄλλην χαλεπότητα ἐγώ σου καὶ φέρω καὶ οἴσω φιλικῶς. ἀλλὰ γάρ, ἔφη, τὸν μὲν σὸν ἔρωτα κρύπτωμεν, ἐπειδὴ καὶ ἔστιν οὐ ψυχῆς ἀλλ᾽ εὐμορφίας τῆς ἐμῆς.

7 ὅτι γε μὴν σύ, ὦ Καλλία, ἐρᾷς Αὐτολύκου πᾶσα μὲν ἡ πόλις οἶδε, πολλοὺς δ᾽ οἶμαι καὶ τῶν ξένων τούτου δ᾽ αἴτιον τὸ πατέρων τε ὀνομαστῶν ἀμφοτέρους ὑμᾶς εἶναι καὶ αὐτοὺς ἐπιφανεῖς. 8 ἀεὶ μὲν οὖν ἔγωγε ἠγάμην τὴν σὴν φύσιν, νῦν δὲ καὶ πολὺ μᾶλλον, ἐπεὶ ὁρῶ σε ἐρῶντα οὐχ ἁβρότητι χλιδαινομένου οὐδὲ μαλακίᾳ θρυπτομένου, ἀλλὰ πᾶσιν ἐπιδεικνυμένου ῥώμην τε καὶ καρτερίαν καὶ ἀνδρείαν καὶ σωφροσύνην. τὸ δὲ τοιούτων ἐπιθυμεῖν τεκμήριόν ἐστι τῆς τοῦ ἐραστοῦ φύσεως.

9 εἰ μὲν οὖν μία ἐστὶν Ἀφροδίτη ἢ διτταί, Οὐρανία τε καὶ Πάνδημος, οὐκ οἶδα· καὶ γὰρ Ζεὺς ὁ αὐτὸς δοκῶν εἶναι πολλὰς ἐπωνυμίας ἔχει· ὅτι γε μέντοι χωρὶς ἑκατέρᾳ βωμοί τε καὶ ναοί εἰσι καὶ θυσίαι τῇ μὲν Πανδήμῳ ῥᾳδιουργότεραι, τῇ δὲ Οὐρανίᾳ ἁγνότεραι, οἶδα. 10 εἰκάσαις δ᾽ ἂν καὶ τοὺς ἔρωτας τὴν μὲν Πάνδημον τῶν σωμάτων ἐπιπέμπειν, τὴν δ᾽ Οὐρανίαν τῆς ψυχῆς τε καὶ τῆς φιλίας καὶ τῶν καλῶν ἔργων. ὑφ᾽ οὗ δὴ καὶ σύ, ὦ Καλλία, κατέχεσθαι μοι δοκεῖς ἔρωτος. 11 τεκμαίρομαι δὲ τῇ τοῦ ἐρωμένου καλοκἀγαθίᾳ καὶ ὅτι σε ὁρῶ τὸν πατέρα αὐτοῦ παραλαμβάνοντα εἰς τὰς πρὸς τοῦτον συνουσίας. οὐδὲν γὰρ τούτων ἐστὶν ἀπόκρυφον πατρὸς τῷ καλῷ τε κἀγαθῷ ἐραστῇ. 12 καὶ ὁ Ἑρμογένης εἶπε· Νὴ τὴν

8.6 μόνον μὴ συκόψῃς με, prügle nur nicht auf mich ein, verneinter Konjunktiv Aorist als Prohibitivus, K. 170, 3 • χαλεπότητα, Akkusativ zu ἡ χαλεπότης, τῆς χαλεπότητος, die Schwierigkeit, die Strenge • οἴσω, Futur zu φέρω, K. 111, 11 • φιλικῶς, freundschaftlich • κρύπτωμεν, Konjunktiv im Hauptsatz als Adhortativus zu κρύπτω, verbergen, K. 170 • ἔστιν, Betonung auf der ersten Silbe, K. 103, 3b: die Liebe ist gerichtet auf meine körperliche Schönheit, εὐμορφίας ἐμῆς, Genitivus obiectivus, K. 141.

8.7 τούτου αἴτιον, Grund dafür • πατέρων ὀνομαστῶν, Genitivus possessoris, K. 140 • ὀνομαστός, bekannt • ἐπιφανής, prominent.

8.8 ἠγάμην, Imperfekt zu ἄγαμαι, bewundern, K. 100, 4 • ἡ ἁβρότης, τῆς ἁβρότητος, die Weichlichkeit • χλιδαινομένου, Partizip zu χλιδαίνομαι, ein Genussleben führen • ἡ μαλακία, die Schlaffheit • θρυπτομένου, Partizip zu θρύπτομαι, zerbröseln, kraftlos werden • ἡ ῥώμη, die Stärke, ἡ καρτερία, die Selbstbeherrschung, ἡ ἀνδρεία, die Tapferkeit, ἡ σωφροσύνη, die Besonnenheit • τοῦ ἐραστοῦ, Genitiv zu ὁ ἐραστής, der Liebhaber.

Sokrates spricht über die doppelte Aphrodite, über die irdische und himmlische Liebe, er lobt Autolykos' Tugendhaftigkeit und behauptet, dass die Liebe zur Seele viel stärker sei als die zum Körper (9–12).

8.9 εἰ, ob • μία ἢ διτταί, eine einzige oder zwei • Οὐρανία τε καὶ Πάνδημος, eine himmlische und eine allgemeine • ἐπωνυμίας, Akkusativ Plural zu ἡ ἐπωνυμία, der Beiname • ἑκατέρᾳ, für jede von beiden • χωρίς, getrennt • βωμοί, Altäre, ναοί, Tempel, θυσίαι, Opfer • ῥᾳδιουργότεραι, Komparativ zu ῥᾳδιουργός, weniger streng • ἁγνότεραι, Komparativ zu ἁγνός, heilig.

8.10 εἰκάσαις ἄν, Optativ Aorist als Potentialis zu εἰκάζω, vermuten • τοὺς ἔρωτας τῶν σωμάτων, das Verlangen nach Körpern • τοὺς ἔρωτας τῆς ψυχῆς, τῆς φιλίας καὶ τῶν καλῶν ἔργων, das Verlangen nach der Seele, der Freundschaft und den guten Taten • ἀφ᾽ οὗ ἔρωτος, von dieser Liebe • κατέχεσθαι, ergriffen werden.

8.11 τεκμαίρομαι, entnehmen, erschließen • ἐρωμένου, Partizip Präsens Passiv zu ἐράω, lieben • ἡ καλοκἀγαθία, die Tugendhaftigkeit • παραλαμβάνοντα, Partizip zu παραλαμβάνω, hinzuziehen • συνουσίας, Akkusativ Plural zu ἡ συνουσία, das Treffen • ἀπόκρυφός τινος, verborgen, heimlich vor • τῷ καλῷ κἀγαθῷ ἐραστῇ, für den Liebhaber, Dativus relationis, K. 154, 3.

Ἥραν, ἔφη, ὦ Σώκρατες, ἄλλα τέ σου πολλὰ ἄγαμαι καὶ ὅτι νῦν ἅμα χαριζόμενος Καλλίᾳ καὶ παιδεύεις αὐτὸν οἷόνπερ χρὴ εἶναι. Νὴ Δί', ἔφη, ὅπως δὲ καὶ ἔτι μᾶλλον εὐφραίνηται, βούλομαι αὐτῷ μαρτυρῆσαι ὡς καὶ πολὺ κρείττων ἐστὶν ὁ τῆς ψυχῆς ἢ ὁ τοῦ σώματος ἔρως.

13 ὅτι μὲν γὰρ δὴ ἄνευ φιλίας συνουσία οὐδεμία ἀξιόλογος πάντες ἐπιστάμεθα. φιλεῖν γε μὴν τῶν μὲν τὸ ἦθος ἀγαμένων ἀνάγκη ἡδεῖα καὶ ἐθελουσία καλεῖται· τῶν δὲ τοῦ σώματος ἐπιθυμούντων πολλοὶ μὲν τοὺς τρόπους μέμφονται καὶ μισοῦσι τῶν ἐρωμένων· 14 ἂν δὲ καὶ ἀμφότερα στέρξωσι, τὸ μὲν τῆς ὥρας ἄνθος ταχὺ δήπου παρακμάζει, ἀπολείποντος δὲ τούτου ἀνάγκη καὶ τὴν φιλίαν συναπομαραίνεσθαι, ἡ δὲ ψυχὴ ὅσονπερ ἂν χρόνον ἴῃ ἐπὶ τὸ φρονιμώτερον καὶ ἀξιεραστοτέρα γίγνεται.

15 καὶ μὴν ἐν μὲν τῇ τῆς μορφῆς χρήσει ἔνεστί τις καὶ κόρος, ὥστε ἅπερ καὶ πρὸς τὰ σιτία διὰ πλησμονήν, ταῦτα ἀνάγκη καὶ πρὸς τὰ παιδικὰ πάσχειν· ἡ δὲ τῆς ψυχῆς φιλία διὰ τὸ ἁγνὴ εἶναι καὶ ἀκορεστοτέρα ἐστίν, οὐ μέντοι, ὥς γ' ἄν τις οἰηθείη, διὰ τοῦτο καὶ ἀνεπαφροδιτοτέρα, ἀλλὰ σαφῶς καὶ ἀποτελεῖται ἡ εὐχὴ ἐν ᾗ αἰτούμεθα τὴν θεὸν ἐπαφρόδιτα καὶ ἔπη καὶ ἔργα διδόναι.

16 ὡς μὲν γὰρ ἄγαταί τε καὶ φιλεῖ τὸν ἐρώμενον θάλλουσα μορφῇ τε ἐλευθερίᾳ καὶ ἤθει αἰδήμονί τε καὶ γενναίῳ ψυχὴ εὐθὺς ἐν τοῖς ἥλιξιν ἡγεμονική τε ἅμα καὶ φιλόφρων οὖσα οὐδὲν ἐπιδεῖται λόγου· ὅτι δὲ εἰκὸς καὶ ὑπὸ τῶν παιδικῶν τὸν τοιοῦτον ἐραστὴν ἀντιφιλεῖσθαι, καὶ τοῦτο διδάξω.

8.12 νὴ τὴν Ἥραν, ja, bei der Hera • σου πολλὰ ἄγαμαι, an dir bewundere ich vieles • ἅμα, zugleich • χαριζόμενος, Partizip Präsens zu χαρίζομαι, freundliche Worte finden • οἷόνπερ χρὴ εἶναι, wie man sein muss • ὅπως μᾶλλον εὐφραίνηται, damit er sich noch mehr freut • μαρτυρῆσαι, Infinitiv Aorist zu μαρτυρέω, bezeugen, beweisen.

Sokrates spricht hier über unterschiedliche Erscheinungsformen der Liebe. Das Gemeinsame dieser verschiedenen Formen der Liebe ist ihre gemeinschaftsbildende Wirkung. Ohne Liebe gibt es keine Gemeinschaft. Liebe hat Bestand, wenn sie über die körperliche Anziehungskraft hinaus als seelische Liebe gelebt wird. Dann kennt sie keine Sättigung und bleibt von Fürsorge und Vertrauen getragen.

8.13 συνουσία ἀξιόλογος, eine nennenwerte Gemeinschaft • τὸ ἦθος, der Charakter • ἐθελουσία, zu ἐθελούσιος, gewollt • τοὺς τρόπους, zu ὁ τρόπος, die Umgangsform • μέμφονται, zu μέμφομαι, tadeln • μισοῦσι, zu μισέω, hassen.

8.14 ἂν ἀμφότερα στέρξωσιν, Konjunktiv Aorist zu στέργω, lieben • τὸ τῆς ὥρας ἄνθος, die Blüte der Jugend • παρακμάζει, zu παρακμάζω, verblühen • συναπομαραίνεσθαι, zu συναπομαραίνομαι, zugleich verwelken • ὅσονπερ ἂν χρόνον, solange • ἴῃ, Konjunktiv zu εἶμι, gehen werden, sich entwickeln, K. 103, 2 • ἐπὶ τὸ φρονιμώτερον, zum Vernünftigeren hin • ἀξιεραστοτέρα, liebenswerter.

8.15 ἐν τῆς μορφῆς χρήσει, beim Umgang mit dem Körper • ὁ κόρος, die Sättigung • πρὸς τὰ σιτία, gegenüber den Speisen • ἡ πλησμοσύνη, die Sättigung • πρὸς τά παιδικά, den Partnern gegenüber • πάσχω, erleben, K. 111, 7 • διὰ τὸ ἁγνὴ εἶναι, Infinitiv mit Artikel, weil sie rein ist, K. 194 • ἀκορεστοτέρα, Komparativ zu ἀκόρεστος, übersättigt • οἰηθείη, Optativ Aorist zu οἴομαι, glauben • ἀνεπαφροδιτοτέρα, Komparativ zu ἀνεπαφρόδιτος, ohne Liebreiz • σαφῶς, offensichtlich • ἀποτελεῖται ἡ εὐχή, das Gebet wird erhört • αἰτούμεθα, wir bitten darum • ἐπαφρόδιτα ἔπη καὶ ἔργα, liebevolle Worte und Taten.

8.16 θάλλουσα, Partizip zu θάλλω, Kraft entfalten • ἡ μορφή, der Körper • ἐλευθέριος, edel • τὸ ἦθος, der Charakter • αἰδήμονι, Dativ Singular zu αἰδήμων, rücksichtsvoll • γενναῖος, vornehm • εὐθύς, sofort • ὁ ἧλιξ, τοῦ ἥλικος, der Altersgenosse • ἡγεμονικός, führend • φιλόφρων, gut-

17 πρῶτον μὲν γὰρ τίς μισεῖν δύναιτ᾽ ἂν ὑφ᾽ οὗ εἰδείη καλός τε καὶ ἀγαθὸς νομιζόμενος; ἔπειτα δὲ ὁρῴη αὐτὸν τὰ τοῦ παιδὸς καλὰ μᾶλλον ἢ τὰ ἑαυτοῦ ἡδέα σπουδάζοντα; πρὸς δὲ τούτοις πιστεύοι μήτ᾽ ἂν †παρά τι ποιήσῃ† μήτ᾽ ἂν καμὼν ἀμορφότερος γένηται, μειωθῆναι ἂν τὴν φιλίαν;

18 οἷς γε μὴν κοινὸν τὸ φιλεῖσθαι, πῶς οὐκ ἀνάγκη τούτους ἡδέως μὲν προσορᾶν ἀλλήλους, εὐνοϊκῶς δὲ διαλέγεσθαι, πιστεύειν δὲ καὶ πιστεύεσθαι, καὶ προνοεῖν μὲν ἀλλήλων, συνήδεσθαι δ᾽ ἐπὶ ταῖς καλαῖς πράξεσι, συνάχθεσθαι δὲ ἄν τι σφάλμα προσπίπτῃ, τότε δ᾽ εὐφραινομένους διατελεῖν, ὅταν ὑγιαίνοντες συνῶσιν, ἂν δὲ κάμῃ ὁπότερος οὖν, πολὺ συνεχεστέραν τὴν συνουσίαν ἔχειν, καὶ ἀπόντων ἔτι μᾶλλον ἢ παρόντων ἐπιμελεῖσθαι; οὐ ταῦτα πάντα ἐπαφρόδιτα; διά γέ τοι τὰ τοιαῦτα ἔργα ἅμα ἐρῶντες τῆς φιλίας καὶ χρώμενοι αὐτῇ εἰς γῆρας διατελοῦσι.

19 τὸν δὲ ἐκ τοῦ σώματος κρεμάμενον διὰ τί ἀντιφιλήσειεν ἂν ὁ παῖς; πότερον ὅτι ἑαυτῷ μὲν νέμει ὧν ἐπιθυμεῖ, τῷ δὲ παιδὶ τὰ ἐπονειδιστότατα; ἢ διότι ἃ σπεύδει πράττειν παρὰ τῶν παιδικῶν, εἴργει μάλιστα τοὺς οἰκείους ἀπὸ τούτων; 20 καὶ μὴν ὅτι γε οὐ βιάζεται, ἀλλὰ πείθει, διὰ τοῦτο μᾶλλον μισητέος. ὁ μὲν γὰρ βιαζόμενος ἑαυτὸν πονηρὸν ἀποδεικνύει, ὁ δὲ πείθων τὴν τοῦ ἀναπειθομένου ψυχὴν διαφθείρει.

---

artig • ἐπιδεῖται, zu ἐπιδέομαί τινος, einer Sache bedürfen • εἰκός, es versteht sich von selbst • ἀντιφιλέομαι, wiedergeliebt werden • διδάξω, Futur zu διδάσκω, lehren, darlegen.

8.17 τίς μισεῖν δύναιτ᾽ ἂν ὑφ᾽ οὗ εἰδείη, Optativ mit ἄν als Potentialis • νομιζόμενος, Partizip Präsens Passiv zu νομίζω, halten für • ἔπειτα δὲ ὁρῴη, Optativ Präsens zu ὁράω, und dann auch noch sehen würde • σπουδάζοντα, Partizip Präsens zu σπουδάζω, sich einsetzen für, sich kümmern um • ἂν παρά τι ποιήσῃ, wenn er an etwas vorbei handelt, etwas falsch macht • καμών, Partizip Aorist zu κάμνω, krank werden, K. 108, 3 • ἀμορφότερος, Komparativ zu ἄμορφος, hässlich • μειωθῆναι, Infinitiv Aorist Passiv zu μειόω, verringern, verkleinern.

8.18 οἷς γε μήν, wem jedenfalls • κοινός, gemeinsam • τὸ φιλεῖσθαι, das Geliebtwerden • ἡδέως προσορᾶν ἀλλήλους, sich gegenseitig gern ansehen • εὐνοικῶς, freundlich • προνοεῖν ἀλλήλων, für einander sorgen • συνήδομαι ἐπί τινι, sich gemeinsam freuen über etwas • συνάχθεσθαι, sich gemeinsam ärgern • τὸ σφάλμα, der Fehlschlag, der Unfall ↔ σφάλλω, zu Fall bringen, σφάλλομαι, sich täuschen, K. 86, 3 • προσπίπτω, passieren, K. 111, 9 • εὐφραινομένους, Partizip zu εὐφραίνομαι, Freunde empfinden • διατελέω, mit prädikativem Partizip, etwas fortwährend tun, K. 198 • ὑγιαίνοντες, Partizip zu ὑγιαίνω, gesund sein • συνῶσιν, Konjunktiv zu σύνειμι, zusammensein • ὁπότερος, welcher, einer von beiden • κάμῃ, Konjunktiv Aorist zu κάμνω, krank werden • συνεχεστέραν, Komparativ zu συνεχής, fest • ἡ συνουσία, die Gemeinschaft • ἐπιμελεῖσθαι, zu ἐπιμελέομαί τινος, sich Sorgen machen um jemanden • ἐπαφρόδιτα, Zeichen der Liebe • εἰς γῆρας, bis ins hohe Alter.

8.19 ὁ ἐκ τοῦ σώματος κρεμάμενος, Partizip zu κρέμαμαι, κρεμάννυμι, ἔκ τινος, sich hängen an etwas, K. 105, 2 • ἀντιφιλήσειεν ἄν, Optativ Aorist als Potentialis zu ἀντιφιλέω, wiederlieben • πότερον ... ἤ, entweder ... oder • ἑαυτῷ νέμω, sich selbst zuteilen • ὧν ἐπιθυμεῖ, was er begehrt, Attraktion des Relativum, K. 126, 2 • τὰ ἐπονειδιστότατα, Superlativ zu ἐπονείδιστος, schändlich • ἃ σπεύδει πράττειν παρά τινος, was er sich beeilt, von jemandem zu verlangen • εἴργω ἀπό τινος, fernhalten von jemand.

8.20 καὶ μὴν ὅτι γε, und besonders weil • βιάζομαι, Zwang ausüben • μισητέος, hassenswert.

Körperliche Anziehung ist noch keine Liebe, und Prostitution ist keine Grundlage für Liebe, weil die seelische Nähe fehlt und sie nicht von Dauer ist. Der Mythos bietet nur selten Beispiele für gute Liebesbeziehungen.

21 ἀλλὰ μὴν καὶ ὁ χρημάτων γε ἀπεμπολῶν τὴν ὥραν τί μᾶλλον στέρξει τὸν πριάμενον ἢ ὁ ἐν ἀγορᾷ πωλῶν καὶ ἀποδιδόμενος; οὐ μὴν ὅτι γε ὡραῖος ἀώρῳ, οὐδὲ ὅτι γε καλὸς οὐκέτι καλῷ καὶ ἐρῶντι οὐκ ἐρῶν ὁμιλεῖ, φιλήσει αὐτόν. οὐδὲ γὰρ ὁ παῖς τῷ ἀνδρὶ ὥσπερ γυνὴ κοινωνεῖ τῶν ἐν τοῖς ἀφροδισίοις εὐφροσυνῶν, ἀλλὰ νήφων μεθύοντα ὑπὸ τῆς ἀφροδίτης θεᾶται.

22 ἐξ ὧν οὐδὲν θαυμαστὸν εἰ καὶ τὸ ὑπερορᾶν ἐγγίγνεται αὐτῷ τοῦ ἐραστοῦ. καὶ σκοπῶν δ᾽ ἄν τις εὕροι ἐκ μὲν τῶν διὰ τοὺς τρόπους φιλουμένων οὐδὲν χαλεπὸν γεγενημένον, ἐκ δὲ τῆς ἀναιδοῦς ὁμιλίας πολλὰ ἤδη καὶ ἀνόσια πεπραγμένα. 23 ὡς δὲ καὶ ἀνελεύθερος ἡ συνουσία τῷ τὸ σῶμα μᾶλλον ἢ τῷ τὴν ψυχὴν ἀγαπῶντι, νῦν τοῦτο δηλώσω.

ὁ μὲν γὰρ παιδεύων λέγειν τε ἃ δεῖ καὶ πράττειν δικαίως ἂν ὥσπερ Χείρων καὶ Φοῖνιξ ὑπ᾽ Ἀχιλλέως τιμῷτο, ὁ δὲ τοῦ σώματος ὀρεγόμενος εἰκότως ἂν ὥσπερ πτωχὸς περιέποιτο. ἀεὶ γάρ τοι προσαιτῶν καὶ προσδεόμενος ἢ φιλήματος ἢ ἄλλου τινὸς ψηλαφήματος παρακολουθεῖ. 24 εἰ δὲ λαμυρώτερον λέγω, μὴ θαυμάζετε· ὅ τε γὰρ οἶνος συνεπαίρει καὶ ὁ ἀεὶ σύνοικος ἐμοὶ ἔρως κεντρίζει εἰς τὸν ἀντίπαλον ἔρωτα αὐτῷ παρρησιάζεσθαι.

25 καὶ γὰρ δὴ δοκεῖ μοι ὁ μὲν τῷ εἴδει τὸν νοῦν προσέχων μεμισθωμένῳ χῶρον ἐοικέναι. οὐ γὰρ ὅπως πλείονος ἄξιος γένηται ἐπιμελεῖται, ἀλλ᾽ ὅπως αὐτὸς ὅτι πλεῖστα ὡραῖα καρπώσεται. ὁ δὲ τῆς φιλίας ἐφιέμενος μᾶλλον ἔοικε τῷ τὸν οἰκεῖον ἀγρὸν κεκτημένῳ· πάντοθεν γοῦν φέρων ὅ τι ἂν δύνηται πλείονος ἄξιον ποιεῖ τὸν ἐρώμενον. 26 καὶ μὴν καὶ τῶν παιδικῶν ὃς μὲν ἂν εἰδῇ ὅτι ὁ τοῦ εἴδους ἐπαρκῶν

8.21 χρημάτων ἀπεμπολῶν, Partizip zu ἀπεμπολάω, für Geld verkaufen • ἡ ὥρα, die Jugend • ὁ πριάμενος, der Käufer • πωλῶν, Partizip zu πωλέω, verkaufen • ἀποδιδόμενος, zu ἀποδίδομαι, ausstellen • ὡραῖος, jung • ἄωρος, nicht jung, hässlich • ὁμιλεῖ zu ὁμιλέω τινί, Umgang haben mit jemand • κοινωνέω τινός, teilhaben an etwas • τὰ ἀφροδίσια, der Liebesgenuss • ἡ εὐφροσύνη, die Freude • νήφων, nüchtern • μεθύοντα, Partizip zu μεθύω, betrunken sein • ὑπὸ τῆς ἀφροδίτης, vom Liebesrausch.

8.22 ἐξ ὧν, daher • τὸ ὑπερορᾶν τινος, das Gefühl der Verachtung für jemanden • σκοπῶν, Partizip zu σκοπέω, genau hinsehen • δ᾽ ἄν τις εὕροι, Optativ Aorist als Potentialis zu εὑρίσκω, finden, K. 109, 6 • οἱ τρόποι, das Verhalten, der Charakter • γεγενημένον, Partizip Perfekt zu γίγνομαι, entstehen, hervorgehen, K. 110, 7 • ἐκ δὲ τῆς ἀναιδοῦς ὁμιλίας, zu ἡ ἀναιδὴς ὁμιλία, das schamlose Verhältnis • ἀνόσιος, gottlos • πεπραγμένα, Perfekt Passiv zu πράττω, tun, machen, K. 96, 13.

8.23 ἀνελεύθερος, unwürdig • ἀγαπῶντι, Partizip Präsens zu ἀγαπάω, lieben • δηλώσω, Futur zu δηλόω, zeigen • δικαίως ἂν τιμῷτο, er dürfte mit Recht verehrt werden • ὀρεγόμενος, Partizip zu ὀρέγομαί τινος, Verlangen haben nach etwas • εἰκότως, selbstverständlich • ὁ πτωχός, der Bettler • περιέποιτο, Optativ Präsens Passiv zu περιέπω, behandeln • προσαιτῶν, Partizip zu προσαιτέω, verlangen • προσδεόμενος, Partizip zu προσδέομαί τινος, etwas brauchen • τὸ φίλημα, der Kuss • τὸ ψηλάφημα, die Berührung • παρακολουθεῖ, zu παρακολουθέω, begleiten, Begleiter sein.

8.24 λαμυρώτερον, Komparativ zu λαμυρός, schlüpfrig • συνεπαίρει zu συνεπαίρω, erheben, antreiben • ὁ ἀεὶ σύνοικος ἐμοὶ ἔρως, der Eros, der stets mit mir zusammen ist • κεντίζει zu κεντίζω, anspornen • εἰς τὸν ἀντίπαλον ἔρωτα αὐτῷ • im Blick auf den ihm entgegengesetzten Eros • παρρησιάζεσθαι zu παρρησιάζομαι, frei reden ↔ ἡ παρρησία, die Redefreiheit.

8.25 τῷ εἴδει, Dativ Singular zu τὸ εἶδος, die äußere Erscheinung • τὸν νοῦν προσέχων, zu τὸν νοῦν προσέχω τινί, seine Aufmerksamkeit richten auf etwas • μεμισθωμένῳ, Partizip Perfekt Medium zu μισθόομαι, pachten • τὸ χῶρον, das Stück Land • ἐοικέναι, Infinitiv zu ἔοικα, gleichen,

ἄρξει τοῦ ἐραστοῦ, εἰκὸς αὐτὸν τἆλλα ῥᾳδιουργεῖν· ὃς δ᾽ ἂν γιγνώσκῃ ὅτι ἂν μὴ καλὸς κἀγαθὸς ᾖ, οὐ καθέξει τὴν φιλίαν, τοῦτον προσήκει μᾶλλον ἀρετῆς ἐπιμελεῖσθαι.

27 μέγιστον δ᾽ ἀγαθὸν τῷ ὀρεγομένῳ ἐκ παιδικῶν φίλον ἀγαθὸν ποιήσασθαι ὅτι ἀνάγκη καὶ αὐτὸν ἀσκεῖν ἀρετήν. οὐ γὰρ οἷόν τε πονηρὰ αὐτὸν ποιοῦντα ἀγαθὸν τὸν συνόντα ἀποδεῖξαι, οὐδέ γε ἀναισχυντίαν καὶ ἀκρασίαν παρεχόμενον ἐγκρατῆ καὶ αἰδούμενον τὸν ἐρώμενον ποιῆσαι.

28 ἐπιθυμῶ δέ σοι, ἔφη, ὦ Καλλία, καὶ μυθολογῆσαι ὡς οὐ μόνον ἄνθρωποι ἀλλὰ καὶ θεοὶ καὶ ἥρωες τὴν τῆς ψυχῆς φιλίαν περὶ πλείονος ἢ τὴν τοῦ σώματος χρῆσιν ποιοῦνται. 29 Ζεύς τε γὰρ ὅσων μὲν θνητῶν οὐσῶν μορφῆς ἠράσθη, συγγενόμενος εἴα αὐτὰς θνητὰς εἶναι· ὅσων δὲ ψυχαῖς ἀγαθαῖς ἀγασθείη, ἀθανάτους τούτους ἐποίει· ὧν Ἡρακλῆς μὲν καὶ Διόσκουροί εἰσι, λέγονται δὲ καὶ ἄλλοι. 30 καὶ ἐγὼ δέ φημι καὶ Γανυμήδην οὐ σώματος ἀλλὰ ψυχῆς ἕνεκα ὑπὸ Διὸς εἰς Ὄλυμπον ἀνενεχθῆναι. μαρτυρεῖ δὲ καὶ τοὔνομα αὐτοῦ· ἔστι μὲν γὰρ δήπου καὶ Ὁμήρῳ γάνυται δέ τ᾽ ἀκούων (Hom. Il. 20, 405). τοῦτο δὲ φράζει ὅτι ἥδεται δέ τ᾽ ἀκούων. ἔστι δὲ καὶ ἄλλοθί που πυκινὰ φρεσὶ μήδεα εἰδώς (Hom. Il. 17, 325). τοῦτο δ᾽ αὖ λέγει σοφὰ φρεσὶ βουλεύματα εἰδώς. ἐξ οὖν συναμφοτέρων τούτων

K. 88, 3 • ὅπως γένηται, Finalsatz, K. 178 • πλείονος ἄξιος, wertvoller, Genitivus pretii, K. 149 • ὅτι πλεῖστα ὡραῖα, ein möglichst hoher Ertrag • καρπώσηται, Konjunktiv Aorist zu καρπόομαι, ernten, Gewinn erzielen • ἐφιέμενος, Partizip zu ἐφίεμαί τινος, streben nach etwas • πάντοθεν, von überall her.

8.26 ὁ παιδικός, der Liebling • εἰδῇ, Konjunktiv zu οἶδα, wissen, K.102, 4 • τοῦ εἴδους, Genitiv Singular zu τὸ εἶδος, das Aussehen • ἐπαρκέω τινός, genug haben an etwas • ἄρξει, Futur zu ἄρχω, beherrschen, K. 96, 15 • εἰκός, es ist wahrscheinlich • τἆλλα, ansonsten • ῥᾳδιουργεῖν, zu ῥᾳδιουργέω, übermütig sein • καθέξει, Futur zu κατέχω, festhalten, erhalten • προσήκει, es gehört sich, kommt zu, ist notwendig • ἐπιμελέομαί τινος, sich kümmern um etwas.

8.27 ὀρεγομένῳ, Partizip zu ὀρέγομαι, den Wunsch haben • ἐκ παιδικῶν φίλον ποιήσασθαι, aus einem Geliebten einen Freund machen • ἡ ἀνάγκη, der Zwang • ἀσκεῖν ἀρετήν, die Tugend üben • οὐ γὰρ οἷόν τε, es ist nämlich nicht möglich • τὸν συνόντα, Akkusativ zu ὁ συνών, der Mitmensch • ἀποδεῖξαι, Infinitiv Aorist zu ἀποδείκνυμι, zeigen, erweisen als, K. 104 • ἡ ἀναισχυντία, die Schamlosigkeit ↔ αἰσχύνομαι, sich schämen, αἰσχρός schändlich, hässlich • ἡ ἀκρασία, Unbeherrschtheit • ἐγκρατῆ, Akkusativ Singular zu ἐγκρατής, beherrscht • αἰδούμενον, Partizip zu αἰδέομαι, anständig sein, Achtung haben.

Sokrates interpretiert einige Mythen: Auch die Götter schätzen seelische Beziehungen höher als körperliche, so sagt er, Zeus lasse die Menschen, die er wegen ihrer körperlichen Reize liebe, sterblich bleiben, während er diejenigen, die er wegen ihrer schönen Seelen bewundere, unsterblich mache. Auch Ganymed wurde daher nicht wegen seines schönen Körpers, sondern wegen seines Verstands in den Olymp gehoben. Achilleus und Patroklos, Theseus und Perithoos etc. trieben einander als Freunde gleicher Art zu Heldentaten an, das ist seine These (28–31).

8.28 μυθολογῆσαι, Infinitiv Aorist zu μυθολογέω, mit einem Mythos veranschaulichen • περὶ πλείονος ποιοῦνται, zu περὶ πλείονος, περὶ πολλοῦ ποιέομαι, höher, hochschätzen.

8.29 ὅσων θνητῶν οὐσῶν μορφῆς ἠράσθη, Aorist zu ἔραμαι, die sterblichen Frauen, in die er sich aufgrund ihrer körperlichen Schönheit verliebt hatte • ἠράσθη, Aorist zu ἔραμαί τινος, sich in jemand verlieben • συγγενόμενος, Partizip Aorist zu συγγίγνομαι, K. 110, 7, zusammen sein • εἴα, Imperfekt zu ἐάω, lassen • ἀγασθείη, Optativ Aorist zu ἄγαμαι, bewundern, K. 100, 4.

οὐχ ἡδυσώματος ὀνομασθεὶς ὁ Γανυμήδης ἀλλ᾽ ἡδυγνώμων ἐν θεοῖς τετίμηται.
31 ἀλλὰ μήν, ὦ Νικήρατε, καὶ Ἀχιλλεὺς Ὁμήρῳ πεποίηται οὐχ ὡς παιδικοῖς Πατρόκλῳ ἀλλ᾽ ὡς ἑταίρῳ ἀποθανόντι ἐκπρεπέστατα τιμωρῆσαι. καὶ Ὀρέστης δὲ καὶ Πυλάδης καὶ Θησεὺς καὶ Πειρίθους καὶ ἄλλοι δὲ πολλοὶ τῶν ἡμιθέων οἱ ἄριστοι ὑμνοῦνται οὐ διὰ τὸ συγκαθεύδειν ἀλλὰ διὰ τὸ ἄγασθαι ἀλλήλους τὰ μέγιστα καὶ κάλλιστα κοινῇ διαπεπρᾶχθαι.

32 τί δέ, τὰ νῦν καλὰ ἔργα οὐ πάντ᾽ ἂν εὕροι τις ἕνεκα ἐπαίνου ὑπὸ τῶν καὶ πονεῖν καὶ κινδυνεύειν ἐθελόντων πραττόμενα μᾶλλον ἢ ὑπὸ τῶν ἐθιζομένων ἡδονὴν ἀντ᾽ εὐκλείας αἱρεῖσθαι; καίτοι Παυσανίας γε ὁ Ἀγάθωνος τοῦ ποιητοῦ ἐραστὴς ἀπολογούμενος ὑπὲρ τῶν ἀκρασίᾳ ἐγκαλινδουμένων εἴρηκεν ὡς καὶ στράτευμα ἀλκιμώτατον ἂν γένοιτο ἐκ παιδικῶν τε καὶ ἐραστῶν. 33 τούτους γὰρ ἂν ἔφη οἴεσθαι μάλιστα αἰδεῖσθαι ἀλλήλους ἀπολείπειν, θαυμαστὰ λέγων, εἴ γε οἱ ψόγου τε ἀφροντιστεῖν καὶ ἀναισχυντεῖν πρὸς ἀλλήλους ἐθιζόμενοι, οὗτοι μάλιστα αἰσχυνοῦνται αἰσχρόν τι ποιεῖν. 34 καὶ μαρτύρια δὲ ἐπήγετο ὡς ταῦτα ἐγνωκότες

8.30 ἀνενεχθῆναι, Infinitiv Aorist Passiv zu ἀναφέρω, hinauftragen, K. 111, 11 • μαρτυρεῖ, zu μαρτυρέω, bezeugen • φράζει, zu φράζω, zeigen • πυκινά zu πυκινός, klug • τὰ μήδεα, die Gedanken • τὰ βουλεύματα, die Überlegungen ↔ βουλεύομαι, überlegen, beschließen • ἐξ συναμφοτέρων τούτων, aus diesen beiden Stellen geht hervor • ἡδυσώματος, körperlich attraktiv, ὀνομασθείς, Partizip Aorist Passiv zu ὀνομάζω, nennen • ἡδυγνώμων, charmant • τετίμηται, Perfekt Passiv zu τιμάω, ehren.

8.31 Ἀχίλλευς Ὁμήρῳ, Dativus auctoris, K. 154, 2, πεποίηται, Achilleus wurde von Homer so dargestellt, dass er für Patroklos, Πατρόκλῳ, nicht wie für einen Geliebten, οὐχ ὡς παιδικοῖς, grausame Rache nahm, ἐκπρεπέστατα τιμωρῆσαι, sondern wie für einen toten Gefährten, ἑταίρῳ ἀποθανόντι, Partizip Aorist zu ἀποθνῄσκω, K. 109, 7 • ὑμνοῦνται, Passiv zu ὑμνέω, besingen • συγκαθεύδειν, zuammen schlafen • ἄγασθαι ἀλλήλους, sich gegenseitig bewundern • τὰ μέγιστα καὶ κάλλιστα κοινῇ διαπεπράχθαι, Infinitive mit Artikel, K. 184.

Die schöne Tat werde auch in der Gegenwart häufig von Männern vollbracht, die sich um des Ruhmes willen anstrengten, nicht von denen, die den größeren Genüssen nachjagten. Sokrates berichtet von Pausanias' Vision eines Heeres aus Liebespaaren, reflektiert dabei über die bindende Macht der Scham, die Praxis der Eleer und Thebaner und die Ablehnung des körperlichen Verlangens bei den Spartanern (32–35).

8.32 τὰ νῦν καλὰ ἔργα, Akkusativ der Beziehung, K. 136, was aber die heutigen schönen Taten betrifft • οὐ πάντ᾽ ἂν εὕροι τις, Optativ Aorist als Potentialis zu εὑρίσκω, finden • ἕνεκα ἐπαίνου, wegen des Ruhmes • ὑπὸ τῶν καὶ πονεῖν καὶ κινδυνεύειν ἐθελόντων, von denen, die sich anstrengen und in Gefahr begeben wollen • πραττόμενα, Partizip Präsens Passiv zu πράττω, leisten K. 96, 13 • μᾶλλον ἤ, mehr als • ὑπὸ τῶν ἐθιζομένων, Partizip Präsens Medium zu ἐθίζομαι, sich gewöhnen • ἀντ᾽ εὐκλείας, anstelle von Ruhm • αἱρεῖσθαι zu αἱρέομαι, wählen • καίτοι, allerdings • τοῦ ποιητοῦ, Genitiv zu ὁ ποιητής, der Dichter • ὁ ἐραστής, der Liebhaber • ἀπολογούμενος, Partizip zu ἀπολογέομαι ὑπέρ, eine Verteidigungsrede halten für • τῶν καλινδουμένων, Partizip zu καλινδέομαι, sich wälzen • ἡ ἀκρασία, Zügellosigkeit • εἴρηκεν, Perfekt zu λέγω, ἀγορεύω, K. 111, 12 • τὸ στράτευμα, das Heer • ἀλκιμώτατον, Superlativ zu ἄλκιμος, tapfer • ἐκ παιδικῶν τε καὶ ἐραστῶν, aus Lieblingen und Liebhabern.

8.33 μάλιστα αἰδεῖσθαι, sich besonders schämen • ἀλλήλους ἀπολείπειν, sich einander im Stich lassen • θαυμαστά, etwas Seltsames • ὁ ψόγος, der Tadel • ἀφροντιστεῖν τινος, sich nicht kümmern um etwas • ἀναισχυντεῖν πρὸς ἀλλήλους, schamlos miteinander umgehen • ἐθιζόμενοι, Partizip zu ἐθίζομαι, sich gewöhnen ↔ τὸ ἔθος die Gewohnheit, die Sitte.

εἶεν καὶ Θηβαῖοι καὶ Ἠλεῖοι· συγκαθεύδοντας γοῦν αὐτοῖς ὅμως παρατάττεσθαι ἔφη τὰ παιδικὰ εἰς τὸν ἀγῶνα, οὐδὲν τοῦτο σημεῖον λέγων ὅμοιον. ἐκείνοις μὲν γὰρ ταῦτα νόμιμα, ἡμῖν δ᾽ ἐπονείδιστα. δοκοῦσι δ᾽ ἔμοιγε οἱ μὲν παραταττόμενοι ἀπιστοῦσιν ἐοικέναι μὴ χωρὶς γενόμενοι οἱ ἐρώμενοι οὐκ ἀποτελῶσι τὰ τῶν ἀγαθῶν ἀνδρῶν ἔργα. 35 Λακεδαιμόνιοι δὲ οἱ νομίζοντες, ἐὰν καὶ ὀρεχθῇ τις σώματος, μηδενὸς ἂν ἔτι καλοῦ κἀγαθοῦ τοῦτον τυχεῖν, οὕτω τελέως τοὺς ἐρωμένους ἀγαθοὺς ἀπεργάζονται ὡς καὶ μετὰ ξένων κἂν μὴ ἐν τῇ αὐτῇ [πόλει] ταχθῶσι τῷ ἐραστῇ, ὁμοίως αἰδοῦνται τοὺς παρόντας ἀπολείπειν. θεὰν γὰρ οὐ τὴν Ἀναίδειαν ἀλλὰ τὴν Αἰδῶ νομίζουσι.

36 δοκοῦμεν δ᾽ ἄν μοι πάντες ὁμόλογοι γενέσθαι περὶ ὧν λέγω, εἰ ὧδε ἐπισκοποῖμεν, τῷ ποτέρως παιδὶ φιληθέντι μᾶλλον ἄν τις πιστεύσειεν ἢ χρήματα ἢ τέκνα ἢ χάριτας παρακατατίθεσθαι. ἐγὼ μὲν γὰρ οἶμαι καὶ αὐτὸν τὸν τῷ εἴδει τοῦ ἐρωμένου χρώμενον μᾶλλον ἂν ταῦτα πάντα τῷ τὴν ψυχὴν ἐρασμίῳ πιστεῦσαι.

37 σοί γε μήν, ὦ Καλλία, δοκεῖ μοι ἄξιον εἶναι καὶ θεοῖς χάριν εἰδέναι ὅτι σοι Αὐτολύκου ἔρωτα ἐνέβαλον. ὡς μὲν γὰρ φιλότιμός ἐστιν εὔδηλον, ὃς τοῦ κηρυχθῆναι ἕνεκα νικῶν παγκράτιον πολλοὺς μὲν πόνους, πολλὰ δ᾽ ἄλγη ἀνέχεται. 38 εἰ δὲ οἴοιτο μὴ μόνον ἑαυτὸν καὶ τὸν πατέρα κοσμήσειν, ἀλλ᾽ ἱκανὸς γενήσε-

---

8.34 μάλιστα αἰσχυνοῦνται, Futur zu αἰσχύνομαι, sich schämen, K. 94, 4 • μαρτύρια, Beweise • ἐπήγετο, Imperfekt zu ἐπάγομαι, anführen • ἐγνωκότες, Partizip Perfekt zu γιγνώσκω, erkennen, K. 109, 11 • παρατάττεσθαι zu παρατάττομαί τινι, sich neben jemand stellen • εἰς τὸν ἀγῶνα, für den Kampf • σημεῖον ὅμοιον, ein allgemeingültiger Beweis • νόμιμος gesetzlich, dem Brauch entsprechend • ἐπονείδιστος, schändlich • ἀπιστοῦσιν, Partizip Präsens Dativ Plural zu ἀπιστέω, misstrauen, nicht glauben • ἐοικέναι, gleichen • χωρὶς γενόμενοι, Partizip Aorist zu χωρὶς γίγνομαι, sich getrennt aufhalten • μὴ ἀποτελῶσι, Konjunktiv zu ἀποτελέω vollbringen.

8.35 ἐὰν ὀρεχθῇ τις, Konjunktiv Aorist zu ὀρέγομαί τινος, etwas begehren, K. 141, 3 • τυχεῖν, Infinitiv Aorist zu τυγχάνω τινός, etwas erlangen, bekommen, K. 108, 15 • οὕτω τελέως, so vollkommen • ταχθῶσι, Konjunktiv Aorist Passiv zu τάττω, aufstellen, K. 96, 14 • αἰδοῦνται, zu αἰδέομαι, sich schämen • θεάν, Akkusativ zu ἡ θεά, die Göttin • ἡ Ἀναίδεια, die (Göttin der) Schamlosigkeit • τὴν Αἰδῶ, Akkusativ zu ἡ Αἰδώς, die (Götting der) Schamhaftigkeit, K. 44, 3.

Vertrauen wächst bei seelischer Liebe (36). Kallias' Liebe zu Autolykos wurde durch dessen Sieg im Pankration geweckt, er blickt also nach den seelischen und nicht nach den körperlichen Vorzügen eines jungen Mannes: Besondere Leistungen haben große Anziehungskraft und wirken als Vorbilder. Das zeigen u.a. Themistokles, der Retter Griechenlands, und die großen Staatsmänner Perikles und Solon (37–39).

8.36 ὁμόλογοι zu ὁμόλογος, einig • εἰ οὕτω σκοποῖμεν, Optativ Präsens zu σκοπέω, überlegen • τῷ (τίνι) ποτέρως, welchem von beiden • φιληθέντι, Partizip Aorist Passiv zu φιλέω, lieben • ἄν τις πιστεύσειεν, Optativ Aorist zu πιστεύω, vertrauen • χάριτας, Akkusativ Plural zu ἡ χάρις, τῆς χάριτος, die Wohltat, der Gefallen • παρακατατίθεμαι, anvertrauen • τῷ εἴδει, Dativ zu τὸ εἶδος, die äußere Erscheinung • χρώμενον, Partizip zu χράομαι, gebrauchen, genießen • τῷ τὴν ψυχὴν ἐρασμίῳ, dem, der im Blick auf seine Seele liebenswert ist.

8.37 χάριν εἰδέναι, danken • ἔρωτα ἐνέβαλον, Aorist zu ἐμβάλλω, die Liebe hineinwerfen, wecken • φιλότιμος, ehrgeizig • εὔδηλον, offensichtlich • τοῦ κηρυχθῆναι ἕνεκα, um als Sieger im Pankration, νικῶν παγκράτιον, öffentlich bekannt gemacht zu werden, Infinitiv Aorist Passiv zu κηρύττω, öffentlich bekannt machen, Infinitiv mit Artikel, K. 194 • ἄλγη, Akkusativ Plural zu τὸ ἄλγος, der Schmerz • ἀνέχεται zu ἀνέχομαι, aushalten.

σθαι δι᾽ ἀνδραγαθίαν καὶ φίλους εὖ ποιεῖν καὶ τὴν πατρίδα αὔξειν τροπαῖα τῶν πολεμίων ἱστάμενος, καὶ διὰ ταῦτα περίβλεπτός τε καὶ ὀνομαστὸς ἔσεσθαι καὶ ἐν Ἕλλησι καὶ ἐν βαρβάροις, πῶς οὐκ οἴει αὐτόν, ὅντιν᾽ ἡγοῖτο εἰς ταῦτα συνεργὸν εἶναι κράτιστον, τοῦτον ταῖς μεγίσταις ἂν τιμαῖς περιέπειν;

39 εἰ οὖν βούλει τούτῳ ἀρέσκειν, σκεπτέον μέν σοι ποῖα ἐπιστάμενος Θεμιστοκλῆς ἱκανὸς ἐγένετο τὴν Ἑλλάδα ἐλευθεροῦν, σκεπτέον δὲ ποῖά ποτε εἰδὼς Περικλῆς κράτιστος ἐδόκει τῇ πατρίδι σύμβουλος εἶναι, ἀθρητέον δὲ καὶ πῶς ποτε Σόλων φιλοσοφήσας νόμους κρατίστους τῇ πόλει κατέθηκεν, ἐρευνητέον δὲ καὶ ποῖα Λακεδαιμόνιοι ἀσκοῦντες κράτιστοι δοκοῦσιν ἡγεμόνες εἶναι· προξενεῖς δὲ καὶ κατάγονται ἀεὶ παρὰ σοὶ οἱ κράτιστοι αὐτῶν.

40 ὡς μὲν οὖν σοι ἡ πόλις ταχὺ ἂν ἐπιτρέψειεν αὑτήν, εἰ βούλει, εὖ ἴσθι. τὰ μέγιστα γάρ σοι ὑπάρχει· εὐπατρίδης εἶ, ἱερεὺς θεῶν τῶν ἀπ᾽ Ἐρεχθέως, οἳ καὶ ἐπὶ τὸν βάρβαρον σὺν Ἰάκχῳ ἐστράτευσαν, καὶ νῦν ἐν τῇ ἑορτῇ ἱεροπρεπέστατος δοκεῖς εἶναι τῶν προγεγενημένων, καὶ σῶμα ἀξιοπρεπέστατον μὲν ἰδεῖν τῆς πόλεως ἔχεις, ἱκανὸν δὲ μόχθους ὑποφέρειν. 41 εἰ δ᾽ ὑμῖν δοκῶ σπουδαιολογῆσαι μᾶλλον ἢ παρὰ πότον πρέπει, μηδὲ τοῦτο θαυμάζετε. ἀγαθῶν γὰρ φύσει καὶ τῆς ἀρετῆς φιλοτίμως ἐφιεμένων ἀεί ποτε τῇ πόλει συνεραστὴς ὢν διατελῶ. 42 οἱ μὲν δὴ ἄλλοι περὶ τῶν

8.38 κοσμήσειν, Infinitiv Futur zu κοσμέω, schmücken • ἱκανός, fähig• γενήσεσθαι • Infinitiv Futur zu γίγνομαι • ἡ ἀνδραγαθία, die Tapferkeit • αὔξειν, vermehren • τροπαῖα τῶν πολεμίων, Zeichen des Sieges über die Feinde • ἱστάμενος, Partizip Medium zu ἵσταμαι, aufstellen, K. 97–99 • περίβλεπτος, angesehen • ὀνομαστός, häufig erwähnt ↔ ὀνομάζω, τὸ ὄνομα • ὅντιν᾽ ἡγοῖτο, von dem er annähme • σύνεργος, ein Helfer • περιέπειν, zu περιέπω umgeben.

8.39 ἀρέσκειν, zu ἀρέσκω, gefallen • σκεπτέον μέν σοι, du musst beachten, Verbaladjektiv, K. 78, 9 • ἐλευθεροῦν zu ἐλευθερόω, befreien • ὁ σύμβουλος, der Ratgeber • ἀθρητέον, Verbaladjektiv zu ἀθρέω, sehen • φιλοσοφήσας, Partizip Aorist zu φιλοσοφέω, denken • κατέθηκεν zu κατατίθημι, aufstellen • ἐρευνητέον zu ἐρευνάω, erforschen • ἀσκοῦντες zu ἀσκέω, leisten • ἡγεμόνες, Nominativ Plural zu ὁ ἡγεμών, τοῦ ἡγεμόνος, der Führer • προξενεῖς (!) Nominativ Plural zu ὁ πρόξενος, der Gast • κατάγονται zu κατάγομαι, absteigen.

Kallias zeichnet sich durch Eigenschaften aus, die ihm das Vertrauen der Polis verschaffen (40). Sokrates liebt Menschen, die nach der Tugend streben. Kallias glaubt, er wolle ihn mit der Polis verkuppeln. Sokrates macht zum Abschluss deutlich, dass Erfahrung sich immer durchsetze und die Polis bemerken werde, dass Kallias nicht nur scheinbar, sondern tatsächlich für die Tugend eintrete (41–43).

8.40 ταχύ, schnell • ἐπιτρέψειεν, Optativ Aorist zu ἐπιτρέπω, anvertrauen • αὑτήν, 3. Singular Femininum des Reflexivpronomens, K. 63 • ὑπάρχει, es steht zur Verfügung • εὐπατρίδης, dem Vaterland zugewandt • ὁ ἱερεύς, der Priester • ἀπ᾽ Ἐρεχθέως, seit Erechtheus • ἐστράτευσαν, Aorist zu στρατεύω, zu Feld ziehen • ἐν τῇ ἑορτῇ, während des Festes • ἱεροπρεπέστατος, Superlativ zu ἱεροπρεπής, ehrwürdig • οἱ προγεγενημένοι, Partizip Perfekt zu προγίγνομαι, die Vorfahren • τὸ σῶμα ἀξιοπρεπέστατον ἰδεῖν, außergewöhnlichansehnlich • ἱκανός, fähig • μόχθους ὑποφέρειν, Lasten tragen.

8.41 σπουδαιολογῆσαι • Infinitiv Aorist zu σπουδαιολογέω, ernsthafte Worte sprechen • μᾶλλον ἢ πρέπει mehr, als es passend ist • παρὰ πότον πρέπει, im Symposion • φιλοτίμως, ehrgeizig • ἐφιεμένων, Partizip zu ἐφίεμαί τινος, nach etwas streben • τῇ πόλει συνεραστὴς ὢν διατελῶ, ich bin fortwährend zusammen mit der Stadt ein Liebhaber, prädikatives Partizip bei διατελέω, K. 198.

ῥηθέντων διελέγοντο, ὁ δ' Αὐτόλυκος κατεθεᾶτο τὸν Καλλίαν. καὶ ὁ Καλλίας δὲ παρορῶν εἰς ἐκεῖνον εἶπεν· οὐκοῦν σύ με, ὦ Σώκρατες, μαστροπεύσεις πρὸς τὴν πόλιν, ὅπως πράττω τὰ πολιτικὰ καὶ ἀεὶ ἀρεστὸς ὦ αὐτῇ; 43 ναὶ μὰ Δί', ἔφη, ἂν ὁρῶσί γέ σε μὴ τῷ δοκεῖν ἀλλὰ τῷ ὄντι ἀρετῆς ἐπιμελούμενον. ἡ μὲν γὰρ ψευδὴς δόξα ταχὺ ἐλέγχεται ὑπὸ τῆς πείρας· ἡ δ' ἀληθὴς ἀνδραγαθία, ἂν μὴ θεὸς βλάπτῃ, ἀεὶ ἐν ταῖς πράξεσι λαμπροτέραν τὴν εὔκλειαν συμπαρέχεται.

8.42 περὶ τῶν ῥηθέντων, Partizip Aorist Passiv zu λέγω, ἀγορεύω, sprechen, K. 111, 12 • κατεθεᾶτο, Imperfekt zu καταθεάομαι, von oben herab ansehen • παρορῶν, Partizip zu παροράω, vorbeisehen • μαστροπεύσεις, Futur zu μαστροπεύω, verkuppeln • ἀρεστός, beliebt.

8.43 ἡ πεῖρα, τῆς πείρας, die Erfahrung, der Versuch ↔ πειράομαι.

9. Kapitel: Die Pantomine von Dionysos und Ariadne

1 οὗτος μὲν δὴ ὁ λόγος ἐνταῦθα ἔληξεν. Αὐτόλυκος δὲ [ἤδη γὰρ ὥρα ἦν αὐτῷ] ἐξανίστατο εἰς περίπατον· καὶ ὁ Λύκων ὁ πατὴρ αὐτῷ συνεξιὼν ἐπιστραφεὶς εἶπε·Νὴ τὴν Ἥραν, ὦ Σώκρατες, καλός γε κἀγαθὸς δοκεῖς μοι ἄνθρωπος εἶναι.

2 ἐκ δὲ τούτου πρῶτον μὲν θρόνος τις ἔνδον κατετέθη, ἔπειτα δὲ ὁ Συρακόσιος εἰσελθὼν εἶπεν· ὦ ἄνδρες, Ἀριάδνη εἴσεισιν εἰς τὸν ἑαυτῆς τε καὶ Διονύσου θάλαμον· μετὰ δὲ τοῦθ᾽ ἥξει Διόνυσος ὑποπεπωκὼς παρὰ θεοῖς καὶ εἴσεισι πρὸς αὐτήν, ἔπειτα παιξοῦνται πρὸς ἀλλήλους.

3 ἐκ τούτου πρῶτον μὲν ἡ Ἀριάδνη ὡς νύμφη κεκοσμημένη παρῆλθε καὶ ἐκαθέζετο ἐπὶ τοῦ θρόνου. οὔπω δὲ φαινομένου τοῦ Διονύσου ηὐλεῖτο ὁ βακχεῖος ῥυθμός. ἔνθα δὴ ἠγάσθησαν τὸν ὀρχηστοδιδάσκαλον. εὐθὺς μὲν γὰρ ἡ Ἀριάδνη ἀκούσασα τοιοῦτόν τι ἐποίησεν ὡς πᾶς ἂν ἔγνω ὅτι ἀσμένη ἤκουσε·καὶ ὑπήντησε μὲν οὒ οὐδὲ ἀνέστη, δήλη δ᾽ ἦν μόλις ἠρεμοῦσα. 4 ἐπεί γε μὴν κατεῖδεν αὐτὴν ὁ Διόνυσος, ἐπιχορεύσας ὥσπερ ἂν εἴ τις φιλικώτατα ἐκαθέζετο ἐπὶ τῶν γονάτων, καὶ περιλαβὼν ἐφίλησεν αὐτήν. ἡ δ᾽ αἰδουμένη μὲν ἐῴκει, ὅμως δὲ φιλικῶς ἀντιπεριελάμβανεν. οἱ δὲ συμπόται ὁρῶντες ἅμα μὲν ἐκρότουν, ἅμα δὲ ἐβόων αὖθις. 5 ὡς δὲ ὁ Διόνυσος ἀνιστάμενος συνανέστησε μεθ᾽ ἑαυτοῦ τὴν Ἀριάδνην, ἐκ τούτου

Das Symposion endet. Autolykos geht mit seinem Vater spazieren (1); die übrigen Symposiasten werden durch eine tänzerische Pantomime beflügelt und erheitert, die die Begegnung von Ariadne und Dionysos zeigt (2–7).

9.1 ἔληξεν, Aorist zu λήγω, aufhören • ὥρα ἦν, es war Zeit • ἐξανίστατο, Imperfekt zu ἐξανίσταμαι, aufstehen • εἰς περίπατον, zu einem Spaziergang • συνεξιών, Partizip zu συνέξειμι, mit hinausgehen • ἐπιστραφείς, Partizip Aorist zu ἐπιστρέφομαι, sich umdrehen, K. 96, 25.

9.2 θρόνος τις, ein Sessel • ἔνδον κατετέθη, zu κατατίθημι, hereinstellen • εἴσεισιν, 3. Sg. zu εἴσειμι, hineingehen, K. 103, 2 • ὁ θάλαμος, das Schlafzimmer • ἥξει, Futur zu ἥκω, kommen • ὑποπεπωκώς, Partizip Perfekt zu ὑποπίνω, ein wenig trinken, K. 111, 8 • παρὰ θεοῖς, bei den Göttern • παιξοῦνται, Futur zu παίζω, scherzen.

9.3 ἐκ τούτου, darauf • ὡς νύμφη, wie eine Braut, κεκοσμένη, Partizip Perfekt Passiv zu κοσμέω, schmücken • ἐκαθέζετο, sie setzte sich, zu καθέζομαι, sich setzen • οὔπω, noch nicht • φαινομένου τοῦ Διονύσου, Genitivus absolutus, K. 199 • φαίνομαι, erscheinen • ηὐλεῖτο, Imperfekt Passiv, αὐλέω, mit einer Flöte intonieren • ὁ βακχεῖος ῥυθμός, der bakchische Rhythmus • ἠγάσθησαν, Aorist zu ἄγαμαι, bestaunen, K. 100, 4 • ὁ ὀρχηστοδιδάσκαλος, der Tanzlehrer • εὐθύς, sofort • ἐποίησεν, ὡς ..., sie erreichte, dass ... • ἔγνω, Aorist zu γιγνώσκω, K. 109, 11 • ἀσμένος, gern • ὑπήντησε, Aorist zu ὑπαντάω, nicht entgegen gehen • οὐδὲ ἀνέστη, sie stand auch nicht auf • δήλη δ᾽ ἦν, es war offensichtlich, dass sie • μόλις, mit Mühe • ἠρεμοῦσα, Partizip zu ἠρεμέω, ruhig bleiben.

9.4 ἐπιχορεύσας, Partizip Aorist zu ἐπιχορεύω, zutanzen auf (Ariadne) • ὥσπερ ἂν εἴ τις φιλικώτατα, als ob er jemand wäre, der von höchstem Begehren erfüllt ist • ἐκαθέζετο, Imperfekt zu καθέζομαι, sich setzen, K. 88, 4 • ἐπὶ τῶν γονάτων, zu τὸ γόνυ, τοῦ γόνατος, das Knie • περιλαβών, Partizip Aorist zu περιλαμβάνω, umarmen • ἐφίλησεν, Aorist zu φιλέω, küssen • αἰδουμένη, Partizip zu αἰδέομαι, sich schämen, schüchtern sein • ἐῴκει, Plusquamperfekt zu ἔοικα, Perfekt, gleichen, K. 88, 3 • ὅμως, dennoch • φιλικῶς, zärtlich • ἀντιπεριελάμβανεν, Imperfekt zu ἀντιπεριλαμβάνω, ihrerseits umarmen • οἱ συμπόται, die Teilnehmer des Symposions • ἐκρότουν, Imperfekt zu κροτέω, Beifall klatschen • ἐβόων, Imperfekt zu βοάω, rufen • αὖθις, noch einmal.

δὴ φιλούντων τε καὶ ἀσπαζομένων ἀλλήλους σχήματα παρῆν θεάσασθαι. οἱ δ᾽ ὁρῶντες ὄντως καλὸν μὲν τὸν Διόνυσον, ὡραίαν δὲ τὴν Ἀριάδνην, οὐ σκώπτοντας δὲ ἀλλ᾽ ἀληθινῶς τοῖς στόμασι φιλοῦντας, πάντες ἀνεπτερωμένοι ἐθεῶντο.

6 καὶ γὰρ ἤκουον τοῦ Διονύσου μὲν ἐπερωτῶντος αὐτὴν εἰ φιλεῖ αὐτόν, τῆς δὲ οὕτως ἐπομνυούσης ⟨ὥστε⟩ μὴ μόνον τὸν Διόνυσον ἀλλὰ καὶ τοὺς παρόντας ἅπαντας συνομόσαι ἂν ἦ μὴν τὸν παῖδα καὶ τὴν παῖδα ὑπ᾽ ἀλλήλων φιλεῖσθαι. ἐῴκεσαν γὰρ οὐ δεδιδαγμένοις τὰ σχήματα ἀλλ᾽ ἐφειμένοις πράττειν ἃ πάλαι ἐπεθύμουν. 7 τέλος δὲ οἱ συμπόται ἰδόντες περιβεβληκότας τε ἀλλήλους καὶ ὡς εἰς εὐνὴν ἀπιόντας, οἱ μὲν ἄγαμοι γαμεῖν ἐπώμνυσαν, οἱ δὲ γεγαμηκότες ἀναβάντες ἐπὶ τοὺς ἵππους ἀπήλαυνον πρὸς τὰς ἑαυτῶν γυναῖκας, ὅπως τούτων τύχοιεν. Σωκράτης δὲ καὶ τῶν ἄλλων οἱ ὑπομείναντες πρὸς Λύκωνα καὶ τὸν υἱὸν σὺν Καλλίᾳ περιπατήσοντες ἀπῆλθον. αὕτη τοῦ τότε συμποσίου κατάλυσις ἐγένετο.

9.5 ἀνιστάμενος, Partizip zu ἀνίσταμαι, aufstehen • συνανέστησε μεθ᾽ ἑαυτοῦ, er ließ mit sich aufstehen, Aorist zu ἀνίστημι, aufstehen lassen • ἀσπαζομένων ἀλλήλους zu ἀσπάζομαι, zärtlich berühren • τὰ σχήματα φιλούντων τε καὶ ἀσπαζομένων, die Ausdrucksformen (von sich Küssenden und sich zärtlich Berührenden) • παρῆν, es war möglich • σκώπτοντας, Partizip zu σκώπτω, spielen • ἀληθινῶς wirklich ↔ ἡ ἀλήθεια, ἀληθής • τοῖς στόμασιν, Dativ Plural zu τὸ στόμα, τοῦ στόματος, der Mund.

9.6 ἀνεπτερωμένοι, Partizip Perfekt Passiv zu ἀναπτερόω, beschwingen, beflügeln • ἐπερωτῶντος, Partizip zu ἐπερωτάω, fragen • ἐπομνυούσης, Partizip zu ἐπομνύω, schwören • συνομόσαι, Infinitiv Aorist zu συνόμνυμι, mitschwören, K. 105, 12 • ἦ μήν, tatsächlich • ἐῴκεσαν, 3. Pl. Plusquamperfekt zu εἴκω, gleichen, scheinen ↔ ἔοικα • δεδιδαγμένοις, Partizip Perfekt Passiv zu διδάσκω, lehren, einstudieren • τὰ σχήματα, die Stellungen • ἐφειμένοις, Partizip Perfekt zu ἐφίεμαι, verlangen.

9.7 περιβεβληκότας ἀλλήλους, Partizip Perfekt Aktiv zu περιβάλλω, sich umschlingen • ἡ εὐνή, das Schafzimmer • ἀπιόντας, Partizip zu ἄπειμι, fortgehen • ἄγαμοι, zu ἄγαμος, unverheiratet • γαμεῖν zu γαμέω, heiraten • ἐπώμνυσαν, Aorist zu ἐπόμνυμι, schwören • οἱ γεγαμηκότες, die Verheirateten • ἀναβάντες, Partizip Aorist zu ἀναβαίνω, aufsteigen, K. 101, 2 • ἀπήλαυνον, Imperfekt zu ἀπελαύνω, fortreiten • πρὸς τὰς ἑαυτῶν γυναῖκας, zu ihren Frauen • ὅπως τούτων τύχοιεν, Optativ Aorist im Finalsatz zu τυγχάνω τινός, K. 108, 15 • ὑπομείναντες, Partizip Aorist zu ὑπομένω, dableiben, K. 112 • περιπατήσοντες, Partizip Futur zu περιπατέω, spazierengehen • ἀπῆλθον, Aorist zu ἀπέρχομαι, fortgehen, K. 111, 2 • ἡ κατάλυσις, die Auflösung, das Ende.

Apologie

1 Σωκράτους δὲ ἄξιόν μοι δοκεῖ εἶναι μεμνῆσθαι καὶ ὡς ἐπειδὴ ἐκλήθη εἰς τὴν δίκην ἐβουλεύσατο περί τε τῆς ἀπολογίας καὶ τῆς τελευτῆς τοῦ βίου. γεγράφασι μὲν οὖν περὶ τούτου καὶ ἄλλοι καὶ πάντες ἔτυχον τῆς μεγαληγορίας αὐτοῦ· ᾧ καὶ δῆλον ὅτι τῷ ὄντι οὕτως ἐρρήθη ὑπὸ Σωκράτους. ἀλλ᾽ ὅτι ἤδη ἑαυτῷ ἡγεῖτο αἱρετώτερον εἶναι τοῦ βίου θάνατον, τοῦτο οὐ διεσαφήνισαν· ὥστε ἀφρονεστέρα αὐτοῦ φαίνεται εἶναι ἡ μεγαληγορία.

2 Ἑρμογένης μέντοι ὁ Ἱππονίκου ἑταῖρός τε ἦν αὐτῷ καὶ ἐξήγγειλε περὶ αὐτοῦ τοιαῦτα ὥστε πρέπουσαν φαίνεσθαι τὴν μεγαληγορίαν αὐτοῦ τῇ διανοίᾳ. ἐκεῖνος γὰρ ἔφη ὁρῶν αὐτὸν περὶ πάντων μᾶλλον διαλεγόμενον ἢ περὶ τῆς δίκης εἰπεῖν.
3 Οὐκ ἐχρῆν μέντοι σκοπεῖν, ὦ Σώκρατες, καὶ ὅ τι ἀπολογήσῃ;

τὸν δὲ τὸ μὲν πρῶτον ἀποκρίνασθαι· Οὐ γὰρ δοκῶ σοι ἀπολογεῖσθαι μελετῶν διαβεβιωκέναι· ἐπεὶ δ᾽ αὐτὸν ἐρέσθαι· Πῶς; Ὅτι οὐδὲν ἄδικον διαγεγένημαι ποιῶν· ἥνπερ νομίζω μελέτην εἶναι καλλίστην ἀπολογίας. 4 ἐπεὶ δὲ αὐτὸν

Xenophon erklärt seine Absicht, über den Prozess gegen Sokrates zu berichten und daran zu erinnern, wie dieser über seine Verteidigung und sein Lebensende nachdachte. Darüber haben auch schon andere berichtet und dabei besonders sein selbstbewusstes Auftreten vor Gericht hervorgehoben (1). Sokrates' Freund Hermogenes stellt fest, dass das selbstbewusste Auftreten des Sokrates angemessen war (2). Er ermahnte Sokrates auch, sich sorgfältig auf seine Verteidigung vorzubereiten. Sokrates hielt es aber für überflüssig, sich zu rechtfertigen, weil er nie Unrecht getan habe (3). Hermogenes weist darauf hin, dass athenische Gerichte schon oft Fehlurteile gefällt hätten, sodass auch Unschuldige verurteilt wurden. Sokrates beruft sich auf sein Daimonion, das ihn davon abgehalten habe, sich Gedanken über seine Verteidigung zu machen (4).

1. ἄξιόν μοι δοκεῖ εἶναι, es scheint mir angemessen zu sein • μεμνῆθαι, Infinitiv zu μέμνημαι, sich zu erinnern • ὡς, wie • ἐπειδή, als • ἐκλήθη, Aorist Passiv zu καλέω, rufen, laden • εἰς τὴν δίκην, vor Gericht • ἐβουλεύσατο, Aorist zu βουλεύομαι, nachdenken • περί τε τῆς ἀπολογίας καὶ τελευτῆς τοῦ βίου • γεγράφασιν, Perfekt Aktiv zu γράφω, schreiben, K. 96, 18 • πάντες ἔτυχον, Aorist zu τυγχάνω, mit Genitiv treffen auf, hervorheben • τῆς μεγαληγορίας, Genitiv zu ἡ μεγαληγορία, das selbstbewusste Auftreten vor Gericht • ᾧ καὶ δῆλον, Relativpronomen, relativischer Satzanschluss, Dativus instrumentalis, K. 151 • ὅτι, Subjunktion zur Einleitung eines Objektsatzes (dass ...) • τῷ ὄντι, wirklich • οὕτως, so • ἐρρήθη, zu λέγω, ἀγορεύω, K. 111, 12 • ἑαυτῷ, reflexives Personalpronomen, K. 63 • ἡγεῖτο, zu ἡγέομαι, glauben mit A. c. i. • αἱρετώτερον, Komparativ zu αἱρετός, erstrebenswert mit Genitivus comparationis, K. 146 • ὥστε, Konsekutivsatz mit Prädikat im Infinitiv, K. 177 • διεσαφήνισαν, Aorist zu διασαφηνίζω, deutlich machen ↔ σαφής • ἀφρονεστέρα, ausgesprochen unvernünftig, Komparativ zu ἄφρων, unvernünftig • ἐξήγγειλε, Aorist zu ἐξαγγέλλω, erwähnen.
2. πρέπουσαν, Partizip zu πρέπω, mit Dativ, passend, angemessen sein • ἡ διάνοια, das Denken • ἔφη ... εἰπεῖν, er sagte, er habe ihn (Sokrates) gefragt.
3. οὐκ ἐχρῆν, wäre es nicht notwendig • σκοπεῖν, überlegen • ὅ τι ἀπολογήσῃ, zu ἀπολογέομαι, was du zu deiner Verteidigung vorbringen willst • ἀποκρίνασθαι, Infinitiv Aorist zu ἀποκρίνομαι, antworten, K. 94, 1 • μελετῶν, Partizip zu μελετάω, sich bemühen • διαβεβιωκέναι zu διαζάω, sein Leben verbringen, K. 111, 13 • ἐρέσθαι, Infinitiv Aorist zu ἔρομαι, fragen • διαγεγένημαι, Perfekt zu διαγίγνομαι mit prädikativem Partizip, etwas fortwährend tun, K. 198 • ἥνπερ, wie ἥν.

πάλιν λέγειν· Οὐχ ὁρᾷς τὰ Ἀθηναίων δικαστήρια ὡς πολλάκις μὲν οὐδὲν ἀδικοῦντας λόγῳ παραχθέντες ἀπέκτειναν, πολλάκις δὲ ἀδικοῦντας ἢ ἐκ τοῦ λόγου οἰκτίσαντες ἢ ἐπιχαρίτως εἰπόντας ἀπέλυσαν; Ἀλλὰ ναὶ μὰ Δία, φάναι αὐτόν, καὶ δὶς ἤδη ἐπιχειρήσαντός μου σκοπεῖν περὶ τῆς ἀπολογίας ἐναντιοῦταί μοι τὸ δαιμόνιον.

5 ὡς δὲ αὐτὸν εἰπεῖν· Θαυμαστὰ λέγεις, τὸν δ᾽ αὖ ἀποκρίνασθαι· Ἦ θαυμαστὸν νομίζεις εἰ καὶ τῷ θεῷ δοκεῖ ἐμὲ βέλτιον εἶναι ἤδη τελευτᾶν; οὐκ οἶσθα ὅτι μέχρι μὲν τοῦδε οὐδενὶ ἀνθρώπων ὑφείμην ⟨ἂν⟩ βέλτιον ἐμοῦ βεβιωκέναι; ὅπερ γὰρ ἥδιστόν ἐστιν, ᾔδειν ὁσίως μοι καὶ δικαίως ἅπαντα τὸν βίον βεβιωμένον ὥστε ἰσχυρῶς ἀγάμενος ἐμαυτὸν ταὐτὰ ηὕρισκον καὶ τοὺς ἐμοὶ συγγιγνομένους γιγνώσκοντας περὶ ἐμοῦ. 6 νῦν δὲ εἰ ἔτι προβήσεται ἡ ἡλικία, οἶδ᾽ ὅτι ἀνάγκη ἔσται τὰ τοῦ γήρως ἐπιτελεῖσθαι καὶ ὁρᾶν τε χεῖρον καὶ ἀκούειν ἧττον καὶ δυσμαθέστερον εἶναι καὶ ὧν ἔμαθον ἐπιλησμονέστερον. ἂν δὲ αἰσθάνωμαι

---

4. τὰ δικαστήρια, die Gerichte • οὐδὲν ἀδικοῦντας, zu ἀδικέω, Unrecht tun • παραχθέντες, Partizip Aorist Passiv zu παράγω, verführen, K. 96, 16 • ἀπέκτειναν, Aorist zu ἀποκτείνω, ἀποκτενῶ, ἀπέκτεινα, ἀπέκτονα, töten, K. 96, 34 • οἰκτίσαντες, Partizip Aorist zu οἰκτίζω, bemitleiden • ἐκ λόγου ἀπέλυσαν, freisprechen • ἐπιχαρίτως λέγειν, nach dem Munde reden • καὶ δὶς ἤδη, schon zweimal • ἐπιχειρήσαντός μου, Genitivus absolutus, K. 199 • zu ἐπιχειρέω, versuchen • σκοπεῖν, Infinitiv zu σκοπέω, prüfen, nachdenken • ἐναντιοῦται zu ἐναντιόομαι sich widersetzen.

Sokrates ist der Ansicht, die Götter hielten es für richtig, dass er sein Leben beende. Es sei der richtige Zeitpunkt, und er habe das denkbar beste Leben gehabt. Daher halte das Daimonion ihn auch nicht von seiner Absicht ab, auf die Ausarbeitung einer Verteidigungsrede zu verzichten (5–6).

5. θαυμαστὰ λέγεις, du sagst seltsame Dinge • ἀποκρίνασθαι, Infinitiv Aorist Medium zu ἀποκρίνομαι, ἀποκρινοῦμαι, ἀπεκρινάμην, ἀποκέκριμαι, antworten • ἦ θαυμαστὸν νομίζεις, hältst du es etwa auch für seltsam • εἰ καὶ τῷ θεῷ δοκεῖ, wenn es sogar Gott richtig erscheint • βέλτιον, Komparativ zu ἀγαθός, K. 58 • ἤδη τελευτᾶν, zu τελευτάω, sterben ↔ ἡ τελευτή, das Ende • οἶσθα, zu οἶδα, εἰδέναι, wissen, K. 102, 4 • μέχρι τοῦδε, bis jetzt • ὑφείμην ἄν, Aorist mit ἄν als Irrealis der Vergangenheit zu ὑφίεμαι, nachgeben, zugestehen • βέλτιον ἐμοῦ, besser als ich • βεβιωκέναι, Infinitiv Perfekt Aktiv zu βιόω, ζάω, leben, K. 111, 13 • ἥδιστον, Superlativ zu ἡδύς, K. 47 • ᾔδειν, Imperfekt zu οἶδα • ὁσίως, Adverb zu ὅσιος, fromm • μοι, Dativus auctoris, K. 154 • δικαίως, Adverb zu δίκαιος ↔ ἡ δίκη, ἡ δικαιοσύνη • βεβιωμένον, Partizip Perfekt Passiv zu βιόω, leben, ὁ βίος βεβίωται, das Leben wurde gelebt • ὥστε, sodass • ἰσχυρῶς, Adverb zu ἰσχυρός, heftig • ἀγάμενος, Partizip zu ἄγαμαι, bewundern • ἐμαυτόν, reflexives Personalpronomen, K. 63 • ταὐτά, dasselbe • συγγίγνομαι, zusammen sein, zusammenkommen • οἶσθα, zu οἶδα • μέχρι μὲν τοῦδε, bis jetzt • οὐδενὶ ἀνθρώπων ὑφείμην ⟨ἄν⟩, ich hätte niemandem zugestanden, Aorist mit ἄν, Irrealis der Vergangenheit zu ὑφίεμαι, zugestehen, K. 97 • βεβιωκέναι, Infinitiv Perfekt zu ζάω, leben, K. 111, 13 • ὁσίως … δικαίως … ἰσχυρῶς Adverbien, die anders als Prädikativa die Handlungsweise charakterisieren und nicht die handelnden Personen • μοι, Dativus auctoris beim Perfekt Passiv von mir, K. 154 • ταὐτά, dasselbe, K. 62 • ηὕρισκον, Imperfekt zu εὑρίσκω, finden, K. 109, 6 • τοὺς ἐμοὶ συγγιγνομένους, diejenigen, die mit mir zusammen sind • γιγνώσκοντας περὶ ἐμοῦ, über mich Bescheid wissen, zu γιγνώσκω, K. 109, 11.

χείρων γιγνόμενος καὶ καταμέμφωμαι ἐμαυτόν, πῶς ἄν, εἰπεῖν, ἐγὼ ἔτι ἂν ἡδέως βιοτεύοιμι;

7 ἴσως δέ τοι, φάναι αὐτόν, καὶ ὁ θεὸς δι᾽ εὐμένειαν προξενεῖ μοι οὐ μόνον τὸ ἐν καιρῷ τῆς ἡλικίας καταλύω τὸν βίον, ἀλλὰ καὶ τὸ ᾗ ῥᾷστα. ἂν γὰρ νῦν κατακριθῇ μου, δῆλον ὅτι ἐξέσται μοι τῇ τελευτῇ χρῆσθαι ἣ ῥᾴστη μὲν ὑπὸ τῶν τούτου ἐπιμεληθέντων κέκριται, ἀπραγμονεστάτη δὲ τοῖς φίλοις, πλεῖστον δὲ πόθον ἐμποιοῦσα τῶν τελευτώντων. ὅταν γὰρ ἄσχημον μὲν μηδὲν μηδὲ δυσχερὲς ἐν ταῖς γνώμαις τῶν παρόντων καταλείπηταί ⟨τις⟩, ὑγιὲς δὲ τὸ σῶμα ἔχων καὶ τὴν ψυχὴν δυναμένην φιλοφρονεῖσθαι ἀπομαραίνηται, πῶς οὐκ ἀνάγκη τοῦτον ποθεινὸν εἶναι; 8 ὀρθῶς δὲ οἱ θεοὶ τότε μου ἠναντιοῦντο, φάναι αὐτόν, τῇ τοῦ λόγου ἐπισκέψει ὅτε ἐδόκει ἡμῖν ζητητέα εἶναι ἐκ παντὸς τρόπου τὰ ἀποφευκτικά. εἰ γὰρ τοῦτο διεπραξάμην, δῆλον ὅτι ἡτοιμασάμην ἂν ἀντὶ τοῦ ἤδη λῆξαι τοῦ βίου ἢ

---

6. προβήσεται, Futur zu προβαίνω, mit Wurzelaorist, K. 101, voranschreiten • ἡ ἡλικία, das Alter • ἔσται, Futur zu εἶναι (ἔσομαι, ἐσῃ, ἔσται ...) • τὰ τοῦ γήρως, die Beschwerden des Alters, zu τὸ γῆρας, τοῦ γήρως, das Alter • ἐπιτελεῖσθαι zu ἐπιτελέομαι, ertragen • χεῖρον, schlechter • ἧττον, weniger • ἐπιλησμονέστερον, Komparativ zu ἐπιλήσμων, vergesslich ↔ ἐπιλανθάνομαι, vergessen, K. 108, 12 • δυσμαθέστερον, Komparativ zu δυσμαθής, schwer von Begriff ↔ μανθάνω, lernen, K. 108, 13 • ὧν ἐπιλησμονέστερον, entspricht τούτων, ἃ ἔμαθον, ἐπιλησμονέστερον: Attraktion des Relativpronomens, K. 126, 2 • καταμέμφωμαι ἐμαυτόν, Konjunktiv im Konditionalsatz, futurischer Fall zu καταμέμφομαι, mich selbst tadeln, mir selbst Vorwürfe machen • αἰσθάνωμαι, Konjunktiv Präsens zu αἰσθάνομαι, bemerken, K. 108, 7, mit prädikativem Partizip, K. 198 • καταμέμφωμαι, Konjunktiv zu καταμέμφομαι, tadeln • πῶς ἂν βιοτεύοιμι, Optativ mit ἄν als Potentialis • ἡδέως, angenehm, gern.

Sokrates wiederholt die Anschuldigungen des Meletos und äußert sich zu der Behauptung, er verweigere den Göttern der Polis seine Verehrung etc. Dazu macht er Ausführungen über das Verhältnis von Gegenwart und Zukunft und der üblichen Anschauung, dass die Götter es bestimmten Menschen ermöglichten, Geschehnisse der Zukunft vorauszusagen (7–13).

7. ἴσως, vielleicht • ἡ εὐμένεια, das Wohlwollen • προξενέω, verschaffen • οὐ μόνον τὸ ἐν καιρῷ τῆς ἡλικίας im richtigen Alter καταλῦσαι, Infinitiv mit Artikel, K. 194 • καταλύω τὸν βίον das Leben aufgeben. ἀλλὰ καὶ ᾗ ῥᾷστα, ᾗ wie ὡς mit Superlativ, möglichst • sondern auch möglichst leicht sein Leben aufgeben • ἂν κατακριθῇ, Konjunktiv Aorist Passiv im Konditionalsatz zu κατακρίνω τινός, gegen jemanden entscheiden, jemanden verurteilen • ἐξέσται, Futur zu ἔξεστι, es wird erlaubt sein • τῇ τελευτῇ χρῆσθαι, das Ende gebrauchen, erfahren • ἐπιμεληθέντων, Partizip Aorist zu ἐπιμελέομαί τινος, sich um etwas kümmern (ἐπιμελήσομαι, ἐπεμελήθην, ἐπιμεμέλημαι) • κέκριται, Perfekt Passiv zu κρίνω, beurteilen, einschätzen • ἀπραγμονεστάτη, Superlativ zu ἀπράγμων, mühelos • τοῖς φίλοις, für die Freunde, Dativus commodi, K. 153 • ὁ πόθος, die Sehnsucht mit Genitivus obiectivus, K. 141 ↔ wünschen, sich sehnen nach • ἐμποιοῦσα, Partizip zu ἐμποιέω, einpflanzen, wecken • τῶν τελευτώντων, Partizip zu τελευτάω, sterben, tot sein, Genitivus obiectivus, K. 141 • ἀσχήμων, ἄσχημον, hässlich ↔ τὸ σχῆμα, die Gestalt • δυσχερής, δυσχερές, unangenehm • ἐν ταῖς γνώμαις, zu ἡ γνώμη, die Meinung, das Bewusstsein ↔ γιγνώσκω • τῶν παρόντων, zu οἱ παρόντες, die Anwesenden, die Überlebenden • καταλείπηται, Konjunktiv Präsens Passiv zu καταλείπω, zurücklassen, K. 107, 4 • ὑγιές, Neutrum zu ὑγιής, gesund ↔ ἡ ὑγίεια • δυναμένην, Partizip zu δύναμαι, können • φιλοφρονεῖσθαι, zu φιλοφρονέομαι, freundliche Gedanken haben • ἀπομαραίνηται, Konjunktiv Präsens zuἀπομαραίνομαι, verlöschen, sterben • ποθεινός, willkommen, erstrebenswert ↔ ὁ πόθος das Verlangen.

νόσοις ἀλγυνόμενος τελευτῆσαι ἢ γήρᾳ, εἰς ὃ πάντα τὰ χαλεπὰ συρρεῖ καὶ μάλα ἔρημα τῶν εὐφροσυνῶν.

9 μὰ Δί', εἰπεῖν αὐτόν, ὦ Ἑρμόγενες, ἐγὼ ταῦτα οὐδὲ προθυμήσομαι, ἀλλ' ὅσων νομίζω τετυχηκέναι καλῶν καὶ παρὰ θεῶν καὶ παρ' ἀνθρώπων, καὶ ἣν ἐγὼ δόξαν ἔχω περὶ ἐμαυτοῦ, ταύτην ἀναφαίνων εἰ βαρυνῶ τοὺς δικαστάς, αἱρήσομαι τελευτᾶν μᾶλλον ἢ ἀνελευθέρως τὸ ζῆν ἔτι προσαιτῶν κερδᾶναι τὸν πολὺ χείρω βίον ἀντὶ θανάτου. 10 οὕτως δὲ γνόντα αὐτὸν ἔφη [εἰπεῖν], ἐπειδὴ κατηγόρησαν αὐτοῦ οἱ ἀντίδικοι ὡς οὓς μὲν ἡ πόλις νομίζει θεοὺς οὐ νομίζοι, ἕτερα δὲ καινὰ δαιμόνια εἰσφέροι καὶ τοὺς νέους διαφθείροι, παρελθόντα εἰπεῖν·

11 Ἀλλ' ἐγώ, ὦ ἄνδρες, τοῦτο μὲν πρῶτον θαυμάζω Μελήτου, ὅτῳ ποτὲ γνοὺς λέγει ὡς ἐγὼ οὓς ἡ πόλις νομίζει θεοὺς οὐ νομίζω· ἐπεὶ θύοντά γέ με ἐν ταῖς κοιναῖς ἑορταῖς καὶ ἐπὶ τῶν δημοσίων βωμῶν καὶ οἱ ἄλλοι οἱ παρατυγχάνοντες ἑώρων καὶ αὐτὸς Μέλητος, εἰ ἐβούλετο. 12 καινά γε μὴν δαιμόνια πῶς ἂν ἐγὼ εἰσφέροιμι λέγων ὅτι θεοῦ μοι φωνὴ φαίνεται σημαίνουσα ὅ τι χρὴ ποιεῖν; καὶ γὰρ οἱ φθόγγοις οἰωνῶν καὶ οἱ φήμαις ἀνθρώπων χρώμενοι φωναῖς δήπου τεκμαίρονται. βροντὰς δὲ ἀμφιλέξει τις ἢ μὴ φωνεῖν ἢ μὴ μέγιστον οἰωνιστήριον εἶναι; ἡ δὲ Πυθοῖ ἐν τῷ

8. ὀρθῶς, mit Recht • ἠναντιοῦντο, Imperfekt zu ἐναντιόομαί τινος, jemandem entgegentreten, jemanden hindern • ἐπισκέψει, Dativ Singular zu ἡ ἐπίσκεψις, die Vorbereitung ↔ ἐπισκέπτομαι, ἐπισκοπέω • ζητητέα, Verbaladjektiv zu ζητέω, suchen • τὰ ἀποφευκτικά, die Gründe für einen Freispruch • ἐκ παντὸς τρόπου, auf jede nur erdenkliche Weise • εἰ τοῦτο διεκπραξάμην, wenn ich das durchgesetzt hätte • Indikativ Aorist als Irrealis zu διαπράττομαι, Konditionalsatz • ἡτοιμασάμην ἄν, Indikativ Aorist mit ἄν als Irrealis der Vergangenheit, K. 182, zu ἑτοιμάζομαι, sich abfinden (mit etwas) • ἀντὶ τοῦ λῆξαι, statt aufzuhören, Infinitiv mit Artikel, K. 194, λῆξαι, Infinitiv Aorist zu λήγειν τινός, mit etwas aufhören • ἀλγύνειν plagen ↔ τὸ ἄλγος, der Schmerz, ἀλγέω Schmerz empfinden • νόσοις, zu ἡ νόσος ἀλγυνόμενος, an Krankheiten leidend • γήρᾳ, Dativus temporis, K. 157, zu τὸ γῆρας, das Greisenalter • συρρέω, zusammenfließen, zusammenkommen, K. 101, 2 • ἔρημος τινός, frei von, ohne etwas • ἡ εὐφροσύνη Freude ↔ εὖ φρονέω, wohlmeinend, verständig sein.

9. προθυμήσομαι, Futur zu προθυμέομαι, wünschen • ὅσων καλῶν νομίζωτετυχηκέναι, zu τυγχάνω, τεύξομαι, ἔτυχον, τετύχηκα (mit Genitiv), alles Schöne, was ich, bekommen zu haben glaube • καὶ ἣν δόξαν ἔχω περὶ ἐμαυτοῦ, über mich selbst • ἀναφαίνω, darlegen • βαρυνῶ, Futur zu βαρύνω, belästigen • αἱρήσομαι, Futur zu αἱρέομαι, wählen • ἀνελευθέρως, Adverb unwürdig • προσαιτῶν, Partizip zu προσαιτέω, darum flehen • κερδᾶναι, Infinitiv Aorist zu κερδαίνω, gewinnen, fortsetzen • πολὺ χείρω, wie χείρονα, Komparativ zu κακός, χείρων, χεῖρον, χείριστος, K. 58.

10. γνόντα, Partizip Aorist zu γιγνώσκω, γνώσομαι, ἔγνων (Wurzelaorist), ἔγνωκα, K. 109, 11 • κατηγορέω τινός, jemanden anklagen • ὁ ἀντίδικος, der Gegner • ὡς οὐ νομίζοι, als ob er nicht glaube • καινός, neu • ἕτερα καινὰ δαιμόνια, andere neue Gottheiten • εἰσφέροι, Optativ zu εἰσφέρω, einführen • διαφθείροι, Optativ Präsens zu διαφθείρω, verderben, K. 86, 2; 96, 33 • παρελθόντα, Partizip Aorist zu παρέρχομαι, πάρειμι, παρῆλθον, παρελήλυθα, vortreten, K. 111. 2.

11. θαυμάζω τινός, sich über jemanden wundern • ὅτῳ ποτέ, wie ᾧτινι, verallgemeinerndes Relativpronomen, K. 67 • γνούς, γνοῦσα, γνόν, Partizip Aorist (Wurzelaorist), zu γιγνώσκω, erkennen, aufgrund welcher Erkenntnis • ἐν ταῖς κοιναῖς ἑορταῖς, bei den gemeinsamen Festen • ἡ ἑορτή das Fest • ἐπὶ τῶν δημοσίων βωμῶν, an den öffentlichen Altären, zu ὁ βωμός, der Altar • οἱ παρατυγχάνοντες, Partizip zu παρατυγχάνω, vorbeikommen • ἑώρων, Imperfekt zu ὁράω, sehen, K. 111, 6.

τρίποδι ἱέρεια οὐ καὶ αὐτὴ φωνῇ τὰ παρὰ τοῦ θεοῦ διαγγέλλει; 13 ἀλλὰ μέντοι καὶ τὸ προειδέναι γε τὸν θεὸν τὸ μέλλον καὶ τὸ προσημαίνειν ᾧ βούλεται, καὶ τοῦτο, ὥσπερ ἐγώ φημι, οὕτω πάντες καὶ λέγουσι καὶ νομίζουσιν. ἀλλ᾽ οἱ μὲν οἰωνούς τε καὶ φήμας καὶ συμβόλους τε καὶ μάντεις ὀνομάζουσι τοὺς προσημαίνοντας εἶναι, ἐγὼ δὲ τοῦτο δαιμόνιον καλῶ καὶ οἶμαι οὕτως ὀνομάζων καὶ ἀληθέστερα καὶ ὁσιώτερα λέγειν τῶν τοῖς ὄρνισιν ἀνατιθέντων τὴν τῶν θεῶν δύναμιν. ὥς γε μὴν οὐ ψεύδομαι κατὰ τοῦ θεοῦ καὶ τοῦτ᾽ ἔχω τεκμήριον· καὶ γὰρ τῶν φίλων πολλοῖς δὴ ἐξαγγεῖλας τὰ τοῦ θεοῦ συμβουλεύματα οὐδεπώποτε ψευσάμενος ἐφάνην.

14 ἐπεὶ δὲ ταῦτα ἀκούοντες οἱ δικασταὶ ἐθορύβουν, οἱ μὲν ἀπιστοῦντες τοῖς λεγομένοις, οἱ δὲ καὶ φθονοῦντες, εἰ καὶ παρὰ θεῶν μειζόνων ἢ αὐτοὶ τυγχάνοι, πάλιν εἰπεῖν τὸν Σωκράτην· Ἄγε δὴ ἀκούσατε καὶ ἄλλα, ἵνα ἔτι μᾶλλον οἱ βουλόμενοι ὑμῶν ἀπιστῶσι τῷ ἐμὲ τετιμῆσθαι ὑπὸ δαιμόνων. Χαιρεφῶντος γάρ ποτε ἐπερωτῶντος ἐν Δελφοῖς περὶ ἐμοῦ πολλῶν παρόντων ἀνεῖλεν ὁ Ἀπόλλων μηδένα εἶναι ἀνθρώπων ἐμοῦ μήτε ἐλευθεριώτερον μήτε δικαιότερον μήτε σωφρονέστερον.

12. καινός, neu • ἡ φωνή, die Stimme • σημαίνουσα, Partizipzu σημαίνω, zeigen ↔ τὸ σημεῖον, das Zeichen • φθόγγοις, Dativ Plural zu ὁ φθόγγος, der Ton • τῶν οἰωνῶν, Genitiv Plural zu ὁ οἰωνός, der Vogel • τεκμαίρομαι, mit Dativ, Folgerungen ziehen aufgrund von • αἱ βρονταί, Blitz und Donner • ἀμφιλέξει, Futur zu ἀμφιλέγω, bezweifeln • τὸ οἰνωστήριον, das Vorzeichen • ἡ δὲ Πυθία ἱέρεια, die Priesterin Pythia • Πυθοῖ, in Pytho, Orakelstätte des Apollon • ἐν τῷ τριπόδῳ, auf dem Dreifuß • τὰ παρὰ τοῦ θεοῦ, das von dem Gott, die Botschaften des Gottes.

13. τὸ προειδέναι, vorher wissen, καὶ προσημαίνειν εἶναι, vorher zeigen, dass etwas ist, Infinitiv mit Artikel, K. 194 • ᾧ βούλται, jedem, der es will • τὸ μέλλον, das Werdende, die Zukunft zu μέλλω, werden • ὁ σύμβολος, das Vorzeichen • μάντεις, Akkusativ Plural zu ὁ μάντις, der Prophet • ὀνομάζειν, benennen, bezeichnen als • τοὺς προσημαίνοντας ↔ το σῆμα, das Zeichen • οἱ προσημαίνοντες εἶναι, diejenigen, die vorhersagen, dass etwas ist • ψεύδομαι, sich täuschen • ἐξαγγεῖλας zu ἐξαγγέλλω, ἐξαγγελῶ, ἐξήγγειλα, mitteilen • ὁ οἰωνός, der Vogel • ἡ φήμη, die Stimme • μάντεις, Akkusativ Plural zu ὁ μάντις, der Seher • τὸ δαιμόνιον, das göttliche Zeichen • ἀληθέστερα, Komparativ zu ἀληθής • ὁσιώτερα, Komparativ zu ὅσιος • τοῖς ὄρνισιν, Dativ Plural zu ὁ ὄρνις, τοῦ ὄρνιθος, der Vogel • ἀνατιθέντων, Partizip Präsens zu ἀνατίθημι, überlassen, aufbürden, zuschreiben • δύναμιν, Akkusativ zu ἡ δύναμις, die Macht • ὥς γε μὴν οὐ ψεύδομαι, dass ich mich nicht täusche • κατὰ τοῦ θεοῦ, in dem Gott • τὸ τεκμήριον, der Beweis • ἐξαγγεῖλας, Partizip Aorist zu ἐξαγγέλλω, verkünden • τὸ συμβούλευμα, der Ratschlag ↔ συμβουλεύω • οὐδεπώποτε, niemals • ψευσάμενος, Partizip Aorist zu ψεύδομαι, sich vertun, irren, sich täuschen • ἐφάνην, zu φαίνομαι, φανοῦμαι, ἐφάνην, πέφηνα, scheinen, mit prädikativem Partizip, K. 198 • ἐθορύβουν, Imperfekt zu θορυβέω, lärmen • ἀπιστοῦντες, Partizip zu ἀπιστέω, nicht glauben ↔ πιστεύω.

Die Stimmberechtigten und Richter sind erbost über die scheinbar selbstgerecht arrogante Haltung, mit der Sokrates sein Verhältnis zu den Göttern darlegt. Der Philosoph berichtet darüber hinaus noch von der Reaktion des Orakels, als Chairephon über ihn Auskunft einholte, kein Mensch sei freier, gerechter oder vernünftiger als er (14–15). Darauf vergleicht Sokrates die Antwort des Orakels mit derjenigen, die Lykurg erhielt, und ruft die Anwesenden auf, die Behauptung zu prüfen (16).

14. εἰ nach φθονέω, wenn • ἀπιστῶσιν zu ἀπιστέω, misstrauen • τετιμῆσθαι, Infinitiv Perfekt Passiv zu τιμάω, ehren • Χαιρεφῶντος ἐπερωτῶντος, Genitivus absolutus • πολλῶν παρόντων, Genitivus absolutus • μηδένα εἶναι ἀνθρώπων, keiner der Menschen sei … ἐλευθεριώτερον, freier, δικαιότερον, gerechter, σωφρονέστερον, besonnener, Komparative zu ἐλευθέριος, δίκαιος, σώφρων • ἀνεῖλεν, zu ἀναιρέω, weissagen.

15 ὡς δ᾽ αὖ ταῦτ᾽ ἀκούσαντες οἱ δικασταὶ ἔτι μᾶλλον εἰκότως ἐθορύβουν, αὖθις εἰπεῖν τὸν Σωκράτην· Ἀλλὰ μείζω μέν, ὦ ἄνδρες, εἶπεν ὁ θεὸς ἐν χρησμοῖς περὶ Λυκούργου τοῦ Λακεδαιμονίοις νομοθετήσαντος ἢ περὶ ἐμοῦ. λέγεται γὰρ εἰς τὸν ναὸν εἰσιόντα προσειπεῖν αὐτόν· Φροντίζω πότερα θεόν σε εἴπω ἢ ἄνθρωπον. ἐμὲ δὲ θεῷ μὲν οὐκ εἴκασεν, ἀνθρώπων δὲ πολλῷ προέκρινεν ὑπερφέρειν. ὅμως δὲ ὑμεῖς μηδὲ ταῦτ᾽ εἰκῇ πιστεύσητε τῷ θεῷ, ἀλλὰ καθ᾽ ἓν ἕκαστον ἐπισκοπεῖτε ὧν εἶπεν ὁ θεός.

16 τίνα μὲν γὰρ ἐπίστασθε ἧττον ἐμοῦ δουλεύοντα ταῖς τοῦ σώματος ἐπιθυμίαις; τίνα δὲ ἀνθρώπων ἐλευθεριώτερον, ὃς παρ᾽ οὐδενὸς οὔτε δῶρα οὔτε μισθὸν δέχομαι; δικαιότερον δὲ τίνα ἂν εἰκότως νομίσαιτε τοῦ πρὸς τὰ παρόντα συνηρμοσμένου, ὡς τῶν ἀλλοτρίων μηδενὸς προσδεῖσθαι; σοφὸν δὲ πῶς οὐκ ἄν τις εἰκότως ἄνδρα φήσειεν εἶναι ὃς ἐξ ὅτουπερ ξυνιέναι τὰ λεγόμενα ἠρξάμην οὐπώποτε διέλειπον καὶ ζητῶν καὶ μανθάνων ὅ τι ἐδυνάμην ἀγαθόν;

17 ὡς δὲ οὐ μάτην ἐπόνουν οὐ δοκεῖ ὑμῖν καὶ τάδε τεκμήρια εἶναι, τὸ πολλοὺς μὲν πολίτας τῶν ἀρετῆς ἐφιεμένων, πολλοὺς δὲ ξένων, ἐκ πάντων προαιρεῖσθαι ἐμοὶ ξυνεῖναι; ἐκείνου δὲ τί φήσομεν αἴτιον εἶναι, τοῦ πάντας εἰδέναι ὅτι ἐγὼ ἥκιστ᾽ ἂν ἔχοιμι χρήματα ἀντιδιδόναι, ὅμως πολλοὺς ἐπιθυμεῖν ἐμοί τι δωρεῖσθαι; τὸ δ᾽ ἐμὲ μὲν μηδ᾽ ὑφ᾽ ἑνὸς ἀπαιτεῖσθαι εὐεργεσίας, ἐμοὶ δὲ πολλοὺς ὁμολογεῖν χάριτας ὀφείλειν·

18 τὸ δ᾽ ἐν τῇ πολιορκίᾳ τοὺς μὲν ἄλλους οἰκτίρειν ἑαυτούς, ἐμὲ δὲ μηδὲν ἀπορώτερον διάγειν ἢ ὅτε τὰ μάλιστα ἡ πόλις ηὐδαιμόνει; τὸ δὲ τοὺς ἄλλους μὲν τὰς εὐπαθείας ἐκ τῆς ἀγορᾶς πολυτελεῖς πορίζεσθαι, ἐμὲ δὲ ἐκ τῆς ψυχῆς ἄνευ δαπάνης ἡδίους ἐκείνων μηχανᾶσθαι; εἴ γε μὴν ὅσα εἴρηκα περὶ ἐμαυτοῦ μηδεὶς

---

15. μᾶλλον, mehr • εἰκότως, natürlich • μείζω, wie μείζονα, Komparativ zu μέγας • ὁ χρησμός, der Orakelspruch • νομοθετέω, Gesetze geben • ὁ ναός, der Tempel • εἰσιόντα, Partizip zu εἴσειμι • εἴκασεν, Aorist zu εἰκάζω, vergleichen • προκρίνειν, vorher urteilen • ὑπερφέρειν τινός, jemanden übertreffen, εἰκῇ, ohne weiteres • καθ᾽ ἓν ἕκαστον, in jedem einzelnen Punkt • ὧν, wie τούτων, ἅ.

16. τίνα ἐπίστασθε, von wem wisst ihr, dass er • ἧττον ἐμοῦ, weniger als ich • δουλεύοντα, Partizip zu δουλεύω, dienen • δέχομαι, annehmen • εἰκότως, mit Recht • ἂν νομίσαιτε, Optativ Aorist mit ἄν als Potentialis • τοῦ πρὸς τὰ παρόντα συνηρμοσμένου, Partizip Perfekt zu συναρμόζομαι, sich anpassen an • τὰ ἀλλότρια, was einem anderen gehört • προσδέομαί τινος, Verlangen haben nach etwas • πῶς οὐκ ἄν τις φήσειεν, wie könnte man nicht sagen • ἐξ ὅτου περ, seitdem • συνιέναι zu συνίημι, verstehen • ἠρξάμην, Aorist zu ἄρχομαι, beginnen • διέλειπον, Imperfekt zu διαλείπω, unterlassen • ζητῶν καὶ μανθάνων, suchend und lernend.

Sokrates führt Beweise für seine außergewöhnliche Wirkung auf andere Menschen an: Einheimische und Fremde suchten in Menge die Gemeinschaft mit ihm und begehrten – ohne Erwartung von Gegengaben –, ihm Gutes erweisen zu dürfen (17); er fühle sich sehr wohl in der Polis, und es gehe ihm gut, zumal er auch gänzlich unabhängig von äußeren Glücksgütern sei (18).

17. μάτην, vergeblich • ἐφίεμαι, mit Genitiv, streben nach • ἥκιστα, am wenigsten • χρήματα ἀντιδιδόναι, Gegengeschenke machen • ἀπαιτεῖσθαί τινος, gemahnt werden wegen • χάριτας ὀφείλειν, Dank schulden.

δύναιτ᾽ ἂν ἐξελέγξαι με ὡς ψεύδομαι, πῶς οὐκ ἂν ἤδη δικαίως καὶ ὑπὸ θεῶν καὶ ὑπ᾽ ἀνθρώπων ἐπαινοίμην;

19 ἀλλ᾽ ὅμως σύ με φῄς, ὦ Μέλητε, τοιαῦτα ἐπιτηδεύοντα τοὺς νέους καίτοι ἐπιστάμεθα μὲν δήπου τίνες εἰσὶ νέων διαφθοραί· σὺ δὲ εἰπὲ εἴ τινα οἶσθα ὑπ᾽ ἐμοῦ γεγενημένον ἢ ἐξ εὐσεβοῦς ἀνόσιον ἢ ἐκ σώφρονος ὑβριστὴν ἢ ἐξ εὐδιαίτου πολυδάπανον ἢ [ὡς] ἐκ μετριοπότου οἰνόφλυγα ἢ ἐκ φιλοπόνου μαλακὸν ἢ ἄλλης πονηρᾶς ἡδονῆς ἡττημένον. 20 Ἀλλὰ ναὶ μὰ Δί᾽, ἔφη ὁ Μέλητος, ἐκείνους οἶδα οὓς σὺ πέπεικας σοὶ πείθεσθαι μᾶλλον ἢ τοῖς γειναμένοις. Ὁμολογῶ, φάναι τὸν Σωκράτην, περί γε παιδείας· τοῦτο γὰρ ἴσασιν ἐμοὶ μεμεληκός. περὶ δὲ ὑγιείας τοῖς ἰατροῖς μᾶλλον οἱ ἄνθρωποι πείθονται ἢ τοῖς γονεῦσι· καὶ ἐν ταῖς ἐκκλησίαις γε πάντες δήπου οἱ Ἀθηναῖοι τοῖς φρονιμώτατα λέγουσι πείθονται μᾶλλον ἢ τοῖς προσήκουσιν. οὐ γὰρ δὴ καὶ στρατηγοὺς αἱρεῖσθε καὶ πρὸ πατέρων καὶ πρὸ ἀδελφῶν, καὶ ναὶ μὰ Δία γε ὑμεῖς πρὸ ὑμῶν αὐτῶν, οὓς ἂν ἡγῆσθε περὶ τῶν πολεμικῶν φρονιμωτάτους εἶναι; Οὕτω γάρ, φάναι τὸν Μέλητον, ὦ Σώκρατες, καὶ συμφέρει καὶ νομίζεται. 21 Οὐκοῦν, εἰπεῖν τὸν Σωκράτην, θαυμαστὸν καὶ τοῦτό σοι δοκεῖ εἶναι, τὸ ἐν μὲν ταῖς ἄλλαις πράξεσι μὴ μόνον ἰσομοιρίας τυγχάνειν τοὺς κρατίστους, ἀλλὰ καὶ προτετιμῆσθαι, ἐμὲ δέ, ⟨ὅτι⟩ περὶ τοῦ μεγίστου ἀγαθοῦ ἀνθρώποις

---

18. τὸ ἐν πολιορκίᾳ, zu ἡ πολιορκία, die Belagerung, im Fall einer Belagerung • οἰκτίρειν ἑαυτούς, sich selbst bemitleiden • τὸ δέ was das betrifft, dass die anderen sich selbst bemitleiden, ich aber nicht armseliger und bedrückter lebe • ἐμὲ δὲ μηδὲν ἀπορώτερον διάγειν, Infinitiv mit Artikel als Akkusativ der Beziehung • ἄπορος, bedürftig, armselig • ηὐδαιμόνει, Imperfekt zu εὐδαιμονέω, glücklich sein • ἡ εὐπάθεια, der Sinnesgenuss • πολυτελεῖς, Akkusativ Plural zu πολυτελής, aufwendig • πορίζομαι, sich verschaffen • ἄνευ δαπάνης, ohne Aufwand • ἡδίους, wie ἡδίονας, Komparativ zu ἡδύς • μηχανάομαι, erzeugen • ἐπαινοίμην, Optativ Präsens Passiv zu ἐπαινέω, loben.

Sokrates bemüht sich, den Vorwurf zu entkräften, er bringe Menschen durch den Kontakt zu ihm dazu, schlechtere Charaktereigenschaften an den Tag zu legen als zuvor. Aus den Beispielen, die Sokrates durchgeht, wird schnell deutlich, dass es Meletos im Grunde nur um einen Punkt geht, nämlich um die Beseitigung des unbedingten Gehorsams gegen die Eltern (19–21).

19. ἐπιτηδεύω, betreiben • αἱ διαφθοραί, die Dinge, die verderben ↔ διαφθείρω • γεγενημένον, Partizip Perfekt zu γίγνομαι, werden, K. 110, 7 • εὐσεβοῦς, Genitiv zu εὐσεβής, fromm • ἀνόσιος, gottlos • σώφρων, σώφρονος, besonnen • ὁ ὑβριστής, der Verbrecher • εὐδίαιτος, maßvoll lebend • μετριοπότης, mäßig im Trinken • ὁ οἰνόφλυξ, τοῦ οινόφλυγος, der Trinker • φιλόπονος, fleißig • μαλακός, faul, weich • ἡ πονηρὰ ἡδονή, die schändliche Lust • ἡττημένον, Partizip Perfekt zu ἡττάομαι, unterliegen.

20. τοῖς γειναμένοις, Partizip Aorist zu γείνομαι, erzeugen, Aorist ἐγεινάμην • ὁμολογῶ, zugeben • περί γε παιδείας, wenigstens in Sachen Erziehung • ἴσασιν, zu οἶδα, wissen • ἐμοὶ μεμεληκός, Partizip Perfekt zu μέλει μοι, sie liegt mir sehr am Herzen • οἱ προσήκοντες, die Angehörigen • ἡ ὑγίεια, die Gesundheit ↔ ὑγιαίνω, gesund sein • τοῖς γονεῦσι, Dativ Plural zu ὁ γονεύς, τοῦ γονέως, der Erzeuger, K. 48, wie βασιλεύς • ἡ ἐκκλησία, die Volksversammlung • συμφέρει, es ist nützlich • νομίζεται, es ist der Brauch.

περὶ παιδείας, βέλτιστος εἶναι ὑπό τινων προκρίνομαι, τούτου ἕνεκα θανάτου ὑπὸ σοῦ διώκεσθαι;

22 Ἐρρήθη μὲν δῆλον ὅτι τούτων πλείω ὑπό τε αὐτοῦ καὶ τῶν συναγορευόντων φίλων αὐτῷ. ἀλλ᾽ ἐγὼ οὐ τὰ πάντα εἰπεῖν τὰ ἐκ τῆς δίκης ἐσπούδασα, ἀλλ᾽ ἤρκεσέ μοι δηλῶσαι ὅτι Σωκράτης τὸ μὲν μήτε περὶ θεοὺς ἀσεβῆσαι μήτε περὶ ἀνθρώπους ἄδικος φανῆναι περὶ παντὸς ἐποιεῖτο. 23 τὸ δὲ μὴ ἀποθανεῖν οὐκ ᾤετο λιπαρητέον εἶναι, ἀλλὰ καὶ καιρὸν ἤδη ἐνόμιζεν ἑαυτῷ τελευτᾶν. ὅτι δὲ οὕτως ἐγίγνωσκε καταδηλότερον ἐγένετο, ἐπειδὴ καὶ ἡ δίκη κατεψηφίσθη. πρῶτον μὲν γὰρ κελευόμενος ὑποτιμᾶσθαι οὔτε αὐτὸς ὑπετιμήσατο οὔτε τοὺς φίλους εἴασεν, ἀλλὰ καὶ ἔλεγεν ὅτι τὸ ὑποτιμᾶσθαι ὁμολογοῦντος εἴη ἀδικεῖν. ἔπειτα τῶν ἑταίρων ἐκκλέψαι βουλομένων αὐτὸν οὐκ ἐφείπετο, ἀλλὰ καὶ ἐπισκῶψαι ἐδόκει ἐρόμενος εἴ που εἰδεῖέν τι χωρίον ἔξω τῆς Ἀττικῆς ἔνθα οὐ προσβατὸν θανάτῳ.

24 Ὡς δὲ τέλος εἶχεν ἡ δίκη, εἰπεῖν αὐτόν· Ἀλλ᾽, ὦ ἄνδρες, τοὺς μὲν διδάσκοντας τοὺς μάρτυρας ὡς χρὴ ἐπιορκοῦντας καταψευδομαρτυρεῖν ἐμοῦ καὶ τοὺς πειθομένους τούτοις ἀνάγκη ἐστὶ πολλὴν ἑαυτοῖς συνειδέναι ἀσέβειαν καὶ ἀδικίαν· ἐμοὶ δὲ τί προσήκει νῦν μεῖον φρονεῖν ἢ πρὶν κατακριθῆναι, μηδὲν ἐλεγχθέντι ὡς πεποίηκά τι ὧν ἐγράψαντό με; οὐδὲ γὰρ ἔγωγε ἀντὶ Διὸς καὶ Ἥρας καὶ τῶν σὺν τούτοις θεῶν οὔτε θύων τισὶ καινοῖς δαίμοσιν οὔτε ὀμνὺς οὔτε νομίζων ἄλλους θεοὺς ἀναπέφηνα. 25 τούς γε μὴν νέους πῶς ἂν διαφθείροιμι καρτερίαν καὶ εὐτέλειαν

---

21. ἡ ἰσομοιρία, die Gleichberechtigung • προκρίνεσθαι, herausgehoben werden.

Sokrates legt größten Wert darauf zu zeigen, dass er weder gottlos war, noch schlechten Einfluss auf Menschen hatte (22). Er stellt weder einen Gegenantrag, um den aus seiner Sicht günstigen Todeszeitpunkt nicht zu gefährden, noch flieht er (23).

22. συναγορεύω, helfen • ἐσπούδασα, Aorist zu σπουδάζω, sich bemühen • ἤρκεσέ μοι, Aorist zu ἀρκέω, genügen • δηλῶσαι, Infinitiv Aorist zu δηλόω, zeigen • ἀσεβῆσαι, Infinitiv Aorist zu ἀσεβέω, gottlos sein • φανῆναι, Infinitiv Aorist zu φαίνομαι, erscheinen, K. 96, 29 • περὶ παντὸς ἐποιεῖτο, Imperfekt zu ποιέομαι, großen Wert auf etwas legen.

23. λιπαρητέον, Verbaladjektiv zu λιπαρέω, inständig bitten, K. 78, 9 • καταδηλότερον, Komparativ zu κατάδηλος, deutlich • ἡ δίκη, das Urteil • κατεψηφίσθη, Aorist Passiv zu καταψηφίζω, entscheiden • κελευόμενος, Partizip Präsens Passiv zu κελεύω, auffordern, befehlen • ὑποτιμᾶσθαι, Infinitiv zu ὑποτιμάομαι, einen Gegenantrag stellen • εἴασεν, Aorist zu ἐάω, zulassen • ἐκκλέπτειν, heimlich befreien • τῶν ἑταίρων βουλομένων, Genitivus absolutus, obwohl die Freunde es wollten • οὐκ ἐφείπετο, Imperfekt zu ἐφέπομαι, folgen • ἐπισκῶψαι ἐδόκει, er schien sie zu verspotten • ἐρόμενος, Partizip zu ἔρομαι, fragen • εἴ που εἰδεῖεν, ob sie irgendwo wüssten • χωρίον, ein Platz • ἔνθα, wo • προσβατός, zugänglich.

Nach dem Ende des Prozesses macht sich Sokrates Gedanken über die Auswirkungen auf diejenigen, die die falschen Aussagen gegen ihn erhoben hatten (24). Nochmals betont er, wie stark er jungen Menschen durch dir Gemeinschaft mit ihm geholfen habe, Selbstbeherrschung zu üben und ein einfaches Leben zu führen (25). Das Todesurteil habe keine lustmindernde Wirkung auf ihn, da es ungerecht sei und mithin nur für die Richter schändlich sei und nicht für ihn (26).

24. εἶχεν, Imperfekt zu ἔχω • διδάσκοντας, Partizip zu διδάσκω, belehren • ἐπιορκοῦντας, Partizip zu ἐπιορκέω, einen Meineid leisten • καταψευδομαρτυρεῖν τινος, eine falsche Aussage machen (gegen jemanden) • ἑαυτοῖς συνειδέναι τι, sich bewusst sein • ἐμοὶ τί προσήκει, warum ist es für mich angebracht? • μεῖον φρονεῖν geringer, niedriger denken • ἢ πρὶν κατακριθῆναι, Infini-

προσεθίζων; ἐφ᾽ οἷς γε μὴν ἔργοις κεῖται θάνατος ἡ ζημία, ἱεροσυλίᾳ, τοιχωρυχίᾳ, ἀνδραποδίσει, πόλεως προδοσίᾳ, οὐδ᾽ αὐτοὶ οἱ ἀντίδικοι τούτων πρᾶξαί τι κατ᾽ ἐμοῦ φασιν. ὥστε θαυμαστὸν ἔμοιγε δοκεῖ εἶναι ὅπως ποτὲ ἐφάνη ὑμῖν τοῦ θανάτου ἔργον ἄξιον ἐμοὶ εἰργασμένον. 26 ἀλλ᾽ οὐδὲ μέντοι ὅτι ἀδίκως ἀποθνῄσκω, διὰ τοῦτο μεῖον φρονητέον· οὐ γὰρ ἐμοὶ ἀλλὰ τοῖς καταγνοῦσι τοῦτο αἰσχρόν [γάρ] ἐστι. παραμυθεῖται δ᾽ ἔτι με καὶ Παλαμήδης ὁ παραπλησίως ἐμοὶ τελευτήσας· ἔτι γὰρ καὶ νῦν πολὺ καλλίους ὕμνους παρέχεται Ὀδυσσέως τοῦ ἀδίκως ἀποκτείναντος αὐτόν· οἶδ᾽ ὅτι καὶ ἐμοὶ μαρτυρήσεται ὑπό τε τοῦ ἐπιόντος καὶ ὑπὸ τοῦ παρεληλυθότος χρόνου ὅτι ἠδίκησα μὲν οὐδένα πώποτε οὐδὲ πονηρότερον ἐποίησα, εὐηργέτουν δὲ τοὺς ἐμοὶ διαλεγομένους προῖκα διδάσκων ὅ τι ἐδυνάμην ἀγαθόν.

27 εἰπὼν δὲ ταῦτα μάλα ὁμολογουμένως δὴ τοῖς εἰρημένοις ἀπῄει καὶ ὄμμασι καὶ σχήματι καὶ βαδίσματι φαιδρός. ὡς δὲ ᾔσθετο ἄρα τοὺς παρεπομένους δακρύοντας, Τί τοῦτο; εἰπεῖν αὐτόν, ἦ ἄρτι δακρύετε; οὐ γὰρ πάλαι ἴστε ὅτι ἐξ ὅτουπερ ἐγενόμην κατεψηφισμένος ἦν μου ὑπὸ τῆς φύσεως ὁ θάνατος; ἀλλὰ μέντοι εἰ μὲν

---

tiv Aorist Passiv zu κατακρίνω, verurteilen als bevor ich verurteilt wurde • ἐλεγχθέντι, Partizip Aorist Passiv zu ἐλέγχω, beweisen, überführen • ὡς πεποίηκά τι, dass ich etwas getan habe • ὧν ἐγράψαντο, von dem, was sie in der Anklageschrift behauptet haben • ἀντί τινος, an Stelle von • θύων, Partizip zu θύω, opfern • ὀμνύς, Partizip Präsens zu ὄμνυμι, schwören, K. 105, 12 • ἀναπέφηνα, Perfekt zu ἀναφαίνομαι (mit prädikativem Partizip), sich erweisen als, K. 96, 29.

25. ἡ καρτερία, die Selbstbeherrschung • ἡ εὐτέλεια, die Bescheidenheit • προσεθίζων, Partizip zu προσεθίζω, gewöhnen • ἐφ' οἷς γε κεῖται θάνατος, die Taten, auf denen die Todesstrafe liegt • ἱεροσυλία, der Tempelraub • ἡ τοιχωρυχία, der Einbruch • ἡ ἀνδραπόδισις, die Entführung • ἡ πόλεως προδοσία, der Verrat der Polis • ὥστε θαυμαστὸν ἔμοιγε δοκεῖ, daher scheint es mir seltsam zu sein • ἐφάνη, Aorist zu φαίνομαι, scheinen, es schien, K. 96, 29 • ἐμοὶ εἰργασμένον, Dativus auctoris mit Partizip Perfekt Passiv dass von mir etwas getan wurde • οὐδ' αὐτοὶ οἱ ἀντίδικοι, nicht einmal die Ankläger selbst • τούτων πρᾶξαί τι κατ' ἐμοῦ φασιν, dass ich davon etwas getan habe, behaupten nicht einmal meine Ankläger.

26. ὅτι ἀδίκως ἀποθνῄσκω, weil ich zu Unrecht sterbe • μεῖον φρονητέον, μεῖον (Adverb), Komparativ zu 'ολίγος, gering, ich brauche ich nicht geringer zu denken, d.h. betrübt zu sein • τοῖς καταγνοῦσιν, Dativ Plural Partizip Aorist zu καταγιγνώσκω, verurteilen, K. 109, 11 • παραμυθεῖται zu παραμυθέομαι, sich trösten • Παλαμήδης, griechischer Held vor Troja, durch eine List des Odysseus fälschlich des Verrats am griechischen Heer angeklagt und zu Tode gesteinigt • παραπλησίως ἐμοί, ähnlich wie ich • παρέχεται πολὺ καλλίους, wie καλλίονας ὕμνους, Anlass geben zu schöneren Liedern • Ὀδυσσέως, Genitivus comparationis • μαρτυρήσεται, Futur Medium zu μαρτυρέω, bezeugen, man wird bezeugen • ὑπό τε τοῦ ἐπιόντος καὶ ὑπὸ τοῦ παρεληλυθότος, sowohl von der Zukunft als auch von der Vergangenheit her • πονηρότερον, Komparativ zu πονηρός, schlecht • εὐηργετοῦν, Imperfekt zu εὐεργετέω, Gutes tun • προῖκα, unentgeltlich • διδάσκων, Partizip Präsens zu διδάσκω, lehren.

Sokrates tröstet seine um ihn weinenden Freunde mit dem Hinweis, dass er doch bereits sein ganzes Leben lang sterblich gewesen und es besser sei, er sterbe unschuldig als schuldig (27–28). Im Vergleich zu Anytos gehe er als Sieger vom Platz, denn er und nicht Anytos habe Nützliches und Schönes für alle Zeiten geleistet (29). Es wird deutlich, dass Sokrates eine Zeit lang versucht hat, Anytos' Sohn durch Freundschaft und Gemeinschaft mit ihm auszubilden und zu fördern. Er glaubt nun, dass diesem keine gute Zukunft bevorstehe, eine Prophezeiung, die vom Leben bestätigt wird (30–31). Sokrates' selbstbewusstes Auftreten vor Gericht und angesichts des Todesurteils bringt viele dazu, ihn zu hassen (32).

ἀγαθῶν ἐπιρρεόντων προαπόλλυμαι, δῆλον ὅτι ἐμοὶ καὶ τοῖς ἐμοῖς εὔνοις λυπητέον· εἰ δὲ χαλεπῶν προσδοκωμένων καταλύω τὸν βίον, ἐγὼ μὲν οἶμαι ὡς εὐπραγοῦντος ἐμοῦ πᾶσιν ὑμῖν εὐθυμητέον εἶναι. 28 παρὼν δέ τις Ἀπολλόδωρος, ἐπιθυμητὴς μὲν ὢν ἰσχυρῶς αὐτοῦ, ἄλλως δ᾽ εὐήθης, εἶπεν ἄρα· ᾿Αλλὰ τοῦτο ἔγωγε, ὦ Σώκρατες, χαλεπώτατα φέρω ὅτι ὁρῶ σε ἀδίκως ἀποθνῄσκοντα. τὸν δὲ λέγεται καταψήσαντα αὐτοῦ τὴν κεφαλὴν εἰπεῖν· Σὺ δέ, ὦ φίλτατε Ἀπολλόδωρε, μᾶλλον ἐβούλου με ὁρᾶν δικαίως ἢ ἀδίκως ἀποθνῄσκοντα; καὶ ἅμα ἐπιγελάσαι. 29 λέγεται δὲ καὶ Ἄνυτον παριόντα ἰδὼν εἰπεῖν· ᾿Αλλ᾽ ὁ μὲν ἀνὴρ ὅδε κυδρός, ὡς μέγα τι καὶ καλὸν διαπεπραγμένος, εἰ ἀπέκτονέ με, ὅτι αὐτὸν τῶν μεγίστων ὑπὸ τῆς πόλεως ὁρῶν ἀξιούμενον οὐκ ἔφην χρῆναι τὸν υἱὸν περὶ βύρσας παιδεύειν. ὡς μοχθηρὸς οὗτος, ἔφη, ὃς οὐκ ἔοικεν εἰδέναι ὅτι ὁπότερος ἡμῶν καὶ συμφορώτερα καὶ καλλίω εἰς τὸν ἀεὶ χρόνον διαπέπρακται, οὗτός ἐστι καὶ ὁ νικῶν.

30 ἀλλὰ μέντοι, φάναι αὐτόν, ἀνέθηκε μὲν καὶ Ὅμηρος ἔστιν οἷς τῶν ἐν καταλύσει τοῦ βίου προγιγνώσκειν τὰ μέλλοντα, βούλομαι δὲ καὶ ἐγὼ χρησμῳδῆσαί τι. συνεγενόμην γάρ ποτε βραχέα τῷ Ἀνύτου υἱῷ, καὶ ἔδοξέ μοι οὐκ ἄρρωστος τὴν ψυχὴν εἶναι· ὥστε φημὶ αὐτὸν ἐπὶ τῇ δουλοπρεπεῖ διατριβῇ ἣν ὁ πατὴρ αὐτῷ παρεσκεύακεν οὐ διαμενεῖν· διὰ δὲ τὸ μηδένα ἔχειν σπουδαῖον ἐπιμελητὴν προσπεσεῖσθαί τινι αἰσχρᾷ ἐπιθυμίᾳ, καὶ προβήσεσθαι μέντοι πόρρω μοχθηρίας.

31 ταῦτα δ᾽ εἰπὼν οὐκ ἐψεύσατο, ἀλλ᾽ ὁ νεανίσκος ἡσθεὶς οἴνῳ οὔτε νυκτὸς οὔτε ἡμέρας ἐπαύετο πίνων, καὶ τέλος οὔτε τῇ ἑαυτοῦ πόλει οὔτε τοῖς φίλοις οὔτε αὐτῷ ἄξιος οὐδενὸς ἐγένετο. Ἄνυτος μὲν δὴ διὰ τὴν τοῦ υἱοῦ πονηρὰν παι-

---

27. ὁμολογουμένως τινί, in Übereinstimmung mit etwas • τοῖς εἰρημένοις, Partizip Perfekt Passiv zu λέγω, ἀγορεύω, sagen • τὸ ὄμμα, der Blick • τὸ σχῆμα, die Haltung • τὸ βάδισμα, der Gang • φαιδρός, fröhlich • ἄρτι, jetzt • ἐξ ὅτουπερ, seitdem • ἐπιρεῖν, noch zuströmen • προαπόλλυσθαι, Infinitiv zu προαπόλλυμαι, vorzeitig sterben • προσδοκάω, erwarten • εὐπραγέω, glücklich sein.

28. πιθυμητὴς αὐτοῦ, sein Verehrer, zu ἐπιθυμέω • εὐήθης, εὔηθες, anständig • καταψάω, streicheln • ἐπιγελάσαι, Infinitiv Aorist zu ἐπιγελάω, dazu lachen.

29. κυδρός, mutig, bedeutend • διαπεπραγμένος, Partizip Perfekt Medium zu διαπράττομαι, verrichten, erreichen • ἀξιόομαί τινος, einer Sache für würdig gehalten werden • περὶ βύρσας, in der Nähe von Fellen • μοχθηρός, erbärmlich • σύμφορος, nützlich.

30. ἀνέθηκε, Aorist zu ἀνατίθημι, zuschreiben • ἔστιν οἷς τῶν ... χρησμῳδέω, einigen von denen, die am Ende ihres Lebens sind, weissagen zu können • βραχέα χρόνον, für kurze Zeit ↔ βραχύς, kurz • ἄρρωστος τὴν ψυχήν, schwach in Bezug auf seine Seele • δουλοπρεπής, knechtisch, gemein • ἡ διατριβή, der Lebenswandel • παρεσκεύακεν, Perfekt zu παρασκευάζω, verschaffen • διαμενεῖν, Infinitiv Futur zu διαμένω, bleiben, K. 112 • ὁ ἐπιμελητής, der Betreuer ↔ ἐπιμελέομαι • προσπεσεῖσθαι, Infinitiv Futur zu προσπίπτω, verfallen, K. 111, 9 • προβήσεσθαι, Infinitiv Futur zu προβαίνω, vorwärts gehen • πόρρω μοχθηρίας, sich noch tiefer in Schändlichkeit verstricken.

δείαν καὶ διὰ τὴν αὐτοῦ ἀγνωμοσύνην ἔτι καὶ τετελευτηκὼς τυγχάνει κακοδοξίας.
32 Σωκράτης δὲ διὰ τὸ μεγαλύνειν ἑαυτὸν ἐν τῷ δικαστηρίῳ φθόνον ἐπαγόμενος μᾶλλον καταψηφίσασθαι ἑαυτοῦ ἐποίησε τοὺς δικαστάς.

ἐμοὶ μὲν οὖν δοκεῖ θεοφιλοῦς μοίρας τετυχηκέναι· τοῦ μὲν γὰρ βίου τὸ χαλεπώτατον ἀπέλιπε, τῶν δὲ θανάτων τοῦ ῥᾴστου ἔτυχεν. 33 ἐπεδείξατο δὲ τῆς ψυχῆς τὴν ῥώμην·ἐπεὶ γὰρ ἔγνω τοῦ ἔτι ζῆν τὸ τεθνάναι αὐτῷ κρεῖττον εἶναι, ὥσπερ οὐδὲ πρὸς τἆλλα τἀγαθὰ προσάντης ἦν, οὐδὲ πρὸς τὸν θάνατον ἐμαλακίσατο, ἀλλ᾽ ἱλαρῶς καὶ προσεδέχετο αὐτὸν καὶ ἐπετελέσατο. 34 ἐγὼ μὲν δὴ κατανοῶν τοῦ ἀνδρὸς τήν τε σοφίαν καὶ τὴν γενναιότητα οὔτε μὴ μεμνῆσθαι δύναμαι αὐτοῦ οὔτε μεμνημένος μὴ οὐκ ἐπαινεῖν. εἰ δέ τις τῶν ἀρετῆς ἐφιεμένων ὠφελιμωτέρῳ τινὶ Σωκράτους συνεγένετο, ἐκεῖνον ἐγὼ τὸν ἄνδρα ἀξιομακαριστότατον νομίζω.

---

31. ἐψεύσατο, Aorist zu ψεύδομαι, sich täuschen ↔ τὸ ψεῦδος, die Täuschung • ἡσθεῖς, Partizip Aorist zu ἥδομαι οἴνῳ, sich erfreuen am Wein • οὔτε νυκτὸς οὔτε ἡμέρας, weder bei Nacht noch bei Tag, Genitivus temporis, K. 144 • ἐπαύετο πίνων, zu παύομαι, aufhören, mit prädikativem Partizip.

Im Gegensatz zu den vielen Richtern, die Sokrates hassen, bringt Xenophon dem Philosophen gegenüber seine Hochachtung zum Ausdruck: Die Einschätzung des passenden Todeszeitpunkts und die heitere Gelassenheit beurteilt Xenophon als Zeichen einer starken Seele. Daher ist Sokrates als der glücklichste Mensch auf der Welt zu preisen (32–34).

32. διὰ τὸ μεγαλύνειν ἑαυτόν, aufgrund seines selbstbewussten Auftretens, Infinitiv mit Artikel, K. 194 • μεγαλύνω ↔ μέγας, groß machen, rühmen • ὁ φθόνος, der Hass • ἐπάγομαι, sich zuziehen • ἑαυτόν καταψηφίζομαί τινος, jemanden verurteilen • ἐποίησε τοὺς δικαστάς, er brachte die Richter dazu • θεοφιλὴς μοῖρα, ein gottgefälliges Schicksal • τετυχηκέναι, Infinitiv Perfekt zu τυγχάνω τινός, etwas bekommen, K. 108, 15 • ῥᾴστου, Superlativ zu ῥᾴδιος.

33. ἐπεδείξατο, Aorist Medium zu ἐπιδείκνυμαι, zeigen, beweisen, K. 104 • ἡ ῥώμη, die Stärke • ἔγνω, Aorist zu γιγνώσκω, erkennen, K. 109, 11 • ὥσπερ, als ob • πρός τι προσάντης ἦν, feindselig, ablehnend gegenüber etwas • ἐμαλακίσατο, Aorist zu μαλακίζομαι, zaghaft sein ↔ μαλακός, weich • ἱλαρῶς, heiter • προσεδέχετο, Imperfekt zu προσδέχομαι, annehmen • ἐπετελέσατο, Aorist zu ἐπιτελέομαι, vollenden ↔ τὸ τέλος.

34. κατανοῶν, Partizip zu κατανοέω, begreifen • die Größe der Persönlichkeit • ἐφίεμαί τινος, streben nach • ἀξιομακαριστότατος, einer, der es wert ist, sehr glücklich gepriesen zu werden.

Literaturverzeichnis zu den kleineren sokratischen Schriften

Textausgaben und Übersetzungen

E. C. Marchant: Xenophontis Opera omnia Bd. II, Oxford 1921, Reprint 1958.

A. J. Bowen: Xenophon: Symposium, with an introduction, translation and commentary, Warminster 1998.

E. Bux: Xenophon. Die sokratischen Schriften, Memorabilien, Symposion. Oikonomikos, Apologie, Stuttgart1956.

G. P. Landmann: Xenophon, Das Gastmahl, Hamburg 1957.

K. Meyer: Xenophons Oikonomikos. Übersetzung und Kommentar, Marburg 1975.

Monographien und Aufsätze

H. v. Arnim: Xenophons Memorabilien und Apologie des Sokrates, Kopenhagen 1923.

H. Brandt: Am Ende des Lebens. Alter, Tod und Suizid in der Antike, München 2010.

H. R. Breitenbach: Xenophon von Athen, RE IX A 2, 1967, Sp. 1569–2051.

E. A. Browning: Xenophon, in: The Internet Encyclopedia of Philosophy. ISSN 2161-0002, www.iep.utm.edu/xenophon.

I. Bruns: Das literarische Porträt der Griechen im fünften und vierten Jahrhundert vor Christi Geburt, Berlin 1896.

C. Bruell: Xenophons Politische Philosophie (Erweiterte Fassung eines Vortrags in der Carl Friedrich von Siemens Stiftung am 11. Juli 1980), München 1990.

F. Buffière: Eros adolescent. La pédérastie dans la Grèce antique, Paris 1980.

A. Busse: Xenophons Schutzschrift und *Apologie,* in: RhM 79, 1930, 215–229.

O. Chernyakhovskaya: Sokrates bei Xenophon. Moral-Politik-Religion, München 2014.

E. Delebecque: Sur la date et l'objet de l' Économique, in: Revue des Études Grecques 64, 1951, 21–58.

K. Döring: Xenophon, in: H. Flashar u. a. (Hg.): Grundriss der Geschichte der Philosophie. Abt. 1: Die Philosophie der Antike. Bd. 2/1, Basel 1998, 182–200.

R. Doty: Xenophon's Hiero – a New Translation. Studies in Classics 24, 2003.

B. Due: Xenophon of Athens: The Cyropaedia, in: G. Schmeling (Hg.): The Novel in the Ancient World, Leiden/New York/Köln 1996, 581–599.

E. Edelstein: Xenophontisches und Platonisches Bild des Sokrates, Diss. Heidelberg 1935.

H. Erbse: Sokrates und die Frauen, in: Gymnasium 73, 1966, 201–220.

K. v. Fritz: Zur Frage der Echtheit der xenophontischen *Apologie des Sokrates,* in: RhM 80, 1931, 36 bis 68.

S. Föllinger: Sokrates als Ökonom? Eine Analyse der didaktischen Gestaltung von Xenophons ‚Oikonomikos', in: Würzburger Jahrbücher für die Altertumswissenschaft. Neue Folge 30, 2006, 5–23.

S. Föllinger: Xenophon, in: Der Neue Pauly. Supplement 7: Die Rezeption der antiken Literatur, Stuttgart 2010, 1139–1146.
R. L. Fox, (Hg.): The Long March: Xenophon and the Ten Thousand, New Haven/London 2004.
K. v. Fritz: Zur Frage der Echtheit der xenophontischen Apologie des Sokrates, in: Rheinisches Museum 80, 1931, 36 bis 68.
D. L. Gera: Xenophon's Cyropaedia. Style, Genre, and Literary Technique, Oxford 1993.
O. Gigon: Xenophons Apologie des Sokrates, in: Museum Helveticum 3, 1946, 210–245.
O. Gigon: Sokrates. Sein Bild in Dichtung und Geschichte, Bern 1947.
O. Gigon: Kommentar zum ersten Buch von Xenophons Memorabilien, Basel 1953.
O. Gigon: Kommentar zum zweiten Buch von Xenophons Memorabilien, Basel 1956.
V. J. Gray: The Framing of Socrates. The Literary Interpretation of Xenophon's *Memorabilia,* Stuttgart 1998.
V. J. Gray: Xenophon's Mirror of Princes. Reading the Reflexions, Oxford 2011.
R. Hirzel: Der Dialog. Ein literarhistorischer Versuch, Bd. 1, Leipzig 1895.
Hobden, F./Tuplin, C. (Hg.): Xenophon: Ethical Principles and Historical Enquiry, Leiden/Boston 2012.
B. Hogenmüller: Xenophon. Apologie des Sokrates. Ein Kommentar, Saarbrücken 2008.
B. Hogenmüller: Das Sokratesbild in Xenophons Apologie des Sokrates, in: Forum Classicum 2/2013, 30–38.
B. Huss: Xenophons Symposion. Ein Kommentar. Beiträge zur Altertumskunde. Bd. 125, Berlin 2010.
G. Hutchinson: Xenophon and the Art of Command, London 2000.
K. Jaspers: Die maßgebenden Menschen. Sokrates, Buddha, Konfuzius, München 1994.
O. Kaiser: Komposition und Personenführung in Xenophons Symposion als Paradigma seiner Erzählkunst, in: Trames 19, 4, 2015, 311–332.
R. Kroeker: Xenophon as a Critic of the Athenian Democracy, in: History of Political Thought 30, 2009, 197–228.
J. W. I. Lee: A Greek Army on the March. Soldiers and Survival in Xenophon's Anabasis, Cambridge 2007.
O. Lendle: Einführung in die griechische Geschichtsschreibung von Hekataios bis Zosimos, Darmstadt 1992, 110–119.
O. Lendle: Kommentar zu Xenophons Anabasis (Bücher 1–7), Darmstadt 1995.
M. Lipka: Xenophon's Spartan Constitution. Introduction, Text. Commentary. Berlin 2002.
V. Longo: Aner ophelimos. Il problema della composizione dei *Memorabili di Socrate* attraverso lo *Scritto di difesa,* Genua 1959.
Houliang Lu: Xenophon's Theory of Moral Education, Cambridge 2015.
J. Malitz: Sokrates im Athen der Nachkriegszeit (404–399), in: H. Kessler (Hg.): Sokrates. Geschichte, Legende, Spiegelungen. Sokrates-Studien II, Kusterdingen 1995, 11–38.
Chr. Mueller-Goldingen: Xenophon. Philosophie und Geschichte, Darmstadt 2007.
Chr. Mueller-Goldingen: Das Kleine und das Große: Essays zur antiken Kultur und Geistesgeschichte, München/Leipzig 2004.
R. Nickel: Der verbannte Stratege. Xenophon und der Tod des Thukydides, Darmstadt 2014.
R. Nickel: Besitzen und Gebrauchen. Spielarten einer Gedankenfigur vor und bei Aristoteles, Marburg 2012.
R. Nickel: Xenophon, Leben und Werk, Baden-Baden 2023.
S. B. Pomeroy: Xenophon. Oeconomicus. A Social and Historical Commentary, Oxford 1994.
P. Pucci: Socrates' Defence. Introduction and Commentary, Amsterdam 2002.

S. Rebenich: Xenophon. Die Verfassung der Spartaner. Herausgegeben, übersetzt und erläutert, Darmstadt 1998.

M. Reichel: Ist Xenophons Anabasis eine Autobiographie?, in: M. Reichel, (Hg.): Antike Autobiographien. Werke-Epochen-Gattungen, Köln/Weimar/Wien 2005, 45–72.

M. Reichel: Xenophon als Biograph, in: M. Erler/S. Schorn (Hg.): Die griechische Biographie in hellenistischer Zeit, Berlin/New York 2007, 25–43.

F. Rübener: Das Bild des Kyros in der Überlieferung: Kyros als Idealbild eines Herrschers, München 2005.

C. Scardino: Historiographie, in: B. Zimmermann/A. Rengakos, (Hg.): Handbuch der griechischen Literatur der Antike. Bd. 2: Die Literatur der klassischen und hellenistischen Zeit, München 2014, 623–631.

S. Schorn: Die Vorstellung des xenophontischen Sokrates von Herrschaft und das Erziehungsprogramm des Hieron, in: L. Rossetti/A. Stavru (Hg.): Socratica. Studies in Ancient Socratic Literature, Bari 2010.

S. Schorn: Politische Theorie, ‚Fürstenspiegel' und Propaganda. Philistios von Syrakus, Xenophons Hieron und Dionysios I. von Syrakus, in: D. Engels u. a. (Hg.): Zwischen Ideal und Wirklichkeit. Herrschaft auf Sizilien von der Antike bis zum Spätmittelalter, Stuttgart 2010.

B. Schütrumpf: Xenophon. Vorschläge zur Beschaffung von Geldmitteln oder Über die Staatseinkünfte, Darmstadt 1982.

T. Sedlacek: Die Ökonomie von Gut und Böse, München, 2013.

P. Seele, (Hg.): Ökonomie, Politik und Ethik in der praktischen Philosophie der Antike, Berlin/New York 2011.

O. Stoll: Gemeinschaft in der Fremde: Xenophons ‚Anabasis' als Quelle zum Söldnertum im Klassischen Griechenland?, in: Göttinger Forum für Altertumswissenschaft 5, 2002, 123–183.

J. Tatum: Xenophon's Imperial Fiction. On ‚The Education of Cyrus', Princeton 1989 (Reprint: Berlin 2014).

D. Toalster: Unzeitgemäße Feldherren. Der Hipparch als Prototyp des erfolgreichen Feldherren in Xenophons Hellenika, Gutenberg 2011.

G. Vogel: Die Oikonomik des Xenophon, Erlangen 1907.

R. Waterfield: Xenophon's Retreat. Greece, Persia, and the End of the Golden Age, Cambridge MA 2006.

G. Weber: Pseudo-Xenophon. Die Verfassung der Athener. Griechisch und deutsch, Darmstadt 2010.

U. v. Wilamowitz-Moellendorff: Die xenophontische *Apologie,* in: Hermes 32, 1897, 99–106.

W. Will: Der Zug der 10.000. Die unglaubliche Geschichte eines antiken Söldnerheeres, München 2022.

H. Wilms: Techne und Paideia bei Xenophon und Isokrates, Berlin 1995.

Zimmermann, B./Rengakos, A. (Hg.): Handbuch der griechischen Literatur der Antike. Bd. 2: Die Literatur der klassischen und hellenistischen Zeit, München 2014. (Xenophon ist vertreten in den Kapiteln III: Philosophie, IV: Fachliteratur, V: Historiographie, VI: Biographie und Autobiographie)

Lernvokabular zu Xenophons kleineren sokratischen Schriften

αἰδώς, ἡ	die Zurückhaltung
αἰσχρός	hässlich
ἀκρίβεια, ἡ	die Genauigkeit
ἀμέλεια, ἡ	die Interesselosigkeit
ἀνεπιστημοσύνη, ἡ	die Inkompetenz
ἄξιος	wertvoll, würdig
ἀπέχομαί τινος	sich ferngalten von
ἀποκρίνομαι	antworten
ἀπορία, ἡ	die Not
ἀργός	untätig
ἀρκέω	genügen
βούλομαι	wollen
γέλως, τοῦ γέλωτος, ὁ	das Lachen
γιγνώσκω	erkennen
γνώμη, ἡ	das Urteilsvermögen
δείκνυμι	zeigen
δεινός	tüchtig
δέομαί τινος	etwas benötigen
δηλόω	zeigen
διαλέγομαι	miteinander sprechen
ἡ διάνοια	der Verstand
διδακτός	lehrbar
δικαιοσύνη, ἡ	die Gerechtigkeit
δύναμαι	können
δυνατός	leistungsfähig
ἐγκρατής	zurückhaltend
ἔθος, τό	die Gewohnheit
ἔμπειρος	fachkundig, sachverständig
ἔνδεια, ἡ	der Mangel
ἐνεργός	ertragreich
ἐννοέω	bedenken
ἔννοια, ἡ	der Gedanke
ἐξουσία, ἡ	die Möglichkeit, die Entscheidungsfreiheit
ἐπιθυμέω	begehren
ἐπιμέλεια, ἡ	die Verantwortung
ἐπιμελέομαι	sich kümmern
ἐπιμελής	gewissenhaft
ἐπίσταμαι	verstehen
ἐπιστήμη, ἡ	die Wissenschaft

ἐπιχειρέω	versuchen
ἔπος, τό	das Wort
ἐργάζομαι	arbeiten
ἔργον, τό	die Leistung, das Werk
ἔρως, ὁ	die Liebe
ἔτος, τό	das Jahr
εὐεξία, ἡ	das gute Lebensgefühl
εὔνοια, ἡ	die Freundlichkeit, die Zuneigung, das Wohlwollen
ζεῦγος, τό	das Gespann
ἥδομαι	sich freuen
ἡδύς	angenehm
ἦθος, τό	die Haltung, der Charakter
ἱκανός	fähig
ἵσταμαι	treten
κάλλος, τό	die Schönheit
καλοκἀγαθία, ἡ	die Vollkommenheit
καρπός, ὁ	die Frucht
καρτερέω	ertragen
κατακλίνομαι	Platz nehmen
κατασκευάζω	ausrüsten
κέκτημαι	besitzen
κέρδος, τό	der Gewinn
κινέω	bewegen
κτῆμα, τό	der Besitz
λαμβάνω	nehmen
μάχομαι	kämpfen
μέγα φρονέω	stolz sein
μέλλω	vorhaben
μένος, τό	die Stärke
μιμέομαι	imitieren
οἶδα	wissen
παίζω	scherzen
πάσχω	leiden
παύομαι	aufhören
πεῖρα, ἡ	die Probe
πειράομαι	versuchen
πενία, ἡ	die Armut
περιουσία, ἡ	der Gewinn
πλεονεκτέω	überlegen sein
προσέρχομαι	hingehen
πυνθάνομαι	erfahren, erfragen
ῥώμη, ἡ	die Stärke

σπουδή, ἡ	der Ernst
σύνεσις, ἡ	der Verstand
συνουσία, ἡ	das Zusammensein
σχῆμα, τό	die Haltung, die Gestalt
σωφρονέω	vernünftig sein
σωφροσύνη, ἡ	die Selbstbeherrschung
τάττω	befehlen, anordnen
τάξις, ἡ	die Ordnung
τυγχάνω	zufällig sein
ὑπισχνέομαι	versprechen
φαίνομαι	sich zeigen, erscheinen
φιλοπονία	die Freude an der Anstrengung
φιλοτιμία, ἡ	der Ehrgeiz
φοβέομαι	sich fürchten
φύομαι	wachsen
χράομαι	gebrauchen
χώρα, ἡ	das Land
χωρίον, τό	der Platz
ὠφελέω	nützen
ὠφέλιμος	nützlich